星野英一著

民法論集

第十巻

有斐閣

はしがき

『民法論集第九巻』が刊行されたのは一九九九年である。星野英一先生は、一九九七年に放送大学を停年退職され、東京大学・千葉大学に続く教員としての仕事をすべて終えられた。第九巻にはその頃までの論稿が収められている。停年直後は「近年で最も忙しい時期」だったと先生は振り返っておられるが、一九九八年の日本民法施行百年、あるいは「第三の法制改革期」と先生が命名された民事立法ラッシュを機に、いくつかの作品を公表された。第九巻の「はしがき」には、「これらは、第一〇巻としてまとめたいと考えている」と記されている。

教職から解放された先生は、その後、新たな境地を拓かれる。中国、韓国といった東アジア諸国との学術交流である。韓国とは、先生の愛弟子の高翔龍先生を通じて、長年の交流があったが、中国との交流は二〇〇二年からはじまった。第一部には、その過程で書かれた論稿が集められている（なお、第三部「日本民法典の全面改正」も、内容は日本に向けて書かれているように見えるが、中国での報告に基づく論文である）。

先生は、二〇〇二年から二〇〇八年まで計一〇回にわたって中国を訪問された。先生の恩師我妻栄博士も、一九四一年から四三年にかけて、当時の中華民国を訪れ、民法の講義もしている。日中の文化交流史を語った文章の中で、先生はこの時期のことを「日本法が先に進んだ時代」と名付けている。これに対し、先生が訪中された時期のことは「対等なパートナーの時代」と呼んでいる（付録B「日本と中国の文化関係の歴史」参照）。先生は中国では常に法学の「師」として遇されたとはいえ、「対等のパートナー」という言葉は、まさに先生の真情だった。収録論文からもそのことは十分窺える。日本法の欠陥を反省し（第一部「非営利団体・非営利法人の立法――日本法の轍を踏むな」)、互いを「正しく知ることが出発点である」とのスタンスから(第一部「中韓日民法制度同一化の諸問題」)、中国にならう姿勢を示し(第一部「民法典における不法行為法の体系――将来の不法行為法に向かって」)、中国との対話を通じて「学ぶこと、反省することが多い」と述べる(付録B「日本と中国の文化関係の歴史」)。とりわけ、日中の歴史を振り返った付録Bでは、日本の中国、韓国に対する侵略に触れたくだりで、「日本にとってまことに恥ずべきこの期間」は、当時子供であった自分も同じ国民として「引き受けるべき過去」であるとして、ヴァイツゼッカーの言葉が引かれる。このように、まことに真摯かつ謙虚に中国に向かわれた先生の姿勢は、中国の研究者たちから大きな敬意をもって迎えられた。二〇一一年には、先生がその発展に貢献された中日民商法研究会の一〇周年記念式典が北京で開催された。残念ながら先生は健康上の理由から参加できなかったが、私が先生のメッセージを代読したあと、会場を埋めた中国の参加者から先生に対して、感謝を表す万雷の拍手が送られた。

民法論集第九巻刊行後のもうひとつの新たな展開は、司法制度改革のスタートである。法科大学院が設置され、初等中等教育における法教育がはじまり、法整備支援の推進もうたわれた。他方、専門職のための実務教育の重視は、これまで法学部で行なわれてきた法学教育や研究は何だったのかとの反省も呼び起こした。第二部に収められた論稿は、これらの新たな流れの中で請われ執筆されたものである。歴史や比較法、法社会学の成果を取り込んだわが国の実定法学は発信に値するとの評価が示され(第二部「日本の民法学――ドイツおよびフランスの法学の影響」)、自国の制度を外国に押しつける傾向を免れている継受法国のメリットも指摘している(第二部「日本における民法学の発展と法学研究者の養成」)。他方で、「法律家を養成するために法科大学院ができたなどと単純に喜んでいて、かえって法曹の仕事を裁判その他に限局し、その社会的地位を長期的には落とすことにならないように注意すべきだ」(第二部「法科大学院における民法教育のあり方」)という、未来を見通した慧眼にも驚かされる。

第三部は、冒頭に述べた日本民法の施行百年の機会に書かれた論稿に加え、フランス民法二百年を機に書かれた論文等が収録されている。日本の百年間の経験を振り返ると同時に、新たな時代の民法のあり方への展望にも及んでいる。先生は、二〇一五年の通常国会に上程された債権法の改正法案を見ることはなかったが、法務省で改正作業を担当していた私は、法制審議会の民法（債権関係）部会の審議が大詰めを迎え、改正案がどんどんやせ細っていく中で、先生のお力を借りることができればと思うことが幾度となくあった。日本民法の歴史を体現しておられた先生に、もう少し長く生きていただけなかったことは返すがえすも残念である。

星野英一先生は、二〇一二年九月、日本学士院と大韓民国学術院との学術交流の会食の場で倒れられ、そのまま帰らぬ人となった。八六年余りの、生涯現役を貫かれた学者人生だった。

＊

『民法論集第十巻』の構想を持ちながら、それを具体化することなく先生が去られてしまったあと、既刊論文に加えて、講演原稿をも集め、先生の意図を見事に反映した構成に原稿を整理して本書の刊行を可能にしたのは、先生の法思想の最大の理解者といえる大村敦志教授のご尽力である。そのご苦労の程は、大村教授の筆になる「あとがき」からも窺うことができる。先生はこれまで、民法論集の収録論文の末尾に［後記］を付けられることも多かったが、大村教授には、各論文に後記を付すという労も執っていただいた。

＊

これまでの各巻、「はしがき」の中で先生は、収録論文の解題をしつつその時期のご自身の学問を振り返っておられた。その先生に代わって「はしがき」を執筆することは、私にとってまことに荷の重い仕事だった。もっと適任者はおられたと思うが、この僭越は天上の先生のご宥恕を請うしかない。最後になったが、有斐閣書籍編集第一部の藤本依子さんには、追想集『星野英一先生の想い出』に続き、本書の編集作業でも大変お世話になった。厚くお礼を申し上げる。

二〇一五年七月

内田　貴

目次

第一部　中国民法の現在――日本法との対比

第一部　中国民法の現在——日本法との対比

日本民法典編纂に際しての困難な問題——「慣習」の扱い方を中心に

1 はじめに

頂いた主題は種々の面から扱うことができるが、副題にしたものを選んだ。その位置づけのために、主題の全体を幾つかの観点から分類して概観しておきたい。

立法当事者が主観的に困難と感じたことと、彼ら自身は感じていなかったが、客観的に考えると本来は困難な問題であることがありうる。後者は、主観的に困難と感じていた以上に重要・困難な問題を含んでいることが多い。本日は、双方に関連するテーマを選んだ。

次に、立法において、考慮され、また考慮すべき要素から見る。立法においては、三つの面が考慮される。第一は、立法の目的及び理念である。立法は何らかの目的のために、何らかの理念に基づいて行なわれる。目的と言っても、直接の目的、間接の目的の何段階かがありうる。理念にも、ごく抽象的な「正義」などから、「自由」「平等」など、かなり具体的な理念を経て、取引安全、弱者保護など、具体的なものまで、異なったレベルのものがある。第二は、法律が適用される社会である。立法は、ある社会において一定の社会関係を建設し、人間関係を規律するために行なわれるものであるから、一方で社会の実情を考慮し、他方でその立法が社会に及ぼす作用を予測しなければならない。第三は、法律技術であって、適切な用語、明快な文章、諸規定の整合性などが必要である。

日本民法典は、一八九八年に施行され、先年一〇〇年を祝ったものであるが、その制定は、日本が、鎖国をやめて開国し、封建制・身分制社会を廃止して欧米にならった資本主義的市場経済社会を建設する時期に行なわれた。それは、日本政府が「西欧の原理に従った諸法典〈刑法、刑事訴訟法、民法、商法、民事訴訟法〉を制定すること（establish, in accordance with Western Principle, ...the codifications）」が不平等条約の改正のための前提とされたことによって[1]、必要となったものだが、このような事情がなくても、民商法は西欧式のものにならざるを得なかったであろう。近代資本主義的市場経済社会の民商法のモデルは、他にはなかったからである。

民法典編纂の事業は、一八七〇年に、太政官制度局（当時の基本法立法担当部局）で民法会議を開催したことに始まり、変遷を経たが、立法関係者にとって主観的には、立法技術が難問であったようであり、多くの証言がある。特に、西欧の法律用語にあたる用語がなかった場合が多かったので、「権利義務」のように、西洋の法学書の中国語訳を輸入したり、日本で造語したり、苦労が述べられている。本日は、この部分は省略する。

民法典編纂の目的については、ごく早くからこれを推進した人々の考え方が述べられている文章があり、フランス革命後の民法典編纂の理念との対比など、興味深いが、これも今日は扱わない。

本日は、第二に関連する問題を取り上げる。「慣習」が立法過程において、種々の方面から援用され、議論の対象になったことについてである。

2　日本民法典編纂時における「慣習」問題

四つの時期に分けて眺めることができる。

(1)　民法典編纂開始時

民法会議開催を企画した、後の司法卿（司法大臣）、当時太政官制度局勤務の江藤新平は、「日本と西洋と慣習は違うが、民法が有るほうがよいか、無いほうがよいかと言えば、有るほうがよい」として、フランス民法典を翻訳して直ちに日本民法にしようと考えたと伝えられている。(2) 当時から「無理な」こととされており、そのやり方はすぐに挫折したが、そのように急いだ人でさえ、フランス民法と「慣習」との相違に問題があることを意識していたことは、(3) 注目に値する。

(2)　ボアソナードの民法典編纂時代

民法は、日本人による草案一八二〇条が、江藤新平の後任の司法卿大木喬任の時代に完成したが（一八七八年）、フランス民法の直訳に近かった。結局、民法典草案の財産法の部分の作成は、フランス人学者（パリ大学教授）ボアソナードに依頼された。親族法と相続法の部分は、ボアソナードにより、急ぐ必要はない、その理由の第一は、日本ではこの点について「古くからの詳細な慣行（usages）があって現在家族の利益を規律するのに十分であることである」とされている。大木も、この部分は、「深ク本邦ノ風俗習慣ヲ斟酌シテ宜ヲ得ルニ非サレバ人民将ニ掩服ニ堪ヘサルヘキヲ以テ（適当でないと、大衆はその規律に耐えられないだろうから）」後回しにされたが、「我民情ヲ昭鑑セサル可ラサルニ因リ（わが国民の考え方を考慮にいれなければならないから）」と述べている。[4] この部分は日本人編纂委員が担当することとなった。

ここには、親族法、相続法については、日本の慣行ないしは国民の意識を考慮すべきことが明らかに示されている。財産法についてはどうか。ボアソナードも、後の「法典論争」に際して、封建的な慣習の不合理性には強く反対しつつ、取引の必要によって人民の間に自然に形成された慣習は尊重すべきことを説いている。[5] また、大木は、一八七六年に、全国の民事・商事慣行の調査を開始させ、その成果が刊行されている。[6]

(3)「法典論争」

民法は、ボアソナードと日本人委員が分担して起草し当時の立法手続を経て一八九〇年に公布され（「旧民法」と呼ばれる）、一八九三年に施行されることが定められた（商法典は一八九一年施行）。しかし、公布の頃から、それらに対する強い反対が起こり、その施行を延期すべきだとの主張がされ（「延期派」）、予定どおり施行すべきであるとする者（「断行派」）との間に激しい論戦が行なわれた結果、民法典については第三議会（一八九二年）において、施行延期が決定された。

旧民法に対してなされた批判は、多岐にわたるが、それが日本の「慣習」を参酌することが不十分であるという理由が、最も有力なものであった。ただ、穏健派は、「封建ノ旧制」によってはならず、「専ラ欧米ノ制度」に従ってもよくないという立場であったが、(7) 旧民法はフランス革命の影響を受けた個人主義・民主主義に基づくもので国家思想を欠き、特にその家族は個人の集まりであって日本の数千年来の伝統である「法人」でないから、社会の倫理を破壊する、などと論ずるに至り、(8) 封建的守旧派の「慣習」維持の傾向が強くなった。断行派もまた、民法典施行により「古来ノ良風美俗ヲ保全」できるとして、自分等こそ「慣習」尊重派であるなど反論している。

(4) 法典調査会

延期派が勝ち、旧民法につき「必要ノ修補刪正ヲ施ス（削除修正する）」ための法典調査会によって「殆ンド改修」となった修正が施された。その基本方針と定められたことの中に、「四、法例中ニ慣習ノ効力ニ関スル規程ヲ掲クルコト」「五、成文法ニ反セサル慣習ハ効力ヲ有スルモノト定ムルコト」の二項目がある。その結果、民法の中に、慣習に従うとの規程が多く置かれた。以下には、法典調査会により慣行調査も行なわれたことと、法例・民法・商法に「慣習」の効力に関する規定が置かれたが、その際「慣習」の法律における位置づけについて激しい議論がなされたことを紹介する。

慣行調査として二つを挙げる。一は、全国の入会権についての大規模な調査が行なわれ、その結果は、膨大な資料として残されていることである。ただ、それを立法に利用する余裕も能力もなく、入会権については、各地方の慣習に従うとの規定が置かれるに止まった（二六三条・二九四条）。二は、隔地者間の契約の成立時を定める民法五二六条の審議の際に、承諾の到達時とする説と発信時とする説が起草委員三名の間でも分かれて大激論となったので、急遽、全国各地の商工会議所に意見を求めたことである。法典調査会で説明されたその結果が、(9) 議論の決め手となって、同条は、それ以外の法律行為についてとられた到達主義（九七条一項）でなく、契約につき発信主義をとることになった。(10)

「慣習」の効力を定める一般的な規定の内容についても、起草委員三名の意見が分かれて大激論となり、あいまいな現行の規定になった。(11) 問題は、慣習と任意規定の効力の上下優劣である。一方は、任意規定に対してであっても、成文法の規定に反する慣習が優先するのは適当でない、慣習は当事者がその旨の意思表示をした場合に限って優先すべきである、とする。他方は、慣習は、当事者の意思表示をまつことなく任意規定に優先する、意思表示があればそれによるのは当然である、とする。言い換えれば、慣習によるという意思表示のない場合につき、前説は、任意規定によるべきだとし、後説は、慣習によるべきだとする。

各説の根拠として主張されたもののうち、重要なもの数点を挙げる。第一は、法典編纂の目的との関係に関する。前説は、法典編纂の目的は、区々あいまいな慣習を明らかにして人民の権利を担保することで、慣習を優先させるのは法典編纂の趣旨に反するという。その際ドイツ民法第一草案二条「慣習法の規定は、法律により慣習法と明示している場合においてのみ法律としての効力を有する。(12)」を援用する。後説は、西欧の法律と日本の法律とでは、起草の事情が異なるとする。西欧では、実際に広く行なわれている慣習に従って立法しており、それに反する一部の慣習を排除するのが望ましいが、日本では、慣習がなかなか分からないので、「西洋ノ学問ヲ土台」として立法しており、果たして日本の社会に適うかに問題があるので、他の法典以上に慣習の効力を認めなければならない、とし、旧民法施行延期の根拠が慣習に反することにあったことを援用する。第二は、当事者の意思と慣習の関係で、実際上は重要な点である。前説は、任意規定があるときに、当事者が黙っているのに慣習によるとなると、当事者の意思に反する慣習、とりわけはっきりしない慣習によることとなって、当事者が「不法ノ」損害を蒙るとする。後説は、慣習によるつもりの当事者は黙っているだろうが、そのときに慣習によらないと困るとし、一人の意思表示によって任意規定に反することを認めるのに、「大勢の意思表示」であり、「総テノ意思表示ガ同一ト云フコトヲ証シタ」慣習をしりぞけるのはおかしいとの論法を用いる。さらに、やや細かい根拠が挙げられた。一は法典編纂の目的である条約改正との関係で、前説は、成文法に反する慣習の効力を認めては外人が困るとし、後説は、それは杞憂であり、しかも外国人との取引が多い商法においては慣習の効力を認めることになるのだから、それよりも適用の少ない民法においては問題がない、と言う。二は、裁判所にとっての便宜である。前説は、当事者が慣習を援用する事例が増えて裁判所がその調査に苦労すると言い、後説は、それは杞憂であるとする。三に、民法と商法とで慣習の効力に差異があることにつき、前説は当然であるとし、後説は、欧州ではその区別は歴史的なもので理解できるが、日本では、農民の慣習こそ重要である、とする。

(4) 民法、商法、法例の関係

結局、民法には、どちらからも自説に解釈できるような規定が置かれた。「九二条　法令中ノ公ノ秩序ニ関セサル規定ニ異ナリタル慣習アル場合ニ於テ法律行為ノ当事者カ之ニ依ル意思ヲ有セルモノト認ムヘキトキハ其慣習ニ従フ」である。前説は、それによる意思があると認定できる場合だからよいとし、後説は、同条については自説が敗れたとして、慣習が明確ならば当事者がこれによるべき意思があるとすべき場合が多く、「稍々不明確ナル慣習ニシテ法律家ノ目ヨリ之ヲ見レハ殆ト慣習ト認ムヘカラサルモノノミナラン」とする。やや苦しい議論である。次に起草された商法一条では、問題なく「商事ニ関シ本法ニ規定ナキモノニ付テハ商慣習法ヲ適用シ商慣習法ナキトキハ民法ヲ適用ス」として慣習法の民法に対する優先を認めた。しかし、その次に起草された法例二条は、「公ノ秩序又ハ善良ノ風俗ニ反セサル慣習ハ法令ノ規定ニ依リテ認メタルモノ及ヒ法令ニ規定ナキ事項ニ関スルモノニ限リ法律ト同一ノ効力ヲ有ス」と定めた。一見民法九二条と抵触するので、今日でも学者の間で議論の対象となっている。

3 「慣習」問題の示すもの

ごく簡単な以上の叙述からも、次の点が示されるであろう。

(1) 当然のことではあるが、新しい時代を迎えるための立法に際して、新しい時代の要請・理念と、慣習との調整は、避けることのできない課題である。

(2) これまた当然ながら、何が慣習であるかの認定・判断が、きわめて難しい。

(3) 注意すべきことは、同じく「慣習」という言葉を用いても、その指し示す内容が論者によってかなり異なることである。「慣習」は自説の根拠としてしばしば援用され、イデオロギーとして作用する。日本の法典編纂時には、守旧派のイデオロギーとしての意味が強かった。同様のことが、今日も存在する。国内では、多くの企業の用いる約款が、「慣習」の名において消費者をも拘束するものと主張されることがある。国際的には、「グローバリゼーション」の名のもとに、一部の国のやり方にすぎないものが普遍的なものと主張される。ここで大切なことは、真に普遍的なものは何かを識別することである。

(4) 「慣習」という言葉が、具体的な慣習というよりは「法意識」の意味で使われる場合があることにも、注意すべきであろう。「慣習」をめぐる議論に際して、日本は「人間ガ道徳ヲ謂ハズシテ法律ヲ謂フヤウニナッテハ世ハ末ダト云フヤウナ国柄」だったが、道徳の範囲は残しておくが「表面ニ現ハレル事柄ニ付イテ法律デ支配スルト云フコトニナッタ以上」と述べられているが、[13] そのような「国柄」(つまり「法意識」。具体的には、契約における「信義」「信頼関係」の重視など)が「慣習」の名で主張されている。これをどこまで考慮するかは、現在の日本においても問題となっている。どのような「法意識」を、どこまで、どのように尊重すべきかを判断する必要がある。

4 なお、「慣習」をめぐる対立は、民法をめぐる他の問題に対する態度と関連させて眺めることが重要であるが、今日は時間の関係で扱うことができなかった。[14]

(1) 法律的に厳密な意味で、条約改正の前提となったのではない(日本と条約改正の相手国との正式の協定によるのではない)が、一八八二年から日本において開催された条約改正会議において、一八八七年にイギリス・ドイツが改正条約案として共同提案した案文、日本側が修正提案した案文の双方に書かれており、実際上の前提とされたことは、当時の法律家の間の議論からも示されている。

（2）なお、上の五つに憲法を加えた、フランスの六つの法律の翻訳が、後に司法次官、貴族院議員、行政裁判所長官を歴任した、当時法制局勤務の箕作麟祥（みつくり・あきよし）によって一八六九年に開始された。民法は一八七一年に刊行され、全体は一八七五年に『仏蘭西（フランス）法律書（上）（下）』として出版されている。

（3）大槻文彦・箕作麟祥君伝（一九〇七）一一一頁に引用された、磯部四郎の言葉。

（4）大木喬任が、一八八六年にボアソナードの起草した民法草案を内閣総理大臣伊藤博文に提出した際の「副申書」中にある言葉（大久保泰甫＝高橋良彰・ボワソナード民法典の編纂〔雄松堂出版、一九九九〕五八頁の引用より）。

（5）Boissonade, Les anciennes coutumes du Japon et le nouveau Code civil, *Revue française du Japon*, No. 24, 25, 26（福島正夫著作集第一巻「日本近代法史」〔勁草書房、一九九三〕一八八頁から引用した）。

（6）長森敬斐ほか編・民事慣例類集（一八七七）、生田精編・全国民事慣例類集（一八八〇）、商事慣例類集（一八八四）。

（7）法学士会「法典編纂ニ関スル意見書」。

（8）「法典実施延期意見」法学新報一四号。

（9）二五の商工会議所の意見が報告されているが、発信主義をとるとするものが一四あったという（注（10）所掲）。

（10）星野「編纂過程からみた民法拾遺(2)」同・民法論集第一巻（有斐閣、一九七〇）に詳論した。

（11）星野「編纂過程からみた民法拾遺(1)」前掲注（10）に詳論した。

（12）§2 Gewohnheitsrechtliche Rechtsnormen gelten nur insoweit, als das Gesetz auf Gewohnheitsrecht verweist. 但し、この規定は、第二草案以来削除され、民法典には入っていない。

（13）梅謙次郎の言葉（星野・前掲注（11）に引用）。

（14）例えば、守旧派の中でも、日本の古来の「家」は、キリスト教以前のローマの家族に近いとし、個人主義的な民法によってそれが破壊されるとして強く反対した（有名な「民法出テ、忠孝亡フ」の論文がある）穂積八束は、他方で、アントン・メンガー（Anton Menger）を援用しつつ、民法の基本とする過度の自由競争経済は、弱肉強食の社会を促進し、富者と貧者の差をますます大きくすることになるとして、機会の均等を説いている。「法典実施延期意見」においても、同種の主張がされている。法典編纂時の各論者の主張には、複雑な要素が含まれることに留意すべきである。慣習尊重という表面での意見は共通していても、中には、大いに違った考え方があった。家族に関する慣習はそれとして認めるが（厳密には、それに触れることなく）、財産法においては強い自由経済論者（ボアソナード。但し彼は、時効の不道徳性を説くなど、モラリストの面がある）、家族に関し、「古来の」慣習の強烈な主張者だが、経済については過度の自由競争による貧富の差の拡大に反対する者（穂積八束など）、家族につき、当時としては「慣習」を認めるが、近い将来には変わることを予見し、財産法においても、自由主義を強く主張する者（民法典の起草者、特に梅謙次郎）などに分かれる。なお、守旧派を単に絶対主義的な保護政策としりぞけることはできず、今日的な意味を否定することは適当でないであろう。

〔**追記**〕二〇〇二年六月に開催された第一回中日民商法研究会（広州、中山大学）で報告された原稿。中国語では、渠涛訳「日本民法典編纂中遇到的难题——『习惯』在民法中的定位」中日民商法研究第一巻（二〇〇三年）として公刊。本書「あとがき」に述べたように、この報告に関しては「目次メモ」には記載されていたが、当初、原稿類は見つからなかった。本書では、後にフロッピー・ディスクの中から発見された原稿を用いている（さらに、入稿後にプリント・アウトした原稿が発見されたので、これを参照して補訂した）。なお、民法典編纂という観点に立つものではないが、著者には、民法九二条・（旧）法例二条の関係を論じた「編纂過程から見た民法拾遺」民法論集第一巻がある。

民法における「人」——人間と「法人格」

一　はじめに

日中法学研究会にお招きいただき、基調講演のご依頼をいただきまして、誠に光栄に存じます。お知り合いの中国の先生方にお目にかかることを楽しみに、軽い気持ちでお引き受けしましたところ、事務局から頂いた資料を拝見して、大変な役割で驚きました。せめてこれからの議論の一つの導入になるならば幸いと考えております。

二　民法における人間

人間は民法においてどのように扱われているでしょうか。

(1)　近代民法典における人間

最初の近代民法典であるフランス民法典においては、人間は、もっぱら権利義務の主体として扱われています。これは、近代法において、すべての人間が、私法上の権利義務の主体として平等であるとされたことを意味します。同法第八条に明解に定められています。「すべての人間の完全で平等な法人格の承認」が近代民法の大原則です。しかしこれは、すべての人間が現実に平等な権利を享有することを保障したものではなく、資本主義経済の発展と共に、貧富の差が著しくなったことは、繰り返すまでもありません。

フランス民法典でもう一つ注意すべきことは、権利の主体として、人間だけが挙げられていたことです。法人についての規定は全く存在しませんでした。これは、フランス革命を支配した国家観、つまり国と個人の間に存在する中間団体を否定する思想に基づくもので、法人を法律上認めないことによって、その活動を制約しようと考えられたためです。

つまり、①人間については権利能力の主体としての地位のみが規定され、②権利能力の主体（法律上の「人」、「法人格」）としては人間（自然人）のみが規定されていたのです。この二点について、その後の民法がどのように変ったかが問題となります。

(2) 現代民法における人間

第一に、人間につき、それに帰属する権利として、貧富の差の生ずる財産上の権利だけでなく、人間なるがゆえに誰にも平等に存在する権利があることが認められてきました。

基本的人権をうたいあげた人権宣言にかなった民法典であることを憲法によって命じられたフランス民法典も、それを他の人に対する権利として主張することについては語っていません。もっとも、オイゲン・エールリッヒが述べているとおり、「人間の人格が少なくとも僅かの程度でも保護されていないならば、何らの権利能力も存しない。」のです。かくてフランスの判例は、種々の人格的利益を、不法行為による損害賠償によって他人による侵害から保護してきました。その理論的基礎付けは、二〇世紀初頭のドイツ学説によって試みられ、ついに第二次世界大戦後に、各国において人格権が認められるようになり、民法典の中に種々の形で規定されるに至りました。人間は、「抽象的な法人格から、人格権の主体になった」のです。人格権を包括的に民法典の中に規定した中国の民法通則は、立法として最も進んだもので、世界的に独自性と先進性を誇るべきものです。

第二に、権利主体として、フランスにおいても、一八世紀中葉以来、株式会社が法人として認められ、二〇世紀の初めには、非営利団体が法人として認められました。ドイツ民法典は、法人のほか権利能力なき社団まで規定しました。二〇世紀においては、多種多様な団体に法人格が認められています。日本でも法人について数十の特別法が存在します。「人」には、人間（「自然人」）と「法人」が含まれることになったのです。

「法人格から人格権へ」「法人格としての『法人』の広範な承認」の二つが、「人」の法において、二〇世紀に始まり二一世紀にますます進んでゆく動きです。以下、この二点に関連する問題のそれぞれ一端について述べたいと思います。

三　人格権

(1)　人格権の効果

①　人格権は、その侵害が不法行為になることがその認められる端緒となりました。

②　しかし、それだけならば、不法行為の規定の解釈適用によって認めることができます。日本で特に人格権が主張されたのは、その侵害を排除したり、差し止めたりすることが社会的に必要であるとされ、その根拠として、物権と同様の権利の存在を認めることが法律技術上必要と考えられたからです。つまり、人格権は、物権類似の権利として認められるべきものとされます。

③　さらに、人格権は契約によっても侵すことができない点に注意すべきです。人身売買や、自分や他人を奴隷にする契約は無効であり、男女の定年年齢を差別する就業規則が無効とされるなどです（公序良俗違反ゆえに無効とされます）。

以下でも述べますように、人格的利益には多様なものがあり、それぞれにつき、どのような効果を認めるべきか、どこまでを人格権の対象として認めるかを、慎重に検討する必要があります。さらに、人間の尊重の理念のもとに、法律によって保護されるべき人間の種々の面が意識されて、今後も新しい人権・人格権が問題になることが予想されますので、人格権の将来はなお流動的です。

(2) 人格権の分類・体系化

今日においては、雑然と認められてきた人格権を分類し、体系化することが必要ないし有益と思われます。既にその試みが行なわれています。多くの学者は、生命・身体等の「人身」と、それ以外のもの、多くは精神的なものである「狭義の人格」とに分類することが多いようです。また、公害、生活妨害のように、両者に関係するものもあります。日本民法典は、「身体、自由または名誉」の侵害の場合の財産以外の損害の賠償を定めていますが、判例により、プライバシー、肖像、宗教的信念に基づいて患者が自己決定する権利などが認められています。さらに、不治の疾患（癌）の患者が、医師の治療が当時の医療水準にかなった医療が行なわれていればその死亡の時期になお生存していた相当程度の可能性の存在が立証されるときに、損害賠償を認めうるとする判決もあります。他方、人格権侵害の主張を否定した判決もあり、限界づけは困難な問題です。

私は、フランスの有力な民法学者にならって、私法上の自由と私法上の平等の二つを加えて四分類をしてみました。その理由は、第一に、いわば人間に密着した利益と、人間のあるべき状態としての自由、平等とを分けるのが、より精密ではないかということ、第二に、国に対して要求できる（基本的人権である）自由、平等を、他の人に対しても要求できるかを考えることによって、憲法上の人権との統一的な整理ができることです。これは、従来の分類の仕方と錯綜する、次元の違った分類で、まだ整理は不十分です。もちろん分類にこだわるのは無駄なことです。

四 「法 人 格」

(1) 団体と「法人格」

団体の民法上の取り扱いにつき、日本民法、広く日本法の例に即して考えてみます。

日本民法上の団体には、法人と組合があります。かつては、次のように考えられていました。①社会における団体は「社団」と「組合」の二つに分けられる。②民法上も、社団法人と組合は截然と区別される法範疇である。③「社団」と「組合」は、民法の社団法人と組合に対応し、それぞれによって規律される。

これに対し、次の考え方が判例・学説の採用するところとなりました。③の点を否定するものです。社会には、実態は「社団」であるが法人格を持たない団体があり、これに対して組合の規定を適用するのは妥当でない。「権利能力のない社団」という第三の種類の団体として、原則として社団法人の規定を適用すべきである。

今日においては、次のように考えられています。①団体を先の二つに分け、区別することは、社会学的にも認められていない。団体は、団体性の強いものから弱いものまで、連続的なものとして存在する。②民法上も、法人と組合を截然と区別するのは適当でない。

私は、以上のことから、次の諸点を承認すべきであると考えています。

① 「法人格の技術性」　法人とは、何らかの社会的な目的を達成するための手段であるところの法律技術だ、ということです。

② 「法人格の多様性、相対性」　法人といっても、AからEまでの効果、法人格としていわばマクシマムの効果を持つものから、ABの効果、いわばミニマムの効果だけが生ずるものまで、段階をなして連続的に存在します（附表を念頭に置いていると見られるが、残されている附表にはA〜Eの記号は見あたらない——編注）。

③ この認識のうえで、法人であることの意味（具体的な法律効果）を、ミニマムのものからマクシマムのものに至るまで細かく検討することの必要性。さらに、共同所有関係、多数当事者の債権・債務関係とも総合的に検討する必要性。以下に検討を試みます。

(2) 「法人格」の意味

「法人」の具体的な法律効果は、大きく三つに分けることができます。

① 第一は、権利の帰属の面で、これが法人のミニマムの効果です。

(i) 法人の名において権利を有し義務を負い、契約をすること。但し、日本では、法人でなくても、代表者の名を付けて、団体の名で権利者となることが実社会で行なわれています(預貯金など)。それができないのは、不動産登記など、ごく僅かの場合に限られます。日本ではこの点が法人の効果とは言いにくいのです。

(ii) 法人の名において訴えられ又は訴えること。但し日本では、民事訴訟法二九条により、「法人でない社団又は財団で代表者又は管理人の定めがあるもの」につき、この効果を認めています。判例も、ここでいう「社団」に組合を含むとしていますので、日本ではこの点も「法人」の標識となりません。

(iii) その名で負う債務につき、その名で有する財産に執行されること。法人名義の財産が第一次的な責任財産であるということで、構成員の財産が第二次的に執行される場合もあります(無限責任)。日本の有力学説は、組合においても、組合の財産が第一次的な責任財産であると解していますから、この点も大差がなくなります。

② 第二は、法人の構成員が個人の名で負う債務について、法人の名で有する財産に執行することができないこと。従来意外と気付かれなかった点ですが、「法人」が認められてきた歴史からは、これが「法人」か否かの分岐点でした。但し、日本民法においては、組合においても、民法の解釈として、組合員の組合財産に対する持分の差押えは無効と解されています。組合はこの点で法人と同じ効果を有することになります。

③ 第三は、法人の名における債務につき、法人の財産では弁済することができない場合にも、債権者は構成員の財産に執行することができないこと。構成員の有限責任であり、法人のマクシマムの効果ということになります。法人にも、この場合に構成員個人の財産を差し押さえることのできる場合、つまり構成員の無限責任の認められる場

合があるからです（日本では、合名会社の社員、合資会社の無限責任社員、無限責任中間法人の構成員）。つまり、法人であることから、その構成員の有限責任が当然に帰結されるものではありません。有限責任か無限責任かは、別個の考慮に基づいて決められるべき事項です。

要するに、法人の実質的な意味は、構成員の財産から多かれ少なかれ独立した、固有の財産を所有することです。最近の教科書から引用しますと、「社会的な活動面では法人格は必須ではない」が、「団体自身が権利義務の統一的な帰属点になること」が、ある団体が法人となることの法技術的な意味であるとされます。権利の帰属と権利の行使を分けることは、江平先生の「主体法」と「行為法」に対応します。しかし進んで、「統一的な帰属点」（江平先生の言われる「主体」）とは何を意味するかを考えてみましょう。法人になると、それに帰属する財産につき構成員の権利義務はなくなるのかという問題です。

(3)　団体の構成員の地位（権利義務）

二つの問題があります。第一は、団体の財産の使用収益処分、及び団体活動から生ずる利益について、構成員の権利はないか、あるとしてどのようなものか、ということです。第二は、構成員も法人と共に権利義務の名義人であることはないのか、です。

①　第一の点については、結論として、構成員は場合により直接に、少なくとも間接的に団体の財産に関与しているということができます。ただ、関与の態様は多様です。

(i)　法人においては、「社員権」として扱われている事項です。法人の側から見ると、法人の意思決定の問題であり、そのための機関や手続、多数決の割合などが問題です。

法人の得た利益については、構成員に利益配当請求権、及び又は、残余財産分配請求権があるか否かの問題で、日本法上は、営利法人、中間法人、公益法人によって異なった扱いがされています。特別法上剰余金の分配が認められる法人もあり、立法は多様です。

(ii) 組合について、日本民法は、財産の帰属と、組合の業務執行との二ヶ所で規定しています。両者の組合財産に対する適用関係は、はっきりしませんが、多くの学説は、民法上も組合財産が純粋の共有と異なって扱われているゆえに、財産についての持分の問題として、業務執行の対象と考えているようです。

組合においては、利益の配当が可能なことが前提となっています。

(iii) 結論として、ここでも、ある団体が法人であるか否かは大きな問題でなく、団体の財産とされるものの管理処分や、剰余金の分配の問題として、団体の性格に即して種々の扱いがなされるべきことが示されています。

② 法人の構成員は、法人と共に法人財産の共同帰属者になることはできないか。これが最後に残された問題です。日本の学説において、正面からこの問題を扱ったものは見当りませんでした。しかし、「統一的帰属」が言われることからも、それを否定することが当然とされていると思われます。団体財産や契約当事者の名義の問題だけからも、実際上、また法律技術的な困難があるように考えられます。

〈報告者のものを中心とした文献概観〉

二につき：星野英一「私法における人間」同・民法論集第六巻（有斐閣、一九八六）（初出一九八三）

同・民法——財産法（放送大学教育振興会、一九九四）〈第五講〜第七講〉

大村敦志「人——総論」ジュリスト一一二六号（一九九八）

三につき：星野英一『民法——財産法』〈第六講〉

同「新しい人権」同・民法論集第九巻（有斐閣、一九九九）（初出一九九三）

大塚直「保護法益としての人身と人格」ジュリスト一一二六号（一九九八）

広中俊雄・民法講要第一巻（創文社、一九八九）

〈附表〉

		法人				特別法上の法人	権利能力なき社団	組合	共有
		営利法人	中間法人		公益法人				
			有限責任	無限責任					
権利義務の帰属									
名義									
意思決定	使用								
	収益								
	処分								
執行									
代理									
持分									
責任財産	団体財産								
	個人財産								
個人債務	個人財産								
	団体財産								
利益処分	利益配当								
	残余財産分配								

四につき：我妻栄・新訂民法総則（岩波書店、一九六五）〈第一章第三節「法人」〉
同・債権各論中巻二（岩波書店、一九六二）〈第三章第一二節「組合」〉
星野英一「いわゆる『権利能力なき社団』について」同・民法論集第一巻（有斐閣、一九七〇）（初出一九六七）
同「法人論」同・民法論集第四巻（有斐閣、一九七八）（初出一九七一）
同・民法概論Ⅰ（良書普及会、一九七一）〈第五章「法人」〉
同・民法概論Ⅳ（合本）（良書普及会、一九八六）〈第一一章「組合」〉
同「家族法は個人関係の法律か、団体の法律か」家族〈社会と法〉一四号（一九九八）〈本書所収〉
山田誠一「団体、共同所有、および、共同債権関係」星野英一編集代表・民法講座別巻1（有斐閣、一九九〇）
四宮和夫＝能見善久・民法総則〔第六版〕（弘文堂、二〇〇二）〈第二編第二章第三節「法人」〉

〔追記〕　二〇〇二年八月に、本文冒頭にあるように、「日中法学研究会」の基調報告として報告された原稿。「目次メモ」には「国際民商事法セミナー学会」とされているので、国際民商事法センターが毎年開催している「日中民商事法セミナー」における報告ではないかとも推測したが、国際民商事法センターの関係資料中に該当する学会・セミナーは発見できなかった。原稿にはいくつかのヴァージョンがあるが、「報告用オリジナル」と赤ボールペンで著者自身によって記入されたもの（挨拶等を簡略にしたもの）を収録した。この問題に関しては、著者自身が参考文献に掲げる「私法における人間」民法論集第六巻、「いわゆる『権利能力なき社団』について」民法論集第一巻所収があるが、両者を結びつけて論じている点に特徴がある。

非営利団体・非営利法人の立法——日本法の轍を踏むな

一　はじめに

二　日本における法人の立法

三　学説の発展と現状

四　法人制度立法にあたって考慮すべき事項の概観

五　日本で現在問題になっている点

六　日本の混乱をきわめた経験から示唆される点

一　はじめに

社会には、個人と並んで、種々の団体があり、活動している。団体は、個人の集まりであるために、特別の法律的規制を必要とすることとなる。団体が権利を有し義務を負う場合には、構成員全員の権利義務になるはずであるが、法律的取扱いの便宜その他種々の理由から、団体自体に権利義務が帰属するとの法律構成が採られるようになる。これが、権利義務の主体として個人と並ぶ存在である「法人」である。

団体が社会的活動をしている以上、国家は、何らかの規制をすることとなる。それは、その活動それ自体の禁止や奨励をするいわば公法的規制と、構成員相互の関係や、第三者との関係を規律するいわば私法的規制とがありうる。前者は、各国の時々の政治により異なったものとなる。後者は、法人制度が、人間以外の存在を人間と並ぶ権利義務の主体とするという高度の法律的技術であるから、普遍的な技術をもたらす。

この点において、日本民法の法人制度は、編纂の時から欠陥の多いものであり、その後それを補正するための特別法、判例、学説、行政的規制が十分な体系的考慮なく積み重ねられたため、日本の法人法は、乱雑な様相を呈している。しかしこのことは、団体や法人の立法に細心の注意を要することを示す点で、新しく民法編纂をする際に参考になるものを多く含んでいる。

以下には、日本における法人法につき、民法典を中心とする立法の流れと、法人を扱った学説の変遷を概観し、法人法の立法に際して問題となる重要な点について列挙したい。

二　日本における法人の立法

1　民法典

民法典における法人の規定には、二種の欠陥がある。第一は重要なもので、法人になることのできる団体が限定されている（団体には法人になれないものがある）ことである。第二は立法技術上のもので、明晰でない用語や表現が使われていることである。

日本民法は、二種の法人を規定する。公益法人と営利法人である。

第三四条　祭祀、宗教、慈善、学術、技芸其他公益ニ関スル社団又ハ財団ニシテ営利ヲ目的トセサルモノハ主務官庁ノ許可ヲ得テ之ヲ法人ト為スコトヲ得

第三五条第一項　営利ヲ目的トスル社団ハ商事会社設立ノ条件ニ従ヒ之ヲ法人ト為スコトヲ得

(1)　これらによれば、「営利を目的とする」社団は、一定の条件を満たせば法人となることができるが（三五条）、営利を目的としない社団は、限られたもの、つまり「公益に関する」社団しか法人になることができない。社団のうち「営利を目的としない」が、「公益に関しない」もの（これを「中間法人」と呼ぶことが多い）は、法人になることができない。これが民法の穴で、大きな欠陥である。

(2)　条文の解釈問題も多い。①「営利を目的とする」とは、どのような意味であるかが明確でなく、解釈の争いを生んだ。収益を上げる事業を行なうことを意味するか（ドイツの「非経済的法人」はこの意味のものである）、上がった収益を構成員に分配することを意味するかであり、後者の解釈が多数説となっている。しかし最近では、種々の協同組合法の成立を機縁として、「配当」という形で収益を分配することに限るか、それ以外の形（消費生活協同組合法で

は、「割戻し」を認める）で収益や剰余金を渡す場合を含むか、という問題が生じている。

② 公益に「関する」と言う表現も漠然としていて、かなり広い――つまり相当多くの社団が法人になりうるように見えるが、立法直後から、「公益を目的とする」との解釈が支配的になり、狭いものとなった――法人になりうる社団がより限定された――。しかし、公益を「目的とする」という表現の意味も明解ではなく、疑問を生んだ。公益法人を広く認める意図をもって、条文の言葉どおり公益に「関する」ものであればよいとする解釈もごく少数ながらなお存在した。

③ 「公益を目的とする」の意味については、既に法典起草の際に議論されていた。例えば鉄道事業は公益事業であるから、鉄道会社は公益を目的とする法人ではないかとの質問がなされている。しかしここでは、もう一つの要件である「営利を目的としない」によって排除されることが明らかにされた。「営利を目的とする」の意味については、既に起草者が、前述した考え方（その団体が得た利益を構成員に配当することを意味するもので、その行なう事業の「性質」「種類」が公益事業であることは、それが公益法人になるとか、営利法人ではないこと）を意味しないと述べていた。

④ 両法人につき、「目的とする」の意味が明瞭でない。立法の際の議論以来、「直接の」目的と「間接の」目的とに分けて説明されることが多かったが、論者のいう「直接」「間接」の意味が反対の場合さえあって、議論は錯綜している。鉄道事業を営む会社の例をとっても、収益を得てそれを社員で分けることを直接の目的とし、その手段として鉄道事業を行なう、という言い方もできるが、会社の直接の目的は鉄道事業を営むことで、その結果として得る利益を社員に分けるという言い方もできるからである。ドイツでは、現実に行なう事業（目的）をGegenstand、いわば終極の目的（営利など）をZweckと呼んで区別しているようである。そうだとすると、日本民法三五条の「目的」はZweckにあたるが、同三四条の「目的」はGegenstandにあたることになりそうである。

⑤ 「公益」とは何かも、必ずしも明瞭でない。その後、「不特定多数人の利益」とされ、ほぼ異論がなくなって

はいる（つまり、「構成員だけの利益」ではない）。もっともこの点は、立法上は「公益を目的とする」の意味さえはっきりさせておけばよいから、抽象的に議論する意味はないが、理論的には根本問題である。

このようにして、不明瞭な条文の一部には多数説が形成されたが、問題点としては残っていて、少数説はなお存在する。民法典の穴は埋まらないままであった。

実は起草者の一人も、民法の穴に気がついていた。富井政章は、一九〇三年に刊行されたその体系書において（『民法原論第一巻総論』二三五頁）、「産業組合、相互保険会社及び会員組織の取引所」などがそれにあたるとして、ドイツ民法のように経済上の目的を有するか否かで区別するほうがよいのではないかと述べ、ただそれらは特別法によって規定されるから、実際上の不便はほとんどないとしている。その後もこの不備は学者によって意識されてきたが、例としては、富井の挙げたものには特別法が存在するので、学会、労働組合、社交クラブなどが挙げられることが多い。

実際上重要であったのは、公益法人は、民法典施行とほぼ同時に、税法上も優遇措置が認められたことである。公益法人になることのメリットは、実際はここにあった。

2　この欠陥に対処し、また税法上の利益を享受するために、公益法人になることを望む団体は、条文の曖昧さを利用して、例えば同窓会であれば、その所有する会館を一般に開放し、講演会を開催するなど公衆向けの事業をしたり、一定のスポーツ（相撲、ゴルフなど）の実行や観戦の機会を提供しそれを奨励することは「公益」であると主張したりして、「公益を目的とする」団体として許可を申請し、管轄官庁も許可を与えることが、第二次大戦前は少なくなかった。かくして、収益が上がるがそれを社員には分配せずに内部留保してその額が莫大な公益法人も少なくないと言われている。

また、多くの特別法によって法人が認められてきた。特に戦後、各種の協同組合、学校法人、医療法人、社会福祉法人、宗教法人など、重要な法人がそれぞれの管轄官庁の主導下に立法された。

3　戦後に至り、公益法人の種々の問題点が立法府や行政庁によって気付かれてきた。戦後の急速なインフレによって多くの財団法人が活動不可能になったことも機縁となり、各省庁は、自己が権限を持つ公益法人につき、基本財産の最低限や、定款・寄付行為の基準を作成して、許可の要件を厳格にするようになった。

民法典自体の欠陥も意識され、既に一九六四年には、臨時行政調査会が中間法人制度を制定すべきだとの意見を述べており、一九七一年には、当時の行政管理庁が中間法人の創設を勧告している。法務大臣の諮問機関である法制審議会は、同年からその検討を開始して一九七五年に至ったが、難問であって議論が紛糾したなどの理由もあり、より急を要すると考えられた他の問題の検討に移り、審議は自然中断となった。

一九九六年七月に、当時の与党三党（自由民主党、社会民主党、新党さきがけ）による、行政改革の観点からの公益法人のあり方に関する検討の結果として、その事業内容が営利企業の事業と競合するに至った公益法人に営利企業への転換を求めると共に、非営利法人制度の創設を検討する旨の「与党行政改革プロジェクトチーム」の提言がなされた。この提言を受けて、同年九月に「公益法人の設立許可及び指導監督基準」が閣議決定され、許可の基準は一層厳しくなった（なお、一九七二年には、「公益法人設立許可審査基準等に関する申し合せ」が、当時の「公益法人監督事務連絡協議会」によって作成されていた）。同年一二月には、政府の「公益法人等の指導監督に関する関係閣僚会議幹事会」において、「公益法人の設立許可及び指導監督基準の運用方針」が申し合わされた。それらを受けて、法務省は、同一〇月に民事局内に研究会を設けて検討を開始した。当時法制審議会民法部会長であった私が座長となった。

公益法人の営利法人への転換については、立法によることなしに種々の手続を組み合わせて可能であるとの結論とその手続についての報告書を公表した。これを受けて、一九九八年に、前記関係閣僚会議幹事会において「公益法人の営利法人への転換に関する指針」が申し合わされた。その検討の終了後、同研究会は中間法人制度の検討に進み、一九九九年九月に「法人制度研究会報告書」を発表した。これを受けて、法制審議会が検討を行い、内閣提案の法案ができ、国会を通過して二〇〇一年に公布されて（法律四九号）、二〇〇二年四月に施行された。これが「中間法人法」である。

同法は、「社員に共通する利益を図ることを目的とし、かつ、剰余金を社員に分配することを目的としない社団」（二条一号）を、一定の要件を充たした登記をすることによって成立するものとした（「準則主義」）（「共益法人」と呼ばれることがある）。公益に関することなく営利を目的としない法人について規定するのでなく、「社員の共通の利益を図る目的」を要する点で、理論的にはなお穴の一部が残るが、実際はそれにあたる法人はありえないと考えられるので、実際上は穴がなくなったと言うことができる。

4 この間、とりわけ阪神淡路大震災以後急速に発展してきたヴォランティア活動団体、市民活動団体、NPO（Non Profit Organization）、NGO（Non Governmental Org.）などについて、活動の推進をはかる方策の一つとして、法人格を容易に取得する道を開くべきであるとの主張が盛んになり、議員立法として一九九五年以来三つの法案が提出され、審議は長引いたが、一九九八年に成立、公布、施行された。題名は、提出政党によって異なり、当初の与党法案は「市民活動促進法案」だったが、「特定非営利活動促進法」となった。これは、営利を目的とせず、別表に具体的に列挙された活動に「該当する活動であって、不特定かつ多数のものの利益の増進に寄与することを目的とするもの」を行なう団体である（二条一項・二項）。都道府県知事または経済企画庁が管轄する（九条）。管轄官庁の「認証」によって成立するが、要件が充たされているときは、認証がなされなければならない（一二条一項）。つまり、これは公益法人に関する特別法であって、設立の要件が緩和されたものである。その点で画期的な立法であるが、民法の穴を埋めたものではない。

5　政府はさらに、非営利法人制度全体の改革を行なうこととし、二〇〇二年三月に「公益法人制度の抜本的改革に向けた取組みについて」と題する閣議決定をし、これを受けて内閣官房行政改革推進事務局と政府税制調査会による検討が行なわれた。NPO法人や公益法人の猛運動もあって、審議は予定より遅れ、二〇〇三年六月二七日に、「公益法人制度の抜本的改革に関する基本的方針」と題する閣議決定が出された。そこでは、「公益性の有無にかかわらず新たに非営利法人制度を創設」し、「準則主義（登記）により簡便に設立できるもの」とし、中間法人制度、NPO法人制度との関係を整理し、「公益性を有する場合の優遇措置の在り方」については引き続き検討するものとしている。当初、非営利法人には税金の優遇措置を廃止するという議論の方向が、先の運動によってやや変わったものである。これに基づく検討は、内閣官房公益法人制度改革推進担当室が事務局となり、審議会のようなものを作って進められることになっているが、現在のところ進んでいない。

6　民法学者の間でも関心が持たれ、一〇月上旬に開催された二〇〇三年度日本私法学会では、「団体論・法人論の現代的課題」と題するシンポジウムが行なわれた。

三　学説の発展と現状

日本における、団体や法人に関する学説の発展は、四つの時期に分けることができる。

1　民法典の規定の解釈の時代

法典編纂直後に、その解釈に専心する時期が来るのは、自然である。しかも、先に述べたように、民法三四条・三五条の規定は、文言がやや不明確であって、異なる解釈が可能であるものが多く、学説も分かれていた。しかし次第に圧倒的多数説が形成されて、現在に至っている。例えば、「公益」とは「不特定多数人の利益」とし、公益「に関する」を公益「を目的とする」とし、「営利法人」とは収益を上げる事業を行なうものでなく、上がった利益を社員に分配する法人であるとするなどである。これらは、後に我妻栄『民法講義』にほぼ引き継がれて、ほとんど唯一の説に近くなる。

2　「法人理論」導入の時代

ドイツ、フランスにおいて議論された、法人の「本質」は何であるか、つまり法人は法律の定める擬制（fiction）であるか、法人は実在するものであるかという議論は、解釈論において多数説が形成された時期に日本にも紹介され、どれを採るべきかが論じられた。ミシュー、サレーユ等のいわゆる「組織体説」を採るものが多くなった。規定の解釈論において多数説の形成された後は、教科書において「法人理論」の項を設けてこれを紹介することが通常となり、それ自体の検討はあまり行なわれなくなった。ただ、サヴィニー、イエリング、ギールケ等のドイツの法人理論についての詳細な検討が若干の学者によって続けられてきた。

第二の時期を通ずる学者の傾向は、社会の団体には組合と社団が存在し、組合は社団でないから法人格のないのが当然であるが、社団には、広く法人格を与えるべきであるとし、法人は構成員の有限責任を帰結するなどとするものであった。

3　これに対し、団体の法律問題と法人の法律効果、法人の背後にある社会学的実態と「法人格」の持つ法律的意味とは分けて考えるべきものとし、そもそも「法人格」とは何か、ある団体が法人となることによって、どの点でそれ以前と相違が存在するのか、という、「法人格」の法律技術的意味を徹底して追求する傾向が現われた。既に第二の時期においても、法人格の社会的意味の追求を行なう者もあったが、ここに至り、法律技術としての「法人格」の意味に絞って検討しようとする努力が行なわれた。「法人」のミニマムの効果は、①その名において権利義務を有し、その名において訴え又は訴えられる主体であること、②歴史的に重要な点は、法人構成員の債権者が法人の財産を差し押さえることができないことを意味するとする。③法人のマクシマムの効果は、法人の債権者が構成員の財産を差し押さえることができない場合のあること、それは、ある意味でもっとも進んだ法人形態であって（株式会社、公益法人など）、全ての法人に通ずるものではないこと（合名会社など）が指摘された。これらの点は、現在の学者のほぼ共通の理解となっている。そして、法人の規定の問題と、諸種の団体の禁止から優遇などの問題は、これとは別個の、社会において団体が果たすべき、あるいは団体に認められるべき役割についての国家の原理及び政策の問題であることにも、ほぼ見解の一致がある。

4　さらに、法人の法律的意味をその社会学的実態や機能と関連させて検討しようという傾向が現われ、二〇〇三年一〇月の日本私法学会シンポジウムで示された。これは、非営利法人ないし公益法人が立法問題となってきたこととも関係する。第四期は立法論の時代でもある。次元を異にする多くの問題がある。「公益」とは何か、そもそも「公」と「私」の関係をどう考えるかという、社会哲学・国家哲学の問題から、団体の種類・性格が各種の法人（例えば医療法人、学校法人など）の規定の相違にどうきめ細かく反映させるか、といった具体的問題まで、改めて検討されつつある。民法学者は、営利法人である会社やいわゆる公的な法人を含めて検討を進めるべきことも主張されている。また憲法と関連する課題として、「結社の自由」と「法人格取得の自由・不自由」が、両方の学者によって検討されている。前者は、日本国憲法上の原則だが（二一条一項）、後者は政策的決定の問題とするものが多い。「法人格」の意味からは、法人格取得にはそれほど大きな効果がなく、フランス革命後一〇〇年の間の、非営利法人法制が欠けていたことは、団体活動の禁圧ないし制限の手段としては論理必然的なものでなく、あまり意味もないことは、第二次大戦後既に指摘されていた。

四　法人制度立法にあたって考慮すべき事項の概観

1　どのような問題が存在するかを全面的に整理・概観しておくことがまず必要である。そのために、各国に既存の法人の規定と、団体に関する規定、具体的には組合の規定、さらに共有の規定をも含めて、眺める必要がある。時間の関係で、別表（これは、以前に、今日ご参会の方を含め、一部の方にはお見せしたものに若干手を入れて整理したものである）をご覧いただき、私が特に注意すべきであると考える点のみ一言する。

2　根本的視点として、団体の問題と法人の問題、及び私法の扱うべき問題と公法の扱うべき問題を分けて検討することとが必要である。

(1)「法人」と団体

法人と法人でない団体との違いは、権利義務の帰属者が、法人であるか、団体構成員全員であるか、にある。権利義務が法人という、人間でないいわば観念的な存在に帰属することになると、権利等の取得・処分、設定・変更（以下「処分」と呼ぶ）を誰が行なうのかという問題が生ずる。あたかも、物心のつかない幼児に属する権利義務を誰が処分するかと同じ問題である。この点では、法人は意思能力のない者と同様であり、代理人を必要とすることになる。その選任方法、その行為形式（代理における「顕名主義」）、そのできる行為の範囲（代理における「代理権の範囲」の問題）が問題である。

(2) 団体に共通の問題

大別して二つある。

① 第一は、団体の内部関係に関するものである。

(i) その一は意思決定に関する。（a）権利義務の処分についての意思決定を誰が（どのような行為は構成員全員、どこからは理事等の執行機関の専決）、どのようにするか（全員一致か、多数決か、単純多数決か加重された多数決か、決定される事項の累計によって異なるものとするか）と、（b）決定された意思の実行（執行）の問題（誰が、どのような形でするか）である。

(ii) その二は、構成員は、（a）団体活動から得られた収益ないし剰余金の分配を請求することができるか（利益配当請求権の存否）、（b）団体が解散するときに、残った財産の分配を請求することができるか（残余財産請求権の問題）、という問題である。日本民法上の法人にあってはその違いに応じて営利法人、公益法人及び中間法人の区別があり、組合は利益分配をするものが規定されている（六七四条参照）。（c）この点について最近の日本では、「営利」の意味についても問題にされていることは一言した（二1(2)①）。

② 第二は、債権者が差し押さえることのできる財産の範囲の問題であって、「責任財産」の問題とされるものである。二方向の問題がある（二3参照）。

(i) 構成員の債権者が、団体に属する財産（のその構成員が権利を有する部分）を差し押さえることができるかは、日本を含み最近あまり強調されないが、歴史的には（イギリスの東インド会社、フランスの一九世紀における組合は法律の規定がなくても法人であるとする判例学説＝「組合法人論」の例）、ある団体を法人とすることの意義として論じられたものであり、今日でも当然のこととされている（構成員の団体の一員としての地位を差し押さえることを可能とする規定〔日本商法九〇条。日本民法六七六条一項の解釈〕の存在がこのことを間接に示している）。

(ii) 団体の債権者は、構成員の個人財産を差し押さえることができるか。構成員の有限責任、無限責任の問題である。現行の諸法に定める法人にも両者があるので（日本の中間法人法には、有限責任中間法人と無限責任中間法人の二種が規定され、規制もかなり異なっている。重要な一つは、前者においては、最低三〇〇万円の基金を有することが必要なことである〔法一二条〕）、立法に際して相当の考慮を要する点である。

(3) 法人でない団体に固有の問題

権利義務が全員に帰属すると言っても、どのような態様で帰属するかということである。ここで、共同所有制度との接点が現われる。つまり、いわゆる共有のほか、合有、総有のどれにあたるとするかといった問題である。

(4) 「持　分」

団体においてよく使用されるのは、「持分」という用語である。構成員が団体に対して有する権利義務を一括して用いられているが、構成員が利益配当請求権を持たない場合には、「持分がない」とされる。つまり、持分があるということは、ある種の財産的権利を団体又は団体所有の財産に対して有することであるが、種々の内容を含んだ意味に用いられるので、この用語を使うときには、どの意味であるかを、明文でなくてもよいから、明らかにしておく配慮が望ましい（我妻栄・民法講義・債権各論中巻二は、組合の「持分」が六つの用法で用いられることを指摘している）。ただ、それが譲渡され、相続され、脱退の場合に払い戻され、差し押さえられるなどの点でほぼ共通しているので、それらについてこの用語を用いることは差し支えないであろうが、それらの効果についてもかなり注意して規定する必要がある。

以上の諸点は、必ずしもその全てが各国の民法その他の法律において規定されてはおらず、どこにおいても、少なからぬ解釈論を生んでいる。立法に際しては、法人・団体の類型に応じ、一つ一つ検討して決めなければならないが、どの点まで法律で規定すべきかも、かなりの難問である。民法典その他特別法を有する国の経験を参考にしつつ、各国の諸事情に応じて決定されるべき事項であろう。

(5) 法人・団体の設立の可能性・設立後の監督

実際上最も重要な点は、団体の種類に応じた、設立に対する国その他公共団体の介入と、活動の自由とその制限の問題である。現在の日本において、民法上の公益法人の設立における官庁の許可主義と、官庁の監督を廃止すべきことが説かれていることは、一で説明した。しかし、民法の規定の理由は、民法典編纂期における国の政策によるもので、公益的な仕事は本来国が行なうべきもので、私人が行なう場合は公益的な活動をするように監督する必要がある、そうしないと「公益」の名のもとにおかしなことが行なわれては困るという考え方である（私はこれを、「公益国家独占主義」と呼んでいる）。これは、私人による公益活動を促進すべきこと、国の仕事を減らすべきこと（「規制緩和」の一環）が理由である。しかし「公益法人」という以上は、何らかの監視が必要であることは否定できない。規律には、内部からの規律と、外部からの規律がある。内部的には、執行機関に対する種々のコントロール制度、徹底した方策としては株式会社における株主代表訴訟制度類似のもの、外部的には、情報開示、同じく執行機関に対する監視、徹底した方策としては住民訴訟制度類似のもの（一般公衆にも認めるか、社員でない寄付者や出資者にも認めるか）を検討し、場合により創設すべきこと（これらを含め、会社と同様ガバナンスの言葉が使われている）、政府ないし民間の監視委員会を置くことなどが提案されている。しかし、未だ具体案は提示されていない。

以上の効果を組み合わせ、どのような法人を規定すべきかが、立法上の難関である。

(6)　法人の種類

民法（むしろ私法。民法典ではなく）の中で法人の種類をどうするか（営利法人と非営利法人〔日本〕、経済法人と非経済法人〔ドイツ〕などの二分類か）、公益法人を別に規定するか（特別法に定める立法〔フランスは一般的に。ドイツは個々の公益法人について〕もある）が、大きな問題である。規定の最初に来る問題だが、立法する際の順序としては、上に挙げた具体的な要件・効果を組み合わせて検討しながらまとめてゆくのが望ましい。

五　日本で現在問題になっている点

1　法人の種類を、営利法人のほか、非営利法人一本にするか、中間法人と公益法人とするか、が盛んに議論されている。非営利法人一本にするとしたならば、それを民法の中に置くか、特別法とするか（民法典の公益法人の規定は改正又は削除される）。どちらにしても、ＮＰＯ法人法をどうするかは、難問である。

2　公益法人制度を置くとした場合には、その定義が問題だが、現行法のように「公益を目的とする」としておくならば、その意味を改めて検討しなければならない。現在のように、「営利を目的としない」で、何らかの公益目的に役立っているとか、何らかの公益事業を幾らかやっていればよいとするのでは、「公益法人」が増えるだけのことで、根本的な改革にはならない。具体例を挙げると、職能団体や事業団体は、公益法人か中間法人か。それらの活動が、結局は「不特定多数人」の利益になっていることは確かであり、そのことを理由として、それらの法人には、みずからを公益法人であると主張するものが多い。しかし、それらの直接の事業は、構成員の能力・資質・事業の発展である。その間接の効果が、国民つまり「不特定多数人」の利益になるのである。各種協同組合がそのようなものと考えられているのと同様に、それらも本来中間法人と解すべきである。

私は、「中間法人」と異なる「公益法人」を、次のように定義したらどうかと考えている。「社員及び役員以外の不特定多数人の利益のみを図ることを目的とし、かつ、営利を目的としない社団又は財団」というものである。その趣旨は、前述した本来中間法人たるべきものを排除し、純粋に「利他的な（altruistic）目的のもののみを公益法人にし、一方でガバナンスを厳しくすると同時に、税制その他の点で優遇措置を講ずるのが適当と考えるからである。しかし、「のみ」では厳しすぎるとの批判もあり、日本では、理論的に検討されるべき課題として残っている。実際は、現に法人となっているそれらの団体の圧力が激しく、今後の予想はつかない。しかし、私は、ここで妥協すると、公益法人改革どころか、ますます混乱した状況になることを恐れている。「目的」の意味がはっきりしないことが（二1⑵④参照）、難問を生んでいるのである。

六　日本の混乱をきわめた経験から示唆される点

以下のものがある。

① 第一に、民法の法人につき、穴のない制度を初めから作っておくことである。協同組合を始めそれぞれ別個の規定を持ち、法人の特別法が多く必要となることは確かだが、それらに通ずる公益法人ないし非営利法人及び営利法人の一般規定を民法に備えておくべきである。

② 民法には非営利法人一本を規定するにしても、営利の意味を明瞭にしておくべきである。三2①(ii)（c）に示したものである。

③ 何らかの方法で公益法人制度を規定する場合には、その要件とその書き方（「公益を目的とする」でよいか）に

十分注意する必要がある。

④　法人の法律技術的意味は抽象的に明らかであるとしても、具体的な法人制度（営利法人・非営利法人・中間法人・公益法人・特別法による法人、「公法人」）の内容は、歴史的事実としても、時と所によって多様であった。これは結局、各国家・社会において国・個人・企業・市民活動の関係をどうするかという国家・社会の構造についての基本原理と政策の問題によって決まることであり、きわめて政治的な問題であることに留意しなければならない。民法学者にも、社会哲学、商法や行政法の教養が必要となっている。しかし、①〜③に述べた問題と、それらを考える際の私法上の問題点は、きちんと押さえておかなければならない。

〈**附表**〉 団体・法人・共同所有における問題

		民法上の法人				特別法上の法人	権利能力なき社団	組合	共同所有		
		営利法人	中間法人		公益法人				共有	合有	総有
			有限責任	無限責任							
権利義務の帰属											
名義											
意思決定	使用										
	収益										
	処分										
	執行										
	代理										
団体債務	団体財産										
	個人財産										
個人債務	個人財産										
	団体財産										
利益処分	利益配当										
	残余財産分配										
持分											

〔追記〕 二〇〇三年一〇月に、第二回中日民商法研究会（済南、山東大学）で報告された原稿。中国語では、渠涛訳「非営利団体和非営利法人在日本的立法——日本的前車之鑑」中日民商法研究第二巻（二〇〇四年）として公刊。原稿には「第一稿」「第二稿」という書き込みがあるものも残されているが、報告用の最終稿とみられるもの（二〇〇三年一二月末に、雑誌掲載のためにＦＡＸで上記学会事務局の渠涛教授宛に送られたと推測されるもの）を収録した。このテーマに関しては、「公益性を有する非営利法人の捉え方と法人制度上公益性を判断する意義について」と題する草稿が残されているが、これは、公益法人協会において二〇〇四年に行った報告の草稿と思われる。日本国内での報告であり、かつ、不完全な原稿であることに鑑みて、本書には収録していない。なお、本稿では法人に関する条文がカタカナ書きで引用されているが、周知の通り、その後、現代語化が実現し（二〇〇四年）、続いて、一般法人法が制定されている（二〇〇六年）。

物権と債権——立法の基本に立ち戻って

一　はじめに

二　現在の日本の学説

三　現在の多くの学説に対する疑問と再検討

四　結　語

一　はじめに

物権と債権の問題は、既に昨年の本学会において、日本私法学会における報告を参考にした報告がなされた。それらは、報告者の立場に立って両者の関係等を説明する、かなり高度に理論的なものであった。しかし今日は、もう一度出発点に立ち戻って、同じ問題をごく基本的な所から考えてみたい。そのことが、民法典の立法作業中である中国にとっても、民法典を持っているがロー・スクールという、現行法を前提として実用的な法律能力を養成する教育が開始されている日本にとっても、意味のあることではないかと考えられるからである。もっとも、報告者とほぼ同じ観点をとって説明している教科書・論文も既に存在するので、この報告では、これまであまり言われていなかった点について報告者の見方を述べたい。初学生向けの話のようで易しすぎるとの批判もあると思うが、法律専門家が平素案外気のついていない点に触れうることを望んでいる。

問題は、そもそも物権と債権との違いをどのように考え、立法するかにある。

二　現在の日本の学説

(1)　日本では、ある時期から、教科書の書き方が、法学部学生の教育の目標を検討し、それに相応しい教科書を作るように意識され、変わってきたとされる（大村敦志・基本民法Ⅰ〔後掲〕はしがきⅱ頁）。そこで、著者の言うそれ以後の教科書として三種、それ以前も著者により「意識的な教科書」として挙げられている三種から、物権・債権の区別についての叙述を見ることにしたい。そして、本研究会にご列席の近江幸治教授の、通説に立ちつつそこから徹底した思考をしている教科書を取り上げる。

(2) 新しいもの

内田貴・民法I総則・物権総論（東京大学出版会〔第二版、一九九九〕による。初版一九九四）

全体の総論で物権につき「人の物に対する権利」とする（一九頁）。厳密な区別は最後の「物権・債権・私権総括」と題する章にあり、まず、一般に物権とは「物に対する直接の支配権」、債権は「特定の債務者に対して一定の行為を要求しうる権利」とされ、同書も「両者は全く異なるカテゴリーという前提で話を進めてきた。なぜなら、初学者が民法の体系を頭に入れるには、まずこの区別を明確に理解しておくことが必要だからである。」としつつ、「現実に存在している私法上の権利を全て物権か債権かのいずれかに分類しようとすると無理が伴う。」として、「中間的性質の権利」があるとし、不動産賃借権、仮登記をした買主の権利などを挙げ、この区別は典型的なものについては意味を持つが、境界上の権利については「単に言葉の問題でしかなく、むしろ分類に囚われずに、その法律関係に適合した処理を考えていくべきである。」としている（四五五頁以下）。一般的には、「物に対する直接の支配権」と「特定の債務者に対して一定の行為を要求しうる権利」とし、典型的な物権と債権の区別される点として三点を挙げる。①全ての人に対して主張しうる（「絶対性」か、本報告ではこの意味で用いる）か、債務者のみに対する権利（「相対性」同前）か、その帰結としての何人の妨害に対しても排除できる（「不可侵性」同前）か、否か。②同じ物の上に同一内容の複数の物権は存在しえない（「排他性」同前）が、債権においてはそれは可能である。③同じ内容の物権と債権が同じ物の上に成立するときは物権が優先する。具体的には、「売買は賃貸借を破る」こと（後述）と、担保物権を有する者は一般債権者に優先することが挙げられている（四五六頁以下）。

大村敦志・基本民法I総則・物権総論（有斐閣、二〇〇一）

「物権序論」の所で、債権は人に対する権利であり、物権は物に対する権利で、賃借権による物の支配も「あくまでも人（債務者）を媒介としてのもの」であるとし、「以上のことから」二点が言えるとし、物権の絶対性（不可侵性）と債権の相対性、物権の排他性と債権の非排他性を挙げる（二〇六頁以下）。

加藤雅信・新民法体系Ⅱ物権法（有斐閣、二〇〇三）

一応、債権は債務者の行為を請求することを内容とする権利、つまり「人と人の関係」、物権は「特定の物を直接支配することを内容とする権利」、つまり「人と物との関係」としつつ（四頁、二四頁）、優先効（三二頁以下）の有無と排他性の有無（三二頁以下）によって両権利を分け、絶対効（不可侵性）・相対効がその次の区分の基準になっている（六頁、二三頁以下）。物流法定主義と契約の自由が両者の基本原理であるとし、そこから生ずる諸効果を列挙したうえで、それら全体が「密接不離に関係し、……法体系の基礎をなしている」として体系図が描かれる（三三頁以下）。なお、排他性につき、債務者にとって二重に負担になる場合（債権譲渡の場合が挙げられている）には債権にも排他性が認められるとしている（三二頁以下）。区別の標準は前二者とほぼ同様だが、さらに幾つかの原則を加えて、がっちりとした体系を作ったところに特色がある。

(3) その直前の学説

鈴木禄彌・物権法講義（創文社、初版一九六四〔三訂版一九八五〕による）

まず、両者の理論的区別はドイツ民法におけるようには明白でなく、物権編（債権編）に置かれているから物権（債権）としか説明できない権利もあるとする。しかし理念型的な物権と理念的な債権とでは「かなり明白な対立」があるとして、「物に対する直接の支配権」と「人に対する請求権」とし、そこから絶対性と相対性の区別（そこから不可侵性の有無）と、排他性の有無を挙げる。しかし、排他性、不可侵性も決定的な基準にならない例として対抗要件を備えていない物権、仮登記をした債権、不動産賃借権に基づく妨害排除請求権を挙げる。さらに、一般先取特権、留置権、土地賃借権を挙げて、どちらに属するか明らかでないものが少なくないとする（三〇〇頁以下）。

星野英一・民法概論Ⅱ（良書普及会、初版一九七四）〈参考資料〉

まず民法典上、両者の定義もなく区別ははっきりしていないとしつつ、まず民法上言える最低限のことを挙げ、債権においては債務者が予め特定されているが、物権にはそのような者がいないこと、物権には物権法定主義が定められていること（一七五条）、物権には譲渡性があるが（二七二条。永小作権の規定）、賃借権にはそれがないこと（六一二条）を示す。ついで、区別として通常言われている六点（人と人の関係か人と物の関係か、物を直接支配する権利か否か、絶対性と相対性、排他性の有無、優先性の有無、不可侵性の有無）を検討し、排他性以外の点は、現に規定されている諸権利の区別の基準にはならないとする。かくて、区別の基準と言われているものは、所有権と他人の行為を目的とする債権との対比、担保物権と一般債権の対比といった、典型例の観察からの過度の抽象化か、他人の物の使用収益権についてのローマ法以来の歴史的産物の一般化にすぎないとする。結論的には、立法例によっても違い、ある法律においても対立がカテゴリカルではなく、物権性の強いものから弱いものまで連続している。したがって、ある権利が物権であるか債権であるかを論じてもあまり意味がなく、各権利から具体的にどのような権能が生ずるか、生じさせるのが妥当かを個別的に判断するのがよい、としている（三頁以下）。

北川善太郎・物権（有斐閣、初版一九九三〔第三版二〇〇四〕による）、同・債権総論（初版一九九三〔第三版二〇〇四〕による）

物権法と債権法という抽象的な体系にまとめられたのは「近代法の体系の論理的要請であるとともに歴史的事由による」。この体系は、「歴史的条件に規定されて生成したものであって普遍的なものではな」く、「ヨーロッパ大陸ではローマ法の伝統の上に」体系化されたもので歴史的所産ではあるが、「それ自体論理的な区別として実定法化されている。」英米法では物権・債権という基本的な法概念を確立していないことが指摘されている。この基本的な視点に立ちつつ、物権の絶対権・支配権・不可侵性・排他性・優先性について検討し、「一応、両者の特色を示すために有用であるが、必ずしも区別の基準として決め手になるものとはいえない。」として、物権・債権の各種について問題点を指摘し、それらは「むしろ程度差、傾向を示すにすぎないといえそうである」としつつ、排他性と優先性は基準として残るとする（『物権』三〜六頁）。結局、「民法典上は物権と債権とが峻別されているが、両者の区別は理論的にみると法体系上貫徹されていない。」「しかし、典型的な物権……典型的に債権と把握しうる権利」の存在は否定できない。「物権の特質は、典型的な物権である所有権を念頭において検討・確認し、それ以外の物権については、典型的物権との対比でその特質を明らかにするのが現実的である。」（『物権』六頁。同旨、『債権』八頁）。なお、物権は「財貨帰属秩序」に関し、債権は「財貨移転・財貨取得秩序」に関するとの社会的機能的な説明で貫いている。

近江幸治・民法講義Ⅱ〔物権法〕（成文堂、初版一九九〇による。二版あり）

「支配の排他性」という見出しのもとに、物権の物に対する支配は絶対的であり排他的であるとする（三頁以下）。続いて、物権と債権の法律的差異として、支配物を直接的に支配する権利と人にあることをせよと要求ないし請求する権利、絶対性（対抗力・追求効）・相対性（一五頁以下）を挙げている。さらに、日本民法は物権・債権を峻別するパンデクテン体系を採用していることが強調されている（一四頁以下）。区別の基準は他と大差ないが、加藤とは違った意味である体系化を試みている。

(4)　以上から、興味ある点が示される。

①　物権・債権の区別の基準として取り上げられる点は、今日ではほぼ共通しているが、若干の差異がある。誰もが認めるものが「排他性」であるが、その内容については幾らかニュアンスの違いがあるようにも見られる。ついで多くの学者が挙げるのが「優先性」であり、星野を除き認めるが、鈴木がやや懐疑的である。「絶対性」「不可侵性」は、星野・北川を除き認めるが、鈴木はここでもやや懐疑的である。特定人に対する権利か物に対する権利かは、もともと常識的な用語だが、ここでも星野・北川を除き（鈴木を含め）挙げている。ただ、それが比喩的な表現であ

って、物権も、法律上の権利として、結局は、加藤の表現を借りるならば、権利者と、目的物に何らかの接触をもつに至った人との関係になることは、誰もが認めている。具体例についての結論は星野・北川が近い。鈴木は全体として懐疑的な部分が多い。

両者の基本原理として、「物権法定主義」、「契約の自由」を挙げる点と、その社会的基礎が、近代においては、人の物に対する支配しか認められず、人の人に対する支配は認められない（奴隷や農奴、人身売買は認められない）点にあることも共通の認識である。

② 全体の扱い方としては、加藤が徹底して両者の「峻別」を説き、全体の体系性を強調する。北川は、同じく「峻別」を述べつつ、より柔軟に、一方で区別の歴史性を強調するが、他方でその論理性をも平行して強調する。近江も、日本については必ずしもはっきりしないが、峻別を説くように見える。これに対し、鈴木・星野は、両者の一応の区別をするが、その基準が全ての物権や債権にあてはまるものではないことを強調し、特に星野はその連続性を主張する。

③ 叙述の基本的態度ないし方法として、内田の場合は、「教育的見地」から、まず両者の区別をきちんとすべきだという考え方により、鈴木の場合は「具体的な制度のあり方や機能をまず叙述し、定義などは学生自身にあとで自分で構成させるように努力」するという立場から、区別については最後に譲っている。大村も内田に近い立場をとるが、比較的薄い教科書であって「全体の見通し」を重視するから、簡単なものとなっている。星野はまず実定法から出発するという立場をとり、歴史的・比較法的考察の必要を説くが、この点は北川も同様である。近代社会（法）の基本原理を最も強調するのが近江である。最も新しいながら、体系を強調して実践しているのが加藤である。

④ 内田・鈴木・星野は、要するに各権利の内容を検討するのが重要であると述べている。

三　現在の多くの学説に対する疑問と再検討

従来の日本における説明ないし議論に対して報告者の抱く疑問は、幾つかあるが、既に〈参考資料〉に書いたことが多いので、現在の立場からそれを補充すべく、次の諸点に限って述べる。この際、権利の発生原因からのアプローチも加えることが有益である。

(1)　方法　第一に、自国を中心とする民法典の諸規定から帰納することの必要性を強調したい。

次に、歴史に遡ってできるだけ白紙から検討することが、特に立法に際して重要であり、この視点を加える。立法に際しては、一般的に言って、各社会の要請と、法学史を含む各国の歴史の上に立って考えるべきであって、外国の立法例は、十分参考にすべきであるが、その歴史的・社会的相対性を心得ておくべきである。

(2)　具体的な問題として、「物権法定主義―意義」、「物権の排他性」と不動産賃貸借法の歴史、「物権法定主義」と慣習上の物権、「対第三者効」(絶対効)、「優先効」、「物権と債権の峻別」についてコメントする。この際、報告者自身のかつての考え方を若干修正して、物権の特色として「排他性」のほか「対第三者効(いわゆる絶対性)」を加えるべきことについて述べたい。

①　物権法定主義――意義

物権・債権の発生原因に即して考えてみる。法令、契約、慣習である。

日本民法においては、法律で、「物権は法律による以外に成立することができない」と定めている(一七五条)。日本で「物権法定主義」と呼んでいるものである。フランス、ドイツにも、明文はないが、ほぼ同様に解されているが、フランスでは、それほど厳格ではない。numerus clausus の原則などと呼ばれている。重要なことは、その原則の根拠である。債権については、これまた規定はないが、「契約自由の原則」があって、原則としてその内容を当事者が自由に決めることには異論がない。

② 「排他性」

(i) 「排他性」は、物権・債権の違いとして維持されてよいが、理論的に整理すれば、これは権利の帰属に関する問題であって、権利の内容（権能）に関する問題とは次元を異にするものである。権利の帰属の問題と、その内容（権能）の問題を分けるほうがわかりやすいと思われる。

(ii) 「排他性」とは、同じ権利が二重に設定できないという、設定における問題であって、一旦権利が成立した後は、債権においても、その二重譲渡によって同じ債権が二つできるのではない。この場合は、どちらかの譲受人だけが債権者になる。債権の二重設定であっても、不動産賃借権の二重設定については、どこでも規定がないようであり、解釈が国によって分かれている。ドイツでは、債権であるから先に履行を受けた者が（事実上）優先すると解されているようである。フランスや日本では対抗要件具備の前後で決めると解する説が多い。フランスや日本のような考え方をとると、二重設定の場合にも賃借権に排他性に近い性格が認められる（加藤三二頁以下）ことにも留意しておいてよい。加藤はその理由を、債務者自らの意思によってするのだから、債務の二重負担はかまわないが、債権の二重譲渡の場合は、債務者の意思に基づかない二重負担は認められるべきでないという面から説明しているが（前掲箇所）、もっともである。

(iii) なおここで、他人の物を使用収益する権利においては、ローマ法の歴史を背負いながら、各国法の内容には種々の理由から多くの相違点があることを一言したい。

まず、民法典に規定されている用益物権の種類が異なっている（フランスでは、「用益権（usufruit）」と「地役権（servitude）」のみが民法典に規定されている。ドイツでは、永小作権はなく、地上権とフランスの用益権・地役権等をあわせた「役権

(Dienst-barkeit)」とが規定されている)。

物権の内容として、権利の譲渡性については、日本民法では賃貸人の同意なしには譲渡・転貸ができないことになっていて(六一二条)、物権との差異の一例とされ、ドイツでも譲渡転貸は禁止されている(BGB五四九条・五五三条)。日本のボアソナード民法でも、賃借権を物権としたが、その意味の一つが譲渡性・抵当権設定可能性の付与にあった。しかしフランスでは譲渡転貸は自由だがこれを禁止する特約ができるとされており(一七一七条)、原則例外が反対になっている。実際は、禁止特約がなされることが多いと言われているが。

目的物を譲り受けた者に対して賃借人が賃借権を主張することができるか(いわゆる「賃借権の対抗力」の有無、又は「売買は賃貸借を破る」か「破らない」かの問題)が最も重要な点とされる。日本民法では、原則として賃借人には対抗力がなく、例外的に民法は賃借権の登記をすれば対抗力があると定めている(六〇五条)。しかし、後の特別法(現在の借地借家法)によって、簡単な方法で対抗力が備えられることが認められている(一〇条・三一条)。しかし、フランス民法は契約が公証されたもの又は確定日付のあるものであって反対の定めのない場合に賃借権に対抗力を認め(一七四三条)、ドイツ民法は占有取得により対抗力を認めている(五七一条)。ボアソナード民法も同様である。

以上の例から示されるように、他人の不動産を利用する関係においては、利用者の権利が物権であるか、債権であるかによる相違は、立法例によっても異なり、またどこでも、物権だから、債権だからという理由だけで具体的な点の結論が直ちに導かれるものではない。

注意すべきことは、日本民法においては、フランス・ドイツ民法に比べても、賃借人の法律的地位が弱いことである。ボアソナードは、賃借権に対抗力を与え、貸借権に抵当権設定を可能とすることが経済的に必要であるという理由によって賃借権を物権とした。その修正は、一定の要件のもとに対抗力を与える手を承継しつつ、立法当時の賃借人、特に農村の小作人の弱い地位を理由とする意見に従ってこのようになったことは、当時の議論から明らかである。

そもそも賃貸借法はローマ法に由来し、ローマにおける賃借人の社会的・経済的地位の劣弱さゆえに、例えば「売買は賃貸借を破る」との原則が存在したのであるが、各国で既に近代民法典制定時に、経済的理由などから賃借人の地位を高める必要によってこのようになったところ（星野「不動産賃貸借法の淵源」同・民法論集第三巻）、日本の特殊性がこのような規定をもたらした。つまり、不動産利用権の内容は、各国におけるその社会的・経済的・政治的意味に応じて異なるものであって、物権・債権の一般的な「理論」によるものではない。それゆえ、物権・債権の区別の問題から賃借権をはずすことさえ考えられるが、民法典の編纂の体系を重んずる立場からすると、ここに至り物権・債権の区別は、例外とは言えないほどに錯綜していると認めざるをえないであろう。内田がこれを「中間的な権利」とするのは、一つの見識と言えよう。

③　物権法定主義と慣習による物権

日本民法典は、「入会権」につき、慣習によるものと定めている（二六三条・二九四条）。しかも、入会権については登記をしうる権利でないから（不動産登記法一条）、登記なしに第三者に対抗することができる。入会権のついていることを知らないでその土地を買った者は、入会権の負担のついた土地を買ったことになる。ここでは、明文によって、土地の買主や抵当権者等の取引の安全よりは、入会権者つまり慣習上の物権を有する者をより保護しているわけである。

一般論として、物権（どれを物権というかがまさに問題であるが、後に述べるように「対第三者効」の有無によって決めるのが適当と考える）に関する慣習については、民法施行法三五条が定めるところであり、「慣習法上物権ト認メタル権利ニシテ民法施行前ニ発生シタルモノト雖モ其施行ノ後ハ民法其他ノ法律ニ定ムルモノニ非サレハ物権タル効力ヲ有セス」としている。これは、一方で、物権法定主義（一七五条）との関係が、他方で「公ノ秩序又ハ善良ノ風俗ニ反セサル慣習ハ法令ノ規定ニ依リテ認メタルモノ及ヒ法令ニ規定ナキ事項ニ関スルモノニ限リ法律ト同一ノ効力ヲ有ス」

とする法例二条との関係が問題になる。両者は矛盾するようにも読めるからである。民法施行法三五条は、物権法定主義の帰結であると言えるが、民法一七五条の「法律」、法例二条の「法令」に、慣習法が含まれるかが議論になったのである。民法一七五条を重視すれば、「法律」と言うのだから、制定法に限ると解するのが自然のようにも見える。しかし法例二条を重視すれば、法令とあるから、広く慣習を含めても差し支えないとも見える。文言からは、決め手はないと言えそうであり、多くの解釈論があった。日本の判例は、慣習上の水利権、温泉権は広く認め、小作権を認めるのに消極的であった。後者は、当時の地主の社会的地位と小作人の社会的地位を反映したものとされている。

しかしこれは、慣習による物権と、その目的物を取得する第三者とのどちらをより保護すべきかという判断である。通常は農民等である慣習法上の権利者の保護と取引安全の保護との対立である。したがって、各国・各時代における政策的判断の問題と言ってよい。

ここで、物権法定主義の根拠と、物権変動についての登記制度（登記を効力要件とするか対抗要件とするかは、関係がない）との関係を考える必要がある。

物権法定主義の根拠としては、次の点を挙げることができる。

第一は、歴史的・社会的な問題である。すなわち、この原則は、近代革命期において、所有権を強力に保護するために、それを制約する制限物権をできるだけ少なくしようとする趣旨であった。現にフランス民法典には、地上権、永小作権が存在しない。

ここに、これと重複するが、封建的権利を廃止するという思想を加えておいてよい。

第二は、土地その他の不動産の取得者等の安全のために、土地上の権利を公示することが必要になるが、公示の迅速確実性を図るためには、公示しうる権利の数を制限し、その内容をかなりの程度明らかにしておくことが望ましいからである。

この点から見ると、物権法定主義は、土地等の不動産の所有権を取得し、又は抵当権を設定して貸付を行なう者つまり不動産への投資者のための制度であると言いうる。

したがって、物権法定主義を強調して慣習法上の物権をあまり認めないことは、土地への投資者や、自己所有の土地を多くの場合投機的に売却する所有者に有利であって（利用者を排除することができるから）、慣習法上の利用権者つまり農民等の保護にならないことになる。物権法定主義をとり、物権の登記がないと土地の買主に対抗できないことになるならば、多くは法律に疎いそれらの国民の土地からの追放という結果になりかねない。技術的なことだが、多様な形で存在する慣習法上の物権の登記のしかたも厄介な問題を生ずる。

したがって、農村等については、日本民法の入会権の規定を一般化し、「慣習上の利用権」につき、その内容を慣習（法）に任せること、その登記を規定しないことが一つの方法である。「慣習法」としないで「慣習」とし、「物権」としないで「利用権」とするのは、それらの意味につき解釈が分かれるのを避けるためである。

問題は、買主等の取引安全を保護する必要のある場合だが、所有権等を取得しようとする者にとって、目的物の上に物権が存在することを知る十分な可能性さえあればよいのである。この点は、農村等においては、現地調査によってほぼ明らかにできるであろう。そのような買主が現地調査なしに購入することはまず考えられない。日本の入会権が登記なしに第三者対抗力を認められていることも、これらのことから理解できる（本段につき、中尾英俊「物権法定主義」星野英一編集代表・民法講座2物権(1)〔有斐閣、一九八四〕参照）。

この点は、実は、中華民国民法物権編についての、立法院長胡漢民氏の一九二九年一一月二日「立法記念週」における講演に対して、同物権法の逐条解説において我妻栄教授が述べていたところである（中華民国民法　物権編上二二～二七頁）。教授は、「土地をもって投資及び投機の客体と考えれば、その法律関係は国際共通でもあろう。然し、土地をもって使用収益の資と考えれば、その法律関係の深く慣行に根ざし、各国それぞれ特色を有すべきものとなすべきこと、親属・相続の両編と必ずしも遠く相距たるものではあるまい。」としている（二六頁）。

④　対第三者効（絶対効）

現在の日本においては、不動産登記制度が完備していて、物権取得者も登記なしには取得を第三者に対抗することができないから、未登記物権には対第三者効はない。また、不動産賃借権も、登記その他の公示方法の具備により第三者に対する効力を有するから、これを物権の特色ということには躊躇がある。しかし、報告者が「出発点においては」この点に物権・債権の区別が存在すると述べたように、物権そのものの効力を言うときには、この点が基本であるとすべきであろう。

つまり、報告者は、物権の特色として、帰属に関する「排他性」、内容（権能）に関する、「対第三者効」の二点を挙げることとしたい。ただ、言葉としては、「絶対効」は意味が直ちにはわかりにくく、「絶対」の形容には語弊があるので、この表現を避けたい。むしろフランスで物権の効力として挙げられている「追求効」のほうが適切と考える。皮肉なことだが、物権の対第三者効ゆえに、その公示が要求されたが、一旦公示方法が整備されると、それを具備していない物権には、対第三者効が否定されることになり、物権であるのに物権の効果が認められないことになるのだが、これは止むを得ないことである。

⑤　優先効

物権は債権に対して「優先効」を有するとされ、その具体例として、「売買は賃貸借を破る」の原則が挙げられることが多い。また、担保物権を有する者は一般債権者に優先して配当を受けることも挙げられている。

しかし、前者は、「優先効」の例としては適当ではない。既に述べたとおり、「売買は賃貸借を破る」という考え方は、ローマにおける賃借人の社会的・経済的に劣悪な状態に由来する法命題であって、ローマ法の欧州大陸における浸透によって、普遍的な法原則のように言われたにすぎないものである。ゲルマン法においては、反対の法命題が存在したとされ、欧州諸国の近代民法は一定の条件のもとにローマ法と反対の立場をとった。

これとの関係で、抵当権設定後に目的物に設定された賃借権に対しては抵当権が優先し、抵当権実行後は、賃貸借は終了するという原則があると言われている。その例外として、特に短期の賃貸借を保護するために日本民法三九五条があるとされている（以下につき、内田貴・抵当権と利用権〔有斐閣、一九八三〕参照）。

しかし、抵当権の目的である不動産に対する賃借権が抵当権に劣後することが、法律上当然のものではない。例えばフランス民法では、当初は期間一八年、一九五五年以後は期間一二年以下のものであれば、抵当権に対抗することができるが（一九五五年一月四日デクレ三〇条三項）、これは抵当権の目的である不動産に設定された賃借権が抵当権に対抗しうることを前提としている。このことは、これが物権の債権に対する優先効一般の問題ではなく、両者の対抗要件の先後の問題でもないことを示している。

結論を先に言えば、問題は、不動産の競売価格、もとを言えば抵当権の担保する債権の額にある〈参考資料〉。競売価格、債権者が抵当権を付けて貸し付ける額が、賃借権付きの不動産価格であれば、競落人にとっても、賃借人の存在は何ら差し支えないはずである。つまり不動産の担保価格がどのように決められているかの問題であり、賃借人付きのものとして評価されていれば、貸付金額、競落価格も連動してそのようになる。より一般的に言うと、各社会における不動産価格がどのようにして決められているかの問題である。これは、各社会において不動産が使用財として（買主ないし買主からの取得者が自ら使用する物として）取引されているか、収益財として（そこから一定の収益を得る物として）取引されているかの違いである。不動産が自分等が使用する物として取引（購入）されているときは、賃借権者が取引後も止まっていては目的を達することができない。しかし、不動産を、例えば株式のように収益を生む物（株式配当にあたるものが賃料である）として取引されているならば、賃借権者がいないことこそ（株が無配になったように）具合が悪いことである。フランスでは土地も収益財として取引されることを前提としてこのような制度が存在するのであり、日本では不動産が使用財として取引されていることが前提となって、先のようになっていることが示される。もっと言えば、不動産、特に土地の不足が、日本のような制度をもたらしたものである。しかし日本においても、賃貸用アパートなどは、収益財であるから、そのような物として評価されるべきものである（賃料を上げる目的で内装を改造するために現在の賃借人に明け渡しを求める可能性を残しておくこともありうるが、賃借人の立場も考慮すれば社会的に適当なこととは言えまい）。

それゆえ、日本で最近、民法三九五条が競売妨害に用いられることを理由として廃止されたのは、短絡的な解決である。

⑥ 物権と債権の「峻別」

以上のように見てくると、日本民法において物権と債権が峻別されていると言うのは、言い過ぎではないだろうか。ドイツにおいても、峻別を言う場合の最大の根拠は、物権変動における物権行為の独立性・抽象性と、物権行為の無因性（さらには債権侵害が一般的には不法行為にならないとする考え方）などにあると見られる。そのような制度の存在しない日本においては（解釈論としてそのように解するならば、一応一貫しているが、そうなると、日本民法における物権変動論を議論する必要が生ずる）、そう解するのは無理であろう。物権編と債権編が別になっていることは確かだが、そこから、ある権利につき、物権か債権かを決めてそこから演繹するのは適当でない。立法に際しては、各具体的権利の内容を細かく検討して立法すべきであり、それをどの編に置くかは便宜の問題であると考えるべきであろう（本段につき、赤松秀岳・物権・債権峻別論とその周辺――二十世紀ドイツにおける展開を中心に〔成文堂、一九八九〕参照）。

四　結　語

以上の学説を一瞥したところでは、最近の学説が、それ以前の学説よりは体系化を重視していること、それ以前の学説が法律の規定に即したより柔軟な態度をとっていることが明らかになる。また、例外はあるが、ドイツ法ないしドイツ法学の影響がまだかなりあることも示される。個々の解釈論よりは日本民法学の客観的な位置付けに興味のある者としては、そちらにも関心を向けていただきたい。内容的には、前著から三〇年余を経て、もう一度この問題に迫ってみようとした結果、若干の点で自説を修正したという意味を持つが、ここで述べたことがむしろ現在の立法論に役に立つことを望んでいる。

〔**追記**〕　二〇〇四年六月に、第三回中日民商法研究会（上海、復旦大学）で報告された原稿。中国語では、渠涛訳「物権与債権——基于立法基本問題的思考」中日民商法研究第三巻（二〇〇五年）として公刊。原稿で「×」が付された部分は口頭報告では省略されたのかもしれないが、日本の諸学説に関する興味深い論評を含むこと、この問題に関する著者の独立の論文がないことに鑑み、この部分も省略せずに収録した。

中韓日民法制度同一化の諸問題

一　法律制度「統一」の意味と事例

二　中韓日三国法「統一」の諸問題

一　法律制度「統一」の意味と事例(1)

(1)　「統一」の意味

このシンポジウムの主題は、「法制度同一化」であるが、その意味は、「法の統一」と呼ばれるものと同じであることを前提にして報告を進める。しかし、「法の統一」と呼ばれるものには、異なった次元から整理すべき種々のものを含んでいる。本報告は、まず現在世界各地で行なわれている「法の統一」事業を分類・整理して参考資料とし(2)、次いで、この分類にほぼ従って、中韓日三国の「法の統一」としてどのようなことが問題になるかを考察したい(3)。それゆえ、ごくおおまかな意味で使う場合に「統一」と括弧し、かなり厳密な意味で使う場合に括弧なしでこの語を用いることとする。

(2)　統一の対象

①　「統一」されるべき法制度

三つのものがある。(i)裁判管轄権や、ある国でなされた判決等を他の国で承認・執行する方法など、いわゆる国際民事訴訟法の統一、さらに、判決以外の紛争解決手続法（仲裁など）や倒産手続法の統一、(ii)国際私法の統一、(iii)実質法（民法、商法等）の統一である。私人間の国際的紛争が起こったとき、まず、どの国に裁判管轄権があるかが問題であり、次いでどの国の法律によって判断されるかが問題になる。これが国際私法（抵触規定）の扱うものである。同法によって指定された国の民法、商法等（実質法）が適用されることになる。そのためもあってか、多くの法領域において、実際はまず国際私法の統一、次いで、一定の法領域についての実質法の国際的統一が企てられることが多かった。裁判その他の手続関係法は、難しい法領域であるためか、比較的後からこれらと平行して統一が問題になった。本報告では、実質法の統一について検討するが、その他の例も資料として若干のものを掲げておく。

② 国内法律関係の統一と、渉外的法律関係に関する法律のみの統一

同じ法律関係（例えば売買）について、国内取引法をも統一するか、渉外的法律関係だけに適用される統一法を作るかの選択肢がある。これは法領域によって異なる。国内・国際を問わず頻繁に取引の行なわれる分野で国際取引と渉外取引の区別が立法技術上困難である領域においては、国内取引法を統一する必要がある。手形、小切手のように頻繁に流通するものについての法律はこれにあたる。国内・国際取引を比較的容易に区別しうるものについては、さしあたり国際取引についてだけ統一しておけばよい。

③ 全世界的な法統一と地域的な法統一

これも法領域によって異なりうる。全世界に広がる取引類型については、全世界的な法統一が望ましいが、関係国の数が多いために立法の困難さという難点は否定できない。これに対し、一定の地域内での取引が頻繁に行なわれる法領域については、地域的な法統一で足りる。しかも、その地域の文化等に共通性がある場合は、統一が一層容易となる。歴史を共有するヨーロッパ大陸において、その内部における統一法への動きが盛んであるのは、顕著な例である。

(3) 「統一」の具体例

① 推進機関

国際連盟（League of Nations）や国際連合（United Nations）等の世界の国を網羅する国際機関や、ヨーロッパ連合（European Union.〔EU〕）、かつてのコメコン等の地域的国際機関が、域内の法の統一を目指すことは自然であるが（最近の顕著な例は、国連商取引法委員会〔UNCITRAL〕である）、興味深いことに、種々の法領域における世界的法統一を目指す機関が色々な国に分散している。海法におけるベルギー（万国海法会、アントワープ）、国際私法統一にお

けるオランダ（ハーグ国際私法会議）、実質法の統一におけるイタリア（私法統一国際協会〔UNIDROIT〕、ローマ）、空法におけるカナダ（ICAO、モントリオール）などが著名な例である。

以下に、「統一」の実例を挙げておく。

② 裁判管轄権の統一

「裁判所の選択合意に関する条約」作業部会草案（ハーグ国際私法会議による。最新版二〇〇四）

③ 国際私法の統一

(i) 全世界的なもの

(a) ハーグ国際私法会議（一八九三〜一九二八、一九五一〜）

日本の批准した条約の例――「民事訴訟手続に関する条約」一九五四〈批准一九七〇〉、「子に対する扶養義務の準拠法に関する条約」一九五六〈批准一九七七〉、「遺言の方式に関する法律の抵触に関する条約」一九六一〈批准一九六四〉、「扶養義務の準拠法に関する条約」一九七三〈批准一九八六〉

日本が批准していないが発効している重要な条約の例――「有体動産の国際売買における所有権の移転の準拠法に関する条約」一九五八、「製造物責任の準拠法に関する条約」一九七三

(b) 国際連盟、国際連合

日本の批准した条約――「仲裁条項に関する議定書」一九二三、「外国仲裁判断の承認及び執行に関する条約」一九二七、「為替手形、約束手形に関する条約」、一九三〇、「小切手に関する条約」、一九三一、「難民の地位に関する条約」一九五一、「外国仲裁判断の承認及び執行に関する条約」一九五八

(ii) 地域的なもの

(a) アメリカ大陸……リマ会議（一八七八）、モンテビデオ会議（一八八八、一九三九、一九四〇）、ハバナ汎米会議

（OAS）（一八九〇～一九二八「ブスタマンテ法典」）、アメリカ諸国会議（一九四八～、「パナマ条約」一九七五、「モンテビデオ条約」一九七九）

(b) スカンジナビア（一九三一～一九三五）

(c) BENELUX（一九六九）

(d) EC、EU……「民事又は商事に関する裁判管轄並びに判決の執行に関する条約」一九六八、「契約債務の準拠法に関する条約」一九八〇

④ 国際統一法

(i) 統一の方法の各種

(a) 国内関係、渉外関係を問わず一切の私法的法律関係を統一するもの(α)と、渉外的私法関係のみを統一するもの(β)とがある。

(b) UNCITRALが統一法（一部に留保を可能とする場合もある）を作る場合、各国の立法において参考にすべきモデル法を作る場合、及び立法ガイド（指針）を作る場合がある。

(ii) 全世界的なもの

(a) 国際連盟によるもの……為替手形・約束手形法統一条約（一九三〇）、小切手法統一条約（一九三〇）(α)

(b) 国連国際商取引委員会（UNCITRAL。ニュー・ヨーク）一九六六～によるもの……「国際動産売買における時効に関する条約」一九七四、同修正議定書（Protocol）一九八〇、「国際動産売買契約に関する国連条約（CISG）」一九八〇〈日本未批准〉(β)[2]「国際為替手形及び国際約束手形に関する国連条約」一九八八、「国際振込モデル法（Model Law on International Credit Transfer）」一九九二、国際海上物品運送規則（一九九二）、「国際取引における債権譲渡に関する条約」二〇〇一、「電子商取引モデル法」一九九六、「担保付取引に関する立法ガイド案」二〇〇五？

(c) 私法統一国際協会（UNIDROIT. International Institute for the Unification of Private Law. ローマ）一九二六〜によるもの……「有体動産の国際的売買に関する統一法条約（ULIS）」一九七三〈日本未批准〉、「有体動産の国際的売買契約の成立に関する統一法条約（ULF）」一九六四〈日本未批准〉[3] (β)国際ファクタリング条約（一九八八）、国際ファイナンスリース条約（一九八八）、「可動設備国際担保条約（Convention on International Interests in Mobile Equipement)」案（一九九九、二〇〇一）

(d) その他

(α)「工業所有権の保護に関するパリ条約」一八八三、「文学的及び美術的著作物の保護に関するベルヌ条約」一八八六

(β) 船舶衝突統一条約（一九一〇）、海難救助統一条約（一九一〇）、船荷証券統一条約（一九二四。「国際海上物品運送法」)、国際航空運送統一条約（ワルソー条約）（一九二五）。

(iii) 地域的なもの（以下のほか、次の⑤(ii)を見よ）

欧州復興開発銀行（European Bank for Reconstruction and Development (EBRD) 一九九一）……「モデル担保法（Model Law on Secured Transaction)」一九九四

⑤ 契約内容に関する統一標準約款等によるもの

(i) 全世界的なもの

(a) 国際商業会議所（ICC、CCI。パリ）……「商業信用状に関する統一規則（UCP）」、貿易用語の定義集（INCOTERMS）（CIF、FOBなど）

(b) 国際法協会（International Law Association. 1873, ブラッセル）……「ワルソー・オックスフォード（Warsaw-Oxford）規則」一九二八、改訂一九三二（CIF売買に関する）

(ii) 地域的なもの

(a) ＣＯＭＥＣＯＮ（Council for Mutual Economic Assistance）……商品引渡一般条項（General Conditions of Delivery of Goods between Organizations of the Member-coutrys of CMEA）（一九五八。改正一九六八）

(b) 国連欧州経済委員会（ＥＣＥ）……標準契約一般条項及び標準契約

(c) ＵＮＩＤＲＯＩＴ……「ＵＮＩＤＲＯＩＴ 国際商事契約原則（Principles of International Commercial Contracts. PECL)、一九九四[4]

(d) ＥＵ（ＬＡＮＤＯ委員会〈政府関係機関ではない〉）……「ヨーロッパ契約法原則（Principles of European Contract Law. PECL)」一九九五、一九九九、二〇〇三[5]

（1） 田中耕太郎・世界法の理論第一巻〜第三巻（岩波書店、一九三二〜三四。大戦後も版を重ねた）という日本法学における古典的大著は、統一法の哲学的・理論的根拠の探求と共に、統一法に向う世界の歴史の詳細な叙述（第三巻）を含んでおり、今日なお参照されるべきものである。

（2） 曽野和明＝山手正史・国際売買法〔資料編〕（青林書院、一九九三）に、ＣＩＳＧの英文と日本語訳、ＵＬＩＳ、ＵＬＦ、時効条約の英文、及びＩＮＣＯＴＥＲＭＳ（一九九〇版）の概要一覧表が、ペーター・シュレヒトリーム著〔内田貴＝曽野裕夫訳〕・国際統一売買法（商事法務研究会、一九九七）に、ＣＩＳＧの英文と日本語訳、及びＵＬＩＳ、ＵＬＦの英文が、甲斐道太郎＝石田喜久夫＝田中英司編・注釈国際統一売買法Ｉ（法律文化社、二〇〇〇）に、ＣＩＳＧの英文と仏文及びその半分の日本語訳が掲載されている。ほかにも、それらの日本語訳がかなりある。

（3） 前掲注（2）の文献参照。

（4） 私法統一国際協会〔曽野和明＝広瀬久和＝内田貴＝曽野裕夫訳〕・ＵＮＩＤＲＯＩＴ国際商事契約原則（商事法務、二〇〇四）は、原則とそれと一体として発表された注釈との日本語訳であり、同原則の英文も付いている。

（5） 川角由和＝中田邦博＝潮見佳男＝松岡久和編・ヨーロッパ私法の動向と課題（日本評論社、二〇〇三）、及びユルゲン・バセドウ編〔半田吉信ほか訳〕・ヨーロッパ統一契約法への道（法律文化社、二〇〇四）に、日本語訳が掲載されている。

二　中韓日三国法「統一」の諸問題

(1)　既定の事項

今回の検討の対象が地域的な統一であって、全世界的な統一でないことは、前提となっているので、この点は除外する。

また、国際私法の統一も、本研究会の検討の範囲外であるから、ここでの検討の対象外であると考えられる。国際取引に関する法の統一一般という見地からはまったく問題がないわけではない。少なくとも、統一法の対象範囲（例えば一定の種類の売買。但し、統一法の規定する範囲をどのように画するかは、統一法の制定に際して常に議論される困難な問題である。例えば、企業間の売買に限るか、消費者に対する売買も含めるかなど）に属するが、国際私法によって準拠法を定める必要のある場合があるのではないかが、激しく議論されている難問であることを意識しておくべきである。

(2)　参考になるヨーロッパ契約法統一事業

ここでは、最近日本においてかなり紹介され始めたヨーロッパ契約法の統一への動きが有益な参考となる。

①　ところで、日本における紹介は、ドイツの文献によるものが多く、若干英語文献を利用するものが見られる。また、オランダ、イタリア、スカンジナヴィアの学者で、推進論者の文献の引用が多い。

しかし、イギリス、フランスなどでは、意見ははっきりと分かれているが、消極的な見解も少なくない。消極的というのは、必ずしも理念としての統一法を否定するのでなく、現在提示されている一つの案、いわゆるランドー（Ole Lando）案に対するものである。

特に日本では、ドイツ法学の影響が未だ強いこともあって、積極的なドイツの学説が援用されることが多いが、ヨ

ーロッパにおける法学の分野で有力なイギリス、特に有力学者に反対の多いフランスに注意を払う必要がある。(6)

② フランスは、もともとヨーロッパにおける私法の統一について積極的な学者が多かった国であり、実際も「フランス・イタリア債務法・契約法草案」作成のフランス側委員会には当時の主なフランスの民商法学者が加わっていた。同草案は一九二七年に公表されたが、一九二九年に公表されたその理由書は、イタリア人二名とフランス人三名の執筆によるものだが、フランス人は、アンリ・カピタン（Henri Capitant）、アンブロワーズ・コラン（Ambroise Colin）、ジョルジュ・リペール（Georges Ripert）という当時の民法学の最高峰の学者であった。この草案は実現されなかったが、一九三七年のポーランド債務法典、一九四〇年のルーマニア民法典、一九四二年のイタリア民法典に影響を与えている。

フランスでは第二次世界大戦後に司法省に民法典改正委員会が設置された。そこでは総則と、家族法及び相続法から検討を始めたが、ずっと委員長であり、また当時の民法学の第一人者であったジュリオ・ド・ラ・モランディエール教授（Léon Julliot de la Morandière）は、その理由につき次のことを述べている。国民はそれらの領域、あるいは所有権の伝統に愛着を持っているから、統一法を制定することは難しい。それゆえ、上記の領域における民法典改正を検討する。債務法及び契約法の統一はより容易であるから、この領域は近く着手されるであろう統一法に任せると。さらに彼は、フランスがイニシアティヴをとってそれを検討する国際会議を開催すべきではないか、と述べる。この改正委員会は一九六四年に膨大な資料を残して解散し、家族法相続法の改正は、カルボニエ（Jean Carbonnier）という、これまた二〇世紀後半のフランス民法学の最高峰の学者に引き継がれた。

カルボニエもまた、改正委員会が家族法の改正を試みて、債権総論と契約総論の改正を企てなかったことの理由について同様の説明をしている。ただ、彼の言う所で注意すべきは、所有権法と契約法の改正がなされなかったのは、「資本主義と社会主義との間で決断する能力の欠如」ゆえであるとしていることである。後にこの点を取り上げる。

③　さて、ランドー委員会にはフランスの有力な学者二名が加わっているが、フランスの多くの学者はあまり関心を示さなかった。しかし、二〇〇一年七月一一日にヨーロッパ委員会（European Commission）の、ヨーロッパ閣僚理事会（European Council）とヨーロッパ議会（European Parliament）に対するヨーロッパにおける契約法統一についての通告（Communication）は、法の不統一から生ずる問題を検討することについて各方面に諮問し論議されるべきプロセスを提示した（Communication of 13/09/2001, JO C 255–0001）。他方、ヨーロッパ議会は、一九八九年と一九九四年に、よりラディカルに、ヨーロッパ民法典の制定への希望を決議している（Resolutions of 26/5/1989, JO C158–400; of 6/5/1994, JO C205–518）。先の諮問に対して、各国で広汎な論議が起こったが、フランスでは、比較立法協会（Société de législation Comparée）が、ドイツの統一法論者のクリスティアン・フォン・バール教授（Christian von Bar）を招いて破棄院（Cour de Cassation. 最高裁判所に該当する）で講演会を開催した。その後各地の大学でこの問題をめぐるシンポジウム等が盛んに行なわれるようになった。賛否両論の激しい議論が展開されており、その一部は一冊の本にまとめられている。(7)

④　これに対し、ドイツでは、既に一九九五年頃から、相当数の大学にヨーロッパ統一法についての研究所が設置されたり、シンポジウムが行なわれていた。イタリアにおいてもほぼ同様である。そこではおおむねランドー委員会の仕事に対して好意的である。

⑤　もともと、有力な学者がヨーロッパ契約法の統一に対して積極的であったフランスにおいて、(8)最近になってやや消極的な傾向が見えることの理由はまだ明らかにしていないが、一般論として統一が不可ということではなく、ＥＵの統一法作成権限の有無といった手続問題のほか、ＰＥＣＬの出来が、ＣＩＳＧに比べてよくないこと、全体として統一法の便利さのみが強調され、各国法の差異の十分な検討がなく、検討が慎重さに欠けることが挙げられているように見える。

(3) 中韓日三国の法統一の問題

① 統一の必要性と統一の困難性

(i) 統一の必要性

(a) 経済的必要性

今日、中韓日三国の経済的関係が著しく密になっており、その傾向がますます進むであろうことは、もはや繰り返すまでもない。東南アジアの共同体は戦後かなり早い時期から主張され、実現しているが（例はＡＳＥＡＮ）、東北アジア共同体は最近ようやく説かれるようになった。その遅れの理由などについては、ここで触れる必要はない。

(b) 政治的必要性

そしてまさに、東北アジア共同体の説かれることには、種々の意味での政治的理由も大きく存在する。この点もここでは法律統一の一つの有力な条件として挙げておくに止めるが、三国の地政学的な（geopolitical）共通性は誰もが認めざるをえないであろう。

(c) 歴史的・文化的背景

法律について言えば、三国とも、もとはヨーロッパ大陸法に属するフランス法、ドイツ法をモデルとしたものであり、両者はローマ法、ドイツ古法、教会法に由来する（civil law country）。この点で、英米法系の国（common law country）と違い、統一が比較的容易であるという利点がある。

さらに、千年を超える文化の交流がある。日本は、一八七〇年頃に至るまで、圧倒的に中国文化と朝鮮半島の文化の影響のもとにあった。その共通の要素が法律との関係でどの点に存在するかは難問であるとしても、何かはあるはずであり、それも今後の研究において明らかにされなければならないが、統一法のために幸いすると考えて誤りはないであろう。ギリシア・ローマ文明とキリスト教がヨーロッパ文化の共通の根となっているのとほぼ同様である。

(d) 統一の理念

以上のような、必要性・有用性と、歴史的・文化的背景だけでも、三国の統一法の根拠が与えられたとすることができよう。しかし進んでより理念的基礎を求めるならば、それは、民族や国家の特殊性の根底にある、共通の人間性に求められるはずであるが、今日はこの哲学的な問題について一言するに止めておく。

(ii) 統一の困難性

反面、やはり三国は独自の文化を持っており、違いがあることも明らかであって、それが法統一を困難とする可能性があることも確かである。しかし、文化一般の問題を抽象的に論ずることは、文化の共通性が直ちに法統一を容易にすると考えるのと同様に早計である。統一を困難としているどの点が文化の違いに由来するものか、どの点は技術的な差異に過ぎないかを十分に識別する必要がある。

(iii) 法技術的な差異の問題

もっとも、技術的な点は比較的統一しやすいと考えられそうだが、必ずしもそうではないことにも留意すべきである。

それは、各国の法律・法律学の歴史の相違のために、統一が困難な場合があることである。歴史の差異はさらに、法制度を支えるインフラ (infrastructure) が各国において既に固まっていて変更が困難という結果をもたらす。双方を含む例として、不動産物権変動法、不動産登記制度を挙げることができる。すなわち、不動産物権変動における意思主義・対抗要件主義と、形式主義・登記主義であるが、両者は、フランスとドイツにおける長い歴史によって形成され、その形成に際して近代的民法理念の影響があったとされるものであり (フランス民法における広汎な「意思主義」)、準技術的・抽象的に考えて一方が優れているとしても、他方の制度を持つ国にとって容易に変更することができるものではない。また、物的編成による不動産登記簿とその管理制度が近代以前から整備されていた国と、そうでなかった国とでは、不動産公示制度が相違するのは自然のことであり、どちらをより優れていると言うことは困難である。例えば、人的編成主義は、債権者になろうとする者にとって、債務者に属する不動産を知ることができるというメリットを持つ。

② 「統一」の程度・方法・領域

(i) 「近付けること (rapprochement)」か、調和 (harmonisation) か、統一 (unification) か

国際取引にとっては、統一が望ましいことには、一般論としては異論がないであろう。しかし、今述べた、主としては歴史的理由によって差異が生じているものを軽々しく一方に統一することは事実として困難であるばかりでなく、無理に統一するのは適当でない。harmonisation や、rapprochement は、イギリスやフランスでよく使われている言葉のようであるが、統一に対するスローガンであって、具体性はない。むしろ、後に(iv)で述べる問題を検討すべきである。

(ii) 国際私法の統一か、実質法の統一か

国際私法を統一することは、国際取引の円滑と安全のために有効ではあるが、それによって指定された国の実質法の内容が異なるならば、なお国際取引にとって十全ではない。したがって、各国の実質法を統一することがより望ましいのは、一般論としてはこれまた当然である。しかし、法律技術として国際私法を完全に排除することができるかについては、先にも触れたが、ＵＬＩＳがそのような規定を置いたことに対する批判に始まり、精密な議論がなされている。現在のところ、それは不可能であるとする見解が有力のようである。

(iii) 実質法の統一の場合、渉外的法律関係に限った統一と国内民法全般の統一

渉外的法律関係についての法律の統一が、実際上必要とされるものであり、国内民法の全面的な統一は、次に(iv)で述べるように、領域によって、不可能ないし適当でない場合が相当ある。

しかし他方、領域によっては、国内法も統一することが望ましいものがある。例えば、日常的な売買や、個人による個人に対する軽易な不法行為などについては、特に外国への出入りが容易に行なわれる地域（国境が陸地でつながっている国々）においては、法律の差異は不便である。革命前のフランスにおいて、駅で馬車を替える毎に法律が変わっている不便さが叫ばれ、統一前のドイツにおいても同様のことが言われて、どちらも民法典編纂の必要性の第一ないしそれに近いものとして挙げられていたことが、交通手段の整備と国民の交流が遥かに広い範囲で、しかも日常的に行なわれる今日においては、一層あてはまる。そこで、統一の領域について検討する。

(iv)「統一」の領域・範囲——民法の一部（特定の領域）の統一と全面的統一

(a) 親族法、相続法は、慣習や民衆の意識の違いが大きいので、国際結婚が急速に増加している今日、国際私法の統一はぜひ必要である。ハーグ国際私法統一会議において、この領域の統一法、及びある国の裁判所でなされた判決や決定の他国における承認に関する条約の検討が進められ、そのほぼ全領域について国際私法統一条約が出来ているのは、このことを物語っている。もっとも、発効していない条約も少なくなく、この領域においてさえ、統一の困難であることが示されている。いずれにせよ、実質法の統一が無理であることは、一般的にはほぼ異論のないところであろう。むしろ、判決・決定等の承認は、民法学者も視野に入れておくべき問題である。

物権法については、さらに領域を分けて考える必要がある。

(b) 統一が望ましいのは、目的物が不動産でない担保物権である。動産（特に在庫商品など）、債権（特に流動債権）、知的財産権等の担保は、国際取引から生ずる債権にとって不可欠のものであり、慣習・意識の差と関係なく合理的に立法できよう。統一は可能であり、むしろ必要でさえあることは、欧州復興開発銀行のモデル担保法、UNIDROITの可動設備国際担保条約案などの示すところである。なお、UNCITRALにおいても現在、立法ガイドを作成する作業が進んでいる。

(c) 不動産担保物権制度は統一が困難と見られる。その理由は幾つかある。一つは、不動産法制とその基礎にある不動産所有に対する国民意識が違う場合が多いことである。次に、私有が認められる不動産の範囲が異なる場合があることとである。さらに、(今日もお話がある) 中国の典権や韓国の伝貰・月貰制度などのように、慣習上のものでその性格についても議論のあるような場合もあることである。それゆえ、検討するとしても慎重な態度が必要である。

(d) 用益物権、特に土地に対する用益物権は、統一が不可能に近い。理由は次のとおりである。その種類や内容に国による差異があること (ヨーロッパにおいてもそうである)、慣習によるもの、特に慣習に任せることを民法自ら定めているもの (日本の入会権) があること、前述した典権や伝貰制度のようなものがあるからである。

(e) 所有権は、各国の政治・社会体制の根幹に関するものであって、カルボニエが「資本主義と社会主義の間で決断する」と述べた点にも関連する。資本主義国であっても、韓国のように「土地公概念」に基づく土地所有権制限の強力な立法を持つ国もある。中国のように都市の土地の私所有を認めない国では、民法典の所有権の部分の中に国家所有権等を規定するか否かが議論されている。日本は最も所有権が自由であるが、野放しに近い状態にあり、如何にしてもう少し制限できないかを考えている学者も少なくない。以上のように、各国における理念の相違があるうえに、各国の制度や理念も流動的であることが、当分統一に適しない領域であることを示している。

(f) 私人間における移転が認められる範囲での物権変動法も、各国がモデルにしたフランス・ドイツ両法制の大きな差異に由来する相違がある。もっとも、モデルとなった独仏両国の差異は、社会思想、取引慣行等の歴史に淵源を持つもので、そのような歴史のない中韓日三国においては、もう少し純理論的に考えて、統一を構想することができないか、という問題を提起することはできる。しかし、三国は法制度として既にかなりの歴史を持っている。この点で相対的に長い歴史を持つ日本においても、四五年前に、立法論として登記主義の採用が主張されたことがあり、私もそのグループの一員であった。しかし、日本において登記主義を採用するための基礎 (infrastructure) の一つとして重要な公証人の大幅な増加と、登記のために必要な、物権変動の原因である契約の確認のための方法の整備は、まだ不十分であり、少なくとも前者は当分望むのが無理である。中国では、中華民国民法において既に登記主義を採っており、韓国民法も同様である。この状況の下では、統一は無理と考えているが、違った見解もあるかもしれない。休憩後の崔建遠先生の報告を楽しみにしている。

残るのは、契約と、契約総論及び債権総論である。

(g) 契約については、契約類型が多く、各類型について検討する必要があるが、さしあたり国際取引の最も多い動産売買契約から始めることについては、世界の各地におけると同様に、中韓日三国についてもまず異論がないであろう。他の契約については一つ一つについて検討を要するので、省略する。

(h) 契約総論及び債権総論はどうであろうか。カルボニエのいう「資本主義と社会主義の間の決断」は、ここでもあてはまるのか。私は、これは、「契約自由」についての発言と理解される。この点は、確かに自由経済か、計画経済かの問題であって、相違が大きい。しかし、ここで問題にしている国際取引は、各国が基本的にどのような制度をとるかは別にして、そのような取引をすることが既に認められた法主体と、外国の法主体との契約であるから、契約自由の問題は起こらないはずである。残るのは、契約の成立、効力、履行といった、およそ売買契約である以上当然に発生する問題である。そしてこれらの点は、各国の立法がかなり異なっていたにもかかわらず、経済主体間の関係として調整がつくこと、ULISやCISGの成立、そして中国も既に後者に加盟していること、かつての国連ヨーロッパ経済委員会（ECE）が当時の東西ヨーロッパの企業間の「商品引渡条項」を取引の対象に応じて多数作成していたことからも実証することができる。債権総論も同様に、むしろより抽象的・法技術的な制度として、統一可能と言えよう。

③　リステートメントか、立法ガイドか、モデル法か、統一法か

法統一という目的を持つ以上、統一法が望ましいことは当然である。リステートメントの意味も必ずしも明らかでないが、三国間の取引の例を集めることなど、回り道の感がある（もちろん統一法の検討に際して、取引慣行の十分な調査は不可欠である）。UNCITRALにおいては、一連の基本原則だけを示すものが「立法ガイド」、規定を示すがモデルとしてのみ提示するのがモデル法とされ、この両者が国際関係においては適当であるとする見方が最近はかなりあるが、それは、直ちに統一法を作成することの困難な場合に漸進的な方法として採られるものであり、目標としては統一法を念頭に置くべきである。

④　統一の学問的前提——各国法の理解・比較

いずれにしても、互いに各国法を正しく知ることが出発点である。それによって、これまで述べてきた、統一の容易・困難という見方も改められる可能性がある。ヨーロッパにおいては、相当以前からパリ大学比較法研究所において、各国からの大学院留学生を集めて、契約法の各部分の比較を行なっていた。[9] 最近のドイツにおいては、ハイン・ケッツ（Hein Kötz）『ヨーロッパ契約法（Europäisches Vertragrecht I）』という大著があることは[10]、我々にとって大いに参考になる。今日これから行なわれる報告に期待する次第である。

（6）フランスにおける統一法の動きの歴史については、Claude Witz, La longue gestation d'un code européen des contrats, *RTDciv.* 2003, p. 447 et s. によっている。

（7）*Pensée juridique française et harmonisation européenne du droit*, Société de législation comparée, 2003.

（8）Institut de droit comparé de Paris, *Harmonisation du droit des affaires dans des pays du Marché commun* という叢書（Edition A. Pedone）が、RenéR odière 教授の監修のもとに、大学院の留学生を動員する研究の成果として出版された。「契約の成立」に始まる六冊が一九七六～八一年に出た後、「契約の効果」という一冊が一九八五年に出ている。

（9）前掲注（2）参照。

(10) 潮見佳男＝中田邦博＝松岡久和訳(法律文化社、一九九九)。なお、不法行為法について、同じようなフォン・バール(von Bar)〔窪田充見編訳〕・ヨーロッパ不法行為法⑴⑵(弘文堂、一九九八)がある。

〔**追記**〕二〇〇四年一一月に、中日民商法研究会(青島大学)において報告された原稿。この学会は、中日民商法研究会の通常の大会とは別に、韓国からの報告者も招いて行われたもののようである。中国語では、渠涛訳「日中韓民法制度同一化的問題」中日民商法研究第四巻(二〇〇六年)。なお、原稿とともに(日本国内の)出版社の編集者の名刺が保存されていたので、あるいは日本語版公刊の計画があったのかもしれない。一部を鉛筆書きで消した報告用の手持ち原稿と思われるものもあるが、このテーマについても著者の独立の論文はないので、全文を収録した。

日本民法の錯誤——規定・学説判例・立法論

一　はじめに

契約その他において、他人に対して意思表示をする際に間違ったことを言ってしまうことは少なくないので、錯誤はごく頻繁に生ずる現象である。この場合に、意思表示（契約の申込を例にする）をした者にとっては、その効力を認めたくないのは当然である。しかし他方、意思表示の相手方でそれを受けて承諾した者にとっては、せっかく契約ができたと思って、他からの申込を断ったり、自分の義務のほうを履行する準備をしていたのに、その労力が無駄になって、困る。そこで、この場合を民法上どのように扱うかが問題となる。これは一見なんでもないような問題だが、その解決は意外と困難であって、歴史的にも比較法的にも多様な様相を示している。規定が解りにくくて解釈が分かれるほか、その背後にある学説・立法の後の学説は、きわめて複雑・難解である。判例も、錯誤が問題となるケースの多様性を反映して、数も多く、統一性の有無も争われる問題となっている。

日本民法九五条は、「意思表示は、法律行為の要素に錯誤があったときは、無効とする。ただし、表意者に重大な過失があったときは、表意者は自らその無効を主張することができない。」と規定している。簡単な条文であるために、裁判所も学説も、その理解・解釈適用に苦心してきた。公表された判決の数は多く、優れた学説も数多く現われ、最近も有力な新説が現われている。若手学者による最近の教科書の説明も精緻なものになっている。学説史自体を検討する優れた論稿も現われている。

それにもかかわらず、今のところ決定的な立場は示されていないのは当然のことであってやむを得ないが、ごく少数の例外を除いた多数の学説に通ずる多くの弱点があることを見逃すことはできない。この弱点は、条文を前提にする解釈論でなく、近々問題となるであろう民法典の全面的な見直し作業つまり立法論においては、致命的なものとなる恐れがある。そこで、以下には、簡単に日本における錯誤学説の変遷と現在の状況を概観し、その長所・短所を指摘し、諸外国の改正案や国際統一法草案の一端を示し、今後の立法論への示唆としたい。

二　日本民法九五条の立法趣旨

民法九五条は、旧民法財産編三〇九条〜三一一条を改めたものである。旧民法は契約を無効とする（「承諾ヲ阻却スル」）錯誤、契約を取り消しうるものとする（「承諾ノ瑕疵ヲ成ス」）錯誤、どちらもできないものに分け、多くの種類の錯誤を列挙してどれにあたるかを詳しく規定していた。これに対し、九五条は「要素の錯誤」のみを無効とする一条に整理し、その基本的な考え方も異なるものとした。起草者によれば、諸外国においては、「当事者の意思に重点を置き、その主眼とした目的物の性質に錯誤があったとき」に無効または取り消しうるとしており、特にドイツ民法第一草案（九八条）、第二草案（九四条）は、錯誤者が事態を知っていれば意思表示をしなかったであろうと認められるときは無効または取り消しうるものとしているが、これでは「取引ノ安全ト利便トヲ害スル」ことが大変多いから、これを採用しないということである。「行為の要素に錯誤があるときは、表意者の心のなかで望んだことと表示したこととが一致しないこと甚だしいからである（「意中ニ欲スル所ト其表示シタル所ト符合セサルノ尤モ甚シキモノナルヲ以テナリ」）。

日本では、そもそも起草趣旨をどう理解するかについても見解が分かれている。古くから最近に至るまで、ドイツ民法第一草案を採用したものとする見方が有力であったが（川島、村上、磯村）、最近、その不正確であることが証明された。また、錯誤をドイツ式に心裡留保、虚偽表示と並べて「意思の欠缺」であるとしている民法一〇一条が根拠とされることも多い。しかし、起草者たちが「表示シタ意思ト腹ニ思ッテ居ル所ト符合シテ居ラヌ」場合（富井）とか「表示シタ意思ト真実ノ意思ト相違シテイル場合」（富井）、「本統（本当）ノ意思ト表示シテ居ルコトトガ錯誤ノ為メニ丸デ間違ッテ居ル場合」（梅）としているところからは、最近、そうではないとする見方が出されている（森田）。一〇一条についても、起草者が錯誤の規定との調整という点で不十分だった、と見ることも可能である。

三　日本民法典立法当時の主な外国法とその淵源

ここで、日本民法の規定をよりよく理解するために、起草者によって参照されたが採用されなかった主な立法として、フランス民法とドイツ民法草案を眺めるのが適当である。

ところで、両法、広くヨーロッパ大陸法における錯誤論は、ローマ法に起源を発し、それが中世に中世自然法論を通じて教会法と融合し、近世自然法論による理念的基礎づけまたは理論構成を経て、各国法に至ったものである。それゆえ、それらに遡ることが必要となる。(1) 一方でローマ法における錯誤の四分類が絶えず参照されたことを忘れてはならない。取引の種類に関する錯誤（error in negotio）、人に関する錯誤（e. in persona）、目的物に関する錯誤（e. in corpore sive in objecto）、本質（動機）に関する錯誤（e. in substantia）である。他方で教会法学と各時代の自然法論が別個の考慮と基準を提供し、錯誤法を複雑なものとした。近世自然法論は、三つの要素を取り上げたとされる。中世自然法論から受け継がれた本質と偶有性の区別に基づく、顧慮される錯誤と顧慮されない錯誤の区別、近世自然法論の意思主義、ギリシア以来中世を通じて継承された人間関係についての社会倫理で、不注意でない当事者の保護と悪意の当事者への制裁及び契約の安定である。しかし、近世においては、全体として一般的な定式を求める努力がなされた結果、国により多様な錯誤規定が存在するに至っている。基本的には、フランス民法のように、合意の錯誤という観点から扱うものと、ドイツ民法のように、意思表示という観点から扱うものがあり、この観点も重要であるが、以下にはこの点を扱わない。

フランス民法は、[2]次のように定める。「錯誤は合意の対象となっている物の本質そのもの（substance même）に関するときにのみ合意の無効原因となる」（一一一〇条一項）、「錯誤は契約を締結しようとする相手方の人に関するにすぎないときは、無効原因とならない。ただし、人についての考慮が合意に主たる原因であるときは、この限りでない。」（同条第二項）。これは、e. in substantia と e. in persona に由来しつつ、意味がやや変わっているとされる。条文は簡単で、e. in negotio と e. in corpore がないが、判例・学説は、それらを合意の成立を妨げる錯誤であるとして、条文に規定がないが錯誤の一種としている。これに見られるように、判例・学説が錯綜していて、難解である。今日の有力学説は、上の類型にあたる場合で、錯誤が錯誤者の同意を決定したこと、錯誤が過失によるもの（inexcusable）でないこと、錯誤者が錯誤に陥った事項を重要視していたことを相手方が知っていたこと、を要件としているようである。

ドイツ民法の錯誤の規定は、編纂過程において大議論があり、第一草案と第二草案とで異なっているが、第二草案が現行法になった。他方、学説においてはサヴィニー（Savigny）の圧倒的な影響があり、第一草案にも影響しているが、民法の規定や解釈との関係も錯綜している。いずれにしても、草案において既に意見の十分な一致があったわけでなく、学者による理解もかならずしも一致していないようであって、きわめて細かい議論が続けられており、難解である。[3]

第一草案は、次のように言う。九八条「真の意思（wirliche Wille）と表示された意思（erklärte W.）の不一致が表示者の錯誤による場合であって、表示者が事実を知っていたならば意思表示をしなかったであろうと認められるときは意思表示は無効である。……疑わしい場合であって、以下にあたるときは、意思表示はなされなかったものと推定される。他の種類の法律行為、法律行為の別の物との関係及び別人との法律行為が意図されていたとき。」ただし表意者に重過失があるときは有効であるが（九九条一項）、相手方が錯誤を知っていたかまたは知るべきであったときは、無効である（同条三項）。「動機（Bewegungsgründe）の錯誤は法律が特に定めていない限り法律行為の効力に影響しない」。過失ある錯誤者は信頼利益の賠償責任を負う（九九条二項）。意思表示は意思と表示との不一致つまり「意思の欠缺」の場合を無効としてサヴィニーに従ったが、錯誤と意思表示との因果関係があることを要求し、錯誤者の重過失があった場合は有効であるとするのは、相手方保護のために制約を加えたものとされる。「本質的な性質錯誤（wesentlicher Eigenschaftsirrtum）」は動機の錯誤であって無効とされない。

第二草案は、これを改め、これが法律となった。「意思表示に際してその内容について錯誤に陥るか、その内容の表示をしなかった者は、事実を知っていたか事態を合理的に評価したならばそれをしなかったであろうときは、意思表示を取り消すことができる。取引において本質的とされる、人または物の性質（Eigenschaften）についての錯誤は、意思表示の内容の錯誤にあたる」（九四条一項・二項）。動機の錯誤を一律に排除していない。効果が取消しになった。「内容の錯誤」を要件とすることによって、動機か否かという心理的区別の問題を避けるとともに、「本質的な内容の錯誤」をも錯誤に取り込むことを可能とした。

（1） ヨーロッパ錯誤法の歴史の部分は、星野「私法上の錯誤」同・民法論集第六巻（有斐閣、一九八六）の要約であり、同論文は Von Mehren/Gordley, The Civil Law System, Second Edition, 1978, Little Brown & Co. によっている。比較法の検討を多く含むものは、小林一俊・錯誤法の研究〔増補版〕（酒井書店、一九九七。初版一九八六）、同・錯誤・原始不能と不履行法（一粒社、一九九六）所収の多くの論文、比較法研究四一号（一九七九。序〔星野〕、フランス〔野村豊弘〕、ドイツ〔中松纓子〕、イギリス〔木下毅〕、アメリカ〔同〕、総括〔星野〕）。

（2） フランス法については、注（1）のほか、特に野村豊弘「意思表示の錯誤――フランス法を参考にした要件論（一）～（七・完）」法学協会雑誌九二巻一〇号、九三巻一～六号（一九七五～七六）。

（3） ドイツ法系の立法については、村上淳一「ドイツ普通法学の錯誤論」法学協会雑誌七六巻三号（一九六〇）、同・ドイツの近代法学（東京大学出版会、一九六四）（プロイセン、バイエルン、オーストリア、ドイツ）、小林・前掲注（1）、中松・前掲注（1）、磯村哲・錯誤論考（有斐閣、一九九七）所収の諸論文（オーストリア、ドイツ、スイス）など。

四　日本の学説の変遷

①　日本民法九五条は簡単であるため、その立法当時における意味が、既に見解の相違を生んでいる[4]。その起草過程についての学説の理解の変化は前述した。しかし起草者（富井）は、民法九五条自体は、ドイツ法に従ったものでないとしつつ、自己の解釈論としては、「近世の法学思想上」から検討すべきであるとして、「要素の錯誤」とは「意思表示の内容に関する」錯誤で、その重要な部分についての錯誤であるが、重要というのは、その錯誤がなければ表示者がそのような意思表示をしなかったような場合で（錯誤と意思表示の因果関係）、一般人から見てもそうである場合である（客観的な制約）とした。かつそれはドイツ民法一一九条の考え方であるとする[5]。動機の錯誤をも「錯誤」に吸収しつつ、取引安全の見地から客観的な制約を加えるものである。他方、錯誤は「意思と表示の不一致」「意思の欠缺」であると説明するが、この点でもドイツ法学の影響が見られる。

②　富井は、日本の民法学のドイツ法的解釈の始めであると見られるが、ドイツ法学の影響を強く受けた学者の多くがこれに従い、大審院も一九一四（大正三）年一二月一五日の判決（民録二〇輯九九巻一一〇一頁）でこれを採用した。さらに、我妻栄は、これとほぼ同様の定式化を行なったが、動機の錯誤については、動機が意思表示の内容になっているというよりは、動機が表示されている場合に「錯誤」たりうるとして、相手方の認識可能性を問題にする方向に向う（我妻の見解には、ニュアンスにおいて若干の変遷がある[6]）。そしてこれが判例の立場であるとする（判例の理解については、動機の表示よりはそれが法律行為の内容となっていることを重視しているとする見方も有力である）。以上が日本の

「通説」とされていたものである。

③　この間、優れた論文が次々と現われた。一方は、判例を詳細に分析してそれに基づいて自説を展開する杉之原舜一、舟橋諄一である。杉之原説をやや乱暴に言えば、錯誤者を保護することが取引安全の見地から妥当である場合に「錯誤」にあたるとすべきで、その判断は裁判官の合理的判断に委ねられているということである。[7] 舟橋は、動機と「意思」を区別すべきでないとし、錯誤の要件は錯誤と表示の間の因果関係のほか、相手方が錯誤の存在について善意無過失であることを挙げ、そのうえで結局は裁判官の全人格的判断によるものとしている。[8] もう一方は、川島武宜によるもので、サヴィニー以来のドイツ学説を分析して、意思欠缺と動機錯誤の区別はもはや維持することが適当でなく、動機錯誤も「錯誤」とすべきものとし、現代における錯誤法の特色はその表示主義的性質（法律行為の外観に対する保護の制度）と一般条項的性質（裁判官の判断に委ねられるべきもの）にあるとする。[9] 具体的結論は三者ともほぼ一致している。動機錯誤の特別扱いを否定する学説が多数説になったと言うことができよう。

④　第二次世界大戦後も、一方で解釈論としては、この状況が続いていた。また、研究としては、サヴィニーのさらに進んだ研究、[10] 着眼点、整理の仕方そして結論はそれぞれ異なるが、判例の詳細な検討が引き続いて若手学者によりなされていた。[11]

⑤　しかし最近になり、前掲の学説史（注（4）所掲）、より広い外国法の研究（注（3）所掲）とそれに基づく客観主義的解釈論を展開する学者が現われているほか、[12] 解釈論において、再びドイツ法を参考にしつつ動機錯誤を別に扱うものが増えてきた反面、[13] フランス法を参考にする解釈論も現われるに至っている。[14] 後に取り上げる若手学者の教科書によって問題点が明快に整理されるとともに、解釈論は精緻の度を深めている。

（4）　日本の錯誤法学説史については、外国法の研究についての記述が十分でない点を除き、中松纓子「錯誤」星野英一編集代表・民法講座1（学説中心。有斐閣、一九八四）、森田宏樹「民法九五条（動機の錯誤を中心として）」広中俊雄＝星野英一編・民法典の百年Ⅱ（有斐閣、一九九八）が詳しく、優れている。ただし、両者の学説・判例に対する見方には若干の違いがある。

（5）法典調査会民法主査会議事速記録〔日本近代立法資料叢書13〕（商事法務研究会、一九八八）六四六頁以下、富井政章・民法原論第一巻総論（有斐閣、一九二二年版）四三五頁以下。

（6）我妻のこの若干の変化を指摘したのは、森田・前掲注（4）である。

（7）杉之原舜一「『法律行為ノ要素』の錯誤に関する一考察（一）（二・完）」法学協会雑誌四三巻一〇号・一一号（一九二五）。

（8）舟橋諄一「意思表示の錯誤」九州大学十周年記念論文集（岩波書店、一九三七）。

（9）川島武宜「『意思欠缺』と『動機錯誤』」法学協会雑誌五六巻八号（一九三八）、同・民法解釈学の諸問題（弘文堂、一九四九）。

（10）川島・前掲注（9）引用論文、村上・前掲注（3）引用論文、磯村・前掲注（3）引用論文。

（11）野村豊弘「意思表示の錯誤」法学協会雑誌八五巻一〇号（一九六八）、須田晟雄「要素の錯誤（一）〜（八・完）」北海学園法学研究八巻一号・二号、九巻一号、一〇巻二号、一一巻一号・二号、一二巻三号、一三巻二号（一九七二〜七七）、小林一俊「錯誤」叢書民法総合判例研究四―一（一粒社、一九八九）、森田・前掲注（4）引用論文。

（12）小林・前掲注（1）引用書など。

（13）本文**六**①に掲げる教科書や、磯村・前掲注（3）引用書。

（14）野村・前掲注（2）引用論文、森田・前掲注（4）引用論文（但し、参考にされた部分は異なる。前者は、フランスの判例の詳細な分析の結果それが日本の判例と同様の実質的な判断基準によっていることを指摘して、それを解釈論として採用する。後者は、フランスのコーズ（cause）の理論、つまり「錯誤」はコーズすなわち「契約上の義務の拘束力を基礎づけるような事項に関する錯誤」でなければならないとするものである。もっとも前者もフランス錯誤論におけるコーズ論との関係は認めている）。

五　錯誤法の国内法改正案と国際統一法案

①　フランスやドイツにおいてそれぞれに精緻な解釈論が展開されている間に、他のヨーロッパ諸国の立法は、それらとは異なる種々の錯誤法を立法していた。[15]　また、それらの諸国（オーストリア、スイス）においても、学者による錯誤法改正案が提案された。国際的な統一法の検討が進み統一法草案も現われている。

②　まず、幾つかの立法を一瞥する。フランス民法に次ぐ古い近代的民法典とされるオーストリア民法（一八一一）の錯誤法[16]は、後に改正されたが、当初から、契約の目的物又はその本質的な性質（八七一条）、契約の相手方（八七三条）に関する錯誤につき、相手方が誤った指示を与えて錯誤を惹起したとき（八七一条）、第三者が相手方の加担を得て錯誤を惹起したとき又は第三者が誤った指示を与えたことを相手方が知りうべきとき（八七五条）、相手方が錯誤の存在を知りうべかりしとき（八七六条）に「錯誤」になるとしている。相手方保護の規定であることに注意されるべきである。一九一一年のスイス債務法[17]は、本質的錯誤であることを要件として（二三条）、その主なものを四つ列挙するが（二四条一項）、その一つは、錯誤が契約の必要的基礎（notwendige Grundlage des Vertrages）と見られる事態に関するときである（同項四号）。動機の錯誤は本質的錯誤でなく（同条二項）、計算の錯誤は考慮されない（同条三項）。それらの場合であっても、錯誤の主張が信義則に反するときは許されず（二五条一項）、特に相手方が錯誤者の意図した内容で履行する準備がある旨述べたときは錯誤者の表示した内容に拘束される（同項）。意思主義的な規定と見えるが、判例は、錯誤の対象である事態が錯誤者にとって契約締結の不可欠の条件であり、そのことが相手方に認識可能であることが「錯誤」の要件として、相手方の信頼を保護している。イタリア民法（一九四二）[18]も、錯誤が本質的で、相手方に認識可能な場合に取消原因となるとする（一四二八条）。認識可能とは、契約の内容、周囲の状況

又は契約当事者の性質につき、通常の注意力を有する者が気付くことができたであろうような場合と定めている（一四三一条）。

③　学者の改正案が少なくない。ドイツのハインリッヒ・ティッツェ（H. Titze）によるドイツ法改正案（一九四〇）、オーストリアのフリッツ・フォン・シュヴィント（Fritz von Schwind）によるオーストリア民法とドイツ民法の統一草案（一九四一）、ドレクセリウス（Drexelius）の改正案（一九六四）が見られる。(19)

ティッツェは、錯誤を原則として取消原因とする立場をとってもなお取消しの認められない場合を挙げる規定と、原則的に錯誤を取消原因としない立場をとってもなお取消しを認めてよい場合を認める規定との二種を提言している。前者において取消しを認めるべき場合は六つで、取消しが公益に反する場合、錯誤が錯誤者の負担すべき危険に属する場合、錯誤者が錯誤の結果を除くための他の法的手段を有する場合、相手方が錯誤者の意図した内容で効力を発生させる準備のある場合、錯誤が二義的な意味しか持たない場合、その他の理由により錯誤の主張が信義則に反する場合である。後者で取消しの認められるべき場合は三つある。錯誤が相手方に認識可能だった場合、相手方が錯誤の原因となった場合（過失がなくても）、相手方が錯誤による意思表示を前提とした処分を未だしていない時点で取消しによって相手方に不利益を与えないとき、である。シュヴィントは、二つの場合に取消可能であるとする。錯誤が適時に主張されるか、両当事者に共通である場合、錯誤が錯誤者にとって重要であり、相手方に認識可能であったか、相手方によって惹起された場合、である。ドレクセリウスは、ティッツェをもとにして、ドイツ民法一一九条の改正案として四つの場合に「錯誤」になるとする。意思表示が相手のないものである場合又は官庁に対してなされた場合、及び無償の譲渡行為の場合、相手方が錯誤を認識したか又は重過失によって認識しなかった場合、錯誤が相手方の誤った申立て又は不当な沈黙によって惹起された場合、相手方が意思表示の有効性の信頼に基づく処分を未だしていないか、錯誤者が相手方に対してその主張する損害の賠償を直ちに提供する場合、である。さらに、錯誤者が錯誤によって生じた不利益を除去するための他の法的手段を有するか、その法律行為の意義からしてそのような手段を有すべきでない場合、取消しが信義則に反する場合、特に錯誤がまったく二義的な意味しか持たなかったか、相手方が錯誤者の意図した内容で効力を発生させる準備のあることを直ちに表示した場合は、取消しは許されない、とする。

④　統一法草案等には、四つが挙げられよう。まず、一九六四年にハーグで成立した「有体動産の国際売買に関する統一法」条約の「衛星条約（Satelite Convention）」の草案として、同条約草案の起草者であり推進者であった私法統一国際協会（ＵＮＩＤＲＯＩＴ）からドイツのマックス・プランク研究所に委託された研究の成果であって、逐条解説と共に発表されたものである。これはその後私法統一協会で若干修正されたものが発表されている。しかし、これは、この統一法には採り入れられず、後のＵＮＩＤＲＯＩＴ「国際商事契約原則（Principles of international Commercial Contracts）」（一九九四）の中に取り入れられた。さらに、「ヨーロッパ統一契約法原則（ＰＥＣＬ）」（一九九五、一九九九、二〇〇一）にも影響を与えている。さらに、やや系統の違う、パリ大学比較法研究所の欧州統一法草案がある。

(i)　マックス・プランク研究所の当初の草案[20]は、本質的な錯誤であって（九条一項）、相手方が錯誤を知っていたかもしくは知るべきであったとき、又は錯誤の原因となったときを「錯誤」とする（同）。その場合でも取引の特殊な性格ゆえに又は両当事者の合意に基づいて表意者が危険を負担すべきときは錯誤の主張は認められない（一三条二項）。なお、本質的な錯誤とはどのような場合かを説明している（九条二項）。基本的な立場は、錯誤者と相手方の利益考量から出発して、近代的な商人間の取引においては、錯誤者の意思が認められるのは取引安全の利益が害されない限りであるから、契約の有効性に対する相手方の信頼という利益が錯誤者の取消しによる利益に優先する、ということで、オーストリア民法八七一条やイタリア民法一四二八条・一四三一条と共通の考え方も採用されている。

(ii)　ＵＮＩＤＲＯＩＴの最終草案[21]は、これを若干変更し、もしも真実が知られていたならば契約がそのように締結されなかったであろうほどに錯誤が重要であること、いっさいの事情を考慮したうえで、錯誤の危険が明示的又は黙示的錯誤者の負担になるような要素に錯誤が関係していないこと、相手方が同じ錯誤に陥ったときもしくは錯誤の原因となったとき、又は錯誤を知りまたは知るべきであって錯誤者を錯誤に陥ったままにしておくことが誠実な取引の慣行に反すること、である。

(iii) パリ比較法研究所の草案[22]は、欧州共同市場における法律の統一のための準備作業として七ヵ国法（フランス、ベルギー、オランダ、イタリア、西ドイツ、イギリス、デンマーク）の錯誤法を検討したもので、René Rodière 教授の指導のもとに各国出身の大学院生が自国法を紹介し、編者の同教授を中心にまとめたものである。錯誤の要件として、表意者の意思を合理的に決定したほど重要であること、錯誤が目的物、その本質もしくはその本質的性質に関すること、又は人についての考慮が本質的である契約において錯誤が相手の人に関すること、相手方が表意者の意思又は表示について持つ影響を知ることができたかもしくは知るべきであったこと、である。

(iv) UNIDROIT「国際商事契約原則[23]」は、まず錯誤とは契約締結時における事実又は法に関する誤った情報と定義する（三・四条）。そのうち取消原因となる錯誤は、錯誤に陥った当事者と同じ状況に置かれた合理的な者が、真の事情を知っていれば実質的に異なる条項のもとでのみ契約を締結し、又は契約を締結しなかったであろうほどに、錯誤が重要なものであって、以下二つの場合に限るとする。その一は、相手方が同じ錯誤に陥っていた場合、錯誤を生じさせた場合、その錯誤を知り又は知るべき場合であって錯誤者を錯誤に陥ったままにしておくことが公正な取引についての商取引上の合理的な基準に反するときの三つの場合である。その二は、相手方が取消時までに契約を信頼した行動をしていないときである（三・五条一項）。さらに、これらの場合でも、以下の二つの場合は取消しができない。錯誤者に重大な過失があった場合と、錯誤が、錯誤のリスクが錯誤者によって引き受けられた事項に拘るとき又は諸事情を考慮して錯誤のリスクが錯誤者によって引き受けられたときとである（同条二項）。

(v)「ヨーロッパ統一契約法原則[24]」は、事実又は法律に関する錯誤によって当事者は次の場合にのみ契約を取り消すことができるとする。まず三つの場合がこれにあたる。錯誤が相手方の提供した情報によって生じた場合、相手方がその錯誤を知っていたか又は知るべきであった場合で、錯誤者を錯誤に陥れたままにしておくことが信義則及び誠実な取引の命令に反する場合、相手方も同じ錯誤に陥った場合である（四：一〇三条一項a）。それらの場合において、錯誤者が真実を知っていたならば、契約を締結しなかったか、根本的に異なった条件において契約を締結したであろうことを相手方が知っており又は知るべきであった場合に限って錯誤の主張ができる（同条一項b）。さらに、以下の場合には、錯誤を主張できない。錯誤が許容できないものである（inexcusable）場合（同条二項a）と、錯誤者が錯誤の危険を引き受けていたか又は諸事情からそれを引き受けるべきであった場合（同条二項b）とである。

(15) 小林・前掲注（1）引用書、星野・前掲注（1）引用文献など。
(16) オーストリア民法につき、村上・前掲注（3）引用論文、星野・前掲注（1）引用論文、小林・前掲注（1）引用書、など。
(17) スイス債務法につき、星野・前掲注（1）引用論文、小林・前掲注（1）引用書、磯村・前掲注（3）引用書など。
(18) イタリア民法につき、星野・前掲注（1）引用論文、小林・前掲注（1）引用書など。
(19) 小林・前掲注（1）引用書など。
(20) K. Zweigert/U. Drobnig/J. Einmahl/A. Flsisner/H. Kötz, Der Entwurf eines einheitlichen Gesetzes über die Materielle Gültigkeit internationaler Kaufverträge über bewegliche Sachen, *Rabels Zeitschrift*, 32 (1968); Max-Planck-Institut für ausländisches und internationales Privatrecht, *Les conditions de validité au fond des contrat de vente*, UNIDROIT Annuaire 1966（後のものの仏訳らしい）; do., *Die materielle Gültigkeit von Kaufverträgen*, Bd. I, De Gruyter & J. S. B. Mohr, 1968.
(21) Projet de loi pour l'unification de certaines règles en matière de validité des contrats de vente internationale d'objets mobiliers corporels, suivi d'un rapport explicatif du Max-Planck-Institut, für ausländisches und internation-

ales Privatrecht.

（22） Institut de Droit comparé de Paris, *Les vices du consentement dans le contrat*, Pedone, 1977.

（23） 曽野和明＝広瀬久和＝内田貴＝曽野裕夫訳・UNIDROIT 国際商事契約原則（商事法務、二〇〇四）は、原則の英文、原則及び注釈の日本語訳である。ユルゲン・バセドウ編・後掲注（24）引用書にもその邦訳が掲載されている。なお、この「原則」は、二〇〇四年に改正された（その解説は、内田貴「ユニドロワ国際商事契約原則二〇〇四――改訂版の解説（一）」NBL八一一号〔二〇〇五〕未完）。

（24） 川角由和＝中田邦博＝潮見佳男＝松岡久和編・ヨーロッパ私法の動向と課題（日本評論社、二〇〇三）、ユルゲン・バセドゥ編〔半田吉信ほか訳〕・ヨーロッパ統一契約法への道（法律文化社、二〇〇四）は、日本語訳とそれを注釈する論文又は関連する論文の翻訳を含んでいる。なお、ハイン・ケッツ〔潮見佳男＝中田邦博＝松岡久和訳〕・ヨーロッパ契約法I（法律文化社、一九九九）は、ヨーロッパ私法の統一のための学問的基礎作業として、契約法の分野における比較法の研究をしたものので、有益である。

六　最近の教科書における錯誤の扱い

① 最近の教科書としては、大村敦志・基本民法I（二〇〇一、第二版二〇〇五）の「初版はしがき」に「新時代の教科書」とされた内田貴・民法I（一九九四、第二版補訂版二〇〇五）と大村・同書、及びその流れにあると見られる若手学者のもの、山本敬三・民法講義I総則（二〇〇一、第二版二〇〇五）、加藤雅信・新民法大系I民法総則（二〇〇二、第二版二〇〇五）、佐久間毅・民法の基礎I総則（二〇〇三、第二版二〇〇五）、潮見佳男・民法総則講義（二〇〇五）（内田・同書が東京大学出版会のほかはどれも有斐閣発行）、さらに四宮和夫＝能見善久・民法総則（弘文堂、一九九九、第七版二〇〇五）と近江幸治・民法講義I民法総則（成文堂、一九九一、第四版二〇〇三）。そして「意識的な教科書とし

てはパイオニア的」とされた、鈴木禄彌、星野英一、北川善太郎の教科書シリーズのうち、順次、民法総則講義（創文社、一九八四、以下二訂版二〇〇三による）、民法概論Ⅰ（良書普及会、一九七一）、民法講要Ⅰ（有斐閣、一九九三）を加えた。

② 鈴木は、意思欠缺と動機錯誤を区別しない「近時の学説」に基本的に従いつつ、両者を含めて「より具体的にかつ制限的に両当事者がいかなる状況にあるかに応じて」錯誤の主張が認められるか否かを判定すべきものとする。つまり「問題の一般条項化」である。ついで九五条に沿って説明し、相手方の善意無過失は「錯誤無効を阻却する方向に働くファクターである」とする（一六八～一七三頁）。星野は、「実質的な問題」は、錯誤に陥った者を救いたいという要請と、「表示に対する相手方の信頼の保護」（「言葉によって相手方を信頼させた者はその信頼を裏切ってはならない」）という社会規範、つまり「錯誤者と相手方に関する諸要請の調整」の問題である、とする。動機の錯誤も「錯誤」としてよい点で学説はほぼ一致していること、相手方の善意無過失を要件に加える説が有力であること、しかし結局は諸般の事情を比較考量して「錯誤」となるか否かを判断すべきだとし、その要素として取引の種類とそのなされた事情、錯誤者側の、蒙った損害の大小、錯誤に陥ったことに無理からぬ事情があるか否か、相手方側の、表意者の錯誤についての善意無過失などである、とする。相手方の善意無過失を必ずしも常に要求していない（一九六～二〇一頁）。北川も、動機の錯誤を別扱いにしない説が「通説と目される」とし、民法九五条の規定はドイツ法と違って錯誤から動機錯誤を排除していないから通説は「民法規定に適合的な面をもっている」としつつ、「法律行為の内容と動機とは別の法律事実」であり、「法律行為論では法律行為の内容と動機の区別は一般的に前提としている」ことを理由に、動機の錯誤を残しておくことを主張する。具体的な相違として、相手方の善意無過失の要求は動機の錯誤には妥当しても、他の錯誤に対しては「表意者保護の面でなお問題が残る」とする（一四六～一五五頁）。

③ 最近の教科書においては、相手方の悪意・過失を考慮に入れる事でほぼ一致しているが、なお、何について

の善意かにつき、相手方が錯誤に陥っていたことについてか、錯誤に陥っている事項を表意者が重要としていたかについてかの点で若干違いがある。また、動機錯誤別扱説を二元説、別扱否定説を一元説と呼んでどちらが妥当かを検討することが多い。

内田は、「表意者の保護と取引の安全」の調整問題として、一元説が「今日の多数説」としてそれを採用するが、より具体的には、相手方の単なる知・不知でなく「表意者の錯誤を利用することが許されるかどうかの判断ではないか」とし、それは「当該取引をめぐる経緯」「その背後にある慣行や社会関係」も考慮して判断されるべきだとする（六三〜七五頁、七七頁）。大村は、一元説が「ある時期には支配的な学説と言ってもよい状況が出現した」としつつ、この考え方では「錯誤」にあたるか否かは事前に明らかでなく、この考え方には「これを支える（意思表示理論に代わる）基礎理論」が欠けているとし、最近では新たな観点から二元説を支持する見解も「目立つ」とする。結論として、「要素」は表示の有無だけから決められるのでなく、何が要素かは契約の解釈の問題とし、動機の錯誤を原則的に排除はしないが、それでも「要素」にならない錯誤につき、根拠規定としては、詐欺の概念の拡張と、九五条と九六条二項〈第三者の詐欺〉の類推を考えるほかないが、根本的には立法による解決が必要とする（四一〜五六頁）。山本は、意思表示の「内容」になるとは、両当事者の合意の内容になったことを意味するとして、基本的にそれ（「合意主義」と呼ぶ）を採りつつ、「新二元論」のほか「合意主義的」な「新一元論」として森田[25]のように「合意の拘束力を正当化する理由、つまり合意の原因に関する錯誤」が「錯誤」にあたるとする（一五七〜一八〇頁）。加藤は、要件を「要素の錯誤と相手方の予見可能性」とし、「予見可能性」について、表示上の錯誤と内容の錯誤についてはそれだけでよいが、動機の錯誤については「相手方の認識と認容まで」を要求して、両者を区別する。「動機の錯誤」が「錯誤」とされる場合を、「近時の学説」よりも限定しようとしている。この際、両当事者に共有されていた、「前提をめぐる『深層意思』の合致」がある場合はそれも契約の内容として拘束力があるが、そのない場合には相手方の不誠実の場合のみを「錯誤」としようとするものである（二五四〜二六一頁、二六六〜二八四頁）。佐久間は、ほぼ判例どおりに錯誤が意思表示の要素、つまり内容の重要な部分に関することという要件を挙げ、「動機錯誤不顧慮説」、「認識可能性説」と、「合意原因説」を批判する。「合意原因説」については、結論にあまり違いはないが、基本的立場に根本的な違いがあるとする（一四〇〜一六一頁）。潮見は、動機錯誤を考慮しない立場につき「心理主義的錯誤論に基礎を置くアプローチ」のほか「情報収集リスクに基礎を置くアプローチ」を挙げる点に特色があり、動機錯誤を考慮する立場として「判例・通説」、「信頼主義的錯誤論からのアプローチ」及び『合意原因』を正当化できない場合の錯誤無効」の三つを挙げているが、要件としては判例・通説をとっている。能見は、一元的構成をとるとし、要件としては判例の一般論をとりつつ、動機の錯誤のうち、主観的理由や前提事情の誤りは表意者がリスクを負担すべき領域だから動機が表示されていても「錯誤」にあたらないとする（一八六〜二〇二頁）。近江は、一元的構成をとりつつ、重要なのは「要素の錯誤」であるとする。相手方の悪意・過失を顧慮すべきだとし、悪意・過失は錯誤に陥っている事項が表意者にとって重要であることについてであるとする（一八三〜一九八頁）。

七　錯誤法の現在のまとめとその将来

以上から、次の点を指摘することができる。

①　世界の状況　本稿では省略したが、錯誤法においては、アメリカ法は、両当事者のあらゆる事情を比較考量して裁判所が決めるというやり方をしていると言われる[(26)]。これを錯誤法の一方の極として、他方に、ここで検討したヨーロッパ大陸法の行き方があり、さらに中間に、各国法の改正案、広く英米法をも取り入れた地域的又は国際的統一法草案等が存在するわけである。各国法の改正案は、当然のことながら、その歴史による相違を残しているが、全

体として一定の方向に収斂していると見ることができる。

歴史的に見ると、錯誤法は、義務発生の根拠が方式に求められた時代から義務負担者の意思に求められるに至った時代に端を発しているから、当初は錯誤者の意思の不完全さを問題にした。錯誤者の意思の尊重が錯誤法の起点であるのは当然である。しかし既に古くから、取引における相手方の信頼に応えるという要請が存在し、錯誤者と相手方とのバランスをはかることが常に問題であった。当初は錯誤者の保護に重点が置かれていたのは、その沿革からして自然であるが、次第に相手方の保護をも重視してきて、相手方の信頼の保護つまり取引安全をより重視する点で、ほぼ一致するようになっていると言うことができる。また、意思欠缺と動機錯誤の区別は、ほとんど採用されていない。さらに一歩を進め、今日においては、取引の性質・種類などを考慮して、錯誤から生ずる危険の負担をどちらがすべきかという観点から立法するという傾向にある。

ドイツの有名な比較法学者によると、錯誤法においても、人生における錯誤と異なった解決をうる理由はない、と言う。人生においては、各人はその錯誤の結果を自ら担わなければならないが、まして相手のある錯誤において一層である、ということである。(27) これが今日の錯誤法の基本哲学であり、そこから出発すべきであろう。

しかし、より具体的な立法案として何を「錯誤」要件とすべきかは、さらに細かく検討されねばならないが、その前に、日本の学説について考えよう。

② 日本の学説

比較法の見地から見ると、日本の学説には次のような特色がある。

(i) まず長所を挙げる。

第一に、判例の種々の角度からの分析が盛んであることは、特記することができる。ただ、各自が自己の切り口から分析しているものが多く、今度は相互の突き合わせと収斂を考慮すべきである。

第二に、フランスとドイツの学説・判例の精緻な研究も、優れた点である。

第三に、その他の国の立法・学説の研究や、それらの改正案、国際統一法案の研究など、広く比較法の研究も相当に行なわれている。

(ii)　しかし以下の短所がある。

第一に、広い比較法研究の成果や国際的統一法の研究が、解釈論に十分に生かされていない。解釈論と比較法、統一法の研究との統合が未だになされていない(28)。

第二に、これとも関連するが、解釈論の肥大と立法論の貧弱さの対照は著しい。

第三に、解釈論について三点を挙げる。

まず「動機の錯誤」を別扱いにする所から出発するもの（これを「二元説」と呼ぶことが多い）と、「動機の錯誤」も一括して考えるもの（これを「一元説」と呼ぶことが多い）とに分かれて議論が行なわれていることについて。大体のところ、ドイツ法を参考にする学説が二元説、判例の検討から出発する学説とフランス法を参考にする学説が一元説だが、例外もある。両者は、具体的問題についての実質的な結論の違いは少なくなっているが、理論的には、二元説はいったん多数説の地位を降りたかに見えたが、「動機の錯誤」が理論的に他の錯誤と異なることの論証を行なうなどして、再び勢力均衡してきた感がある。二元説の盛んなことは、ドイツ法・学説の影響の強さを示しているが、世界の動向からすると、かなりの偏りが感じられる。

次に、両者を通じ、解釈論がきわめて、敢えて言えば過度なまでに細かくなっていて、初心者ばかりか民法学者にとっても難解なものになっている。判例の分析を基礎にする点を別にすると、各自の基本的立場、さらに自説の依拠する外国の理論の相対比の視点が不足している感がある。

最後に、重要な点につき用語の使用法に統一がないため、説明が錯綜していることを指摘したい。「効果意思」の語につき、「表示行為から推断される効果意思」と「内心の効果意思」とに分け両者を含めるもの（これを「真意」と呼ぶ場合も多い。潮見）と、「表示から推断される内容に対応する効果意思」（佐久間）とか「表示行為に対応する内心の意思」、「表示行為に対応するかぎりでの内心的効果意思」（「内心」という言葉があるためやや分かりにくいが、ここに含めるべきであろう。加藤はその奥に「深層意思」を挙げて、「三層的法律行為論」を唱えているからである）として、潮見のいう前者だけを指示するもの、特にこういう説明なしにこの意味で使っているもの（内田、大村）などが見られる。この語の意味がややあいまいなためか、後者につき「真意」の言葉だけを使うものもある（能見）が、反対に「真意」の語を「効果意思」と同意義で使っているものもある（大村）。

第四に、二一世紀を迎えた今日、一般論としては民法典の全面改正の必要性、つまり立法論の重要性が説かれているのにも拘らず、さらに世界的、地域的な法律統一の試みに対する関心が急速に増えているにも拘らず、錯誤論における立法論の貧弱さは、不思議なほどである。

なお、統一法草案は国際統一条約の議論と成果、及び最新の研究の成果を踏まえたものであるが、それとて万能視することは適当でないことも一言すべきであろう。特に、商事についての統一法は、素人間、素人と商人間の契約においても同様に考えてよいかは、なお問題であることを付言する。

③　錯誤法立法の将来

立法においては、解釈論に無駄な苦心をすることのないように、明快なものであることが必要である（もちろん、法律は抽象的たらざるをえないから、解釈につき議論の生ずることは不可避であるが）。特に今後の立法においては、法律が市民のためのものであることを重視して、一般人にも分かりやすい規定にしなければならない。この観点からすると、あまりにも精緻化した学説の採用は、きわめて危険である。具体的には、伝統的意思理論の維持はもはや適当でなく、むしろ表意者と相手方の保護のバランスというごく常識的な出発点にふさわしい規定とすべきであろう。この観点から、最近の統一法草案等は、最新のものであるという理由からではなく、各国法の歴史を踏まえ、比較法的考察に立った改正への努力を経て、分かりやすいものになっているという理由から、最も参考に値するのである。

この立場から、問題となるべき点のみを挙げたい。

第一は、錯誤を、ごく常識的に、「表示が客観的には自己（両当事者）が真に望んでいたところを正しく表現していないこと（それに後から気が付いたこと）」といった程度に考えて、定義規定は置かず、要件を考えるべきである。

要件としては、考慮すべき四点を挙げる。

一は、錯誤の「重要性」である。その理由は、軽易な錯誤があった場合に、後の事情変更や、後からその契約では損だと分かって、「錯誤」を主張することを排斥するためである。今日に至るまでほとんどの立法案がこの要件を捨てられないのは、十分に理由がある。

二は、相手方の要件であり、これを考慮すべきこともほとんど一致している。ただ、悪意・過失の場合か、錯誤の予見可能性がある場合か、それらはなにについてのものかなどが、細かいが議論となる。また、表意者の態様との関係で、この要件が常に要求されるかも、なお問題とするに足りよう。

三は、表意者に過失がある場合の扱いである。この点は、種々の草案で変動があり、これを常に「錯誤」否定の根拠とするか、相手方の要件との関係で不要とするかなど、難問である。

(25)　森田・前掲注（4）引用論文。
(26)　木下・前掲注（1）所掲論文、星野・前掲注（1）所掲論文など。
(27)　ドイツの著名な比較法学者ツヴァイゲルトの言である（星野・前掲注（1））引用論文及び小林・前掲注（1）引用書に引用している。
(28)　フランスやドイツにおいては、実定法学者の多くは、比較法に対してどちらかというと冷淡であるように見られる。日本のほとんどすべての実定法学者は、外国法の研究をかなり行なうが、自己の研究対象である外国法ないしその種々の前提にそのまま依拠する場合が少なくない（もっとも、それが妥当であると考えるから採用するということかもしれないが）。解釈論における外国法への依拠の問題は、日本において最近かなり意識的に取り上げられている課題である。「特集 民法学の課題と方法〔シンポジウム〕」法律時報六一巻二号（一九八九）における能見善久「民法学と隣接基礎法学との関連」、森田修「私法学における歴史認識と規範認識」社会科学研究四七巻四号・六号（一九九五・一九九六）、「《特集》日本民法の歴史と展望——外国とのかかわりを中心に（加藤新太郎、北川善太郎、小粥太郎、潮見佳男、松本恒雄、大村敦志）」民商法雑誌一三一巻四＝五号〜一三一巻六号（二〇〇五）など。

〔**追記**〕 二〇〇五年六月に、第四回中日民商法研究会（武漢、中南財経政法大学）で報告された原稿。中国語では、渠涛訳「日本民法中関于《錯誤》制度的規定——学説、判例及立法論」中日民商法研究第五巻（二〇〇六年）として公刊。「報告用」と題された原稿では、外国学説や日本の学説の部分が省略されているが、「原稿用」と赤ボールペンで書き込まれた省略のないもの（本文にも若干の書き込みがある）を収録した。なお、このテーマについては「私法上の錯誤」民法論集第六巻があるが、「物権と債権」と同様、その後の学説の論評が含まれている。

日本の民法学者から見た中国物権法

一　はじめに
二　「物権法」への大きな注目の理由
三　各編の瞥見

一 はじめに

まず、中国の皆様に、長い準備期間を経た後の、このたびの物権法の制定に対して、お祝いを申し上げる。とりわけ、ここにお出での先生方は、『中国物権法立法案（草案）』を起草されて以来、立法に深く関与してこられた、梁慧星先生、そして梁慧星先生をリーダーとする「中国物権法草案建議稿」を作成したグループのメンバーであり、建議稿がこの物権法にも多く採用されているので、お喜びもひとしおと思う。また、今日も、それらの方々による有益な報告を伺うことを楽しみにしている。

中国における物権法（以下、「物権法」とする）の制定は、日本においても、大きな関心の対象になっていた。私が気のついただけでも、多数の文献その他検討シンポジウムがある。一九九九年以来、今日もお見えの渠涛先生に、「物権法」立法の過程についての詳しい講演を依頼して、その内容を公刊しており[(1)]、梁慧星先生が二〇〇〇年に中国の「法学研究」二〇〇〇年第四号に発表された論文の翻訳も大阪大学の機関誌に掲載されている[(2)]。二〇〇二年一月には、梁慧星先生、王利明先生（中国人民大学）、王勝明全人代常務委員会法制工作委員会民法室主任（当時）の三人という豪華メンバーを集めたシンポジウムも早稲田大学比較法研究所等の主催によって開催された[(3)]。その他の日中シンポジウムにおいて、中国の学者による物権法制定についての講演が行われることも、少なくなかった[(4)]。日本の学者による二〇〇二年一月の『中華人民共和国物権法草案（意見徴集稿）』の翻訳[(5)]、二〇〇二年一二月の『中華人民共和国民法草案』物権編の翻訳[(6)]、その他の草案の翻訳も発表されている[(7)]。日本在住の中国人学者や日本人学者による論文もかなりある。

今回「物権法」が制定されると、直ちにその翻訳が行われ、既に四種を数える[(8)]。どれほど「物権法」が注目されているかを証明している。

（1）渠涛「中国における物権法の現状と立法問題」早稲田大学比較法研究所・比較法学三四巻一号（二〇〇〇）、同「中国物権法の起草について――物権変動制度の選択を中心に」明治大学国際交流基金事業招請外国人研究者講演録No. 3（二〇〇一）、同「中国における民法典審議草案の成立と学会の議論（上）（下）」ジュリスト一二四九・一二五〇号（二〇〇三）。

（2）梁慧〔徐慧訳〕「中国物権法制定に関する若干の問題」阪大法学五一巻一号（二〇〇一）。

（3）日中法学者共同シンポジウム「中国における物権法の起草及び民法典制定計画について」（二〇〇二年一月一五日）。

（4）私が出席したものだけでも、国際民商事法センター主催のもの（第五回中日民商事法セミナー、二〇〇〇年一一月九日、第一二回中日民商事法セミナー、二〇〇七年九月二〇日）、山梨学院大学主催のもの（「中国、法治社会への転換」二〇〇四年一二月二〇日）、日中比較民法研究会（代表：森島昭夫）・中国社会科学研究院法学研究所主催のもの（第二回日中民法共同シンポジウム、二〇〇四年一月二七日～二八日）その他がある。詳細な討論も掲載されているものは、京都大学主催の「中国物権法制定に関する若干の問題(1)(2)」（孫憲忠）民商法雑誌一三四巻四＝五号・六号（二〇〇四）である。

（5）熊達雲訳・山梨学院大学法学論集四九号（二〇〇三）、西村峰裕＝周喆訳・産大法学三五巻一号（二〇〇二）。

（6）市川英一「中華人民共和国民法（草案）・物権編（一）～（三）」横浜国際経済法学一四巻一号・二号、一五巻一号（二〇〇五・二〇〇六）。

（7）西村峰裕＝清河雅孝＝周喆「中華人民共和国物権法草案（一）～（五・完）」産大法学三七巻四号～三九巻二号（二〇〇四～二〇〇五）、同「中華人民共和国物権法第二次草案」産大法学三九巻二号、三九巻三＝四号（二〇〇五～二〇〇六）。

（8）発行日順に、河上正二＝王冷然・NBL八五七号（二〇〇七）、鈴木賢＝崔光日＝宇田川幸則＝朱曄＝坂口一成・中国物権法　条文と解説（成文堂、二〇〇七）、松岡久和＝鄭芙蓉・ジュリスト一三三六号（二〇〇七）、渠涛・国際商事法務三五巻七号（二〇〇七）。その後、小口彦太＝長友昭・早稲田法学八二巻四号（二〇〇七）が出た。

二 「物権法」への大きな注目の理由

なぜ「物権法」が、かつての民法通則、契約法、担保法に比べて[9]、日本でこれほど注目されているかの理由を考えることは、「物権法」の検討にとっても意味があるからである。次の諸点が考えられる。

第一は、民法通則（一九八六年）から二一年近く、担保法（一九九五年）を経て、契約法（一九九九年）からでも一〇年近く経過している。その間における日本の中国法を専攻する研究者の増加と、中国からの留学生の著しい増加が、なんといっても直接の原因である。

第二に、日本の民法研究者の外国法への関心が、従来のように、日本民法典と日本民法学のモデルであるフランス法・ドイツ法だけでなく、第二次大戦後に民法典編纂を開始したアジア諸国にも広がってきたことが挙げられる。日本民法学は、外国法としては、戦前、ドイツ民法・民法学をモデルにして日本民法の体系化に努め、戦後になると、日本民法典のオリジンであるフランス民法や、戦後他の法律の領域で影響を及ぼしている英米法の研究にも力を注いできた。しかし、一九九〇年頃から、それらの国の民法の研究の質・量を低下させることなく、アジア諸国へ関心を広げてきた。とりわけ、アジアの幾つかの国に対する「法整備支援」が国の事業として行われるようになると、その傾向は一層強くなった。また、なんらかの意味で日本民法の影響がある国の民法典については、一時は、その影響が不幸な事実に由来するものであったために、研究をすることが心理的にためらわれていたが、そのような躊躇も、それらの国の法学者の、法学者らしい公正さと寛大さのおかげで、次第に取り払われてきたものと見られる。

なお、これは、一般的に最近日本人の関心がアジアに向いてきたこととも関連があり、それを背景にしているということができよう。

以上二点は、日中法学交流にとっても、好ましい方向を示している。

以下の諸点は、より法律的なものである。

第三に、物権法は、物の支配に関するもので、各社会の生産や分配のあり方を定める、社会の根幹にかかわる法である。改革・開放以来、社会主義的市場経済という歴史的な大実験を遂行しつつある中国の「物権法」は、この点において、大きな関心の対象である。

第四に、物権法が、社会・経済の基本に関するため、契約法や担保法と比べて、国・地方による独自性が大きいことが挙げられる。契約法や担保法については、国連の統一法条約もあるほどで、世界的な共通性が比較的大きいので、物権法ほどの面白さはない、ということもありそうである。

しかも、第五に、先進国であり、日本や中国の法律のモデルとなったヨーロッパの物権法は、ローマ法由来の制度とゲルマン法由来の制度が混合しているという歴史的な理由によって、法技術的にも多様であり、また緻密なものとなっている。この点で、中国がどのような物権法を制定するかは、民法学者の興味を強くひくものである。

(9) 民法通則、契約法や担保法が日本で関心を持たれなかったのではない。どれも、翻訳や解説が発表されており、文献の中でそれらに好意的に言及されることもあった。

三　各編の瞥見

私は、やや大雑把に、「物権法」の歴史的な位置付けその他について感想を述べ、問題を指摘することにしたいと思う。

「物権法」を大まかに理解するためには、幾つかの視点からの観察を必要とする。①「社会主義的市場経済」の理念との関係、②中国の立法と民法学説の伝統（蓄積）との関係、③中国が影響を受けた外国法との関係（法継受）、④伝統的な中国の法観念の影響である。

しかし私には、③の一部しか分からないので、他の視点からの検討は、若干感想を述べて、皆さんのご意見を伺いたいと思う。

1　物権法の体系的位置

物権法内部の問題ではないが、その位置付けは物権法立法に際して考慮せざるを得ない課題である。民法典の中で物権編を独立して置くか否かの問題まである。民法における物権と債権（その要件と効果）を明瞭に区別するのが適当と考える立場があり、この立場によれば、物権編と債権編を別に置く必要があることになる。一応の区別はあり、両者の典型例は存在するが、賃借権のように限界的な権利もあり、権利の種類によっては物権の効力を十分に備えていない（日本民法の留置権）ので、それらについて物権か債権かをはっきりと決めないほうがよい、という立場があり、この立場からは、二つの編を別にしなくてもよいが、別にしてもかまわない、ということになろう。

ここでは物権変動法の面からの検討をすると、「物権法」は、物権変動そのもの（第六条・第九条）と、物権変動に関する契約の効力（第一五条）とを分けており、また、意思表示に基づく物権変動の効力発生要件として登記または引渡しを要求していること（第六条・第一四条・第二三条・第一三九条・第一八七条など）から、物権変動とその原因である債権契約とを区別していると解される。したがって、この面からは物権編を独立させる理由があるといえよう。(10)

ただ、担保法がそうであったように、人的担保を含む担保権を一つの編にまとめるのが適当ではないかの問題はなお残っており、今後が注目される。

2 総則

総則の編が豊富な規定を含むことは、「物権法」の特色である。

① 物権法の目的・趣旨などについての規定が存在し、その内容も社会主義中国らしいものになっていること（第一条・第三条・第七条）は、当然ながら特徴的である。その中には、他国でも考慮することが問題になりそうなものがある（第七条の「公徳の尊重」）。これは、社会主義に由来するところの規定であろうか。それとも中国の伝統的な法観念が入っているのであろうか。

② 物権法定主義が明示されている（第五条）。日本民法にもある規定である（日民第一七五条）。フランス民法典にもドイツ民法典にも規定がないが、ドイツではその存在が認められており、フランスでは学説が分かれている。日本の旧民法でも、物権の列挙は必要だとされていた[11]。この主義の根拠は、近代初頭において封建的権利を否定しようとしたこと、当時見られたように、当事者間において、一方当事者が不当に不利益な状態になるような物権の存在を否定すること、物権は第三者に主張できるので、思いがけない物権の出現によって第三者が害されないこと、にある。最後の点から、第三者保護のために、物権変動については何らかの形で公示制度が制定されるが、公示には可能な事項に限界があるので、公示に服する物権とその内容を定めて、公示された点だけが第三者に主張できるものとすることになる。つまり、物権法定主義は、公示制度とあいまって、第三者の保護、取引安全を図るものである。

ここで、慣習の効力を問題にする必要がある。日本民法は、多くの条文で慣習によることを定め、他に、一定の慣習が法律と同様の効力を有すると定める規定がある。解釈論としては、民法第一七五条にいう「法律」の意味をどう解釈するかの問題である[12]。

物権法定主義と慣習との関係は、近代以後の立法に際して常に大きな問題となったものだが、二個の検討事項がある。新たに法律を制定したことに大きな意味があると考えるか否かという、新しい法律制定の一般論と、新しい法律の内容から判断して、その趣旨を貫徹すべきか否かという、具体的な法律の趣旨の理解・解釈の問題とである。この時に、物権法定主義の趣旨からも考察することになる。

慣習といっても、法律施行前から存在したものと、法律施行後に生まれたものとを区別して考える必要がある。別の表現をすると、何時誰が作ったともいえないような慣習と、社会において同種の契約が繰り返し多数締結され履行されて、慣習といえるほどになったものである。前者（農地の利用権の問題が多い）は、新法律に採用されない限り否定されたと解しやすい。もっとも、農民の慣習を尊重する必要性があり、それをどこまで認めるかが難しい問題である。後者（取引社会における担保権が多い）については、それを否定する明示の規定がない限り（日本の民法施行法第三五条のように）、その効力については新法律は何もいっていないと解することが可能である。このように解しないと、社会の変化に応じて発生した事態に法律が対応できないという結果も生じる。どちらにおいても、先に述べた趣旨、特に第三者保護、取引安全を考慮しなければならないが、農村の慣習をより大事にするという価値判断を採る場合もあるので、その場合には、公示不要と決断することになる。物権法定主義に限界を認めるわけである。

③　物権変動法は、歴史的に、各国・各地方の慣習や法律学などの差異が大きかったために、国・地方による法制度の大きな違いがある。大別すれば、フランス式、ドイツ式、スイス式の三種があるといえよう。「物権法」は、草案の時代から、スイス法に近いシステムが多数意見のようであり、そのようになった（第六条・第九条・第一五条・第二三条など）。重要な問題であり、中国がこのシステムを採用したことは、大きな意味を持つといえる。ただこの点は、立法事業開始以来問題とされており、この学会においても、中国や日本における他のシンポジウムにおいても議論されており、私も何回か話しているので、基本問題は省略する。

ただ一点だけ繰り返すと、公示制度が実際によく機能するためには、実体法の整備と共に、いわばインフラと言うべきものが必要だということである。登記所、登記簿、登記官吏、原因となる契約の正確を確保する制度（公証人、司法書士など）、不動産の事実の確認（地図、区分所有建物の図面）などの整備であって、国家による莫大な初期投資を必要とするものである[13]。この前提が充たされないと、あまり進んだ公示制度は、真の権利者を害する危険をもたらす。

④　物権的請求権（第三二条～第三八条）は、日本では学説・判例によって認められているが、民法典には規定がない。今後の日本の立法においては、規定が置かれることが望ましく、その際これを明文化した「物権法」が参考になるであろう。

3　所有権

①　所有権は、各時代・各国における、社会の基本構造を形成する重要な制度であり、社会主義経済の資本主義経済との決定的な差異を反映することは、いうまでもない。「物権法」において、私人所有権（第六四条～第六九条）のほかに、国家所有権（第四一条・第四五条～第五七条）、集団所有権（第五八条～第六三条）が詳細に規定されているのは、大変興味がある。

②　より長いスパンで歴史を眺めると、所有権には、中世封建社会の「前近代的所有権」（二重所有権）から「近代的所有権」（包括的所有権）への流れがあるということができる。歴史の流れから見ると、「物権法」に示された「所有権」は、どのような位置付けが与えられるべきであろうか。大変興味のある問題である。

③　「国家所有権」については、多くの興味ある問題がある。まずその具体的な内容だが、個別の立法が定めているはずである。それは、資本主義国における「国有財産」や「公物」についての権利関係とどの点で共通し、どの点で違うかを検討する必要がある。

「公物」はフランスやドイツから輸入された学問上の概念で、日本では実定法上多数存在し、また民法の適用されるべき部分や、規定のない部分もあるとされる領域で、なお検討が十分でないようだが[14]、日本の国有財産（国有財産法など）とあわせて、中国の制度との比較研究が有益と考えられる。

さらにそもそも、「国家所有権」の概念が根本問題である。これについては、裏から見ることも有益であろう。例えば、建設用地使用権として個人に設定されている土地の「代金などの費用」（第一四一条）の徴収権と、資本主義国の地租、現在の固定資産税や、行政財産の「許可使用」における「占用料」（日本の道路法第三九条など）、個人に普通財産である土地を貸し付ける場合の「貸付料」（日本の国有財産法第二三条）などの徴収権との比較から検討することである。

一般的には、地租は、国家のその領土に対する「領土主権」の表れであって、その他の地代とは違うと考えられる。これが、私所有権が存在する土地に対しても国家に残された権限の一つであると考えられる。[15] そうだとすれば、資本主義国においては私所有権プラス地租徴収権その他の権能となるが、[16] どの国家も領土に対する全権能は同じだと考えざるをえないとすれば、社会主義国においてはそれをどう分析することになるのか、という面からアプローチすることもできそうである。

なお、日本の旧民法は、物に所有権の対象となる「公私の資産の部分をなす」もの、すなわち所有権の対象となる物と、無主または公共のものつまり所有権の対象にならない物があるとし（旧民法財産編第二〇条）、「公の法人に属する物」に「公有」「私有」の二種があるとする（第二二条）。公有物の内「国の用に供した物」が列挙され（第二三条）、一般人と同じ名目で所有する物で金銭に見積もることのできる収入を生じ得るもの、例えば海岸、樹林、牧場は「私有」になるとしている。さらに、公有物は「私所有権又は債権の目的とならない」とする。[17] これを「国家所有権」と対比するのも興味がある。

以上、日本においても今後の課題で、憲法学者、行政法学者ばかりでなく、民法学者にとっても、これまでの研究が足りなかった部分である。

4 用益物権

①「物権法」は用益物権を広く認めている。西欧諸国や日本の歴史と比べて、これをどう位置付けるべきであろうか。

フランス民法典は、ごく少数の用益物権を認めているだけである（地役権と用益権〔usufruit〕）。フランス革命の、所有権を強力なものとして、これに対する負担をできるだけ減らす思想によるものである。他人の土地を利用する権利は、専ら、債権的利用権である賃借権とされた。ドイツ民法典に至り、これに（地役権と用益権〔Nießbrauch〕）地上権が加わった。日本では、地役権はいわば不可欠なものとして存続し、西欧の特殊なものである用益権（usufruit, Nießbrauch）は廃止され、(18) 地上権のほか永小作権が加えられた。重要なことは、二〇世紀に至り、債権的使用収益権が強化されたことである（「賃借権の物権化」）。中国の用益物権法は、土地使用収益権強化の一層の進展と見るべきであろうか。それとも、この考え方こそが社会主義国らしい特色と見るべきであろうか。

② もっとも、債権とされる賃貸借契約に基づく賃借権が不動産にも認められ、賃借権がこれらの用益物権よりも弱いものであるならば、それが不合理なほどのものであっても、貸主はこちらを選択する。これが、どの資本主義国においても、社会的、経済的に強い地位にある貸主に、専ら賃貸借を選ばせた理由であり、二〇世紀になって賃借権の強化が図られた一つの大きな原因である。借主の地位が強固な物権を法律で定めるだけではすまないわけで、不動産の賃借権をどうするかが実際上重要な問題である。中国において建物の賃借権がどうなるだろうか、興味のある点である。

③「物権法」において、耕地等の利用権（「土地請負経営権」）、都市の土地（「国家所有の土地」）の建物等の建設のための利用権（「建設用地使用権」）、農村の土地（「集団所有の土地」）の住宅建設のための利用権（「宅地使用権」）に分化していることは、社会主義中国の現在の状況に対応していることがよくわかる。さらに、その歴史的意義を考察すべ

きであろうか。つまり、一般的に、土地上の用益物権が土地の種類に応じてその内容を分化してゆくことが、どの国・地方においても進歩として認められることになるであろうか。それともこれは、中国の種々の事情によるもので[19]、一般化できないもの、さらには、中国においても過渡的なものと見るべきであろうか。

ここで、ドイツにおいて、賃貸借が、目的物の使用権だけを認めるMieteと、収益権をも与えるPachtとに分かれていること、第二次大戦以来のフランスで、賃貸借が、対象を住居用の建物と住居・自由職業兼用の建物とするか(baux d'habitation et des usages professionelles)、商業または職人用の建物とするか(baux commerciaux)、農地を対象とするか(baux ruraux)で分けて、賃借人の保護を図っていること(対象により三種ある)に気付く。日本でも同じ時代に、借地、借家、農地につき、それぞれ、賃借人の保護の仕方がやや変わっている特別法が制定された。日本民法典の用益物権も、地上権と永小作権に分かれている。このように対象に応じて利用権を多様化することは、土地のほかにも一切の物を貨幣価値を体現するものとして抽象的に取り扱う資本主義経済社会から、対象の種類に応じてきめの細かい規律を加える社会への発展があり、これに対応する法律制度の変遷とも考えられる。

また、権利主体の差異(個人か法人か、国か地方自治体かなど)に基づく規制の違いは[20]、ここにも見られるようである。

④　建物等とそれを利用するための土地上の制限物権を一体として扱うことは(第一四六条・第一四七条・第一八二条・第一八三条。ローマ法以来の西欧法では、土地と建物が一体となっている)、明文はないが、立法者の考え方および幾つかの条文によって(第三七〇条・第三八八条など)これを別のものとして扱っていることに異論のない日本にとっても、大いに参考になる点である。日本でも、かねてから、別扱いによって生じる難問の解決のためにも、法律を改正して一体化のやりかたを採用すべきことが説かれている。

5　担保物権

①　担保物権と人的担保と一括して民法典の同じ編に規定することと、物権編と債権編を分けて規定することのどちらが適当であるかは、難しい問題である。社会的な意味からは、一括規定（中華民国担保法）が機能的な体系で、分かりやすくもある。最近制定されたカンボジア民法典もそのようになっている。しかし、物権と債権の区別を強調する考え方からは、両編に分けるべきことになるであろうか。民法典全体の体系をどうするかにも関係する。中国では、全人代常務委員会法制工作委員会の二〇〇二年の「民法草案一二月稿」の九編別が今後も基本的には維持されるのであろうか。

②　近代抵当権制度における変遷を見ると、債権担保という本来の目的を実現するための制度（付従性の貫徹、「保全抵当」。フランス民法）から、抵当権の流通性を増進するために付従性を緩和する制度（「抵当権の抽象性」、「投資抵当」。ドイツ民法）へと進んできた。これにつき、後者が「近代的抵当権」であるとし、その特色として、とりわけ「順位確定の原則」「独立の原則」（付従性の否定）」「流通性確保の原則」を挙げる見方が、日本では有力であった(21)。しかし、歴史的研究により、ドイツ法は、他の資本主義国にも見られない特殊なものであるとの批判がなされた。その源であるプロイセン法は、従来の封建領主が農業経営を資本主義化する過程で、資金の確保のために農場に担保を設定する際、金融機関の要求から出来た制度であった、ということである。現在ではこの批判が正当とされている(22)。つまり、保全抵当が、今もなお抵当権の自然の形と見られる。

「物権法」が「投資抵当」の制度を認めていないのは、この方向のものと見られ、多くの現代に至る立法と基本態度を同じくするものである。一般的にいって、土地の流動性を大きく高めることがよいことであるかは、かなり疑問であり、土地の流動化に適した制度をどこまで採用すべきかは慎重に検討する必要がある(23)。

③　近代担保法の歩みは、少しでも多くの種類の財貨を担保とすることを認めて、生産のために、また消費のた

めに資金を必要としている人に広く資金を供給することを可能とする点にあった。その努力は、どの国においても今なお続けられている。「物権法」は、生産用設備や製品等の抵当（第一八一条）や、売掛代金債権に対する質権（第二二八条）など新しい担保物権を規定して、この方向に重要な一歩を進めた。これは、日本にとって大いに参考になるものである。

④　物的担保制度の歴史的発展をより長いスパンで眺めると、ごく古い時代には、ある物の所有権を終局的に担保権者のものとする制度であった。やがて、制限物権である担保物権という、より精緻な法律制度が発展し、優位を占めるようになった。しかしそれは、精密であるだけに、利用者にとっての不便さを伴い、ある意味で分かりやすくもあって便利な前者も、法律で明文をもって（日本の買戻し〔第五七九条〜第五八五条〕）、あるいは法律の諸規定を利用して（日本では再売買一方の予約〔第五五六条参照〕）、社会の中で行われていたものと見られる。最近におけるその典型が、譲渡担保や所有権留保であり、中国においても実社会で多かれ少なかれ行われていると推測される。「物権法」においてこれらが規定されていない理由として、譲渡担保については「物権法」に規定することの困難が挙げられているが[24]、所有権留保はどうであろうか。

⑤　なお、担保物権においては、債務不履行の場合にも、担保権者は直ちに執行することができず、設定者との協議をすることになっている（抵当権〈第一九五条〉、質権〈第二一九条〉、留置権〈第二三六条〉）。これは、担保法以来かと思われるが、設定者に対して寛大で、実態にあった（どこでも、いきなり執行をすることはまずない）良い規定だと考えている。これは伝統的な中国の観念によるもののようにも思われるが、社会主義と関係があるものかもしれず、興味がある[25]。

6 占　有

①　占有制度は、歴史的にも、地域的にも、多様な姿をもって現われたものである。その社会的意義も、一様ではない。ローマ法における possessio、ゲルマン法における Gewere に始まり、西欧中世法を経て、西欧近代法上の占有の規定も、占有についての学者の理論も、多彩である。今これを改めて全面的に取り上げて立法することは、大変困難な、しかし意義ある試みである。

②　どの立法においても、「占有」を要件・効果とする規定は、数多く存在する。しかも、占有に一つの章、節などを設けている民法典においても、その章の外の各所に、占有を要件・効果とする規定が散在する。

それらにつき全く形式的な分類をすれば、次のとおりである。

a　占有という状態を要件とする効果

α　占有者に与えられる効果

・占有者に有利な効果　　占有保護請求権、時効取得、権利の推定

・占有者に不利な効果　　物権的請求権の相手方となること、不法行為による損害賠償の相手方となること

β　占有を信頼した者に与えられる効果　　即時取得

b　占有の取得を要件とする効果――動産物権変動の対抗要件、原始取得

これらを、占有保護機能、本権表章（公示）機能、優先的・権利取得的機能に分けることもよく行われている。[26]

それらのどこまでをまとめて「占有」の編（章、節）に置くかは、困難な問題である。これは、必ずしも技術的な問題に尽きるものではなく、「占有」を単に民法典の各所にある要件・効果を示す用語と考えるのか、あるまとまった法律制度としての意味を持つものと考えるか、という問題である。占有は、歴史的には重要な地位を占めていた制度であり、今日のフランスにおいても、占有を「財産法の中心部にある」と述べている学者もあるほどである。[27]　日本

民法典も、「占有権」の表題のもとにかなり詳細な規定を置いている（合計二六条）。しかしこの見解と反対に、ある有力学者は、諸規定をモザイク的に雑然と編入したものだと強く批判する。[28]「占有」という統一概念をたてることは適当でなく、各効果ごとに「占有」の意味を解釈すべきだとする者もある。[29]

批判者によれば、「占有権」の表題のもとにまとめられるべきものは、占有保護請求権の規定（日民第一九七条〜第二〇二条）と、その前提である同請求権の要件（日民第一八〇条〜第一八四条）と消滅（日民第二〇二条・第二〇四条）に関する規定だけであるとされる。[30] つまり、近代法における占有の制度は占有保護請求権に収斂されるべきであるとするものである。そうなると日本民法典では一三条と半減する。

「物権法」においては、占有編に五条しか規定がないから、この考え方に合致するように見える。[31] しかし、内容は占有保護請求権に限られておらず幾種かのものを含むが、なお不十分な所があるとされているから、歴史的沿革に忠実な規定の仕方であると見られる。

③　もう一つ、占有保護請求権と物権的請求権（「本権」）との関係という困難な問題があるが、「物権法」では明文の規定がない。もっとも、日本民法典にはかなりはっきりした規定があるが（第二〇二条）、同条は解釈が分かれていて議論があるので、今後の立法においては、明確な規定が必要となるであろう。

7　結　語

以下二点について述べる。

①　「物権法」は、歴史的にどのような位置付けができるかは、始めに述べた一つの視点だけからしても、一律に言うことはできない。これまで見てきたように、各編それぞれの特色があり、その総合的な理解は困難だからである。以下には二点を挙げる。

第一に、土地と土地利用権を除いた、債権を含む財産の担保化、流動化の方向においては、多くの国と歩調を合わせた、「近代化」ないし「現代化」の方向に進んでいる。より先進的と見られる制度もあるが、担保権においては、行き過ぎた土地の流動性は認めないというバランスのとれたものになっている。(32)

第二に、土地利用権においては、利用権保護とその多様化という、これまた二〇世紀後半の諸国の傾向と一致している。

言うまでもなく、それらは社会主義的市場経済の理念によって方向づけられたもので、その面からの規定についても触れた。中国の伝統的な考え方が潜んでいるかと見られる規定もある。一見しただけでも、複合的な要素を持つ物権法であって、興味をひく。

② 複合的と言えば、もう一つのことがある。「物権法」を読んで、最も考えさせられたことは、「公法」「私法」の区別の問題と、関連して、「民法典」とは何かという問題である。

「物権法」には、いわゆる私法に属する規定のほか、公法に属するとされる規定がかなり含まれている。そうすると、「物権法」も、物権法を含む民法典も、純粋の私法でなく、「公法」「私法」の混合法だ、ということになりそうである。

しかしここで、一方では、従来「公法」「私法」の区別の基準とされていたもの、他方で、「民法典」は「私法」の規定だけを含んでいるか、そうだとしても、今後もそれが維持されるべきか、について、より深い検討が必要となる。これは、日本でも、多かれ少なかれ既に進められている。(33) この根本問題の検討を、「物権法」にも示唆を受けながら遂行する必要があると考えている。

私は今のところ、民法典に「公法」的な規定があることは一向かまわないと考えている。むしろ、民法典に含まれている、また含まれるべき制度・規定は何かに遡って考える必要がある。(34)

公法、私法の区別としては、さしあたり、古くから言われている、国や公共団体の内部規定と、それらと私人との関係を定める法律を公法、平等とされている私人相互の関係を定める法律を私法としておくとしよう。その先に問題は多くあるが、ここまでの分類によっても、社会主義国におけるように、一定の財産は国有であって私人の所有権の対象にならないと定める規定が公法的なものであるのと同様に、資本主義国におけるように、すべての財産に私人の所有権を認める規定は、明文がなくても民法典に内在するもので、公法的な重要な規定と考えたらどうであろうか。つまり、民法典には公法的な規定が存在することになる。

要するに、ある法律を「公法」「私法」と区別することが重要なのではなく、「公法的な規定」と「私法的な規定」が、一つの法律に存在すると考えたほうがよいと考える。そしてそのことは、むしろ結構なことではないか、と考えるものである。

(10) 物権的用益権と賃借権との関係からもこのように言ってよいであろう。留置権に優先弁済権があって物権性が強いことも根拠とすることができる。

(11) ボアソナードも、物権を列挙しないと、ある権利が物権か債権かについて、またそのような物権が民法で認められているか否かについてさえはっきりせず、議論を生むといっている (*Projet de Code civil pour l'Empire du Japon*, 2ème éd., Tome Premier, n° 4)。

(12) 法の適用に関する通則法第三条（旧法例第二条）「公の秩序又は善良の風俗に反しない慣習は、法令の規定により認められたもの又は法令に規定されていない事項に関するものに限り、法律と同様の効力を有する。」もっとも、民法施行法第三五条は、「慣習上物権ト認メタル権利ニシテ民法施行前ニ発生シタルモノト雖モ其施行ノ後ハ民法其他ノ法律ニ定ムルモノニ非サレハ物権タル効力ヲ有セス」と規定するので、両者の関係が問題となったが、民法施行前に発生した封建的諸関係に基づく権利のみが排斥されている、と解するのが一般的である（中尾英俊「物権法定主義」星野英一編集代表・民法講座2物権(1)〔有斐閣、一九八四〕）。

(13) 孫憲忠教授の報告（第五回日中民商事法セミナー）に対する筆者のコメント、中国民法典草案国際検討会（二〇〇三年三月）における筆者の報告「物権法の諸問題」（丁相順訳「物権法的各種問題」人大法律評論二〇〇三年巻〔総第五輯〕など）。

(14) 日本では、その管理権者を中心に規定する「国有財産法」「物品管理法」の系列に属する法律と、各種の「公物」に即した管理の方法を定める、道路法、河川法などの系列に属する多くの法律がある（塩野宏・行政法Ⅲ行政組織法〔第三版〕〔有斐閣、二〇〇六〕第三部の詳細な検討による）。

(15) 現在では、地租は、市町村税である固定資産税となっている。「領土主権」が必ずしも地租徴収権を含まないとも言えるし、国がそれを他の公共団体に委譲したと解することも可能であろう。領土主権については、日本の最近の教科書類には詳しい説明がない。古いが、美濃部達吉・憲法撮要（有斐閣、一九二三）三二頁以下が参考になる。そこには、「自主組織権」「対人高権」と共に国家の基本的権利の一つである「領土権」について以下のような説明がある。近代法においては土地を使用・収益・処分する権利は土地所有権として領土権の効果から分離されるが（この限度で領土権は物の事実上の支配権を含まなくなった）、これは国家が土地制度をこのように定めた結果であり、国家が法律によってこのような土地制度を定めうる根拠は本来国家が土地を支配する権利を有するからである、と。「国家所有権」についての、中国学者の議論は、孫憲忠・前掲注(4)所収七四七頁以下にある。

(16) 例えば、国土保全、都市計画などをする権能など。

(17) 旧民法のこれらの規定は、その修正作業（現民法の起草）のときに、不必要であって、行政法の範囲の問題であるとして削除された（法典調査会民法主査会第一八回議事速記録〔日本近代立法資料叢書13〕〔商事法務研究会、一九八八〕五九二頁）。このこと自体は、現行日本民法の性格を理解する重要な点の一つだが、中国物権法を眺めたとき、果たしてどちらが適当かは問題とするに足りる。

(18) フランスでも、強い批判のあった制度である（Malaurie et Aynès, *Cours de Driot civil, Les Biens, La Publicité foncière*, 4 éd., n° 800 et s.）。

(19) より抽象的な概念をたててそれに包摂するという観念は中国の立法者にはないとの見方がある（本研究会の準備会における高見沢麿氏の発言）。

(20) 大村敦志「日本から見た『中国物権法における所有権制度』」星野英一＝梁慧星監修・中国物権法を考える（商事法務、

二〇〇八）一二〇頁。
(21) 我妻栄・近代法における債権の優越的地位〔学生版〕（有斐閣、一九五三、一九八六）。
(22) 松井宏興「近代的抵当権論」民法講座3物権(2)（有斐閣、一九八四）（同・抵当制度の基礎理論〔法律文化社、一九九七〕）。
(23) 山田晟「土地の動化について」田中先生還暦記念・商法の基本問題（有斐閣、一九五二）。
(24) 梁慧星「中国物権法の制定について」前掲注（20）三頁。
(25) 渠涛「中国物権法の概要」東京大学社会科学研究所スタッフセミナー（二〇〇八年二月一九日）における渠涛教授の説明によると、これは中国において未だ執行法が完備していないからとされたが、なお本稿のような見方も可能かもしれない。
(26) 星野英一・民法概論Ⅱ（良書普及会、一九七四）八一頁以下（川島武宜・所有権法の理論〔岩波書店、一九四九〕一六三頁に示唆を得ている）。張広興「中国物権法における占有制度と物権的保護」前掲注（20）一九八頁に、物権法における「占有」の編以外の場所における占有の効力についての詳細な列挙があり、占有制度の機能は、「保護機能、継続機能、公示機能」の三つであるとする。占有制度の鋭い歴史的検討は、川島・前掲書一三六〜一六二頁に詳しい。
(27) Malaurie et Aynès, *op. cit.*, n° 482.
(28) 川島・前掲注（26）一六八頁以下。
(29) 星野・前掲注（26）八三頁、八四頁。
(30) 川島・前掲注（26）所掲箇所。
(31) 張・前掲注（26）。
(32) ただ、不動産登記の公信力を認める点で、若干問題がないわけではないが（山田・前掲注（23）論文は、公信力も不動産動化の基礎をなす制度であるとして、疑問を呈する）、中国では「中華民国民法」において採用されており、学者にも採用の見解が多数のようなので、中国民法学の歴史に沿った解決なのかもしれない。
(33) 「公法」「私法」を区別すべきことと、区別の基準は、長い間議論されてきた問題だが、最近では、その区別は厳密なものでないとか、区別を否定する学者が増えている（民法学者については、山田卓生「公法と私法」星野英一編集代表・民法講座

1（有斐閣、一九八四）。そこに引用されているとおり、星野も厳密な区別はないとしているが、現在では、全法律体系につきやや違った視点からの分類を考えている。星野英一・法学入門（放送大学教育振興会、一九九五）二八〜三五頁。行政法学者については、塩野宏・行政法I行政法総論〔第三版〕（有斐閣、二〇〇三）。ただ、ごく最近、区別の必要を主張する学者がまた出てきたようである）。

（34）現在の「民法典」に含まれる制度・規定には、いわゆる私法の規定ばかりでなく、公法を含む全法律の一般法である制度・規定が多く存在すること、罰則まで含まれていることは、星野「民法の意義――民法典からの出発」民法論集第四巻（有斐閣、一九七八）（初出一九七五）で指摘した。また、星野・民法のすすめ（岩波新書、一九九八。二〇〇六年一部改訂）も、「民法」とは何かを考察している。

星野英一＝梁慧星監修・中国物権法を考える（商事法務、二〇〇八年）

〔**追記**〕二〇〇七年八月末に、第六回中日民商法研究会（東京大学）で報告された原稿。中国語では、渠涛訳「日本民法学者看中国的《物権法》」中日民商法研究第七巻（二〇〇九年）として公刊。この年の大会は、同年に制定された中国の新物権法に対する検討を統一テーマとして行われた。初出に示した通り、日本語原稿も公表済みのものである。物権変動は著者年来の研究テーマの一つであり、著者の博士号取得論文となった「フランスにおける不動産物権公示制度の沿革の概観」、「フランスにおける一九五五年以降の不動産公示制度の改正」（いずれも民法論集第二巻）や「日本民法の不動産物権変動制度」、「物権変動論における『対抗』問題と『公信』問題」があるが、本稿は基調報告であるため、物権法全般にわたる著者の見通しが示されている。

民法典の体系及び人格権について

一　最近編纂された各国の民法典

二　民法典の体系（「人大」一㈠㈡）

三　人格権の内容と民法典における位置

四　債権総則編の必要性（「人大」二㈡3．参照）

五　その他（一点を除き省略。省略部分は「人大」二㈡2．4．5．6．）

一　最近編纂された各国の民法典

①　最初の近代民法典というべきフランス民法典制定以来、既に二〇〇年が経過し、多くの国で民法典が制定された。一九世紀には、古典的民法典の前提とする資本主義的市場経済社会は、多くの欠陥を示すに至り、二〇世紀中葉以来、近代国家は「福祉国家」へと転換してきた。民法典の周囲にも、労働法、借地借家法、消費者法などの、社会的・経済的、情報・交渉力における格差の存在に対処するために種々の方法を講ずる特別法が現われ、民法典の内容を修正する判例も出現した。最近大改正や全面改正が行なわれた民法典にほぼ共通する特色の一つは、これらの特別法や判例の内容を何らかの形で取り入れていることにある。

②　また、後に述べるように、民法典の体系も、フランス民法典と、約一〇〇年後に制定された、学問的に優れたものとされているドイツ民法典とに代表される二つの体系を出発点としつつも、種々の工夫を加えて、それらから少しずつ離れてゆく傾向にある。それらは各々独自性を持っており、現在のところ、共通した方向はまだ見いだせないように見られる。

二　民法典の体系（「人大」一㈠㈡）

1　序

二〇〇三年三月に全国人代常任委員会法律工作委員会と中国人民大学民商事法律科学研究中心との共催で麗江において開催された、中国民法典草案国際シンポジウムにおいて、私は「中国民法典体系問題」と題して、簡単な報告を行なった（丁相順氏の訳が「人大法律評論」二〇〇三年巻（総第五輯）に掲載されている。「人大」と略して援用）。この報告は、できるだけ重複しないように努めたが、主題との関係で若干の重複は避けられないことをお許しいただきたい。

① その時に私は、民法典の体系（編別法）として後の時代に大きな影響を与えた、フランス法式（インスティテューション・システム「法学階梯式」）と、ドイツ法式（パンデクテン・システム「潘徳克頓体系」）のごく簡単な比較を行なった。そして、両者には一長一短があること、それぞれ特色と相違があるが、一見相違しているようだが実は共通点があることなどを指摘した。

結論として、二つの体系は、どれも歴史的産物であり、両国の法律学の伝統に基づいた独自のものであって、すべての点で普遍性があるとは言えないこと、どの編別をとっても、個々の制度には、その民法典における位置が必然的に決まるとは言えないものがあること（物や時効制度から示される）を論じた。

② ドイツ式体系は、フランス式体系より新しく、より学問的なものとされて、日本（一八九六）、中華民国（一九二九）（台湾）、韓国（一九五八）など幾つかの国の民法典に採用されたが、世界的には必ずしも支配的にならなかった。二〇世紀前半のスイス民法・債務法（一九〇八、一九一〇）、イタリア民法（一九四二）のほか、最近のオランダ民法、ブラジル民法、ベトナム民法、カンボジア民法などの中には、ドイツ式体系から出発していると見られるものが多いが、フランス式体系から出発していると見られるものもあり、それぞれ独自の体系を形成している。

2 民法典の編纂法

① 日本における法典編纂についての古典的文献に、現行民法典の編纂者のリーダー的存在であった穂積陳重『法典論』（一八九〇）がある。その中に「法典の體裁」と題する一編がある。そこにおいて穂積は、法典編纂法の四種を挙げ、第四種の「論理躰の法典」をとるものが多いとする。それは、「論理学上の彙類法に従ひて法典中の条規

を排列するもの」であり、ユスチニアヌス帝のインスティッティオーネスに始まるフランス式（穂積は「ローマ式」と呼んでいる）と、ザクセン民法に始まるドイツ式とを挙げている。穂積は、フランス式は分類が大まかに過ぎて実用から遠いとする。ドイツ式については、民法草案につき、バイエルンにならって、人事編でなく債権編を先に置いたのは、近世の法律思想にかなっているとする。その理由は、近代社会においては、人の権利義務は契約によって定まるものがほとんどであり、身分によって定まるものは少ないからである、と言う。

② 本報告の主題に直接関係することではないが、日本民法編纂時における体系構成についての状況について見る。ボアソナードの起草した民法典の財産法の部分は、フランス式を基礎としながら、ボアソナードの考え方に基づき、興味ある編別をしていた。財産編、財産取得編（相続法がここに入る）の後に、債権担保編と証拠編を加えている。証拠については現行民法編纂に際して、民事訴訟法に入ることになり、債権担保編は、人的担保が債権編に、物的担保が物権編に分けて入れられた。

現行民法草案の検討を行なった法典調査会においては、個々の条文の検討をする前に、まず「法典調査ノ方針」について検討したが、第二条でドイツ式編別法を採用する案がほぼ異論なく認められている。ただ、順序として、親族編を第二編に置く案が起草委員の一人（梅謙次郎）から提出されている。原案が親族編を財産法の後に置いた理由は、同編は家族の諸関係を定めるものだから、物権編・債権編のように「一般の関係」に関するものでないが、一般法を先にし特別法を後にする主義をとったからだということである。梅委員の理由は、第一に、当時の日本では身分と財産のうち、八〇〜九〇%が身分に関する問題であること、第二に、親であり、子であり、夫であり、妻であることは人間の常であって、人間でその状態のない者はほとんどいないことである。第一の理由が今日妥当するかは問題であるが、第二の理由は、十分に考慮に値する。原案の理由は必ずしも説得的とは言えない。

③ 以上からも、法典の体系を構成するに際しては、種々の面からの考慮が必要であって、唯一絶対の体系があ

るのではない。

④　法典の体系について考慮すべき要素には、以下のものが考えられる。

(i)　二一世紀の民法典としては、二一世紀に向かって、世界の民法典の歴史を発展させるようなものであることが望ましい。このことは、抽象的であるだけに、異論の余地がないであろう。

(ii)　民法典が誰のためのものであるか（民法典の宛先）を考える必要がある。それは、法律専門家のための（裁判のための）ものであるのか。一般市民のためのものであるのか。別の面から言うと、民法の裁判規範の面を重視するか、市民の行為規範の面を重視するか。

両者の各前者の立場をとるならば、「専門的な言語表現、抽象化と一般規定への強い志向、相互参照を必要とする複雑なシステム、及び一般規定と特別規定の相互作用によって特徴づけられる」法典、「概念的な明晰さと体系的な一貫性という利点を備えている」法典の採用している体系、つまりドイツ式体系が有力なモデルとなるであろう。

後者の立場をとるならば、一般論として「平易で分かり易い」体系、具体的には、ある社会関係を規定する制度や法規がどこにあるかが探し易い体系が望まれることになる。この見地からは、前者におけるほど適当なモデルは発見しにくい。あるいは、英米の動産法、不動産法とか、アメリカの「統一商事法モデル（Uniform Commercial Code）」などのような、領域ごとにまとめられ、関係規定を各部分にまとめた配置をするものが考えられる。だがこれは、法典としては、煩瑣な作り方である。むしろフランス民法典のように、人、財産権、財産権を取得する種々の方法という三編に分けることも、分かり易いものである。

後者をとるならば、フランスやアメリカのように、体系のほか、用語や表現の分かり易さの追求も同時に要請されることになる。前者において、専門的な言語表現や抽象化、概念の明晰さが要求されるのと対応する。

しかし、体系の選択は、二者択一の問題ではない。一般市民、法律専門家双方に親しみ易いものであることが望ましい。さらに、人、物、情報などのグローバル化により、外国人にも分かり易いものであることが望ましい。しかし、両者を兼ね備えた民法典のモデルは一層求めにくい。独創性が必要となるところである。

この点も、各国における一般市民の民法に対する感覚、民法典の編纂や修正が求められている事情などの諸要素を考量して判断すべきものである。私は、中国については発言の能力も資格もない。しかし、日本について言うことが許されるならば、民法が市民の行為規範である面に重点を置きたい。その上、民法が家族、市場経済及び市民の自主的活動の基礎法として社会の基本的な組織を定める法であることを考え、市民に民法典を近づけるために、法律専門家向けでなく、市民に分かり易い民法典であればよいと考えている。

(iii) 民法は、私法の一般法である（公法・私法の区別を否定する学説が日本では多いが、その場合も、民法典の多くの制度が全法律体系の一般法であることは認めざるを得ないであろう）。つまり、民法を中心の円として他の私法法規が同心円をなしている。この点が示されているような民法典の体系という見地の存在も念頭に置くのが好ましい（この点は、日本でも十分に理解されているかどうかは疑問であるが）。

(iv) 編別にも、これと関連する個々の制度の配置にも、結局は便宜からの考慮が不可避となる。また、法典の「美学」というべきものへの考慮も必要である。編の数は、あまり少なくても（フランス）、あまり多くても、分かり難くなる。一〇編が限度であろうか。また、各編はなるべく同程度の大きさであるのが望ましい。例えば、例外はあろうが、ある編が他の編と比べてあまりにも大きくなり過ぎるのも疑問である。例えばフランス民法典の第三編「財産権を取得する種々の方法」などである（もっとも、契約を含む編が長くなるのは止むを得ない）。ある編があまりにも小さくなり過ぎるのも問題である。

このように、民法典の体系の問題は、民法各編に何を規定するか、どの程度に詳しい規定を置くかとも関係する。

(v) 今日において、全く新たに民法典を編纂する場合には、以上の諸点を検討しながら、かなり自由に体系を構成することが可能である。しかしそうでない場合には、現存する又はかつて存在した民法典・民法典草案や、民法学の伝統から出発すること、少なくともそれとの折り合いをつけることが要請される。

⑤　以上の諸点を考えあわせると、ドイツ式体系をとった民法典を持っている国においては、それを出発点としつつ、上記の種々の要素を考慮に入れた結論を出すことになる。二〇〇二年九月に全人代法制工作委員会が民法草案専門家討論会に提出した案（「民法典草案九月稿」）（渉外民事関係の編を除き八編）や、カンボジア民法典の体系（最終条項の編を除き八編）に若干の修正を加えたものが、検討の基礎を提供している。比較的分かり易い体系で、各編の長さも極端に違うほどではないからである。

三　人格権の内容と民法典における位置

1　人格権の意義

人間には、人間が人間であるがゆえの尊厳と守られるべき価値があることは古くから認められていた。特に西欧においてキリスト教以来のことである。

この思想は近代に至り、一方、個人（国民）の国家に対する権利として、フランス革命の人権宣言や、憲法に置かれた人権条項に規定されるようになった。他方で、個人の個人に対する権利として、人格権が認められてきた。人格権に属するとされる個々の権利は、各国で不法行為などにより保護されてきたが、国による違いもあった。一般的に権利として民法学において認められ始めたのは、一九世紀後半である。この遅れは、近代革命以来、封建制・身分制を廃止してすべての人間が平等に財産権の主体であること（権利能力）を認めることが関心の中心であったことによるものであろう。

最近の各国の立法で明文の規定が置かれるに至ったが、人格権を全面的に規定しているとは言えないものが多い。人格権は、今日なお発展途上の権利である。一般的に、人は人格権を有すると述べるものは、ごく少ない（ドイツの判例・学説における「一般的人格権」など）。

したがって、今日において人格権の明快な定義をすることは困難であるが、上に示したように、「人間が人間であるという理由のみで有する権利」と理解し、特に定義を置かなくてもよいとも考えられる。他に何らかの理由、例えば契約とか相続その他法律の規定（不法行為が典型例）に基づいて取得する権利と異なるのである。

ただし、これは法人に人格権を認めるか否かの問題にも関係する。上のように説明することは、法人の人格権を一般的には認めない立場をとることを意味する。日本の判例は、法人の名誉権を認めている。これを肯定するならば、認められるべき法人の人格権につき、「第＊＊条の規定は法人に準用する」との規定を置くことになる。どの人格権がこれにあたるかは、慎重な検討を要する。

2　人格権の内容

人格権は多様なものを含んでおり、これに属するとされるものは、国によっても異なり、各国内で増加しつつある。時には、果たして人格権と認めるべきであるか否かが問題となるものもある。

人格権とされるものにつき法律に明文のある場合（古くから規定の置かれることの多いものは名誉権、氏名権、肖像権）も、その具体的内容は多岐にわたるため、判例・学説によって個々の類型について検討されることが多い。それ以外のものも多くは判例によって認められ、学説のサポートするところとなっている。したがってこれまでのところ、各国におけるその内容、学者による分類は一様でない。学説にも、自国の判例で認められた権利をやや整理して列挙するに止まる場合が多い。

新たに立法する場合には、現状の確認として、法律や判例・学説で認められているもの及びそれ以外で社会で法律の保護を求める要請が存在するもののほか、将来に向かって、他国の例を参考にして取り入れることになる。自国が批准している国際的な人権条約の中の人格権に関する部分を考慮すべきである。この点は、日本の民法学においてもまだあまり考慮されていないことであるが。自国が批准していないものも参考になるかもしれない。

ちなみに、日本で認められている人格権の対象を列挙すると、民法には身体、自由、名誉がある（民法七一〇条）。判例では、氏名、肖像、プライバシー、生活環境・生活の平穏、景観利益、患者の医療についての意思決定などがある。日本の最高裁で否定されたものには、氏名を正確に（外国人につき本国の呼び方で）呼ぶことに対する権利（最判一九八八年二月一六日民集四二巻二号二七頁）、「静謐な宗教的環境のもとで信仰生活を送る法的利益」（最（大）判一九八八年六月一日民集四二巻五号二七七頁）などがある。

以上は、日本でよく挙げられるものだが、さらに、民法の理念とされるもの、すなわち自由と平等、ここでは人間の他の個人に対する権利としての自由権と平等権をも、人格権に加えたい。人格権が憲法上の基本的人権と対応することもこの考え方を支持する。

人格権の分類としては、その保護する領域を、個人領域（Individualsphäre）、私的領域（Privatsphäre）、秘密領域（Geheimsphäre）に分けるとするドイツの考え方が参考になる。これは、外界からの距離に応じた類型であり、フランスの学者にもこのような順序で説明するものが多い。

以上を参考にして、日本法で認められるべき人格権を大雑把に分類する。

① 人間の平等——種々の観点からの差別の問題への対処（労働法の規制が多い）

② 肉体的・精神的自由——人身売買、苦役に服させること。日本国憲法に明文のある思想・良心の自由（一九条）、信教の自由（二〇条）、集会・結社・表現の自由（二一条）、居住・移転・職業選択の自由（二二条）、学問

の自由（二三条）、結婚の自由（二四条一項参照）など

③　狭義の人格的利益

(i)　氏名、肖像、発言、書簡など

(ii)　生命、身体、健康、名誉、貞操など

④　私生活の秘密や平穏など

3　人格権の性質と効果

①　人格権は、人間に本来的に属する権利として、物権・債権・知的財産権と異なった性質を持つ。

②　人格権は、人の出生と共に存在を始める。但し、権利能力の始まりと同じに扱うべきか（出生前をどう考えるか）は、問題である。出生前に死亡しても、胎児の人格権を認める必要性ないし妥当性は、検討に値する。

人格権はその生存中存在し続け、死亡（権利能力の終了）と共に消滅する。つまり、相続の対象とはならない。但し、その人に存在した人格権（例えば名誉権）を死後他の者がどのように扱うことができるかには問題があり、規定することが望ましい。

③　人格権を処分することはできない。すなわち、全部又はその対象の一部を譲渡する契約は無効である（胸の肉の一部の贈与など）。但し、身体から切り離すことが容易に可能な部分（毛髪など）や産出物を、身体からの分離前に譲渡することが有効の場合もある。したがって、身体からの産出物のうち譲渡が有効であるものとそうでないものについて規定することは、人格権の効果の問題として、検討に値する（フランス民法一六条の一）。人格権は放棄できない。人格権を差し押さえることもできない。

④　人格権を代理行使することも、原則として認められない。債権者代位権の対象にもならない。既に財産権と

なった場合（損害賠償請求権）についても、なお問題がある。慰謝料請求権と類似した考慮が働くからである。

⑤　時効の問題は生じない。他人の人格権を時効取得することは考えられず、人格権が消滅時効にかかるという問題は存在しない。

⑥　その効果の第一は、侵害に対して不法行為の要件を充たすならば損害賠償請求権を発生させることである。

⑦　効果の第二は、侵害行為を差し止め、侵害の結果を除き、侵害の恐れのある場合にこれを予防する請求権が認められることである。この効果を認める必要があることが、物権と類似の権利として人格権を認める推進力となった。損害賠償請求権を認めるだけならば、不法行為の要件の定め方を工夫すれば足りるからである。

4　人格権の規定のしかた

このように多岐な内容を含み、その性質、効果も他の財産権とかなり異なる人格権の規定は、相当多数の条文を必要とすると予想される。

まず、内容についての規定であるが、人格権についての一般条項を置くだけではあまりにも漠然としている。他国の現行法も、人格権と呼ばれる前から、幾つかの例を挙げていた（日本の民法七一〇条）。まして、各国においても、恐らく現在の中国においても、判例により多くの人格権が認められている。その内容は、歴史的・地域的な実情や国家的・社会的要請によって、かなり異なっている。したがって、各国の事情に応じたある程度具体的な人格権の列挙が必要となろう。

ただこの際も、列挙の最後に「その他の人格権」についての規定を置く必要がある。社会の変化、とりわけ国民の意識・価値観の変化によって、人格権の内容は絶えず増加してゆくことが予想されるからである。日本の判例もそのことを明瞭に示している。将来に備えた規定が望ましい。

問題はさらに存在する。例えば「名誉権」、「氏名権」といった大雑把な権利の列挙で足りるかということである。相互に重複するが、問題点を挙げる。

第一に、例えば「名誉」とは何かについて定義ないしやや詳しく限定する規定を置くのがよくはないか。日本の判例によれば「人の社会的評価」であって、「名誉感情」ではないとされているが、「名誉感情の侵害」も「侮辱」は不法行為になるとされている。「信用」の毀損も、日本の下級審判決に現われているが、これを明文で取り入れるか。「プライバシーの権利」となると、今のところかなり分かりにくいものであるから、一層このことが言えよう。

確定判例で学説に異論がないような定義などは、明文で定めておくのが、一般人にとっても、裁判官にとっても望ましいと考えられるが、立法技術としてはかなり困難な場合があろう。将来確実に問題となることの予想されるものも明示することが必要である。反対に、判例・学説が一致していない場合や、将来の変更がありうるような場合は、解釈の余地を残すために、あまり細かく規定しないほうがよい。これらの点は、国による相違が大きい。

第二に、それらの権利につき、ある程度例示をするのがよいか、ということである。これも、権利により異なるというべきであろうか。例えば「肖像権」の内容には、自己の肖像の作成を禁止する権利、作成された肖像の公表を禁止する権利及び肖像を営利目的で利用することを禁止する権利の三つが含まれるとされる。プライバシー権は、アメリカのある学者による分類を参考にして、「私的領域への侵入」と「私事の公開」に分けて説明する日本の学者がある。これらを例示するほうが親切か。それとも煩瑣に過ぎるか。両者でちがって扱うほうが適当かもしれない。これは、上記の一般人と裁判官にとっての便宜の問題のほか、規定の美学の問題でもある。

5　どこに人格権の規定を置くか（「人大」二(二)1参照）

先に示した諸要素の考量によって判断すべきものである。

① その存在、内容、性質、効果（不法行為、差止めなど）の各部分に分けて規定するのは、全体を見にくいので、一ヶ所にまとめて規定するのが適当である。

② 人格権の諸規定は、上述のように数がかなり多いものとなると推測されるが、今のところ明らかではないので、まず置くべき規定を決めることが先決問題である。ただ、物権編や債権編と並ぶ一編とするにはやや少なすぎる感がある。

③ そこでまず、総則の「人」の所に置くことが考えられる。これは、総則編をどのようなものとするか、そこにどのような制度を置くかに関係する。したがって、この点も今のところ断定することはできない。現在の日本民法のような総則編を置くならば、そこに「人」に関する規定を置くことは自然である。しかし、これを改めて、より細かい編別をするならば、別のことが考えられる。

④ つまり、総則編は、例外的に短いものとし、民法の意義や、民法の基本原則などの規定を置くに止め、「人」をこれに続く第二編とすることも、カンボジア民法のとる編別法であって、合理性も高い。編別法の違いにかかわらず、人を最初に出すことは、フランス民法典、ドイツ民法典のとっているやり方である。

そこでは、人間（自然人）の属性としての法人格に関する規定（権利能力、意思能力、行為能力その他）、法律により作られる法人の規定、そして人格権の規定を置く三章構成をとることにする。人格権の章を自然人、法人の間に置くか、それらの後に置くかは、法人の人格権をどのように考え、どこまでそれを認めるかによって変わってくる。法人にも当然人格権が認められるべきものとするならば、最後に置くことになる。人格権を本来人間（自然人）に認められるものとし、法人には例外的に一定の人格権を認めてよいと考えるならば、法人の章に、「第＊条、第＠条は、法人にも準用する」との規定を置くことで処理することになる。

⑤ 民法における人間の尊重、人格権の承認を強く宣言するという見地からは、「人」の編を独立させて、総則

に続く民法典の初めに置くことは、十分に考えられることであり、二一世紀の民法典にふさわしく、他国に先んずるというメリットもある。カンボジア民法典においては、第一章「自然人」の第二節を占めるに過ぎず、条文も四条しかない（法人への準用規定は見当たらない。人格権の例示として、「自由、氏名、名誉」があるので、これが適用される趣旨であろうか）。

⑥　各国の民法典と民法学の伝統からは、どの解決も可能であろう。ドイツ式をそのままの形で採用するのを良いとするならば、総則中に人格権の制度を置くことになる。ドイツ式を基礎にしつつ、これを発展させて、中国草案やカンボジア民法システムを採用することも、十分に考えられることである。

⑦　結論としては、上記の諸点を各国の事情に照らして判断するのが適当であるということになる。

四　債権総則編の必要性（「人大」二㈡3参照）

純理論的には、現在パンデクテン・システムをとっている民法典における債権編の「総則」に置かれた制度・規定を、契約の部分か、事務管理、不当利得、不法行為（一括して不法行為などと呼ぶ）の部分のうち、先に置かれたほうにまず規定し、後に置かれたほうではそれを準用すればよいことになる。しかし、後の部分には、事務管理・不当利得・不法行為の三つの制度があり、各部分に準用規定を置くのも煩雑であるから、三制度に共通の通則規定を工夫することが必要になろう。それにしても、準用規定や一般市民にとってばかりでなく、法律専門家にとっても読みにくいというデメリットがあるから、できれば避けるほうがよい。

むしろ、契約から生ずる債権・債務にも不法行為などから生ずる債務にも共通する事項は、まとめて両者の前に規定するほうが分かりやすいであろう。これがそのメリットである。

具体的に見る。現在日本民法「債権総則」の部分に置かれている制度には、債権の種類、債務の履行・不履行、債権者代位権・詐害行為取消権、多数当事者の債権・債務、債権譲渡・債務引受、債権の消滅がある。しかし、契約から生ずる債権、不法行為などから生ずる債権の一方だけに関係する、又は関係することの多い制度は、債権の種類(契約で定められることが多いが、不法行為上の債権は、七二二条一項により金銭賠償と定められている)くらいではないだろうか。連帯債務や保証債務を、人的担保編を作ってそこに入れるとしても、連帯債務には法律上のものもある(共同不法行為によるもの。七一九条)。

要するに、発生原因は別として、一旦発生した債権・債務については、履行・不履行という過程でさえ、ましてそれに関する種々の問題、特に債権を財産として処分する債権譲渡などにおいて、債権の発生原因を問わない、債権自体に共通のものが多く存在する。

したがって、一方にそれらの規定を置くと、他方に準用規定が多くなるという一般論があてはまる。

ちなみに、債権総則の制度には、なお相互関係が十分に整理されるべきものがあることは事実である。例えば、履行と弁済との関係である。これらは、立法の際に検討することが適当であろう。

五　その他(一点を除き省略。省略部分は「人大」二(二)2、4〜6)

「物」についての規定をどこに置くかは、知的財産や情報が重要な財産となっている現在、やや困難な問題である。総則編でなく、物権編に置くこともかつては考えられたが、今日では、総則に、「私権の対象」と題して、有体物、知的財産、情報などの一般問題を扱う章を置くことが考えられる。

〔追記〕 二〇〇八年五月に、「民法典体系問題国際セミナー」で報告されたもの。「final」と赤ボールペンで書き込まれたもの（本文に書き込みがある）を収録した。なお、本文でも言及されている二〇〇三年の報告は、付録Dとして収録した。著者が正面からこの問題を扱った論文はないが、中野邦保・伊藤栄寿両教授が聞き手となっている「民法改正フォーラム・学界編——星野英一先生を囲んで」法律時報八一巻六号（二〇〇九年）では、債権法改正との関係で体系問題にも触れられている。

民法典における不法行為法の体系——将来の不法行為法に向かって

一　序　論

(1)　不法行為法の体系の問題

不法行為の立法をする時には、個々の事項についてどのように規定するかの検討の前に、不法行為の規定を全体としてどのように体系づけるかを考えておく必要がある。少なくともそれが望ましい。何故ならば、不法行為法は、時代や地方によってかなり大きな差異があり、その体系においても同様だからである。

(2)　「不法行為」の観念

そもそも、「不法行為」の観念自体がどこでも全く同一であって、異論のないものであるかが問題たりうる。この点は、日本民法の制定に際して、三人の起草者の間で意見が分かれ、結局一方の立場で解決されたものである。一方は、「権利侵害」があれば実際の損害がなくても不法行為になるとし、英法が援用される（穂積陳重）。その理由は、権利の侵害を許しおくのでは法律の限界が分からなくなり、法律の力がなくなるということである。他方は、実際の損害がなければ不法行為にならないとし、フランス法・ドイツ法が援用される（富井政章、梅謙次郎）。その理由は、有形無形の損害がなければ賠償など（謝罪広告を含む）の訴えを認める必要はないということである。「不法行為」という呼称は前者を示唆するかにも見えるので、論争が起こったようである。もっとも、損害がなければ賠償責任の問題はないから、その限りでは実益のない議論であるが、不法行為の効果として懲罰的損害賠償や、損害賠償以外のもの（謝罪広告や差止めその他）を認めようとすれば、前者の立場のほうが説明しやすい。

日本民法は、後説を採用し、不法行為法は損害賠償法であるとした。今後の立法においてどちらを強調するか、それがその解釈論・立法論にどう影響するかが問題である。

(3)　古典的不法行為法と現代社会

産業革命以前の立法であるフランス民法典から二〇〇年、既に工業や高速度交通機関の発達した後に立法されたが「資本主義の遅れて生まれた子」とされるドイツ民法典からも一〇〇年を経ている。その間、科学、技術の著しい発展に伴い、人の蒙る恐れのある危険は急速に拡大し、現実に他人から損害が加えられる機会が著しく増加してきた。またそれらを管理する主体が個人であることはごく少なく、時に巨大となった企業などの組織体・事業体となっている。今日の社会においては、個人と個人の関係は家庭を中心とする日常生活や市民活動などとして存在するが、個人も家庭も組織体と巨大設備・高速度交通機関に囲まれている。この状況を素直に受けとめて、大胆に民法典に反映させたい。

(4)　不法行為法の目的・機能・理念

不法行為の体系も、その目的と社会的機能との関係なしに考察することはできない。この点に関して、学説が当然のこととしている点にもなお疑問の部分があるので、まず一言しておきたい。

不法行為法の機能ないし目的として、「個人の自由活動の保障」であるということが当然のように第一に挙げられている。ドイツ民法典編纂第二委員会議事録にあるもので、他の国の学者にも見られる表現である。不法行為法にそのような機能があることは確かであるが、これは近代の経済的自由主義のイデオロギーであり、これをその目的とするのは適当ではない。

また、最近では、不法行為法の裁判規範性から問題解決を導く考え方も強い。その裁判規範であることは否定できないが、行為規範の面も重視すべきである。不法行為の「抑止機能」として認められていることはそれに関係する。

さらに、加害者への懲罰機能、さらには贖罪機能も無視することができない。

当然のことながら、不法行為法においては、被害者（の権利、利益）と加害者（の利益）との均衡を図らなければならない。しかし率直に言えば両者は矛盾するものであり、どちらをより重視するかが根本的な選択となる。後述するとおり、不法行為の類型によって異なるべきものであって、一律には言えないが、全体としての考え方を決めておくのがよいであろう。

私は、全体としては、被害者の損害は原則として塡補されるべきだという考え方をとりたい。加害者側についても、「他人を害するな（alterum non laedere）」というローマ法以来法律の最高準則とされるものを根本原理として考えたい。次に、欧州で古くから言われている「高い地位にある者は大きな義務を負う（Noblesse oblige.）」を原理としたい。これは、社会において何らかの意味で高い地位にある者は、より大きな社会的責任を負っているということで、不法行為法についても、大きな組織や危険な設備の管理者はより大きな責任を負うと考えるべきである。これは、現代民法の理念である（自由、平等と並びその上に立つ）「博愛と連帯」に適合している。

以上に挙げた諸点を考慮すれば、不法行為法の目的、機能、理念も、各国の社会事情や民法学の歴史などに応じて相違があることも当然である。以下には、日本の状況を前提にした検討を行なう。

(5) 本稿の先駆

「不法行為リステイトメント研究会」の成果（不法行為法研究会「日本不法行為法リステイトメント」ジュリスト八七九～九一四号（一九八七～一九八八））、同研究会によるやや自由な改正案（「不法行為法改革の方向」ジュリスト九一八号（一九八八））の成果を一つの出発点とし、五～六年程度先を見据えた不法行為法の体系の立法論を試みる。諸外国の法律では特に、最近発表された「ヨーロッパ不法行為法原則（二〇〇五年版）」（以下「原則」と略称）に注目する。

二　一種類の不法行為か三種類の不法行為か

どの立法においても、不法行為の章の最初に、人が他人に損害を与えた場合について賠償義務を負うとの規定（以下「頭書規定」と呼ぶ）がある。しかし、そのほかに、自分以外の者が他人に与えた損害の賠償義務を負う制度と、保管する者によって他人に与えた損害を賠償する制度とが規定されている。大きく見れば、不法行為には大まかに言ってこの三種がある。しかし、その全体の体系づけには、異なったものがある。

どこでも学説は、不法行為法の全体を通ずる原理としてまず「過失」の存在を挙げ、頭書規定がその原理を表明したものと解している。しかしその先に、法規定および学説において微妙な差異が存在する。ドイツおよび日本では、「頭書規定」が不法行為の原則的制度（「一般的不法行為」）を定めた規定であり、他の二種の制度はその例外である（「特殊的不法行為」）とすることが通常である。しかし、三種の制度を原則例外としてでなく並列的に扱い、賠償責任を発生させる事実の三種としてそれら独自の要件を説明し、不法行為全体を通ずる要件として損害と因果関係を挙げるものもある（フランス、「原則」）。

先に述べたような現在の組織社会、巨大設備と高速度交通機関の社会における不法行為法のあるべき姿としては、個人と個人の間の不法行為、組織体・事業体の他に与える損害に対する責任、巨大施設・設備と高速度交通機関の与える損害に対する責任は、連帯の理念のもとに統一される、三種の不法行為法としてそれぞれについて検討することが適切であると考える。三種は、現在においては異なった社会状況・危険状態に対応する不法行為制度として、違った性質のものと考えたい。

三　自己の行為から生じた損害についての責任

(1)　共通して認められる要件〈省略〉

(2)　故意・過失

故意・過失が明文上要件に挙げられるのが通常であり、この点はどの立法においても共通である。ほとんどの近代国家では故意・過失による責任（「過失責任主義」）が民法の大原則であるとされている。

しかし実は、「過失」の意味は比較法的に一義的ではない。大きく二つのものがある。

過失主義の原則については、前述したとおり加害者側から見た「個人の自由活動の最小限度の制限」を示すものという考え方が一方にある。日本では我妻以後現在に至るまで、どの学者によっても説かれているものである。

しかし、同じく「過失」と自由の密接な関係を説きながら、人は自由であるから、自己の義務違反の行為について責任を負うべきものであり、それが「過失」ある行為だとするのがフランスの一般的な考え方と見られる。これが、「過失（faute）」の観念の中に社会的義務違反というドイツの客観的「違法性」の考え方を含むことを示す。

「過失主義」はこのように複雑な内容を持つ観念であり、そこには、人の自由に必然的に伴う責任という道徳的観念が含まれていると見るほうが適当であろう。

かくして、「過失」の観念には、客観的に妥当でない行為をした、つまり社会における行為・不作為の義務に反したという側面と、主観的に注意（意思の緊張）を欠いたためにそれらの義に違反したという側面との二つが含まれうる。

日本の学説においては、まず過失の主観面に着目して、過失とは「その結果の発生することを知るべきでありながら、不注意のためにそれを知りえないで、その行為をするという心理状態」であるとされた。これに対し、判例は古くから行為義務違反としていたと見られ、最近の学説においてはそれを正面に出すことでほぼ一致している。

以上の経験を踏まえると、「過失」ないしそれに類似の観念を要件とする場合には、一般人にも分かりやすく、また解釈が分かれて議論にならないように、その内容をはっきり示すことが望ましい。例えば、「原則」は、「故意又は不注意により必要とされる行為基準に違反した」者の責任としている（四—一〇一条）。

(3) 単一ルール主義、制限のない複数主義、制限された複数主義

単一ルール主義とは、この責任を一つの条項で規定するもので、フランスとその系統の法典がとっている。最も単純な規定はフランスのもので、faute（故意および過失と違法性を含む）と因果関係のある損害の発生だけを要件とする。制限のない複数主義とは、例えば殺人、詐欺といった個々の類型の不法行為ごとに制度が構成されるもので、ローマ法と英米法がこれにあたる。制限された複数主義とは、両者の中間にあるもので、この責任を数個の条項でカバーするものである。ドイツとその系統の法典がとっている。ドイツ民法は、「故意又は過失によって他人の生命、身体、健康、自由、所有権又はその他の権利を違法に侵害した者」の責任（八二三条一項）、「他人の保護を目的とする法律に違反した者」の責任（同条二項）、「善良の風俗に反する方法で故意に他人に損害を与えた者」の責任（八二六条）が中心で、そのうえに、より細かい場合についての規定が三条ある。

どれを採るべきかは、各国の社会状況、立法史や学説の沿革などを考慮して決められることになる。

(4) 「過失」主義に立ったその修正——証明責任の転換など

「過失」の証明責任の転換は、解釈論としても説かれ、特別法で認められたが、既に民法典の中に、第二や第三類型の不法行為について各国で認められていた。

問題は、民法典の中にこれを取り入れたらどうかということである。「リステイトメント」では、「人の生命又は身体に損害を及ぼすおそれのある業務に従事する者」につき、「業務を行なうにつき他人の生命又は身体に損害を加えたとき」に、損害賠償責任を負うとした。但し「その者が業務上の義務を尽したとき」は責任を免れるものとした。判例・学説でほぼ一致して認められていたことを書いたものである。

(5) 「過失」に代わる基本要件——無過失責任、「危険責任」

無過失責任の導入が説かれたが、その根拠として主張された有力なものが「危険責任」である。フランスでは民法

典の中に「自己が保管する物から生ずる損害」について無過失責任を規定している。ドイツ、フランスの学説と特別法に採用されている。最近では、「異常に危険な活動を遂行する者」が「その活動が示し、その活動の結果生じるリスクに特徴的な損害」について無過失責任を負う（strictly liable）としたものもある（「原則」五―一〇一条）。これらは、第三類型として取り上げることとなる。

(6)　故意過失以外の要件〈省略〉

四　自己に関係の深い者が他人に損害を与えた場合に負う責任

細かい差異を別にすると、どの民法も、人を使用して仕事をする者は、その仕事のために雇われている者（被用者）がその仕事に際して与えた損害について、その監督に責任を負う者が賠償責任を負うとしている。使用者は自己に故意・過失のないことを立証しない限り責任を負うことになっており、この点でいわゆる中間責任であることもほぼ一致して認められている。

多くの人員を備え、きちんとした組織によって活動している組織体・事業体の活動の一部として行なわれる者の行為においては、故意・過失の認定に困難がある。それゆえ日本の多くの下級審判決は、公害や薬害の場合に、端的に企業の過失を問題にしてその責任を認めている。日本の学説にも、被用者の故意過失を要件とすべきでないとか、企業活動においては、端的に組織体の故意過失を問題にすべきであるとするものがある。

この判例と学説の基本思想は、現代社会における企業活動の実態を法律上的確に反映しようとするもので、妥当であり、「改革の方向」は、「企業責任」と題して、事業者は、その事業に従事する者が違法に加えた損害で「事業活動によって生じたもの」につき、過失の立証責任を転換する規定を提案した。中国も同様である（通則四三条）。「原則」

も、「企業責任」と題して、「経済的目的又は専門職（professional）のため継続的事業を遂行する者であって、補助者（auxiliaries）又は機械的設備を用いる者」は「その事業又はその製品の不完全さによって生じた損害に対する責任」を負い、その際過失の立証責任を転換している（四―二〇二条）。これらが、将来案として適当であろう。ただ「原則」における機械的設備云々の部分は、第三類型の不法行為として扱うのが適当である。

進んで、組織体につき民法典の中で無過失責任を取り入れるべきか否かが問題となる。日本では、特別法で無過失責任を認めているが、その原理を民法の中に取り入れるべきかが問題となる。中国は環境汚染について通則に規定して採用している（一二四条）。

五　自己の使用・管理する物によって他人に損害を与えた場合の責任

フランス民法は、動産を含む物から生じる損害につきその保管者に無過失責任を課しているが（一三八四条一項）、これは例外であり、日本民法は、「建物その他工作物の瑕疵」から生じた損害に限り所有者に無過失責任、占有者に過失の立証責任の転換を認めている（七一七条）。ドイツ民法は建物その他の工作物につき占有者の責任を認めるが、過失の立証責任の転換のみを定める（八三六条）。特別法上の無過失責任もある。

日本では、判例が「工作物」を広く解釈している。何らかの形で土地と結びついており、何らかの形で人力が加えられた物であるが、それ自身は動産の場合が含まれている。「改革の方向」は、「土地の工作物」に限ることなく、「建物、交通施設又は危険な設備に瑕疵がある」場合に所有者の無過失責任を規定した。「単なる動産」は含まず、「危険な設備」に限っている。高度な危険源によって惹起された損害について不可抗力と故意の場合にのみ免責を認めるロシア共和国民法（四五四条）や、交通事業体と乗物の保有者の責任や高度な危険をもたらす事業体の責任を定めるドイツ民主共和国民法（三四四条・三四五条）などを参考にしたものである。中国では、周囲の環境に高度の危険をもたらす作業について無過失責任を規定する（通則一二三条）。「原則」においては、「異常に危険な」活動を遂行する者の厳格責任を定めるが（五―一〇一条）、これは対立する議論の妥協の結果であり、「異常に危険な」という形容詞は除くのが適当と考える。

将来案としては、「改革の方向」や、ロシア民法を一歩進め、ドイツ民主共和国法、中国法にほぼならって、「建築物、交通設備その他危険な施設・設備や危険な物を製造、管理、運営する事業者」に無過失責任を課するのが適当と考える。

〔**追記**〕二〇〇八年九月に、第七回中日民商法研究会（瀋陽、遼寧大学）で報告された原稿。中国語では、渠涛訳「民法典中的侵権行為法体系――未来侵権行為法的展望」中日民商法研究第八巻（二〇〇九年）として公刊。いくつかの原稿が残されているが、「送付稿」（同じ内容で「第四稿」とされたものもある）と書き込みがある原稿のコピーに若干の書き込みがされたものを収録した。晩年の著者は『民法概論』の不法行為編の完成を目指していたが、自ら主宰していた不法行為法研究会での報告レジュメのほか、「はしがき」やわずかな原稿の断片がフロッピー・ディスクに残されているだけで、草稿類は見つかっていない。ただし、『民法――財産法』（放送大学教育振興会、一九九四）には不法行為に関する叙述もあり、本稿で説かれているのと同様の三分法が説かれている。他に、「故意・過失、権利侵害、違法性」民法論集第六巻所収、「製造物責任法ができるまで」、「取引的不法行為（七一五条、四四条）における相手方の要保護性」、「権利侵害」、「責任能力」、「責任無能力者・監督義務者の責任」以上民法論集第九巻も参照。

#〔付録A〕日本民法学史概観——戦後日本の民法学の検討の前提

Ⅰ 序 論

民法学の現状を理解するためには、まず、その今日に至る由来、つまり日本民法学史の発展、中でも戦後におけるその変遷を概観することが望ましい。当然のことながら、学問、とりわけ人文・社会の学問は、先行の学説の摂取と批判とによって進歩するものだからである。戦後までの前史、敗戦直後の民法学、法律学の復興と再建の三時代に分けて説明する。

Ⅱ 前 史

1 第一期（一八九五～一九一〇）——起草者の考え方による民法典の解説・註釈の時代

この時代がごく短いのが、例えばフランスに比べた特色である。これは、民法典の起草者三人のうち、最もフランス的であり、多くの読者を得た、簡単ながら今日でも引用されることの多い優れた注釈書を書いた梅謙次郎が、一九一〇年に五〇歳の若さで死亡したことが大きな意味を持つと考えられる。梅の注釈書の影響は、その死後も続いたが、次第に薄くなったものと見られる。穂積陳重は法哲学者・法史学者であって、イギリスに留学して弁護士の資格を得、その後ドイツに二年留学して、ドイツ法学を高く評価するようになった。民法学の著書はごく少ないが、東京帝国大学法学部の重鎮として、将来の教授候補者のほとんどをドイツに送った。このことが民法学に与えた影響は巨大であった。富井政章は、フランスに六年も留学したが、帰国後穂積の影響もあってフランス民法学を批判してドイツ民法学を評価するようになっている。未完ではあるがかなり詳しくレベルの高い体系書を執筆しており、起草者の考えと共にドイツ的な自説を述べていて、日本におけるドイツ法学派の先駆となった。

2 第二期（一九一〇～一九二一）——ドイツ法学全盛時代

ドイツ民法学の圧倒的影響のもとに、日本民法典の再構成ともいうべき作業が行なわれた時代である。日本民法典は、フランス民法典をモデルとする旧民法（明治二三）を、ドイツ民法草案を中心に、その他多くの民法を参考にして起草されたものである。しかしこれをドイツ民法学又はドイツ民法の体系や概念に従って理解し、解釈し、体系化するようになった（北川善太郎のいう「学説継受」）。このようにして、日本民法解釈学は、極めてドイツ的なものとなった。解釈論の論文には、ドイツ法由来の規定でないのに、ドイツ法学を参考にするものが多く、教科書の叙述の中にも、日本民法典の理解や解釈のためには必要のないドイツ法・ドイツ法学的な説明をする部分が存在したりする。ついには、日本民法典そのものがドイツ民法典をモデルにしているという説明さえ、今なお存在する。方法論としては、日本式「概念法学」の時代といえる。

3 第三期（一九二一～一九四五）——民法学の方向転換の時代

一九二一年に、末弘厳太郎により、第二期の傾向に対する痛烈な批判が行なわれた。末弘は、法律学には、「あるべき法律」を説く部分と「ある法律」を説く部分とがあるとし、後者は「実生活の中に内在する」という。前者につき、『法典』と『外国法律書』とのみに没頭して『概念の正確』と『論理の一貫』とを誇る」のはよくない、とし、「あるべき法律」を説く場合も、「ある法律」をすなおに研究して、そこに新しいデータを得て、これに基づいて「在来の概念」を審査すべきであると論じた。我妻栄はこの批判を受けとめて、方法論として、法律学の研究には、「法律の理想」「社会現象」「法律的構成」の三つの問題があるとし、また、大学の講義は現行法の解釈を中心とするが、「真の解釈のためになすべきこと」として、制度の比較法と沿革の研究、判例の研究、法規の社会的作用の研究、矛盾のない統一的解釈理論の構成、先進の学者の説に学ぶこと、の五つを挙げた。これは、日本民法学の一つの到達点であり、その後の諸学説の出発点ともなっている。一言で表現すれば、「概念法学」から「社会の中の法学」への転回といえる。しかし、その後の解釈学の全体の方向は、我妻の方法を十分に咀嚼したものとはいえない。

Ⅲ　戦後日本の民法学

1　第一期（一九四五～一九六〇）――法解釈学の不振の時代

①　戦後の政治的・社会的・経済的激動期である。法律の領域では、憲法を初めとする、日本の政治・社会の改革のための多くの立法がなされた時代であり、我妻を初めとする中堅以上の学者は、立法への参加と、新立法の啓蒙活動のために多忙であった。その間、法解釈学の意義自体が激しい議論の対象になり、法学に対する不信までも叫ばれた。民法解釈学の不振の時期である。

②　この時期に盛んであったのは、川島武宜を中心とする、戦時中に端緒を発する法社会学であった。若手学者の間には、「法社会学にあらざれば学者にあらず」というような雰囲気も見られた。又、マルクシズム法学や、それと微妙複雑な関係を持つ「民主主義法学」も盛んであり、法社会学者とマルクシズム法学者との間の論争もあった。

③　「法解釈論争」（一九五三～）

法解釈学に対する懐疑の一つの極点でもあり、さらに懐疑を強めた原因となったのが、いわゆる「法解釈論争」である。一九五三年に発表された来栖三郎の「法律家」という論文、続く一九五四年の日本私法学会における「法の解釈と法律家」と題する報告を出発点とする。法律の解釈には一つの正しい解釈があるのではなく、複数の解釈の可能性があり、どの解釈も実質的な理由、つまり主観的価値判断によって決まる、という問題提起である。川島武宜は法律解釈が価値判断を含むという点で同じ見解をとるが、価値判断はある意味での「客観性」を持ちうるとして、その意味を検討する。以後この点をめぐって民法学者を中心とする多くの学者による議論が交わされたが、これ以来、法律の解釈は価値判断を含む作業であって、法律の純粋の認識作業ではない、という点は、ほとんどすべての学者の認めるところとなっている。

④　経験法学（一九六〇～一九七〇）

次に述べる法解釈学の復興とほぼ時期を同じくして、川島を中心とする学者によって唱えられたのが、「経験法学」である。法律の諸面を「経験的事実として経験科学的なアプローチで研究する」法律学とされる。一部の若手学者を引き付け、民法学の領域でも若干の業績が現われ、若手民法学者に影響を与えたが、その後の発展は見られない。

2　第二期（一九六〇〜）——法解釈学の復興・再建の時代

①　戦後に大学を卒業して研究生活に入った若手学者は、これらの波に揉まれて、法解釈学はいかにあるべきかの追求に苦闘していた。

②　やがて法解釈学が復興し始める。その背景は、戦後立法とその啓蒙時代の終了、社会の安定化、という外部的状況と、「法解釈論争」の一段落、より若い学者が方法論への関心を弱め、民法上の具体的法律問題の増加にも伴って解釈論への関心を強めたことなどの法律ないし法律学内部の事情とがある。

③　この際、従前の日本民法解釈学では駄目であり、これをそのまま再興するのでなく、これを克服し、民法解釈学の再建を志して新しい方法論を探求し、その上に立った法学を建設する努力が進められた。

法学の方法に関してはつぎのとおりである。一九五五年に川島武宜が提唱した「実用法学」に多くの教示を得て、一九六八年に星野は「実定法学」を主張した。これは、民法や刑法などの実定法を対象とする学問自体が、固有の解釈という技術的な部分を中心としつつ、よい解釈のために必要な二つの要素、つまり科学的な部分、具体的には解釈の対象である法律・制度の歴史的・比較法的・社会学的な理解、及び当該法律の理念を検討する思想的・哲学的な部分を含むべきである、とするものである。従来、法史学、比較法学、法社会学など別々に体系化されていた学問の成果を、解釈を中心として統合している。

この間、民法（解釈）学方法論は、少数の学者によってではあるが、取り上げられていた。川島の「科学的実用法学」を基本的に受け継いで発展させようとした渡辺洋三と高島平蔵、まったく視点を変えて実用法学は「具体的な法的紛争事件の解決のために方向付けられた学」とする柳澤弘士、民法学は科学のほか広く思想、法律技術を含むとし、壮大な構想を打ち出した北川善太郎である。

民法の解釈の方法に関する新しい理論も現われた。加藤一郎が一九六六年の論文中で主張した、概念構成や論理に重点を置く解釈方法論（「概念法学」）に対して「利益衡量」に重点を置く方法論（後に「利益衡量論」と呼ばれる）と、やや遅れて星野が一九六八年に方法論の論文中で主張した「利益考量論」とが現われた。星野のものは、加藤が、個々の事案についての法律的判断についての方法であるのに対して、条文・制度の解釈の方法（教科書・注釈書などに一般的に述べられていて、個々の事案の法律的判断において参照されることも多い）を扱う点で、対象のずれがある。ただ、その主張の中に共通の要素を含むために、一括して取り上げられて検討されるのが通常である。共通点は、条文や概念から論理的・演繹的に解釈するのでなく、当該事件（加藤）あるいは当該規定や制度（星野）において、どのような利益とどのような利益が対立しているかを分析し、幾つかの解釈をとった場合にどの利益が保護されてどの利益が後退するかを明らかにした上で、どれをとるべきかを（社会的）価値判断によって決める、とするところにある。実質的な価値判断の仕方としては、加藤が歴史的・社会的な認識、国民の多数の意思、歴史の流れであるのに対し、星野は文理解釈、論理解釈、立法者・起草者の意思、母法に遡っての検討を経て、利益考量に基づく価値判断をすること（それゆえ、「価値判断法学」とも呼ばれる価値判断の基準）は、人間の尊厳、自由、平等、平和など、歴史において次第に発見され強調されてきて今日異論のないものとする。

Ⅳ　「利益考量（衡量）論」の全盛時代（一九六五〜一九九〇）

その後の日本の民法学界においては、民法学の方法論が論じられることが少なく、また民法の理論的研究、たとえば「民法とは何か」といった研究も多くない。学者の主たる関心が民法の解釈に向けられた。ただ、利益考量（衡量）論が批判や評価の対象となってはいる。水本浩による詳細に検討して高く評価する論文が現われ、正面から検討する研究会、雑誌特集なども見られる。

しかし、一般論としてそれを批判する学者もまた、自己のする解釈においてその方法を用いざるを得ない状況であり、利益考量（衡量）論は、ある学者によれば、四半世紀の間民法学における支配的潮流であった、とされている。

Ⅴ　利益考量論への新たな批判とこれをめぐる論争（一九八八〜一九九五）

一九八八年に、平井宜雄による利益考量論、広くそれを含む「戦後の法解釈論」に対する強烈な批判論文が現われた。出発点は、法学教育にとってそれが好ましくない結果をもたらしているとの認識のもとに、法学教育のためにあるべき法律学として「議論による法律学」を主張する。批判は数点にわたり、主張も法学教育に限られない広範囲のものである。批判としては、価値判断は主観的なものであり、客観的に正しい価値判断の存在は証明されていないから、価値判断を最終の基準とするのは解釈論として無意味であるということである。積極的には、法律家一般の仕事は法学者の仕事と違って、条文の解釈といった一般論でなく、具体的な問題について何らかの「言明 (statement)」をしてそれをジャスティファイすることから始まり、反対の言明に答えること、つまり言明と言明を戦わせる「議論」が仕事であるから、議論が適当に行なわれるために必要な条件を考えるべきであるとして、例えば比喩を用いる論法や同義反復的な表現はよくない、と主張する。

これに対し、星野も直ちに反論し、平井の再反論もあって、民法学界の大きな話題となった。小さなシンポジウムが行なわれ、幾つかの小論考も発表された。これは、「第二次法解釈論争」と呼ばれることもある。

Ⅵ 現在の状況

1 民法解釈論

① 「利益考量論」をめぐる状況

(i) 概　観

その後は、民法学者の関心が再び方法論から離れたため、方法論の論争と呼びうるものはなく、事実として、方法としての「利益考量論」は、民法学界においてはかつての勢いはない。「九〇年代には論理思考・体系思考が急速に復権し、……今日では、民法学者（少なくとも若い世代）の多くは『利益衡量』という言葉を口にしなくなっている。」といわれている。この現象を、「第二次法解釈論争」の「意図せざる帰結」とする見方もある。

しかしなお、民法学者の中でも散発的だが各所で、方法論として取り上げられて検討されている。さらに、より広く、法哲学者、外国法学者、実務家において取り上げられている。その結果、議論は著しく深められてきた。

他方、「議論による法律学」が民法学界で支配的になったわけではない。方法論については、帰一するところを見ないといわれている。しかし少なくとも、平井教授の批判を意識しないで利益考量を語ることはできないのが現状である、というのが正確であろう。「議論による法律学」に対する疑問も新たに投じられ、法学教育における危険性も指摘されている。

(ii) 解釈の実際

抽象的な方法論はともかく、法学界や法律家において、利益考量・価値判断法学の主張が実際どのように扱われているかを見れば、その浸透は著しいということができる。論文等においては、利益考量や価値判断の部分を含まないものはほとんどない。判決等においては、最高裁判所判決は「利益考量」という言葉をほとんど使わないが(少数意見の中にたまに現われる)、実際には判決の中でそれらを行なっている。また、最高裁判所調査官による最高裁判所判例集登載判決の解説は、ほとんどが「利益考量の見地」といった部分を含んでいる。下級審判決は、事実つまり両当事者の事情を十分に検討した上で判決しているので、ほとんどすべての判決は利益考量・価値判断を行なっていると見ることができる。もっとも、それは当然のことであり、利益考量論のうち両当事者の利益状況を考慮するのは、従来法律家がやっていたことであり、「利益考量論」はそれを指摘し、意識的に行なうことを主張するにすぎないという見方もあるが、それを自覚的に徹底して行なうことに意味があるとも主張され、それを基に最後に価値判断で決めることの重視が重要であるともされる。

また、利益考量論は、よい解釈のために、まず日本民法典の正確な理解(アイデンティティの確認)の必要なことを説き、そのために文理解釈・論理解釈、立法者・起草者の考え方の探求、母法に遡る検討から出発し、その後で価値判断に基づく解釈を行なうべきだとしていたが、多くの学者は、この部分が利益考量論と結合したものであることへの理解が不十分であった。

② 最近の学者による「利益考量論」批判の要点

「利益考量論」に対する批判には、加藤説に対するものと、星野説に対するものとが一括されていて、一方にだけあてはまるものがあるが、共通の部分を一瞥する。

第一に、利益考量・価値判断の客観的・原理的な基準・枠組みを具体的な形で明示できていない、ということである。

これは、初めから絶えずなされていた批判の中心である。別の言い方をすれば、「それがカズイスティックであるという点」であり、結局、旧来の解釈論に代わるものを「新たに建設するという点については……十分な装置を用意していなかった」とされる。

第二に、法的構成を無視ないし軽視しているということであり、より正確には「条文と直接つながらない法的構成が排除されている」点で、少なくともそれが軽視されていることが批判される。

結局、批判のポイントは、法律論においては、議論の不可欠の前提として明快に定立された規範命題を提出することが必要であること、伝統的な法解釈の論理を重視すべきであり、そこでは「法律家共同体」に特有の用語の尊重、法・法律学の「固有の」領域を認め尊重すべきであること、さらに法の「自立性」を認識せよということであった。

③　最近における利益考量論の再評価

(i)　「議論による法律学」ないしその「意図せざる結果」に対する批判（一九九〇～）

最近では、先に引用した諸論稿によって、「議論による法律学」の主張のある部分の基本的な妥当性を認めつつ、それが「利益考量論」と噛み合っていないこと（すれ違い）が指摘されたり、「議論による法律学」の主張の他の部分が批判されたり、利益考量論（少なくともその主張の一部）の再評価とその承継が説かれたりすることが少なくない。

「議論による法律学」に対する批判としては、その利益考量論批判に関連して、解釈法学万能主義（法解釈自立主義の盛行）を招き、社会との相互関係への関心が希薄になりうることが指摘される。そして、法解釈を主張するときにそれが客観的に正しくあるべきだということは、単なる心構えではない、と明言する学者もある。この学者は、法システム以外の諸々の社会システム・価値をも考慮しながら、紛争の調整をする基準を定立することが今日の課題であり、その際「議論による法律学」の提示する基準だけでは解決できない、実質的価値判断も重要であると主張する。

さらに、「議論による法律学」の「意図せざる結果」であるとしつつ、最近の民法学に見られる、無造作に概念の体系性、整合性を重視する傾向に対する強い批判もある。ある学者は、法的言明の世界だけで静態的に命題の整合性や体系論に腐心する方向は法教義学への「萎縮」や「ひきこもり」であるとする。続けてつぎのように述べられる。その結果、基礎法学における理論への偏りと、民法学を含む実定法学が「狭隘化」していく懸念があり、法科大学院における予備校化現象とあいまって、学界の知的貧困化・平板化、議論の些末化・技術化をもたらす危険がある。「議論による法律学」には、提起された問題への応答が欠落した所があり、それは丸山真男の「日本の思想が対決と蓄積の上に歴史的に構造化されていかない」例ともいえる。

さらに、法学教育の場においても、「議論による法律学」は、ある種の危険を伴うことが懸念されている。多くの学生が現在「通説」とされる法律論の断片を暗記し、第三者によって整理された知識を正しいものとして覚えようとする傾向に導く危険があるということである。

(ii) 利益考量論の再評価と承継へ

「利益考量論」は、その問題提起に正面から答え、その意義を改めて評価すべき時期であり、その成果のある部分を改めて救い出し、これを伝統として継承、再編し、将来的に発展させようとするものが少なくない。

その意義として、従来の硬直になりがちであった解釈論を打破する破壊力の大きさがまず挙げられ、さらに、そこでは従来型の日本民法学の「脱構築ないし『型崩し』」がなされており、いわば「日本版の批判的民法研究がなされていた」と評価して、この批判的実践を継承する必要があるとする学者もある。

より積極的には、「利益考量論」は「価値のレベルで法制度の正統性を問いなおすという意味、いったん形式的に継受された法典を価値的に再継受するという営みであった」といわれる。その日本土着の理論であることが、少なからぬ学者によって指摘されている。

承継されるべき具体的な点として、ある学者は、「利益考量論」は、気づかれていなかった利益の存在、諸利益の対立・一致を顕在化し、見解の相違の原因がどのレベルにあるのかをはっきりさせること、ある言明の主張者が無意識にしていた価値判断の表面化、その価値判断の一貫性の有無のテスト、既存の法理論の隠れた不都合を検出する機能、心理に現われにくい利益つまり第三者の利益・社会の利益などの存在を意識させるという意味、などのメリットがあると指摘する。また、「各当事者への共感」「『衡平』の技法」としての意味も指摘される。

「利益考量論」から発展してゆくべき方向としては、「民法内在的な利益考量論」に進むべきことや、「利益考量から原理・価値の考量へ」進むべきことが主張され、「利益考量論」「議論による法律学」双方の思想的背景を検討する必要性も説かれている。

2 民法（解釈）学方法論

民法解釈の方法論でなく、民法（解釈）学の方法論は、引き続き、あまり多くないということができるが、その中で異色は、平井宜雄による「法政策学」である。

法政策学の主張自体は、従来から存在したが、それらは、立法政策を研究するものであって、実践的価値判断を含むものであった。しかし、平井の「法政策学」は、「法と政策決定に関する学問的（すなわち体系的）知識およびそれに基づく諸技法」であって、価値判断自体の分析をも含むものとされる。

なお、マルクシズム法学は、戦後の勢いはないが、マルクシスト以外の優れた学者も加わって当時設立された民主主義科学者協会（民科）法律部会は、なお非マルクシストも含んで、研究活動を続けている。全体としては、大きな反響を生むような成果は多くないが、時に注目すべきものが見られる。

3 理論民法学

マクロ的な、「民法とはなにか」とか、近代・現代民法の特色はなにかといった、理論的であるが、民法の解釈・立法においても考慮しておくべき問題の研究は、必ずしも多くないが、続けられている。大きく二つの問題に分けることができる。

① 民法を「市民社会の法」「市民法」として検討するもの

(i) 「市民社会」とはなにか

これは簡単に扱うことのできる問題ではないが、戦後早い時期からかなりの間、ヘーゲルやマルクスの影響を受けて、「市民社会」とは国家から一応独立した、資本主義的自由経済社会を意味するものとされていた。資本主義的経済社会の法という見地から民法を理解する見方である。これに対し、最近では、ハーバーマスなどの「新しい市民社会論」の影響を受けた見方が有力になっている。それは、国家から一応独立した自律的社会（広義の市民社会）のうち、資本主義経済社会のほか、NPOなどの利他的団体、協同組合・労働組合、宗教団体、社会事業団体、文化団体、学術・芸術団体、スポーツ・レクリエーション団体、消費者団体、環境保護団体、人権擁護団体、趣味の集まりに至る、それらに資金を供給したり援助を与える団体・基金を含む広範な自発的団体を、「（狭義の）市民社会」として、そこでの民法の重要な役割を強調するものである。

(ii)「市民法と社会法」の問題

資本主義的自由主義経済社会の法を「市民法」と呼び、自由主義経済社会の弊害に対処するために近代後期において次々と作られた法（労働法、借地借家法、消費者法など）を「社会法」と呼んで、近代後期の法律を認識することは、戦前に主張された。戦後においても、民法典とこれをめぐるそれらの特別法との理論的な関係を指示する表現として通常用いられるようになっており、その対比のより厳密な検討も行なわれている。

この対比は、理論的な意味にとどまるものではなく、最近検討の開始された民法典債権法の全面改正の作業において重要な意味を持つに至っている。すなわち、労働法は、種々の法律をまとめる一つの労働法体系が既に構成されているから別として、借地借家法や消費者法は、ドイツの最近の改正債権法のように、民法典の中に組み入れるのが適当であるか否かが、法典編纂のやり方の大問題である。その検討に際して、次の点が問題となる。それらの法律が、「社会法」であって「市民法」である民法典と理念を異にするか否か。今日ではそれらも「市民法」と見ることができるなら問題がない。それらを「社会法」であって理念を異にすると理解するとした場合には、同じ（民法）債権法のなかに理念を異にする制度を併存させるのは適当か否か。日本で近く大きな議論となることが予想される。

② 民法と他領域の関係

(i) 民法と憲法

一九九〇年代前半から議論の始まった問題である。一九九三年のある学者の論文に始まり、これを受けたある雑誌の「民法と憲法」と題する特集によって議論となった。民法と憲法を実質的に理念の同じものとして統一的に理解すべきことにおいては一致している。しかし、一方は、憲法を国家の基本法として民法に対する上位性を強調して、個人の基本権保護義務を国家に認めるが、他方は、人間の基本権は国家も社会も超えるもので、国家の基本法である憲法と社会の基本法である民法その他の法律に定められており、憲法と民法は等格であるとする。議論はさらに多くの学者を巻き込み、盛んになっている。

(ii) 公法と私法の「協働」

公法と私法の関係については、古くからの議論は現在も続いているが、最近においては、環境法や消費者法などの発達につれ、小は相隣関係から、大は環境保護や消費者保護のために公法と私法が協同して所期の目的を果たしていることへの認識が強まり、さらにその理論的な構成や将来のあるべき姿を自覚的に追求する研究が行なわれている。ただ、今のところ、具体的な問題との関連における研究は始まったばかりである。

Ⅶ 日本民法学の長所と短所

以上とは異なった観点から日本の民法学を眺めると、その長所としては、解釈の方法として、柔軟な解釈方法がとられていること、民法学としては、「解釈のためになすべきこと」が豊富であることを挙げることができる。具体的には、西欧法を継受した国として外国法研究が盛んなこと、判例研究が盛んで判例を教科書・体系書に取り入れていること、継受法国として法律と社会とのギャップに敏感であり、法律を社会との関係において理解する傾向が強いこと、つまり基礎法学を広く民法学に取り入れていることである。

短所はその反面である。科学主義の傾向がやや強すぎること、反対に哲学とりわけ価値論への関心が薄いこと、具体的には進化主義の傾向が強く、自然法論が弱い。ある学者によれば「法社会学やマルクシズムが西欧における自然法論の代用物」となっていた時代も戦後にはあったとされる。要するに、原理的思考の弱さである。

この短所は、現代の科学技術の先端、特に人工生殖問題を扱う際の弱点となる。これに外国法への指向を加えると、しばしば傾向の異なるある国の支配的理論のみを採用して議論を組み立てる危険となり、実際もそのような論考が少なからず見られる。原理的思考の点で長のある韓国の学者との共同研究は、この点からも、大いに有益である。

〔**追記**〕 二〇〇七年四月に、ソウルの成均館大学BK21事業団の招聘により行われた講演のための原稿「戦後日本の民法学の先端と、先端科学技術への対応（報告）」の「第一 戦後日本の民法学の検討の前提——日本民法学史概観」の部分を副題を表題にする形で改題して収録した。「第二 現代の科学技術の最先端の問題と民法学」の部分は、レジュメのみで原稿はない。著者自身が「報告原稿に手を入れたもの」と付記しているので、実際に報告されたのは前半のみであろうと思われる。中国においては民法・民法典について講演が繰り返されたのに対して、韓国において民法学について語られているのは興味深い。未完の原稿ではあるが、「第二」の部分のみでも価値が認められる上に、晩年の著者が中国のみならず韓国との国際学術交流にも大きな関心を抱き、精力を注いでいたことを示すものでもあるので、**付録A**として収録した。省略した「第二」では生殖補助医療などについて論じられる予定であったと見られるが、これは晩年の著者の関心事の一つであり、関連の研究会も主宰していた。なお、「クローン人間の社会的規制—人工生殖に関連して」と題する日本学士院における講演ないし報告の原稿が残されているが、これも残念ながら不完全な原稿であるため、収録は見送った。

〔付録B〕　日本と中国の文化関係の歴史

院長先生、科長先生、ご列席の皆様、

本日は、身に余る栄誉をいただきまして、私にとってこの上ない光栄であり、また誠に嬉しいことであります。

この日のために大変なご尽力をいただきました、梁慧星先生、渠涛先生を始めとする諸先生方に、心から御礼の言葉を申し上げたいと存じます。また、縁の下の力持ちとして、陰にあって種々の事務その他の仕事をしてくださった方々にも感謝の意を表したいと存じます。皆様、本当にありがとうございました。

この時にあたり、何か一言をとのお話をいただきました。なにほどの意味を持つか、心許ありませんが、折角の機会でありますので、感想めいたことに、最近いくらか調べたことを加えて、お話させていただきたいと思います。事実の話と、自分のこととが行き来して、お聴き苦しいかと思いますが、どうぞお許しください。

今日は、中国と日本との文化的な関係と、民法をめぐる関係の歴史につき、私なりに理解していることを、私がこれまで受けた教育と関連させながらお話したいと考えております。内容は、ほとんど皆様の常識に属することですが、しばらくのご忍耐をお願いいいたします。

初めに、全体として、日本文化は中国文化のきわめて大きい影響下にありました。

1　第一期

日本の文化が中国文化の圧倒的な影響のもとにあった時代です。しかし、若干の変遷がありました。三つの時代（第一期～第三期）に分けて眺めてみます。

漢の時代の倭国への文化移入（「後漢書」「魏志倭人伝」）や、倭王の宋との関係（「宋書倭国伝」）に遡るのは古すぎるとしても、西暦紀元六〇〇年における日本最初の遣隋使派遣以来、四回の遣隋使派遣、六三〇年の遣唐使派遣以来八九四年に至るまで、正式には一二回の遣唐使が中国に送られ、中国の優れた文物を日本に持ち帰りました。その数は各回数百人に及び、仏教を始め、文芸、美術、工芸などの諸文化がぞくぞくと輸入されたのです。

法律面においても、日本に封建制度を確立するため、六六七年の「近江令」以来、六六八年の「天武律令」、七〇一年の「大宝律」「大宝令」、七一八年の「養老律」「養老令」、九〇七年の「延喜式」「延喜令」に至る五回の法典編纂は、唐の法制をほぼ踏襲したものであります。日本で「律令制」(りつりょうせい)と呼ばれるこの法律体制が、一一九二年に始まる武家による幕府時代に別個の法制の採択に伴う変容を受けるものの、日本の徳川幕府時代まで一〇〇〇年もの長い間続いていました。法思想として儒家と法家の思想が支配し続けました。

特筆すべきことは、それまで文字を持たなかった日本に、仏教の教典を通して、中国の文字、日本で言う漢字が輸入されて日本の文字となりました。やがて中国文字をもとにして、二種類の文字、平仮名と片仮名が作られ、今日に至っております。つまり、日本の文章は、漢字、平仮名、片仮名の三種を組み合わせて構成されていますが、その源はすべて中国文字です。

徳川時代においても、律令制は存在しないものの、中国の法制の研究は盛んに行なわれ、明律を翻訳又は注釈した者は一〇人以上になると言われています。また、各藩が法律を制定するに際して、明律を参照したとされます(以上は、劉俊文「序論　中日法制交流史略述」池田温＝劉俊文編・日中文化交流史叢書2法律制度〔一九九七〕によります)。明治維新後しばらくは中国法の影響が強く残り、刑事法典ですが、一八七〇年の「新律綱領」は、「大明律」を模範とし、続く一八七三年の「改定律例」は、その基礎の上に西欧諸国法を参照して作ったものです。

中国文化の輸入開始以来、特に鎖国をした徳川時代を通じて、中国文化は、一方で、日本人の精神に適応した、日本的なものとなってきました。他方で、中国文化は、日本の知識人や政治家の基礎的教養でありました。学者はもちろん、ほとんどすべての政治家が、日本でいう漢詩を作って自分の気持ちを表現することを行ないました。広く普及して日本の近代国家を支えた庶民の学校である「寺子屋」においては、四書五経の教育が重要な部分でした。

一言でいうと、日本の文化と日本人の教養の多くの部分は、中国文化でありました。

以上を、私の学校での経験に即して申し上げましょう。

今日と同じ六年制の小学校の教育は、基礎的な教育ですから、そこには中国文化の影響があったとしても、特に中国文化を意識させるものではありませんでした。しかし、その後の、当時は五年制（現在は三年制）であった中学の教育の相当の部分が、中国文化を教えるものでした。「漢文」と呼ばれた授業が、確か一週に三時間くらいありました。日本語（どういうわけか日本では「国語」と呼びます）が四時間くらいでしたから、かなり多いものです。そこでは、中国人のほか日本人の書いた作品を、日本式の読み方で読み上げて、解釈するのです。国語の一部のような感じです。一人の先生が両方教えることもありました。話がそれますが、高等学校の入学試験の中心科目は、「英数国漢」といって、重要な三つないし四つの科目のうちの一つに入るのです。詩などは、暗唱を要求されたものもありました。そうでなくても、綺麗な詩や文章は、自然に暗記しました。一年生のごく始めに教えられた詩は、「春眠不覚暁」に始まる有名な五言絶句でした。「少年老易学難為」もごく始めに教わって、心の引き締まるのを感じたものです。友を送る「渭城長雨潤軽塵」は、私の今でも愛唱している詩です。幸いなことに、私どもの担任の先生は、諸橋轍次先生の弟子で、中国でも有名な『大漢和辞典』を完成させた方で、教育にもたいへん熱心な方でしたので、普通の教科書と並んで、『十八史略抄』という本を副読本として教えてくださいました。項羽と劉邦、曹操と劉備の話、初めて聴く諺など、忘れることができないものがあります。さらに、三年の時には、特別授業として、『論語』の授業をしてくださいました。「子曰く」にはじまる幾つかの名言には、今でもよく覚えているものがあります。日本の短歌や俳句のように漢詩を作る人もかなりいました。これは現在では減っていますが、復興しようという声もあります。また、「詩吟」と言って、特殊な節をつけて歌うやり方があり、これは、先生にも聴かせてもらい、誰でも真似くらいできますが、現在一般の国民にも普及しています。

中学校では英語も始まりましたが、初めて学ぶものですから、四～五年では現在でも簡単なことを話したり書いたりするくらいなら困らない程度の所まではいっても、漢文でやる所までは行きません。つまり、中学教育の特色は、「漢文」、つまり日本の古典にもなっている中国の古典を日本化された方法で教える所にあったように思います。つまり、中国文化が、当時の中等教育を受けた人の基礎的教養になっていたのです。但し当時は、中等教育を受ける人は、同年代人の三〇%しかいませんでした（現在は、「大学」卒業者が、五〇%近くになっています）。

当時三年だった高等学校では、漢文の授業も引き続きあり、私にとっては繰り返しになる『論語』などを教えられましたが、教育の中心は、欧米文化、というより西欧文化になりました。第一外国語を英語とする組、ドイツ語とする組、そして幾つかの高校には、フランス語とする組が置かれ、何回も改正があって、私どもの年代では週六時間の授業でしたが、一年上の年代は九時間、二年上の年代は、なんと一二時間くらいだったそうです。第二外国語が、三つのうちの一つで、私どもの年代では五時間でしたが、上の年代では、もっと少なかったようです。中学にない科目として、哲学、論理学、倫理学、心理学などのほか、大学へのつなぎに「法制経済」がありました。私の入った第一高等学校（略称「一高」）は、生徒全員が寄宿寮に入ることになっていましたが、当時の国家主義、軍国主義の風潮の中で、徹底した自由主義思想に溢れており、反戦思想、反軍思想に充ちていました。あの時代の中で、花園のような所でした。そのために、当時の校長を始め先生方の大変な苦心と努力があったことは、後から知ったことです。ほかにも国立の高校は二〇くらいありましたが、幾つかの高校も同じようであったようです。反対に、きわめて軍国主義的な高校もあったことも聞きました。

結局、日本の知識人の教養の相当部分は、中国文化であったということができます。現在は、漢文の授業時間も減っているのは、残念に思っています。しかし、陶器、絵画、諺を始め、国民の文化の底に中国文化の影響が減っていないことは、明らかに見ることができます。

2　第二期

一九世紀後半に至り、この状況は大きく変わり、日本法が先に進んだ時代となります。

当時、日本は鎖国をしていましたが、唯一の開港である長崎を通じて、幕府を始め多くの知識人は、相当に世界の情報に通じていました。アヘン戦争に中国が敗れ、イギリスとの間で、不平等条約を結び、巨額の賠償金を支払わされ、その後欧米諸国とも同様の条約を結ぶことになって、半植民地化されるという状態におちいったことは、幕府や知識人にとっても大きな衝撃でありました。この時から、それらの者にとって、一種の国民意識が起こってきます。しかし、国際法に通じていなかった幕府は、同様の不平等条約を、欧米諸国と結んでしまいます。

やがて日本は、幕府が天皇に政権を返して、明治時代に入ります。当時の政治家の直接の目標は、植民地には決してならず、国の独立を保つことでした。そのためには、西欧的近代国家を作り、資本主義経済を発展させる必要がありました。この時から、日本の全面的ともいうべき西欧化が開始します。開新的な思想家であったとされる福沢諭吉の、「脱亜入欧」は、この時代を見事に象徴しています。「西欧化」は、日本の内発的なものであると共に、西欧諸国から強制されたものでもあります。不平等条約改正が当時の日本の政治家の「悲願」だったと言われていますが、相手国は、条約改正に応ずるための条件の一つとして、「西欧の原理（Western Principle）」に従った五つの法律、つまり、民法、商法、民事訴訟法、刑法、刑事訴訟法の制定を挙げていたのです。他に、裁判所制度の確立、有能、公正で清廉な裁判官の養成などが条件でした。

幸いにも、当時の日本には、法典編纂の先覚者というべき人物がおりました。江藤新平です。彼は、武士の出ですが、日本の国家、社会のために、特に民法の必要性に気が付き、明治維新の二年後の一八七〇年には、政府のある部局に「民法会議」を設置して、フランス民法典にならった民法典の編纂事業を開始しています。多くの曲折を経て、日本人による作業は無理と分かり、フランス人のパリ大学教授グスタ一ブ・ボアソナードに草案作成を依頼し、これにつき日本人委員によって構成された法典調査会などいくつかの機関を経て出来上がり、一八九〇年に民法典が公布され、一八九三年に施行されることになりました（「旧民法」とか「ボアソナード民法」などと呼ばれています）。しかしその間、イギリス、フランスなどへの法学留学生も帰国して、日本の法律家の質も向上し、旧民法の種々の欠点が指摘され、とりわけ右派によりその家族法が日本古来の倫理に反するなどとの批判がなされて、旧民法の施行延期が議会で議決されました。この間の社会全体を巻き込んだ大論争を「民法典論争」と呼んでいますが、その真の原因がどこにあったかについては、いまだに学界の意見が一致していないほどです。政府は、民法の修正のために、新しい法制審議会を構成し、起草委員として三人の日本人学者を任命して草案の起草にあたらせ、同審議会、議会を経て、一八九八年七月一六日に施行されました。編纂事業の開始以来、約三〇年のことです。同時に商法も施行され、条件が成就されたので、既に出来上がっていた改正条約も効力を発生したのです。

これは、日本民法制定のほうから見た輝かしい成果ですが、中国との関係は、まことにひどいものであり、一九四五年まで続く不幸な日中関係が始まっていました。一八九四〜九五年の、日本でいう「日清戦争」、中国でいう「甲午中日戦争」以来、日本は中国、韓国への侵略を開始したのです。不平等条約を屈辱的なものと感じて、その改正を「悲願」としていた日本が、まったく同じことを隣国に対して行なったのです。その原因として、今日挙げられていることは、第一に、資源と製品の市場を求めることと、外交戦略ないし国防につき、「主権線」（国境線）を守ることと並んで、「利益線」を守ることが必要であるとした、山県有朋の理論でした。これは、国境の周辺に「利益線」を設定して、そこをも勢力下に置くことの主張で、ロシアに脅威を抱いていた日本として具体的には朝鮮半島を勢力下に置くことでした。まったく自国に都合のよい理屈ですが、「利益線」はやがて中国東北地方から、熱河省、河北省、ついに中国本土にまで広がっていきました。日本にとってまことに恥ずべきこの期間のことは、当時子供であった私にとっても、同じ国民として「引き受けるべき過去」（ヴァイツゼッカー・ドイツ大統領の演説（一八八五）「荒れ野の四〇年」の言葉）であり、「過去において悪を行なった人々と彼らの後継者である現在の人々との間の事実としての連帯性」としての「客観的な共通の責任」についての「悔い改めと回心」（教皇ヨハネ・パウロ二世「紀元二〇〇〇年の到来」および、教皇庁国際神学委員会「記憶と和解」などの表現）へと誘うものです。これらの事柄は、加害者国民の一員として、考えることさえ辛いものであり、ここで止めさせていただきたいと存じます。

ここでもう少し、この期間の法律に関連する中国と日本との関係について、一言する必要があるでしょう。先程と同様、李貴連先生の論文によっております。

アヘン戦争以来、清国の先覚者は、西欧法に注目して、多くの法律書が翻訳されました。また、一八八七年に日本を訪れ、清国初の駐日大使館参事官となった黄遵憲は、『日本国志』『日本雑事詩』を著して日本を紹介していますが、その中に、日本の刑法・刑事訴訟法を紹介した部分があります。特に日清戦争に敗れた後、康有為、梁啓超らによる維新変法運動、一八九八年の戊戌の変法以来、沈家本は、日本の法律を学ぶべきことを主張しました。かくて、一九〇七年に法部に修訂法律館が附置された時に修訂法律大臣に任命されました。修訂法律館による各国の法律等の翻訳は、李先生の計算によりますと、翻訳された合計一〇三種のうち三八が日本のものとされています。さらに、日本の法律家を招聘して立法に協力させております。刑法の岡田朝太郎、民法・民事訴訟法の松岡義正、商法の志田鉀太郎、監獄法の小河滋次郎の四人です。彼らは関係法律を起草し、修訂法律館編纂の草案となっていますが、「民律草案」は、起草者からも推測されるように、日本民法典、というよりは、ドイツ民法の影響を受けた日本民法学に近いものとなっているとされます。編別は、ドイツ民法式のものです。著作を出版し、京師法律学堂で教育を行ないました。その後も、幾つかの法学部（学堂）が日本人教師を招聘しており、合計二〇人以上になるようです。さらに、視察団を日本に派遣して調査を行ないましたが、多くの学生が日本に留学して法律を学びました。正規の卒業生の数は一、三〇〇人に及ぶという統計もあるとのことで他に、法政大学は、民法起草委員の一人で、当時の学長であった梅謙次郎により、一年半の課程の法政速成科を設置し、五期にわたり学生募集が行なわれて、一、一〇〇人以上の卒業生がありました。一九〇五年から一九一一年まで清国政府が帰国留学生に対して実施した試験に合格したのは合計一、三〇〇人以上で、そのうち日本に留学した者一、二〇〇人以上、法政速成科卒業者は八〇〇人以上であったとされます。

なによりも、日本法の影響が大きかったのは、法律用語で、きわめて多くの日本の法律用語が中国の法律用語となりました。その多くは、日本が西欧法を輸入する時に、中国文字（漢字）を組み合わせて新しく作った造語です。

清国の法典案は、清国が滅亡して中華民国が成立したために、法律とはなりませんでしたが、中華民国成立直後の一二月五日付けで、民律及び民刑訴訟律草案を至急公布施行すべきであるとする、広東代表羅文幹が司法部に提出した意見書と、それに基づいて司法部が国務院に提出した稟請があったことは注目に値します。しかし、これは実現せず、孫中山以来の願いであった不平等条約改正のために民法典を制定せよとの声の高まりにより、一九二七年の南京国民政府成立後一九二九年一〇月に第一編総則が施行され、続いて以下各編が成立・施行されました。これは、清国民法草案のほか世界各国、特にスイスの民法を参照してつくられたものと言えましょう。

ここで最後に一言したいことは、中華民国民法の注釈書が、日本民法学上最高の民法学者であるとする我妻栄博士と、川島武宜博士によって公刊されていることです。

これは、松本烝治博士（元東京大学教授、弁護士、幣原内閣の憲法担当国務大臣）が、東京帝国大学を一九〇〇年に同時に卒業した友人の弁護士で、中国に在住三〇年となる村上貞吉氏に、中華民国民法総則施行後直ちに依頼された研究の一環です。当時弁護士だった松本博士は、その事務所に中華民国法制研究会を組織し、当時の東京帝国大学教授を中心に、民法ばかりでなく、商法、民事訴訟法、刑法、刑事訴訟法などについての研究を行ない、逐次刊行されました。民法は、我妻博士による、総則（一九三一年）、債権総論、債権各則（上）の三冊に続き、川島博士と共著の債権各則（中）（下）、物権（上）（一九三一年）の三冊が出て、中途で終わりました。これは、各編の始めに全体の概観がなされ、条文ごとに、まず原文、次いで日本、ドイツ、フランス、スイスの立法例を掲げ、「日本民法との比較」と、場合により「注釈」及び「理論的」な「批評」を行なったものです。巻末に言語と訳語の「用語対照」があります。簡単ながら、二つの民法典の研究にとってたいへん有益なものです。

さらに、我妻博士は、一九四一年に二回、一九四二年、一九四三年各一回、中国に出張しています。第一回は、北京大学法学院の行政的な仕事のようですが、後の二回は、同法学院で、通訳つきで民法の講義を行なっています。第一年は総則、第二年は物権についてのようであり、総則の講義は、一九四五年の戦後に発行されています（中華民国民法総則（日本評論社））。これらの書物は、現在古書店においても発見することが難しいもので、私も注釈書の初めの三冊を入手したのみです。東京大学法学部にも、注釈書の総則の部分は欠本になっています。これらの書物は、不幸な事情を機縁とするものではありますが、内容的には現在でも日中法学交流に貢献しうるレベルの高いものです。

3　第三期――対等なパートナーの時代

私には、一九四九年の中華人民共和国建国以来の貴国における民法典の編纂の歴史を辿る能力はありませんし、その必要もないでしょう。ただ、最近恵贈していただいた、何勤华＝李秀清＝陳頤編・新中国民法典草案総覧（上）（中）

(下)を拝見して、一九五〇年代から多くの草案が作成されていることを知り、改めて民法典編纂に向けたご努力の大きかったことに感心したことを一言申させていただきたいと思います。

また、王家福先生を始め、中国の多くの先生方の日本訪問と中国法の紹介、日本側では、初めは加藤一郎先生を団長とする訪問団、続いては、その秘書長であった野村好弘氏を中心とする訪問団の、日中法学交流への貢献は、忘れてはならないものでしょう。

さて、中国においては、改革開放以来、数年前から、まずは各編の編纂、そして昨年末からは、民法典全編の編纂事業が精力的に遂行されております。幸いにして、私もそれらの草案についての話を聞き、若干の意見を述べる機会を与えられるようになりました。個人的なことながら、昨年から、中国に伺うことが三回になり、日本においても、数年来、中国民法草案について中国の先生方の報告をコメントしたり、自ら報告する機会が数回に及んでいます。

これは、民法を専攻する私にとって、この上なく嬉しいことでありました。

というのは、私は、三つの民法典につき、記念すべき時期に居合わせることができたからです。私は、「民法典の二〇〇年、一〇〇年、〇年」と呼んでいます。

それは、フランス民法典の二〇〇年、日本民法典の一〇〇年、そして中華人民共和国民法典の〇年です。

時期的には、最初に日本民法典一〇〇年が来ました。一九九八年のことです。私が準備委員長となり、日本全国の民法学者が寄付し、若干の公益法人の寄付を受け、式典と東京、京都二ヶ所で国際シンポジウムを行ないました。日本民法と民法学の模範になったフランスとドイツ、新しい民法典を編纂したばかりのオランダ、新しい方法を提示しているアメリカ合衆国から、一人ずつ、高名な学者を呼び、日本からは東京で私、京都で奥田昌道名誉教授が報告者となって、シンポジウムを構成しました。企業から寄付を集めることをしませんでしたので、ささやかなものですが、幸い盛会で、内容も豊富なものとなりました。なお私は、それを機縁に、かなりあちこちで講演をし、そのために、幾らか日本民法典編纂史を調べもしました。

フランス民法典編纂二〇〇年は二〇〇四年ですが、当時、フランス民法典編纂についても若干調べました。そこで気のついた点が二つあります。

第一は、両民法典の内容はほとんど同じですが、編纂の目的・編纂にあたって意識された民法典の理念がたいへん違うということです。フランス民法典については、立憲議会で「憲法に適合する」民法典を作成せよとの法律が革命直後議会で作られ（一七九〇）、一九九一年九月三日の立憲議会制定憲法には人権宣言が前文の一部に含まれているものですから、民法は人権宣言に適合していなければならないことが明示されています。自由、平等などが民法の理念であるべきことが宣言されています。他方、日本民法制定の動因は、三つあったと思われます。第一の現実的なことは、条約改正の前提とされたことですが、前述の江藤新平は、次のように述べています。当時の国の目標であった、諸外国と並んで独立を保つための基礎は、「国の富強」にある。富強のもとは国民生活の安定であり、そのために国民の権利義務を明らかにする必要がある。国民の権利義務がはっきりしていないと、現に多いように、売買、貸借、所有権、相続などの争いが起こり、国民は安心して仕事に励み、豊かになることができない。国民が富んでくると、税金を豊かに徴収することができ、そうすると軍備も工業も教育も盛んになる、というのです。この言葉を分析すると、二点になります。一は、国民生活の安定であり、人道的な面がありますが、二に、それが国の富強にとって必要だということです。結局民法は、「富国強兵」の基礎と考えられたものです。個々の制度・条文は同じであっても、その意味付けとしては、人権宣言に適合することを要求されたフランス民法との差異は、明らかと言えるでしょう。

第二は、フランス民法においては、一見意外なことのようですが、家族における弱者の保護という思想がはっきりしていることです。民法典の起草委員四人の中心だったポルタリス（Portalis）という法律家は、議会における説明であって、『民法典序説』と言う題で普及しているものの中の、夫権や親権について述べた所で、その基礎として、「弱者を保護し、これを扶助するのは強者にふさわしいことである」としています。家族を「国家の苗床」とし、夫に強い父権と親権を与え、長い批判の後一九六〇～七〇年代にようやくそれらを廃止したフランス民法も、それらの権利の基礎としては、弱者の保護という思想があったのであり、具体的な規定においても、そのことが示されています。

もう一つのこととして、民法の憲法との関係について考えさせられました。日本では、ドイツの学説の議論を引き継いで、憲法の人権規定の「私人間適用」が言われており、学説は分かれるものの、それが間接的に私人間に適用されるというのが判例・多数説です。しかしフランスでは、基本に人権宣言があり、民法も憲法も、さらに多くの法律（たとえば刑事訴訟法、行政法規）も、その下で人権を保護する役割を持つ点で対等だという学説がかつては多かったようです。むしろ民法のほうが憲法の上だとする説も有力だったようです。この点は、第四共和国憲法以来、前文で人権宣言に言及し、最近では憲法裁判所が、民法の色々の規定の違憲審査を行なうようになりましたので、法律の形式上の上下関係は、憲法が上とされるようですが、それらに含まれる実質的価値つまり人権の点で対等だとされるようです。最も有力な民法学者の数人は、「憲法は国家のコンスティテューション（constitution）であり、民法は社会のコンスティテューションである」としています。コンスティテューションとは、憲法を指して使われますが、本来の意味は、社会の根本組織・理念という意味です。重要な指摘であり、私は、憲法という法律の中の人権規定は、憲法の統治機構の規定を含み、他の法律の上位にあるものと捉えてはどうかと考えています。つまり、憲法典の中に、レベルを異にする二つの法律が含まれているとするものです。これはまったくの私見で、まだ口頭で述べた程度で文書発表してはいませんが、試論として申し上げます。

こういった点で、フランス・日本両民法の制定過程の研究は、たいへん勉強になりました。

今度は、中国民法典です。既に施行されている契約法や、今回の草案を見ますと、フランスや日本と比べて、民法の理念に大きな特色があるように見られます。それは、民法の理念である自由と平等の関係です。資本主義国である日本やフランスにおいては、両者のうちまず自由が強調されました。どちらも、身分制を廃止した直後であり、それが自然であったのかもしれません。しかし、企業の自由は、一方で、内部の労働者との関係、他方で、過当な競争や、社会的弱者、例えば家主に対する賃借人、企業に対する消費者との関係において、強者である企業の自由と相手方である種々の弱者との間の契約において、企業に有利な契約条項を一方的に相手方に押しつけることとなり、著しい不平等が生じました。事実上、企業の自由、相手方の不自由という状態が続きました。平等は、権利能力者として平等であり、最近の言葉を使えば、「機会の平等」がありますが、「結果の平等」は存在しませんでした。一九世紀特にその前半のフランス、一九四五年までの日本がそうだったと言えるでしょう。
そこで、強者である企業の自由を法律によって一定の範囲で制限し、弱者との実質的な平等をはかることが、各国家で企てられました。

これらの点は、今日どの国でも常識になっていますから、詳しくは申しませんが、その流れは、「自由から平等へ」というものです。そして、その方向に進める理念は、フランス革命の理念とされながら、実際は軽視されていた博愛の理念、最近の言葉では、連帯・共生の理念と言われるものです。もっとも、平等の理念にも相当の考慮が払われてきたということで、自由はなお基本にあり、自由と平等の関係が難しい問題となっています。特に、日本においては、いわゆる「規制緩和」が声高に叫ばれ、「結果の平等から機会の平等へ」との主張が強くなっています。不適当な規制が多くあったことは事実ですが、すべての規制が悪いものではなく、結果の平等も捨ててはならないと考えます。

しかし、中国においては、社会主義が先行した結果、平等がまず実現されました。その後に、市場経済制度の導入によって、自由も重要だということになってきました。敢えてスローガンを作れば、資本主義的市場経済の国におけるとは反対の、「平等から自由へ」ということです。ここでももちろん、自由がより重要であるということでは全くないはずです。ちなみに、私は、二一世紀の民法の理念は、博愛と連帯、共生であると考えております。

そして、平等が先行したことは、中国にとって、ある意味できわめて有利な状況にあると言うことができます。資本主義国が、多くの苦心の後に到達しようとしてなお反流がある状態で悩んでいることを、先取りしているからです。ただ、私にはわかりませんが、それらの国と反対に、自由の導入の仕方や程度をどうすべきかについて、困難な問題があるかと推測されますが、世界でも初めての試みとして、注目を集めているものです。これは、経済政策の問題であると同時に、まさに民法の理念の問題でもあります。

以上から、反対の点から出発したために方向は異なっていても、私どもは同じ点に向かって進んでいるものと考えております。

この点でも、私どもは対等の立場から協力するものですが、もう一つ、私が中国の民法典編纂に関係するシンポジウムなどにおいて強く感じたことがあります。それは、学ぶこと、反省することが多いということです。二点を挙げます。第一に感じたのは、自分の国の法律を説明することの難しさですが、その原因に、私どもが、通常言われていることを十分な検討なしに述べ、それが前提としていることを十分に意識しないでいるということです。それぞれの制度・規定は、種々の要素から成る歴史によって成立したものです。その要素には、社会、経済、政治、思想、宗教、学説などがあり、それらを十分に知ることなしには、制度・規定の説明をきちんとすることもできません。このことを痛感しました。

なお、客観的な説明のつもりで、自分の解釈が入りこんでいる場合も少なくないように見られます。

第二に、その原因として、私どもは、既に存在している法律の解釈論とりわけ抽象的な法律技術の面に重点を置いて、研究し、教授していることです。制度・規定の諸前提を十分に検討もせず、したがって教えていないことを反省させられました。

自分のことを申しますと、実は私は、解釈の方法というか、手順として、条文の言葉や、法律全体の統一的解釈をまず考え、ついで立法者の考え方を探求し、最後に、それぞれの解釈は、どのような利益をどのように保護し、どのような価値をどのように尊重することになるか、を検討して、最後は価値判断によって決するほかないと考えています。「利益考量、価値判断法学」などと呼ばれ、もちろん批判も絶えずあります。このような考え方をとれば、当然制度・規定の歴史と多くの要素を考え、講義でも説明しているはずで、利益考量・価値判断法学のよい点の一つは、立法論と解釈論が統一される所にあると考えていたのですが、やはり私どもは立法論に弱いと感じました。この点をどうしますか、と聞かれると、自分の国の法律のことを答えてしまうのですね。さらに、根本的な質問が出ると、当惑することになるのです。「なぜ胎児には権利能力がないのか」との質問に苦労したことを思い出します。

このように、日本は民法典編纂の点で、先行していても、学ぶことが多いのです。この意味からも、私どもは対等の立場になっています。

しかも、「後から来る者の有利さ」と言われるもの、つまり先行する例をすべて参考にすることができるという点で、立派な民法典の出来ることを期待しております。

4　おわりに

今日は、感謝のしるしとして、個人的なことを入れながら、いろいろお話してまいりました。私は、既に七七歳で、決して強健なほうではないのですが、中国の民法典編纂を見ているだけでも、楽しい気持になります。そこで最後に、中国の詩の一節で私が最近好んでいる部分二つを挙げて、終わりたいと思います。

一つは、私の現在の気持を的確に言い表わしているものです。毛沢東主席が、二度目に中国を訪れた石橋湛山を迎えた時に、自ら揮毫して渡したと言われている、曹操の詩の一節です。「老驥伏櫪志在千里」（書き下し文：ろうき〈老いた名馬〉は、れき（厩）に伏すとも、志は千里にあり）。そして皆様には、大きな立法作業の途中には、困難もあり、将来が見えなくなることもあるかもしれませんが、これは、改革開放の初め、皆が将来について思い悩んでいた時に、あるパーティで引用したと言われる一節です。

「山重水複疑無路　柳暗花明又一村」（書き下し文：山重なり、水かさなりて、道なきかと疑えども、柳くらくして、花明るく、又一村あり）。

皆様、本当にありがとうございました。謝謝！

〔**追記**〕二〇〇三年一〇月に、北京の中国社会科学院からの名誉博士号授与に際してのスピーチ原稿。表題には「御礼と御挨拶」という括弧書きが添えられていた。中国語では、渠涛訳「中、日之間法律文化的渊源——在中国社会科学研究所的講演」中日民商法研究第十二巻（二〇一三年）として公刊。日中関係に対する著者の見方を示すものであり、また、単なる挨拶にとどまらず、法的な問題に関する言及を含むので、**付録B**として収録した。なお、二〇一一年九月には、中日民商法研究会の成立十周年を記念する「お祝いと感謝のことば」が、同研究会の第一〇回大会（北京国際飯店）において内田貴教授によって代読されている。中国語では、渠涛訳「為記念中日民商法研究会成立十周年——祝賀与感謝」中日民商法研究第十一巻（二〇一二年）として公刊。

〔付録C〕　我妻民法学の地位――二一世紀に向かっての意義

はじめに

我妻博士による大学教授の二つの任務――「専攻する学問分野の全部にわたって講義案ないし教科書を作ること」「最も興味を感じ重要と信ずるテーマを選んで終生の研究をそこに集中すること」

Ⅰ　我妻民法学の特色

(1)　私法学の方法論

①　「裁判中心の考察方法」

②　三個の主要な問題

(a)　「法律の実現すべき理想の問題」

(b)　「社会現象の法律を中心とする研究の問題」

(c)　「法律的構成の技術の問題」

(2)　教科書（『民法講義』）

①　全体的特色――「現行法の解釈」と「真の解釈のために為すべきこと」の両者が含まれること

②　「現行法の解釈」におけるバランス感覚と結論の常識的なこと

③　「真の解釈のために為すべきこと」の多面性――「諸外国の類似の制度を顧み、且沿革に遡って現行制度の特質を理解すること」「判例を明らかにして条規の文字の実際に有する生きた意味を知ること」「社会生活の実態に即して法規の作用を検討し、人類文化の発達に対して現行法の営む促進的或は阻止的な作用を理解し、進

んでその批判を務むべきこと」「社会生活の変遷に順応した、しかも現行法の体系として矛盾なき統一的解釈理論を構成すること」「何れの場合にも先進の学者の説に学ぶべきこと」

④ 「真の解釈の為になすべきこと」の研究成果と「現行法の解釈」との密接な結合」――「理想」または「指導原理」に基づく体系構成

(3) 「終生の研究」(「資本主義の発達に伴う私法の変遷」＝『近代法における債権の優越的地位』)

Ⅱ 我妻民法学の不変の意義と残された問題――二一世紀に向かって

(1) 方法論

① 「裁判中心の考察方法」――不変の意義あり→私法が社会の組織原理、行為規範であることの認識――民法と憲法

② 「三個の主要な問題」

(a) 一般論としての不変の意義

(b) 残された問題

(i) 法律における理想の面の一層の検討の必要

(ii) 「法律的構成の技術」とは何かの検討の必要性

(2) 教科書

① バランス感覚と常識的な結論

(a) 不変の意義

(b) 残された問題――制度・概念のより徹底した分析の必要性

② 「真の解釈の為になすべきこと」の多面性

(a) 一般論としての不変の意義

(b) 各事項についてさらに進められるべき研究課題など

(i) 「先進の学者の説に学ぶべきこと」——学者としての基本的態度（「温故知新」）
(ii) 「社会生活の変遷に順応した、しかも現行法の体系として矛盾なき統一的解釈理論の構成——当然か
(iii) 外国法の研究→各国法の種々の背景との関係における理解——十分な理由なく一つの国に偏らないことへの配慮
(iv) 沿革の研究→民法典の編纂過程に遡る研究と明治以前の法律との不連続性・連続性の探求
(v) 法規の社会生活における作用→「生きた法」（農山漁村、企業実務）の探求、日本人の法意識の研究
(vi) 制度の存在理由や思想的背景の検討
(vii) 新しい問題——国際統一法、新しい方法（「法と経済」等）

(3) 「終生の研究」

① 「資本主義の発達と私法の変遷」という視点
(a) 欧米にも例が少ないユニークな研究→日本についての研究、個々の制度についての研究の重要な部分
(b) 現在から見て問題となる点
(i) ドイツの研究に偏っていること、十分な理由なしにドイツ民法が近代法の進むべき理念とされていること
(ii) 私法が市場経済の基礎法であることが前提とされたままであること
(iii) 新しい問題の一——市場経済の今後の動向（グローバリゼーション）と私法——博士の「弱者保護」の思想の意義
(iv) 新しい問題の二——科学、技術の発達と私法（情報、電子取引、生殖技術など）
② 「社会と私法」「人間と私法」（人間における私法、私法における人間）という視点の必要性

おわりに

① 我妻法学の世界的なユニークさ

② 我妻法学の方法と立法論——解釈論と立法論の共通性

③ 我妻法学は私法学における中日共通の古典たりうること——四書五経や李白、杜甫等の詩人は文化における中日共通の古典

中日民事法セミナー（二〇〇二年五月）

〔**追記**〕 二〇〇二年五月に、中国政法大学（北京）からの名誉博士号授与の際の講演原稿と思われる。著者の中国における最初の報告であるが、レジュメが残るのみである。あるいは、王書江教授宛のＦＡＸの送り状には「原稿そのものは、報告当日、やっと間に合うぐらいですので、どうぞお許しください」と書かれているので、レジュメのみが存在するのかもしれない。我妻の著書は、現代中国においても多数翻訳されている上に（『民法講義』『民法案内』『近代法における債権の優越的地位』）、我妻自身、戦前には、中華民国民法の注釈書を書き、北京大学で講義をするなど中国とは浅からぬ関係にあったこと、周知の通り、著者は我妻法学の後継者であったことなどに鑑み、**付録C**として収録した。なお、関連する論文として、「我妻法学の足跡」民法論集第四巻、「我妻栄『近代法における債権の優越的地位』あとがき」民法論集第七巻がある。

〔付録D〕 民法典の体系について

Ⅰ 一般的問題

⑴ 民法典の編纂法としてのフランス法式（インスティテュート・システム）とドイツ法式（パンデクテン・システム）の問題。以下の点に注意すべきである。

① 当然のことながら、どちらにも一長一短がある。

② どちらも、歴史的産物であり、それぞれの学問的な伝統に基づいた独特のものであって、全ての点で普遍性を主張することはできない。

③ 両者には基本的な共通性がある。フランス式の人・物・行為という編別は、ドイツ民法総則編の中に入っている。人・物・法律行為という順序で章が進んでいる。ドイツ式の特色は、物権と債権の峻別に基づいて物権編と債権編を分けたこと、各編・章・節等に総則を置くこと、法律行為・意思表示、物権行為の無因性などパンデクテン法学の産物で当時の新しい概念を取り入れたことなどにある。

④ より具体的に両者をみる。フランス式は、第三編「財産権を取得する種々の方法」が、あまりに多くの内容を含み、長すぎる。ドイツ式も、「総則」といいながら、一方では、各則の規定が入っている（日本民法総則編における公益法人）。他方、民法総則にある多くの規定は、親族編に適用されないなど、総則と言いにくいものを含む。なお、ドイツ式をとっても、個々の制度をどの編に置くかは、異なりうる（例：ドイツでは時効を債権・物権の編に分けて規定。日本では、フランス式に両者を一括して総則に置く）。

⑤ 要するに、各制度の置場所や編別法には、便宜の見地からの考慮が不可避である。さらに、法典の「美学」へ

の考慮もあってよい。各編の長短があまり違わないことなど。但し、契約編が長くなることは不可避。

⑥　ドイツ民法典以後の民法典は、ドイツ式編別をしているとは限らない。スイス民法・同債務法、イタリア民法、オランダ民法などである。ただ、物権編と債権編にあたるものを別にする点はほぼ共通とみられる。つまり、物権・債権両編を別にすることは、物権と債権の峻別と必然的に結びつくものではないことを意味する。

(2)　民法典の体系を考える基本的な立場

①　フランス・ドイツの例からみても、編別には、歴史的に連続性があるほうがよい。

②　他方、民法典は、将来の社会を規律するものだから、二一世紀に向かって、世界の民法典の歴史を発展させるようなものでなければならない。

③　民法典は、社会の基本構造に関し、市民の日常生活の法律であるから、法曹にとっても、多くの国民にとっても親しみやすいものであることが望ましい。その上、国際的な取引や人事交流が盛んになってゆく現代においては、外国人にとっても分かりやすいことが望まれる。そのために、法典全体が見通しのよい体系をなし、制度や規定がどこにあるかが容易に分かる「一覧性」を備えることが必要である。編別、章や節の立て方などの問題である。また、「透明性」、つまり用語・文章が平易で読みやすいことも必要である。その上、法律上や社会的に同種の問題の規定の関係が整理されているのがよい。

④　以上を考慮すると、中国民法典は、大清民律草案、中華民国民法というドイツ式の民法典の歴史があるゆえに、ドイツ式を基礎としつつ、現行の各法律（民法総則、契約法、担保法）の方法をも取り入れ、最新の民法典をも参考にして、規定の整理（重複の排除、同種の規定の整序）を行なって、独創的な新しい編別を構想することが期待される。

Ⅱ　具体的な点の若干

(1)　総論　最近の民法典として、カンボジア民法草案（以下「カ草」と略する）が参考となる。総則、人、物権、債権、各種契約・不法行為等、債務担保、親族、相続の八編構成である。特色は、ドイツ式編別を基礎としながら、総則の後に人の編を設けたこと、債権総則と各則を分けたこと、人的担保と物的担保を含む担保編を設けたことである。

(2) 問題となる二、三の点

① 人格権の独立　中華人民共和国民法（草案。以下「草案」と略する）が、人格編を重視して独立させていることは、世界の民法典立法史上、画期的な意義を持つ。独立の一編とすることに対する批判の中には、当たっていないものがある。例えば、人格権に民法総則の法律行為や時効の規定の適用があると解される危険があると説かれるが、同様の危険は、親族法上の権利、つまり夫婦や親子の権利についても当てはまる。しかし、総則のそれらの規定は、親族法上の権利と同様に、人格権には適用されないという解釈をすることが可能だから、問題がない。

そこで、「人」編を設け、権利主体としての人（①自然人、②法人）と、人格権との二章とするか、自然人、人格権、法人の三章にすることが、人格権編独立説にとっても容認できるやり方ではないか。「カ草」の編別だが、そこでは、人格権が第一章「自然人」の第二節となっており、位置が低すぎる。

② 契約編と不法行為編の分離　よい方法と考える。将来に向かってますます増大する危険から人の安全を保護する制度が、民法にも不法行為という形で存在することを示すためにも、新世紀の民法典に相応しい。ただ、事務管理、不当利得の置場所が問題になる。便宜上ここに入れて、事務管理・不当利得・不法行為編とするのも一法である。事務管理は代理の所に、不当利得は総則編の始めか無効・取消しの後に入れる方法もある。

③ 債権総則編　独立させるのがよくはないか。債務の履行・不履行、債権者代位権・債権者取消権、多数当事者の債権債務関係、債権譲渡・債務引受、弁済・相殺などの規定は、契約編に置くことも可能だが、契約と不法行為は、債権発生の二大原因（要件）であるから、両編に要件だけを規定し、効果につき一括して債権総則編を設けるのが分かりやすく、理論的でもある。契約編の条文数を減らす効果もある。

この際、各制度ごとに、契約から生じた債権・債務と不法行為から生じた債権・債務の要件・効果について、比較検討するのがよい。特に、効果としての差止め、損害賠償に関する規定（草案総則第七章、契約編第七章、不法行為編第一、二章）の整序が必要である。このような試みは、世界的にもまだ十分に行なわれていない。

④ 同じく、物権法上の共同所有関係（共有、合有など）と債権法上の多数当事者の債権債務関係、及び法人を含む

団体におけるそれらの問題の総合的な検討が望まれることを付言する。例えば組合に帰属する物権と債権・債務につき、規定のある問題とない問題とが存在している（付表参照）。これも、世界的に新しい試みである。

⑤　担保法を独立の一編とすることも、中国の現行法、日本の旧民法典、「カ草」がそうであることを考え、また、両者の営む機能の共通性と、それらを対比して検討することを容易にするという観点からも、一つの選択であろう。

⑥　さらに進んで、総則には、民法の基本原則（民法通則第一章）と私権（同第五章）だけを残し、法律行為、無効取消、条件期限は契約編に、時効はドイツ式に物権編と債権総則編に、代理は契約編か人編に、期間だけをこの総則に残すことも考えられる。

〔**追記**〕　二〇〇三年三月に、全人代常任委員会法制工作委員会と中国人民大学商事法律科学研究中心の共催で行われた中国民法典国際シンポジウム（麗江）において報告されたもの。**付録C**と同様にレジュメが残るのみであるが（中国語訳は公表されているようである。本書一三三〜一三四頁、四六一頁注（57）参照）、これを引用する「民法典の体系及び人格権について」に先行するものとして、**付録D**として収録する。

第二部　日本民法学の現在——教育と研究

法科大学院における民法教育のあり方

一　はじめに

ただいま伊藤滋夫先生からご懇篤なご紹介をいただきまして、恐縮しております。また今日は参加者名簿を拝見いたしますと、私が存じ上げている現職の裁判官の方、あるいは退職して法科大学院教授をしておられる元裁判官の方々、弁護士の方々など、私の知っている方がたくさんいらっしゃいまして、私はこういうところではあがらない方なのですが、今日は若干あがりぎみでございます。準備不足ということもありますが、どうぞお許しいただきたいと思います。それでは着席して話させていただきます。

レジュメを用意いたしましたので、それに大体沿ってお話しして参りたいと思います。前置きが長いのはよくないのですが、最小限言わざるを得ないことがございます。私は法科大学院に関しては、大学教授時代に全く検討したことがなく、その設置と共にやめた一年の修士課程の議論もまだなかった時代です。私がかなりコミットしたのは、法学部そのものを五年にするという案で、私も三人の幹事の一人として資料を集め、問題点や議論の結果を整理したことです。もちろん元法学教員として関心がありましたので、全二四号くらいで終わった『月刊司法改革』という雑誌を購入して、司法制度調査会の議論をフォローしていました。その後も法科大学院における教育には一切タッチはしておりませんし、授業を参観したこともありません。本来伊藤先生の要件事実論の授業くらいは参観してから、こういう話をすべきですが、しておりません。従ってそういう意味では無知ですが、逆に全くの第三者としての感想を述べさせていただくことができるかとは思います。

法学教育に関する私自身の経験は幾つかあります。私は三つの大学を巡ったわけです。東京大学が約三〇年、それから千葉大学、放送大学それぞれ五年ずつです。法学教育の意味というか目的が違うところへ行ったわけです。そういう意味では違った法学教育の経験をしていると思っております。本日はその経験に基づくことを若干脱線してお話することがあるかもしれません。その点はお許しいただきたいと思います。

はじめに「問題」として挙げましたのは、『ジュリスト』一二三九号に「新しい法科大学院をめぐって」という座談会が出ていますが、その中に道あゆみさんという弁護士さんが、鋭い発言を幾つかしておられて、その一つがこの発言です。「学生が卒業するときにどういった能力をどの程度身に付けている必要があるのかという辺りをもう少しはっきりさせるべき」ではないか、ということで、私なりに問題を推し進めると、法科大学院の目的ははっきりしているようで必ずしもそうでないことにあるようにも見えるのです。

この問題の検討のために、前提が二つあります。まず第一は「法科大学院」とは何かということ、第二は「民法」とは何かということです。民法とは何かがわからなければ、何を教えるのかが、わからないでしょう。私自身きちんとわかって教えていたのだろうか、という反省を今でも持っています。そこでこれらの前提を明らかにした上でそれを組み合わせるとどうなるかという問題です。但しこれは大変難しくて、実は私自身十分な自信がないのですが、それは経験が全くないからです。

二　前提の第一「法科大学院」

五つほど挙げました。

①「法科大学院の目的」と②「法科大学院における裁判実務的教育と基礎法学的教育」というのは、法科大学院の制度の枠に関する問題です。言うまでもなく、教育の自由とか、学問の自由はありますが法律の枠の他、文科省の「大学設置基準」という枠があり、その枠というものに従わざるを得ないのです。特に法科大学院の場合はそのよう

で、設置後の審査でも厳しい目が注がれているものですから、この制度の枠を検討しておく必要があるだろうということです。

③次の「日本の民事判決文における事実認定と、条文を引用しないこと」、④「法科大学院終了者の将来の職業との関係における法科大学院の教育」、⑤「法律家・法学部に対する一部の有力な見方」は、社会に存在する法科大学院、もっと言えば法学部をめぐる幾つかの問題を、アト・ランダムに並べたものです。ここでは日本の社会と法科大学院といった一般論ではなく、現在見聞きしたり、読んだりしたことからでてくる、私がかなり気にしている問題について挙げたものです。

全体として申しますと、まず制度の面では、一面法科大学院は順風が吹いております。以前からこのような制度があったらいいという考え方が主張されていました。私自身は法学部そのものを五年に延長したらいいと考えておりまして、法曹養成に特化した大学院はともかく、学部段階からそのような教育をすることにはあまり賛成ではありませんでした。大学院でそれをやればいいという意見は当時から相当あり、私どもの法学部の中にもありましたが、私もそれ自体を否定するつもりはありませんでした。こういう形でそれが実ったということは大変な順風が吹いているといえます。しかし他方、あまりそれを喜んでしまいますと、逆風があちこちで吹いていることを見逃す危険があります。流れで申しますと、反流というか、渦みたいなものが結構あるのです。うっかりすると、それに巻き込まれる恐れがあります。そう心配するに値する重要な問題が幾つかあるのではないか。そこで最近気がついたことをここに並べたわけです。

1　法科大学院の目的

制度の枠と教育内容・方法とそこでの裁判実務的教育と基礎法学的教育の問題です。なぜこういうものを挙げたかといいますと、法科大学院の目的や教育内容に関して、司法制度改革審議会意見書から、その後の大学設置基準に至るまでの間に、若干のブレがあるというか、やや違ったニュアンスが入り込んでいるという感じがしないではないからです。そこの点を調べてみましょう。一つは法科大学院に関する司法制度改革審議会意見書の該当部分です〈資料一〉。もう一つは、大学設置基準まではゆかないで、既に法律となっている、「法科大学院の教育と司法試験等との連携等に関する法律」（平成一四年法律第一三九号）です〈資料二〉。この二つの間に既に若干のズレがありはしないか、という問題提起をしたいと思います。

例えば、この司法制度改革審議会意見書にある法科大学院の「(1) 目的、理念」の「イ 教育理念」という箇所では、「法曹養成教育の在り方は、理論的教育と実務的教育を架橋するものとして」云々とあり、続いて以下の基本理念を実現するものでなければならないとして三つのものを挙げています。私も経験がありますが、こういうものは多くの人の意見が入っていますので、必ずしも全面的にきちんと整合しているとはいえないのはやむをえないですが、一つ例を挙げます。最初のところに、例えば、「法曹に共通して必要とされる専門的資質・能力の習得と、かけがえのない人生を生きる人々の喜びや悲しみに対して深く共感しうる豊かな人間性の涵養、向上を図る」と高らかに謳い上げてあります。しかし、その後の方には、「専門的な法知識を確実に習得」とか、創造的な思考力とか、法的分析能力、法的議論の能力が出てきます。さらに下の「ウ 制度設計の基本的考え方」の二つめにも、学部での法学教育との関係を明確にすることとあり、そのすぐ下にも、実務修習を法科大学院とは別に実施することを前提としつつ、司法試験及び司法修習との有機的な連携を図る、といわれています。これは大変大事なところです。

しかしその次の「(2) 法科大学院制度の要点」の「ア 設置形態」に書いてある箇所ですけれども、「法科大学院は、法曹養成に特化した実践的な教育を行う学校教育法上の大学院とすべきである。」とあります。ここにも若干問題があります。法曹養成に「特化」するということと、先の目的、理念の部分の関係が重要ですが、この点が必ずしも明解になっていません。法律家というのは細かいことが気になって、この条文とこの条文の関係はどうかということをいつもやっているのですが、この意見書を見てもその辺をはっきりさせたくなります。さらに少し飛んで「(2)法科大学院制度の要点」の「エ　教育内容及び教育方法」という項目がありまして、「法科大学院では、法理論教育を中心としつつ」、ということをまた言っておりますが、その後に「実務教育の導入部分をも併せて実施することし」とあり、例として要件事実や事実認定に関する基礎的部分が挙げられて実務教育の導入部分にされているわけです。それらを「導入部分」といえるかはややデリケートです。全体として若干微妙な感じがしないわけではありません。同じく「エ　教育内容及び教育方法」の中で、その少し後に、「(例えば、要件事実や事実認定に関する基礎的部分)をも併せて実施する」ことと、「体系的な理論を基調として実務との架橋を強く意識した教育を行うべきである」こととは違った要請の両立を図るという大変難しいことが求められている感じです。具体的な点になりますと、どちらにより重点を置くべきかということで、意見が分かれてくる可能性がありそうです。

さらに次の「法科大学院の教育と司法試験等との連携等に関する法律」〈資料二〉を見ていただきたいと思います。これは大変長い法律で、第一条にこの法律の目的が書いてあります。「法科大学院における教育と司法試験及び司法修習生の修習との有機的連携の確保に関する事項」云々を定めることにより、「高度の専門的な能力及び優れた資質を有する多数の法曹の養成を図り」とあります。この辺もやや問題で、高度の専門的な能力を有する法曹養成をはかるという「専門的な能力」の方に傾いてきたという感じもしないではない。もちろん、「図る」のは法科大学院でなくその後の教育を含めたものと考えることができなくはありません。それから第二条本文には、「多様かつ広範な国民の要請にこたえることができる高度の専門的な法律知識、幅広い教養、国際的な素養、豊かな人間性及び職業倫理を備えた多数の法曹が求められていることにかんがみ」とあり、国民の要請が書いてあるので、法科大学院がどこまでその目的での教育をするかを直接に述べたものではないともいえますが大きな要請が書いてあります。同条の一号の後半には、「少人数による密度の高い授業により、将来の法曹としての実務に必要な学識及びその応用能力（弁論能力を含む）」、「並びに法律に関する実務の基礎的素養を涵養するための理論的かつ実践的な教育」とあります。ここでは最後に「理論的かつ実践的な教育」となっております。結局、いろいろなことが書いてあるけれども、どれが重要なのかが必ずしもはっきりしないところがあります。もちろんそうだからこそ、それぞれの法科大学院でいろいろな試みがなされ得るという意味ならば結構なことでもあります。しかし、その枠が大きいような小さいような感じがします。立法・起案に関係した方の説明を伺いたいところです。

2　様々の見地からの問題点

次に、レジュメ三、四、五に挙げましたのは、社会に存在する法科大学院あるいは法学部について少し気になることを幾つか並べました。

(1)　日本の民事判決文における事実認定と、条文を引用しないこと

これは私の率直な印象でもありますが、村上淳一教授の「転換期の法思考」という論文（『システムと自己観察』（東京大学出版会、二〇〇〇））にもはっきり指摘されています。東京大学で、高名な元裁判官の賀集唱さんに来ていただいて伺ったお話のことが引用されています。私もその研究会に出席していました。私は、大学に入ったときから、法律的な議論というのは条文を大前提とし、事実を小前提とする三段論法の形をとると教わり、私自身もそう教えて来ました。しかし日本の判決は、必ずしもそうはなっていないようです。私の見るところでも、「隣人訴訟」判決、「いじめ事件」に関する判決なども、事実についての認定は非常に詳しく書いてありますが、何条を適用するかということは書いてありません。最高裁判決でも、子供のレールへの置き石事件判決（最判）には、民法七〇九条を適用するのか、民法七一九条を適用するのか書いてありません。

裁判では法律が事実に適用され、それはフランスの判決のようになるはずです。三段論法の形をとるドイツの判決もそうだということが村上教授の論文に詳しく書かれています。ドイツの法曹教育、あるいは法学部学生の教育はそのやり方を叩き込んでいるということです。東京大学の大学院で、ドイツ法を専攻し、その後にドイツに行って、弁護士資格を取った方がありますが、その人が書いたものに、要するに法律の条文に、包摂する方法ばかりを訓練しているといいます。日本の判決は事実をきちんと認定するために、要件事実を当事者のどちらかが主張すべきか、なにが抗弁かということを詳しく議論し、また司法研修所から現在の法科大学院までそれを教えているけれども、何条を適用するということが判決文に書いてないのです。

その理由は、両当事者に通常は弁護士がついていて、何条の問題かは誰にも分かっているから当たり前のこととして書かないということかもしれません。賀集さん自身もそうおっしゃったと記憶しています。事実認定をするところで、何条に関する事実を認定しているか、つまり要件事実を認定しているかということを前提としているから、条文の指示とその要件に当たる事実の認定は一括してされている、というようなお答えだったと思います。

私はフランスの判決を少し見ただけですが、フランスの判決は非常にはっきりしておりまして、まず民法何条はこのように定めている、あるいはそう解釈されている、またここにはこういう事実がある、従ってこう判決する、このようにはっきり書いてあるのです。フランスの判決というのは、実はちょっと木で鼻をくくったような判決です。本当にどちらがよいかといわれると、そのやり方はあまり良いとは思われませんが、三段論法の形ははっきりしています。

ちょっと横道にそれますが、日本の新様式の判決文は、問題点だけが出ているので、どういう事実関係があるのか、つまり訴訟になった紛争の全体像がわかりにくいのですね。従来のように事実認定に至る主張やそれをめぐる議論を詳しく書いていただいた方が、ご苦労だろうとは思いますが、判決だけを見る第三者としては、よくわかるのです。

専門家は適用条文が書いてなくても大抵の場合はわかりますが、判決は当事者、つまり多くの場合は素人のためのものだと思いますので、条文を書いた方が良くはないかという気がしてなりません。その条文の解釈が分かれたりすると、それによって恐らく立証責任も違うと思うのですね。従って、そういうことをやはりある程度書いた方がいいといつも思います。これは書き方の今までのやり方を考え直すことで、かなり難しいとは思いますが、注意しておく必要があることだと思います。

先に一言した最高裁判決（昭和六二年一月二二日民集四一巻一号一七頁）です。中学生何人かが、線路の上に石を置いたという事案です。実際に石を置いたのは一人のようですが、他の連中も一緒になってやろうという話をしていたり、一人が実際に石を置くのを知っていたけれども止めないで見ていたものです。共同不法行為にあたるのではないか問題となる事案ですが、最高裁判所の判決には、七〇九条によるのか七一九条によるのかは書いてありません。判決文と調査官解説によれば、民法七〇九条の問題とされています。友人を止めなかったことについての不作為の責任の問題でしょう。しかし、何条を適用したのかが示されることは必要だと思います。要件事実論の前に、判決の書き方の問題がありはしないかが気になるところです。

私自身は、父が弁護士だったので、相談を受けたり、準備書面や判決文を見たりしましたが、特に代理人として負けた場合のことを見ていると、判決は負けたほうが、納得はしないまでも、まあ仕方がないかというところまでいくようなものでないといけないと感じました。この点で、日本の判決は非常に丁寧に事実を認定して、だからこちらが負けてもしょうがないと思えるようなものが多いと感じています。そういう意味で、判決の書き方は日本的な書き方だと思っています。ただ、それとは別に先に述べたような、条文から出発した三段論法はやはり出したほうがよいと思います。

(2)　先ほど桐ヶ谷研究科長がお話しになったことですが、法科大学院の数が多くなって、司法試験に法科大学院卒業者の全員が入れなくなってしまったわけです。司法試験合格者を倍にすればよいのかもしれませんが、それはすぐには無理でしょう。そうなると半分くらいの学生は狭義の法曹以外の方面にいきます。そういう人たちをどうしたらいいのか。法科大学院の教育は無駄になるのか。

私はそうではないと思っています。日本私法学会のシンポジウムでも発言しましたが（私法六八号三〇頁）そういうことも考えながら教育をすることが重要ではないか、と考えています。

法科大学院といっても、各大学院の趣旨は一律ではないのです。『法科大学院ハンドブック二〇〇四年』（法学教室二七六号〔二〇〇三〕の別冊付録）に、その時に申請を出している法科大学院全部の設立の趣旨、教育目標から始まって、いろいろなことが書いてあります。いろいろな大学院があります。厳密な分類ではありませんが、例えば、一方ではビジネス法の重視とか、国際的視野の涵養を言っている大学院があり、他方では、地域に求められる法曹とか、ホームロイヤーということが言われています。実際私が在職中に教えた学生にも、M&Aなどをやるような大きな渉外事務所から、いわば町医者的弁護士もいる。別の観点からすると、企業側の顧問になることの多い人から、社会福祉・消費者保護などを盛んにやっている人もいる。法科大学院にも、個人に関わる法律分野とか、一般市民の生活感覚に敏感なロイヤーの養成を言っているものもある。将来の弁護士の養成といってもある程度どこかに特化しようとしていることがわかります。そういう意味で、大学院を選べるというメリットが出てきていると思います。

いずれにしても将来の職業を考えると深刻な問題になると思います。学生騒動が起こるかもしれないと心配をしているところです。

⑶　法律家・法学部に対する一部の有力な見方

これまであまりいわれていないことですが、私どもの間ではよく話していることです。有斐閣のPR誌である『書斎の窓』に、東京大学の内田教授と大村教授のインタビューの中で内田君と私とが述べております。日本の社会で有力な一部の人、つまり政治、行政方面の有力な人の中には、法曹というのは法律を適用することさえすればよい、法律を作ることに関しては、立法の技術の部分だけを担当すればいい、という考え方が強く存在します。立法に際しては、その理念や、政策がまず重要ですが、それは政治家や行政官に任せるべきだ。法曹などというものは視野が狭いので、法技術だけやらせればいいという考え方です。この考え方は、私の見るところでは、かなり浸透しております。法務省の中でも判事・検事から来た人を別にすると、実務官庁から来た人の中にはかなり強いように見られます。政策とか、理念といった問題は、他の実務的な官庁、そもそも国会の問題で、法律家は、決まった政策なり、理念の元に、それを実現する法律技術さえ持っていればいいという意見はよく出てきます。その考え方からすれば、法曹養成の教育は法律技術の教育でよい、ということになります。法学部もいらないという人もあるほどです。アメリカ式に考えて、他の学部を出てくればいいとか、公共政策学部あたりを作り充実させるのがよい、というのです。

旧制の法学部出身の文部次官経験者で私にそのことをはっきりおっしゃった方もあります。その方は、法学部出の他省庁の官僚がなにかと法律を楯に理屈をこねて困った。どうもおかしい議論だけれども、議論は負ける。おかしいと考えていたといわれました。その考え方の具体的な表れかもしれませんが、戦前は東京、京都と二つしかなかった法学部が、戦後は九つに増えたあとは、ずっと増えなくて、さらに六つ増えて一五あります。しかしそれ以上は絶対に増やしませんでした。ある時言われたのは、国立大学の法学部はもういらない、私立大学に任せればいいということです。

法制審議会の制度が変わり、昔は民法部会、商法部会というスタンディングなものがあって、その中に小委員会が必要に応じて作られたのですが、スタンディングな民法部会、商法部会がなくなってしまったのです。必要に応じて、かつての小委員会にあたる部会が作られる、例えば担保法部会といったもので、法律の要綱案ができると廃止される、ということになりました。今お話しした政治、行政の法曹の立法能力についての見方と関係があるのではないかと憶測したいほどです。

しかし、果たしてそれでいいかというのが私の疑問です。法律家自身が、理念や政策を考える能力を持っていなければならないと思います。長い間法制審議会で見ておりましたが、解釈論に強い人は、立法論にも強いのが通常です。つまり法学はそういうことを研究するものでなければならないし、法学教育もそのような学生を育てるものでなければならない。そうしないと法学教育は技術だけの教育でよいということになってしまう恐れがあると思います。この立法能力の問題は意外と気付かれていないけれども、大いに注意すべき点です。

繰り返しになりますが、法科大学院がいわゆる実務教育、実務といってもこの場合法曹実務に特化してしまうと、司法試験にほぼ全員が合格するとしても危険だということです。そこで養成された狭い視野の法曹が、法律家などはそんなものだ、という考え方を実証して、悪循環になりかねないのです。

私が成年後見の改正の際に気がついたことですが、成年後見法の理念につき、かつての考え方から、新しい考え方への重点の移行やそれらがどうかということは、むしろ学者が得意だ、そこに学者の存在理由があると思いました。素人になると、目前の利害だけに捉われる恐れがあり、感情に左右されがちです。広い、かつ将来を見通した見識を持つことが法学者の存在理由でしょう。やはり法曹自体が、全体的な視野を持たなければならないと考えます。

要するに法律家を養成するために法科大学院ができたなどと単純に喜んでいて、かえって法曹の仕事を裁判その他に限局し、その社会的地位を長期的には落とすことにならないように注意すべきだということです。あるべき法曹像の問題で、少なくとも理念や政策を考えることのできる立法能力に思いをいたす必要があります。

(4)　本人訴訟のすすめの問題

昨日、毎日新聞の論説を読んでいたところ、旭川の方が、国民健保の保険料の徴収方法を不服として提起した行政訴訟で、最高裁大法廷までいったものの、結局棄却されたものについて書かれています。執筆した論説委員は、本人訴訟が増えることを盛んに勧めています。簡裁は本人訴訟が多い――これは事実でしょう――し、地裁も半分くらいは本人訴訟になっている――この点はよくわかりませんが――。とにかくデモクラシーの世の中だから本人訴訟が増えるのは結構だというのです。それはつまり弁護士離れのすすめでもあります。

法律家ばかりではなく、どこでもあることで、医師、学者など、いわゆる専門家が、自分らだけの特殊な言葉――ジャーゴン（jargon）と呼びます――を使いたがる傾向があります。これはもちろん某政党などもかつてはそうでした。自分らの特殊性を示したいのですね。この論説には「結局裁判所が敷居が高いのは、裁判官や弁護士が、ことさら難解な言い回しや専門用語を使うため素人の参加が拒まれてきた面が否めない」と書いてあります。率直に言ってこの点は反論できません。これは法律家だけではないけれども、電話をかけることを架電と言うのですね。初めて聞いたときは、家庭電気とどう関係するのかと考えたほどです。普通の人はそれだけでも何だか嫌な気持ちがするのではないでしょうか。

このデモクラシー社会における「専門家」の問題はよく考えるとかなり難しいことですが、私は、専門家なしには社会はやっていけないから、日本ではもっと専門家を大切にすべきだと思います。しかし専門家が社会を支配することには賛成ではないのです。一方で、日本はあまりにも専門家を尊重してこなかった社会だと思っています。特に、頭を使う専門家を大事にしないのです。しかし、専門家がある領域に限られるにしてもそこで排他的に強力な発言権を持ち、強い地位を占めてはいけない。その辺の難しいバランスをとることが大事だと思っています。

いろいろなことを申しましたが、こういった法科大学院に対する、逆風もあることを心得ておきませんと、足をすくわれるのではないかという心配があるので、あえて申し上げました。

三　前提の第二「民法」

当たり前のことではないかと思われるかもしれませんが、実は民法とは何かということは意外と理解されていないということを申したいと思います。学者ももちろんそうで、私自身本当にわかっているなどという自信はありません。ここには三つの面からアプローチします。

1　法律を構成する三要素

民法とは何かという問題を考える前提として、そもそも法律はどういう要素から成り立っているかについて考えてみたいと思います。ここには私の『民法のすすめ』（岩波新書）を引用しております。別に私が言い出したことではなくて、我妻先生が昭和の初めに書かれた「私法の方法論に関する一考察」という名論文で言われたことで『近代法における債権の優越的地位』（有斐閣、一九五三）のなかに収められています。

①　目的・理念・思想

法律を作るときには、まず何のために立法するのかという目的があるはずです。社会のここをこうしたい、あるいは法律のここがまずいからこうしたいということです。しかし、この際社会をどう持って行くのか、こういう紛争をどう解決するのか、どのように法律を改めるか、についての理念というものはどうしても必要なわけです。例えば先ほどの成年後見にしても同じでありまして、一体誰を保護するのか、誰をどうするための立法であるのかということです。つまり、目的、理念、その背後の思想といったものがなければならないのです。この点についての検討が率直に言って、日本では従来弱かったように思います。

② 社会の実情

第一のところで示唆されているように、現在の法律はこのようになっているが、これまでは社会においてうまくいかないというときに、既に社会の要請が入っているわけです。そして、どういう立法、法改正をするのが日本の社会にとってよいか、どういう立法をするところまずい結果になるのではないかといったこと、つまり立法の社会における実際の機能を考えるのです。そもそも、現行の法律を理解するために、どのような社会的要請によってこのようになっているのか、それは社会で実際どういう作用を営んでいるかを研究します。我妻先生の授業では、法律においてその構造だけではなくて、社会的機能――ソーシャル・ファンクションと言われました――が大事だと言われました。これは昭和二〇年のまだ戦争が終わる直前で、戦争が終わってからも同じことを繰り返し言われたのです。私も全く同じに考えています。法律とは社会関係、人間関係を規律するものですから、その社会的機能なしには考えられないもので、単なる論理操作だけで扱えるものではないことは当然です。

これもついでに一言すると、判例研究においても、判例の理論構成もさりながら、まずそのような事件が裁判に出てくる社会的背景、判例の実際の社会に及ぼす影響などを考える必要があると思います。

③ 言葉による技術

当然のことで、法律は言葉を使って社会をコントロールする技術であるということです。社会を規律する規範で、歴史的にもローマ法以来蓄積された技術があります。法律用語を使い、法律的な理論を使います。また、新立法においても、法律全体の整合性があるようにすることも考えなければなりません。先程お話ししたように、法律専門家の独りよがりになってはいけないが、技術の一つとして、どうしてもテクニカルタームがないわけにはいきません。パソコンの事を考えればわかるでしょう。そのへんのバランスが難しいのです。

2 民法の内容の種々の面

第二のアプローチとして、民法はどういうものを含んでいるかを考えてみます。一つの面は簡単に申します。私が学生の頃に法律は行為規範か、裁判規範かという議論がありました。裁判規範説が多かったようです。しかし、私は、行為規範という面も強いのではないかと考えています。

次に、それを分けると四つの面があると考えています。規定にも違った面を持つことがあります。これは、ある規定がどれかに分類されると言うことではなく――そういう場合もありますが――一つの規定にも色々の面があります。

① 「日常生活の規範」

民法のこの面はよく言われることで、それ自体は正しいでしょう。物を買ったり売ったりするとか、物を貸し借りするということについては、みな日常生活の規範としての民法が規律していることです。そういう面から民法に近づくことが、普通の人には多いでしょう。

② 「基本的法律技術」

もう一つわかりやすいのは、民法のこの面でしょう。民法の技術はローマ法に端を発して、フランスの一七世紀、一八世紀の法学を経て練られ、ドイツで、パンデクテン法学、一九世紀の法学を経て精微に作り上げられた概念や制度が含まれております。その限りで、特殊な技術の体系です。しかもローマ法では公法はあまり法律としてこのように精密に考えられていなかったものですから、結局、公法私法通ずる一般原則が民法の中にたくさん入っていることになりました。他の法律全般に通ずる法律技術がたくさんあります。法人、法律行為、時効を考えればわかるでしょう。

③ しかし私は、これまであまり言われていなかったけれども、その次のことを強調したいと思っております。要するに社会の基本的なあり方の定めということです。従って、それらの規定は行為規範というより、さらに、社会

の構成規範、組織規範の意味を持ちます。ですから民法は憲法と並んで非常に大事で、憲法は国家の組織を定め、民法は社会の組織を定めると考えたらいい、というのが私の考えです。これはフランスの有力な学者が言っていることで、それを若干モディファイしています。コンスティテューション（constitution）というと我々はすぐに憲法と考えてしまうのですが、元々は、ある組織の基本的な原則、あり方といった意味です。例えば一九四四年に出されたカトリック教会の基本的な組織原理について書かれた文書はコンスティテューション・オブ・ザ・チャーチと題されています。フランスの最も優秀な学者の数人が、憲法は国家のコンスティテューションであり、民法はフランス社会のコンスティテューションである、と書いています。

その内容をさらに分類すると、まず市場経済の基本法ということです。これは日本ではマルクシズム学者や川島先生以来言われていたことで、言ってしまえば当たり前のことです。最近のわかりやすい例を挙げると、現在法整備支援ということで、ベトナムとかカンボジア等の、社会主義の中に市場経済を取り入れたり、社会主義をやめて市場経済にする国において、民法、商法、民事訴訟法の編纂事業を精力的に進めています。要するに市場経済の運営には、基礎としてこの三つの法律が必要であることを示しています。もちろんその周りに特許法などの知的財産法、競争法などが必要ですが、この三つが基礎になる。これらの法律が市場経済の基本法であることが、立証されているといってよいでしょう。

④　「市民社会の基本法」

民法のこの面における意味を私は特に強調したいと思っています。社会が市場経済体制の他に、営利企業でも国家でもできないような、またやろうとしてない、多くの問題領域があります。その領域における活動の担い手は、NPO、NGOで代表されるような、市民の自発的な組織です。そこにはNPO法や公益法人法制がありますが、それらの基本法が民法です。つまり自由な意思で集まって団体を作り活動することは、民法が規律していることです。それはまさに今後において、市場経済や国家とある意味では対抗し、ある意味では協力していきます。国家、市場経済、市民社会の三つの緊張と協力の関係が今後の全社会の構造といえるでしょう。以上の意味で、民法は単に紛争解決のための規範ではないということを考える必要があります。

3　民法学とは何をするものか

これについて結論だけを申し上げますと、先の第一のアプローチについてお話ししたことを全部するのが民法学です。つまり民法適用の概念的技術だけをやるのではないということです。我妻先生がごく初期に書かれた方法論の論文があります。法律の理想や社会的な機能と法律の技術の三つを研究することとされています。これを私は別の視点から三つに分けて説明しています。

①　まず、ある法律制度・規定が「なにか（what）」を探求することです。自分のした例についてお話しますと、法人の研究において、一体法人とはなにか、より具体的にいうと、法人になることによってそれ以前とどこが違ってくるのか、という最も基本的なところをはっきりさせなくてはいけないと考えて、やってみました。もちろん現実の法人は、公益法人、営利法人など、違いがあります。しかし、法人であることの意味をまずきちんと押さえなければならないということです。日本ではかつて、団体を法人とすべきだという議論が強かったのですが、どうして団体を法人にするのが望ましいかということ、つまり法人とは何かということを押さえておかなければ、議論の基礎がないのです。

②　法律制度・規定が、「なんのためか（why）」も、それらを正しく理解するために必要です。例えば時効とはなんのための制度かという問題です。それは債務者が債務を踏み倒すための制度なのか、人の土地を勝手に使っている人が所有権を取得するための制度なのか、ということです。かつての――時には現在の――教科書にも書いてあっ

た三つの理由は説得的なのか。さらに裁判所にとっての便宜のための制度か、つまり何十年も前の証拠を探し出して議論するのでは時間も労力も大変かかるから、それを避けたいということか、などです。ボアソナードが時効は不道徳な制度ではないかという疑問を出しています。私も同様の疑問を持っていました。ボアソナードの起草した旧民法の時効法は、大変興味深いものがあります。

先日、今年は「日本におけるドイツ年」で、日本大学が協定のあるベルリン自由大学と共催した法学のシンポジウム「法律学的対話における日本とドイツ」に両国の消滅時効法を扱ったものがありました。ドイツでは、民法典中債務法編の最近の改正に際して時効法を大きく変更しました。期間は原則三年にしたのですが、他方でいわゆる時効の起算点を債権者が請求権の根拠となる状況と債務者が誰かを知り、又は重過失によって知らなかった年の終了としています。日本民法の時効について私が考えていることがたまたま採用されています。また、中断を債務者の承諾と強制執行の場合を除いてやめて、停止だけにしました。停止事由の重要なものとして当事者間の交渉が加えられました。これも私が述べていたことです。要するに、時効は両当事者のバランスを図る制度であるとしました。最終的には誰の現実の利益なのかという質問をしたところ、回答として、公共の利益とされ、より具体的には、裁判所つまり国家の費用の増加を防ぐことで、結局国民全般の、税金が増えないようにすることだとされました。ホイプライン(Häublein)という学者に質問した答えで、やっと長年の疑問に一応けりがついたと思いました。裁判所の便宜という目的が考えられますが、それはどうかと思っていたところ、ようやくはっきりした感があります。民訴であれば、新堂幸司教授が、「民事訴訟法理論はだれのためにあるか」という論文を書きましたが、それと同じ根本的な問題提起が常になされるべきだと思います。「時効は誰のためにあるか」ということです。

③ 「どうしてそのようになったか(how)」

一つ条件をみても、直接には法典調査会で非常に重要な議論の結果決まっています。現在の我々が議論していないような大事な点に着眼された議論があります。ですから、最近では、学者の論文は、法典調査会から始まります。しかし、民法は、ボアソナードが起草し日本人委員が検討してできたいわゆる「旧民法」の修正ですが旧民法、ボアソナードによる草案の解説、そしてそれはフランス法に由来するものが多いからフランス民法、法典調査会でドイツ方式に修正された規定についてはドイツ法、さらに場合によってはそれらのもとであるローマ法やゲルマン法、教会法に則って調べます。以前はそういう系譜を考えないで、フランス法やドイツ法、英米法を取り上げて比較したりしていたのですが、日本の民法典の本来の姿はどうだったのかを捉える必要があると考えられています。さて、その後本来の考え方とは違った解釈がされたり、社会や人々の考え方が変わってきて、判例が解釈を変えてきたり、学説も変わってくるということが多くあります。それはもちろんきちんと押さえますが、まずきちんと、民法典における本来の意味をつかみ、それがどのようにして省略に至ったか、さらに今日のように解されているか、をつかんでおく必要があります。

4　ここでもう一つ、別の面から「民法」とは民法典に書かれたものかということを一言お話ししたいと思います。まず、民法典があります。しかしその意味をはっきりさせるために、その条文の解釈が問題となりますが、解釈について判例があり、判例をめぐり、あるいは直接条文をめぐって、学者が議論して解釈論を出します。つまり法典と、判例（裁判所）と、学説（学者）の、三者が協力して作り上げた条文の理解のかたまりが、我々が「民法」と呼んでいるものを構成していると考えております。我々が民法と呼んでいるものは、条文を出発点としつつ、裁判官の仕事である判例によって内容を明らかにされたものです。その裁判官は法学教育を受けているので、その「民法」と考えている中にはもともと学説がはいりこんでいます。学者も判例を受け止めて、そのもっともと考えるところを学説に取り入れ、時に批判をして判例の将来に期待する。判例もまた学説を考慮しつつ、新しい判例を作ってゆく。こういった相互の意識的・無意識的な協力によって、現に存在する民法の体系が作られているというように考えております。しかし、それについても、条文の意味は決して一義的に明らかになっていないのです。各学者、各裁判官はそれぞれに、「何が民法か」についていろいろな考えを持っています。

四　法科大学院の民法の授業

1　要するに今お話しした二つの前提を組み合わせて考えたらよいだろう。そうしたらどうなるかを考えてみようということです。ただ、前者については必ずしも明解でないこと、後者についても、意見が異なるかもしれない、という点で、簡単には言い切れないのです。

2　「法学教育におけるコースに応じた教育の目的」

前から言われていたことですが、特に最近、大村教授が岩波講座『現代の法』に掲載されている、「現代日本の法学教育——法学部における教育を中心として」、『法典・教育・民法学』（有斐閣、一九九九）〈資料三〉が一つの明解な考え方を出しています。要するに相手により法学教育に重点の違いがあるべきだといっています。まず、相手方として市民・素人を念頭に置くか、知識人・専門家を念頭に置くか、法の理解＝法の文化としての側面を重視するか、法の使用・法の技術としての側面を重視するかを軸に四つの理念型を設定しました。Ⅰ＝規範としての法への「共感」、Ⅱ＝現象としての法の「理解」、Ⅲ＝技能としての法への「参加」、Ⅳ＝知識としての法の「実用」、この四つです。法学部の実定法中心のコース（A型）では、Ⅰを出発点としⅣを中心とした「一般教育」、司法研修所における法学教育（B型）はⅢを中心とした「技術教育」であるとし、それぞれの目標を掲げています。

もう一つ、私は、『法学入門』(放送大学教育振興会、一九九五)に、人の法律に対する見方になお、内的視点と、外的視点とがあるとしました。これはアメリカやフランスの学者の考え方を少しモディファイしたものです。内的視点というのは、自分が法律の中にいて法律の維持に自発的に協力し自分や他人の行動をルールから見る立場で、狭義の法律家(法曹)の立場です。外的視点というのは、法律を外から見ている観察者の立場で、一般人、素人の立場ということになります。

この分類をもとにして、法律の最も外的視点に立つものから、最も内的視点に立つものまで並べてみました。最も内的視点に立つのは、⑨公証人・司法書士等、決まった事柄について、法律技術的にきちんとするものです。もちろん僅かであっても裁量のできる場合もあるでしょう。法律に従ってといってもその法律の解釈もありますが。反対に最も外的視点に立つのが、①社会科学的あるいは哲学的な研究をする法学者です。その間に内的視点に立つほうからは、検察官、法律解釈を主にする法学者、行政官、裁判官、弁護士、企業法務家、立法者、と並べてみました。もっとも、この並べ方には問題がありうるでしょう。例えば、裁判官を比較的外的視点に近い所に置いているのは、異論もあろうかと思います。弁護士は外的視点が比較的強く、素人と法律家とをつなぐ存在としました。よいでしょう。素人の考えを裁判に活かすというのが一つの職分。検察官は、法律への拘束が強い。刑法を見ればわかるとおり、罪刑法定主義という大原則があります。弁護士、裁判官の位置付けがなかなか難しいところです。この辺は異論がありうるところです。要するに弁護士、裁判官、検察官の立場は少しずつ違うということです。それらの人を一緒に教育するのは非常に良いことだと思っています。他方、法学部でも、法科大学院でも、将来の希望に応じた教育の違いがあってよい、ということになります。

3　一応の結論

(1)　結　論

以上を組み合わせると、法科大学院の教育は、法学部の実定法中心のコースと司法研修所における法学教育の中間であるという、当たり前の結論になりそうです。つまり、もとの調査会の結論の部分に近いところに「架橋」という言葉がありますが、そのことです。大村教授の図2―2の右の方に大きな四角があって、A型とありますが、これが法学部、左下にD型とあるのが司法研修所です。ついでに、左上にB型とあるのは、今のところそういう大学はないと思いますが、法社会学や法哲学などを専ら教えるところ、右上のC型は経済学部とか他の学部です。ここでA型と、D型の間が空いていますが、そこを繋げるのが法科大学院ということでしょうか。そうすると、A型、D型のどちらがのびてゆくべきかが問題ということになります。私はA型がのびてゆくべきものと考えています。「法学部五年制」の構想がそれでした。しかしもう一つ、もっと難しいのは、法科大学院の未修の学生への教育、つまりC型とD型の繋ぎです。この図では、C型にはかなりA型に含まれている部分がありますが、法学の講義のない他学部も多いと考えられるので、そのへんをどうするのか、理想を言えば、法学教育をする全ての教員の連携が本当は望ましいのでしょうが。なお、私の分類と大村教授の分類をつきあわせて、それと法科大学院の教育を考えてみたいと思いましたが、まだやっておりません。

ここでそもそも法学部で何を教えるべきかが問題です。その方面の有力者に法科大学院ができれば法学部は要らないという人があるような状況のもとでは、法学部の意味を改めて明らかにしておく必要があります。そして一つには、法学部と法科大学院の関係をきちんと整理すること、もう一つ、他の学部を出てきた人、いわゆる未修者の第一年目にどういう教育をするかが大事です。法学部の大事なことと、他の学部を出てきた人の教育をどうするかが非常に大事な問題です。現在「法教育」といって、高等学科以下の生徒に対する教育が強調されていますが、さらに「公民」

との関係も含め、包括的な検討が望まれます。

(2) 民法の教育の内容として、伊藤滋夫さんとご一緒にした『基礎法学と実定法学の協働』(信山社、二〇〇五)の中で、座談会をしておりますが、そこで伊藤さんと私を含め皆が言っているように、基礎法学は大切です。もっとも、基礎法学固有の学問、法社会学とか法史学の講義があればいいのかは問題です。基礎法学そのものの授業をどこに置くのか、ということもありますが、むしろ民法なら民法、その他各実定法の中でこの規定はどうしてできたのか、現在の社会でどういう意味を持っているのか、将来どうあるべきかという立法論などを入れるのが良いのではないかと今のところを考えております。特に、法科大学院ではかなり技術教育を重視する面があるので、この点が大切です。もちろん科目によって違うでしょう。——憲法は端的に言えば思想史と政治史みたいなものですが——、民法などのように技術学の面が大きく、しかもそれが強調されてきた分野については、それだけではないことを強調する必要があると考えています。自分のものですが、放送大学の教材は、そのために役立つと考えています。

4 要件事実論

私はそれを高く買っている者です。昨年の日本私法学会のシンポジウム(「要件事実論と民法学との対話」私法六八号)で、この問題をやりましたときに発言したとおりです。もともと、伊藤さんたちと、この問題につき、恐らく日本で最初の研究会をやりました。私はその後十分にフォローできないので、あきらめました。極端に言えば、要件事実論は民法学と同じくらいのボリュームが必要なわけです。今度、山本敬三教授の『民法講義Ⅳ—1契約』(有斐閣、二〇〇五)という要件事実を各所に書いた本が出ましたが、とても厚くなっています。学生には無理なほどです。「問題の幾つか」として「どの学年でどのくらいの時間で、どの程度まで教えるか」を挙げました。山本教授の教科書に戻ります。同教授の解説書の説明においては、学説をとてもよくフォローしています。あれほどきちんと整理した教科書はないでしょう。特に最近の若い学者の教科書には、判例は非常に良く引用しているが注が全くないものがあり、やはり学問、そして学生の教育においては、判例はもちろん、学問でも、歴史的に皆が苦労してこうなってきたということを書き、教えなければならないと思います。私どもの編纂した『民法講座』（有斐閣）は、その趣旨で作りました。現在の一つの解釈も、民法典編纂以来の、あるいはもっと前からの判例学説等の苦労の産物です。そのことをわかってもらわなければならない。ただ現在こういう説とこういう説があって自分はこちらを取るとか、せいぜいその根拠を簡単に述べて覚えさせるのではなく、民法典を出発点にしても——その民法典自体法的・社会的・学問的産物です——その後の判例学説の歩みを経て今日に至っている事を教えなければ、現在の解釈の意味さえ本当には分からないと思います。こうなっているということだけを教えるのは将来の法曹にとっても危険です。山本教授の本も、要件事実論の部分はものすごい苦労をしているけれども、他の部分に比べると一つの結論だけを書いているところがあります。もっといいますと、全ての学者には要件事実論の勉強はできないし、する必要もない。そもそも、一人の学者が民法の全領域の研究・教育を十分にできるとはいいにくいし、全ての方法を使えるわけでもありません。一方では皆が要件事実論に関心を持たなくてはいけないと同時に、皆がその進んだ研究や教育をする必要もないでしょう。法科大学院の教育の中でどの程度の位置を占めるかという点については、私はそんなに大きな位置を占めるべきではないと考えています。要件事実論は、むしろ学問的に、実体法学者に対して反省の機縁を与えた、その意味で実体法学と訴訟との架橋となったことが重要かと思います。

〔質疑応答〕

(1) 多様なバックグラウンドを持つ学生の存在をどのように積極的に活かすかという質問（嘉多山宗教授）に対し

て

星野英一（東京）　正確なお答えになるかどうかわかりませんけれども、法学部以外の学部出身の学生の存在自体は非常によいことだと思います。私の率直な感想は、これも確か伊藤滋夫先生と話した『基礎法学と実定法学の協働』の座談会の中で言っているのですけれども、法学部を出てきた学生にどう教えるかというのは、比較的に簡単だと思います。しかし、法学部出身以外の学生の教育をどうするかの方が大変難しい。いわゆる未修者の一年生ですね。法学の基礎がないことのほか、それぞれの法に対する見方が違うということがあります。私の個人的感想ですが、理科系の先生がかえって法律に対して非常に堅い考え方を持っている。例えば大学の規則についても、「こう書いてあるではないですか。」と反論してこられる。そうすると我々の方が柔軟に目的論的解釈や、立法者意思による解釈をして、言葉通りに解釈してはいけないなどと説明したりする。しかし中々通じにくいですね。法律とは堅いものだと思い込んでいる。

放送大学での経験からしますと、一般の人はやや違った角度から法律は堅苦しい、率直に言って、嫌なものだという印象を持っている人が多いのです。私は法学入門という授業を五年間で一〇回位試験をやりました。その際、素人向けの法学入門でそんな細かいことを聞いても仕方がないので、毎回、あなたはこの法学入門を聞いて何か感想があったら書いてくださいとか、特に法学というものに対して、この講義を聞く前はどう思っていたのか、聞いた後はどう変わったか、それはなぜか、といった問題を出しました。そうしますと、大体予想はしていたものの、やはりびっくりしました。法律というのは何となく堅苦しくて、嫌なものだ、できれば避けたいものだ、と思っていた人が、半分以上います。法律とは血も涙もないものだと思っていたと書いている人さえあります。

ところが、「法化現象」といわれるように、法律を使って社会関係を規律することにますますなると、法律を単に道具として使うという考え方が増えてくる恐れがあります。既に世の中には、例えば借家人の心得といった本が山のようにあります。要するにハウツーだけ書いてあるわけです。法律というのはそのハウツーの元になるものだ、ということで、自分らの利益のために使い、危ないと思ったら逃げる。そういうテクニックを覚えるのが法律の学習だというふうに考えるようになると、法律の価値の低下になると思います。

やはり法律というのは、社会の基礎原理を構成しており、社会における行為規範という面も強い、要するに社会を良くするためのものだと考えてもらわなくてはいけない。そして、それをいっそう良いものにするように努めるのが民主主義における国民の仕事だ、と考えてもらう必要がある。法律というものは人が作ったもので、人のためにあるし、自分もその作り手・担い手であることをわかってもらうのが基本的な問題だと思います。

インテリつまり大学を出た人を含めて、一般の人たちの考え方を変えてもらうことが非常に大事だと思います。他のことをやってきた人の問題ですが、一方で今のような危険がある。他方、その人たちはそれなりに人生経験を積んでいるのですね。だから、それを生かすとしたら、やはり法とか法学の、社会や人間にとっての本当の意味をわかってもらうことにより、共通の基盤が出来るのかなどと、考えています。また自分の事ですが、『民法のすすめ』を読んだ人で、法律がこういうものなら、もっと早くから関心を持つことができた、と言ってくださった方がありました。

一つ感じているのは、これまで、我々法学教師自体が、法律に対する狭い見方を持っていて、法律とは特別な技術だ、普通の人にはわからない、と言っている傾向があったことです。これではますます一般の人が法律を特別なものと考えてしまう。そのようなものとしての法学を学ぶつもりの人には、やはり基礎的な考え方を変えてもらわなければならない。我々自身の反省に立ち、違った学歴・経歴の人々のセンスに敏感である、ということが要求されていると思います。教職にない者の第三者的感想ですが、今の問題は、そういう人たちに対する教育方法ということを超えて、日本の法学に反省を迫るものを含んでいると感じます。

(2)　法典国においてソクラティック・メソードを具体的にどのように使うかという質問（藤井俊二教授）に対して

星野英一（東京）　おっしゃる通りだと考えています。法典国の場合には、私はフランスにしか行っておりませんけれども、先ほど、伊藤眞さんがおっしゃったように、講義が中心で、ソクラティック・メソードともいえないような、日本で言えば中学、高校の授業のようなものが演習（travaux pratiques）として必須になっています。学生に当てて答えさせたりしながら授業を進め、毎回リポートを出させて、添削をして返すというようなことをやっていました。もっとも、助手クラスの人か、実務家が担当します。ですから法典国の場合には、基本的にはある程度の各法律の梗概といいますか、体系的な簡単な説明がどうしても必要ではないかと思います。それを前提としてソクラティック・メソードの演習をするのがよいと思います。私自身の経験を申させていただきますと、東大において、三ヶ月章先生、加藤一郎先生などがその方式の演習をやっておられたので私も最高裁判決を中心に判例研究をやってみたのです。それ以来、東大だけで二〇年以上やってきました。あとの大学でもそれをやってきました。あわせれば三〇年以上やっていますが、なんとか自分なりにうまくできるなと思ったのは、東大の定年の数年前です。ここにいらっしゃる桐ヶ谷研究科長の頃は、へたなものでした。やり方は、席を予め決めておいて、名簿を持っていて当てる、なるべく同じ人には当たらないように、名簿に印をつけておきます。それも、事案の説明と法律問題の検討とが公平に当たるようにしてます。難しいのは、思いがけない答えが出てきた場合に、とっさに考えて対応することです。また、正解がはっきりしている場合でも、正解を答えたからすぐOKにするのでなく、その根拠を問い詰めていく、あるいはこういう反対説はないか、と聞いてゆくなど、出来る学生にはそれなりに突っ込んで考えさせる。特に、どの条文のどういう解釈によってそうなるのかをやかましく聞きます。間違った答えをした者にも自分で正解に達するようにあちこちからヒントを与える。終始頭を動かしている必要があります。そもそも事前に、まずどういう質問をし、次にどういう質問をするといったことを考えておかなければなりません。

もう一つ、条文の組合せの論理をきちんと辿ることの例としては、民法九六条に関係するものを時々使いました。不動産の売買をしたが売主Aが意思表示を取り消した、しかし買主Bがその不動産を第三者Cに売って登記をした場合に、最初の売主Aと、買主Cの関係はどうなるかという、例の問題です。いわゆるよく出来る学生は、すぐにAの取消しとBCの売買との先後によって変わる、といった判例や教科書に書いてある結論を述べます。そこでどうしてそういうことになるのかを、取消しの効力から説明させると、大抵の学生は参ります。取消しによってなぜ所有権がAのものになるのか聞きます。そうすると、なかなか答えられません。取消しの遡及効を定めた民法一二一条まではわかる。しかし、それは「行為」が遡って無効になるので、所有権はどうなるの、と聞くと、詰ります。それは一つの考え方によっているからですね。ドイツ民法によれば所有権は当然には戻らないわけです。物権行為の無因性という考え方を採っているからですね。これは一つの立法的な決断によってそうなっているのです。日本はどうかと聞いて、物権変動の有因性は、物権の復帰的変動についても同じように考える、という解釈論が入らなければ論理がつながらないことを示す。フランス法式の考え方ですね。かくてBはCに売った時には所有権者でなかったから、BはCに自分の所有物でないものを売ったことになる。しかし、だからといってCには所有権は行っていないと、直に言えるかと、聞きます。まず、BC間の契約はどうなるのと聞きます。そうすると無効ですなどという答えが出たりする。そこで他人の物の売買は無効なの、と聞く。そうすると民法五六〇条に気がつく人もいるし、気がつかない人もいる。さて、そこで所有権はどうなるかと聞く。自分の所有物でない物を売っても所有権は移転しないという答えが出るでしょう。しかし、なぜそうかと聞きます。これは、民法の条文にはないことなのですね。しかし、「何人も自分の持っている以上の権利を他人に移すことはできない」、というローマ法以来の考え方が今日の日本でも大原則になっているからですね。——ついでながらこの原則は我妻先生の民法の講義でも伺わなかったか、聞き漏らしたかで、これを教えられたのは、ローマ法の講義と、ドイツ法の講義でした。——ここで話を少し広げると、民法典の中には、条文に書かれていない大事な原則がかなりあると教えるのです（星野「条文にない民法の原則」民法のもう一つの学び方〔有斐閣、二〇〇二〕）。

これは結局、法制史や、比較法の勉強の必要性を教えることです。また、これは物権変動や売買契約の問題でもあって、ある程度知っていなければ授業ができないわけです。民法の色々の部分をある程度勉強した後でないと、ソクラティック・メソードではうまくゆかないのではないかと思います。もう一つ、では自分の物でない物を売ったときには、どんな場合でも買主に所有権は移転していないのと聞きます。ここで民法一九二条、さらには有価証券まで思い出してもらうことになり、では不動産の場合にはどうして動産と違っているのか、と突っ込んでいって、フランス法とドイツ・スイス法の違いを示したりするのです。ここでようやく、B→Aの物権復帰、B→Cの売買を民法一七七条の問題とする考え方や、民法九四条二項を類推してCの信頼を保護する考え方に辿り着くのです。良く出来る学生ほど、本に書いてあることをただ丸のみにして、いきなりここに持ってきたりするので、基本から叩き込む必要があると考えています。他方、あまり覚えていない学生でもわかりませんなどと答えると、一体この問題はどの制度に関する問題だと聞いて、君の知っている民法の制度の中で、今の問題と似た問題はないのかといったようにヒントを与えたり、その問題について条文はどうなっているのか、条文はどう解釈されているか、というように、自分の持っている僅かな知識からでも自分で考えて結論を出していくことを教える。条文からの三段論法を積み重ねていくことを教えるようにしてきました。

もう一つ私が重視していたのは、事実認定の問題です。これはむしろ実務家の方には当然のことですが、学生にとっては難しい。最高裁判決を取り上げる場合も、まず一審判決から読んで、原告の主張、被告の主張、その根拠と裁判所の認定事実と判決の結論と理由というふうに聞き、控訴審についても、どの部分が控訴されたか、その理由と被控訴人の反論、控訴審判決の結論と理由、上告理由、上告審判決の結論と理由、という順序で聞いてゆきました。一審判決だけを扱った場合としては、「いじめ事件」や「隣人訴訟」が適当だと思いました。千葉大学の民法の最初の時間、東大の「法学」（法学入門です）の最初の時間にこれを取り上げましたし、放送大学の演習では必ずこれを最初に扱いました。この判決はやればやるほど難しいので、私の不明ですが毎年少しずつ分かっていくように思いました。あの判決の事実認定はものすごく微妙なのですね。そしてさらに、あの事件は、結局法社会学、日本人の法意識、比較法、隣人関係についての社会倫理につながるのです。一つの判決にもそういう広がりがあることもわかってもらえる。

〈**後記**：以下かなり話していますが、問題点の詳しいことは、私自身『隣人訴訟と法の役割』（有斐閣、一九八四）で述べているので、頁の関係で省略します。事実認定に関する一点だけを書いておきます〉。

とにかく事実認定は難しい。判決を見る場合にどういう事実認定をしているかを正確に見ていかなければいけないことを強調しました。あの事件では、契約成立の有無が問題になっていますが、原告が「よろしく頼む」と言ったのに対し、被告は子供たちが遊んでいるから大丈夫でしょう、と言って「これをうけた」というのが認定された事実です。これは契約成立の条件である申込と承諾にあたるかということでしょう。

この判決を書いた裁判官は、実にうまいと感じています。日本の裁判官一般につき、事実認定がうまいといってよいでしょうか。

この判決を外国語に訳すときに、この「うけた」という認定を、accept と訳したら、もう契約が成立したことになってしまいます。acceptance は承諾という意味になりますから。それでは契約があるじゃないか、と言うでしょう。私は学生に、「うけた」をどう訳すかと聞くと、やはり accept と答える人が結構います。そこで今のことを言うと、皆困るのですが、まあ、reply とか answer とか、say くらいでよいかもしれない。とにかく日本の裁判所の事実認定は、既に法律適用の結果を予想させるような、うまいやり方をする、と感じています。こんなことを言って、事実認定の重要性の一例としていました。

未修者の一年次生の問題ですが、要件事実論の教育というときに、なにが、あるいはどの程度の教育が考えられているのかによるのでしょう。しかし、大雑把に言えば、未修者に一年間で民法の大略を教えるだけでもかなり無理があるので、ましてそこまではどうかと感じます。ただ、私の理解が間違っていないならば、伊藤滋夫先生の言われるように要するに民法の解釈の問題だとなるので、例えば債務不履行における「責に帰すべき事由」につき、それがない場合に責任を負わない、いわば消極要件だ、といったあたりをきちんと教えておくことがよいのではないかと考えています。恐らく伊藤滋夫先生なら、要件事実論を未修一年生の民法にも上手く教えられられるのでしょうが、私にはこの程度のことしか申せません。

〈資料一〉「月刊　司法改革　二二号」（二〇〇一年七月）より抜粋

2　法科大学院

(1)　目的、理念

ア　目的

法科大学院は、司法が二一世紀の我が国社会において期待される役割を十全に果たすための人的基盤を確立することを目的とし、司法試験、司法修習と連携した基幹的な高度専門教育機関とする。

イ　教育理念

法科大学院における法曹養成教育の在り方は、理論的教育と実務的教育を架橋するものとして、公平性、開放性、多様性を旨としつつ、以下の基本的理念を統合的に実現するものでなければならない。

・「法の支配」の直接の担い手であり、「国民の社会生活上の医師」としての役割を期待される法曹に共通して必要とされる専門的資質・能力の習得と、かけがえのない人生を生きる人々の喜びや悲しみに対して深く共感しうる豊かな人間性の涵養、向上を図る。

・　専門的な法知識を確実に習得させるとともに、それを批判的に検討し、また発展させていく創造的な思考力、あるいは事実に即して具体的な法的問題を解決していくため必要な法的分析能力や法的議論の能力等を育成する。

・　先端的な法領域について基本的な理解を得させ、また、社会に生起する様々な問題に対して広い関心を持たせ、人間や社会の在り方に関する思索や実際的な見聞・体験を基礎として、法曹としての責任感や倫理観が涵養されるよう努めるとともに、実際に社会への貢献を行うための機会を提供しうるものとする。

ウ　制度設計の基本的考え方

法科大学院の制度設計に当たっては、前記のような教育理念の実現を図るとともに、以下の点を基本とする。

・　法科大学院の設置については、適正な教育水準の確保を条件として、関係者の自発的創意を基本にしつつ、全国的な適正配置となるよう配慮すること

・　法科大学院における教育内容については、学部での法学教育との関係を明確にすること

・ 新しい社会のニーズに応える幅広くかつ高度の専門的教育を行うとともに、実務との融合をも図る教育内容とすること
・ 法科大学院における教育は、少なくとも実務修習を別に実施することを前提としつつ、司法試験及び司法修習との有機的な連携を図るものとすること

(2) 法科大学院制度の要点

（中略）

エ 教育内容及び教育方法

法科大学院では、法理論教育を中心としつつ、実務教育の導入部分（例えば、要件事実や事実認定に関する基礎的部分）をも併せて実施することとし、実務との架橋を強く意識した教育を行うべきである。

〈資料二〉 ジュリスト 一二三九号（二〇〇三・二・一五）より抜粋

法科大学院の教育と司法試験等との連携等に関する法律（平成一四年法律第一三九号）

（目的）

第一条 この法律は、法曹の養成に関し、その基本理念並びに次条第一号に規定する法科大学院における教育の充実、法科大学院における教育と司法試験及び司法修習生の修習との有機的連携の確保に関する事項その他の基本となる事項を定めることにより、高度の専門的な能力及び優れた資質を有する多数の法曹の養成を図り、もって司法制度を支える人的体制の充実強化に資することを目的とする。

（法曹養成の基本理念）

第二条 法曹の養成は、国の規制の撤廃又は緩和の一層の進展その他の内外の社会経済情勢の変化に伴い、より自由かつ公正な社会の形成を図る上で法及び司法の果たすべき役割がより重要なものとなり、多様かつ広範な国民の要請にこたえることができる高度の専門的な法律知識、幅広い教養、国際的な素養、豊かな人間性及び職業倫理を備えた多数の法曹が求められていることにかんがみ、国の機関、大学その他の法曹の養成に関係する機関の密接な連携の下に、次に掲げる事項を基本として行われるもの

とする。

一　法科大学院（学校教育法（昭和二十二年法律第二十六号）第六十五条第二項に規定する専門職大学院であって、法曹に必要な学識及び能力を培うことを目的とするものをいう。以下同じ。）において、法曹の養成のための中核的な教育機関として、各法科大学院の創意をもって、入学者の適性の適確な評価及び多様性の確保に配慮した公平な入学者選抜を行い、少人数による密度の高い授業により、将来の法曹としての実務に必要な学識及びその応用能力（弁論の能力を含む。次条第三項において同じ。）並びに法律に関する実務の基礎的素養を涵《かん》養するための理論的かつ実践的な教育を体系的に実施し、その上で厳格な成績評価及び修了の認定を行うこと。

〈資料三〉　大村敦志『法典・教育・民法学』（有斐閣一九九九年）一四五頁抜粋〔略〕

要件事実教育研究所報四号（二〇〇六年）

〔追記〕　もともとは、二〇〇六年三月に行われた、法科大学院要件事実教育研究所主催の講演会「法科大学院における民法・民事訴訟法教育のあり方」のための講演原稿（民事訴訟法に関する講演は伊藤眞教授が行っている）。なお、著者の法科大学院問題に関する発言として、「いわゆる『法科大学院問題』について」ジュリスト一二〇〇号（二〇〇一年）がある。

法教育の幾つかの問題——民法を中心にして

一　はじめに
二　誰に、どのように教えるか
三　何を教えるか——民法を中心に
四　まとめ

身に余る御紹介をいただきまして大変恐縮です。教壇を離れてから、つまり放送大学を辞めてからでも十年以上経っております。東京大学の定年からは二十年以上経っているという有様です。しかし、法学教育にはずっと関心を持ち続けておりましたので、法教育についても勉強させていただきました。ただ、膨大な量の文献・資料があり、詳細に読む時間がありませんでしたので、ざっと見て、あちこちにコメントをつけてみましたが、それをお話しする時間はありません。今日はごく簡単にまとめてお話ししたいと思います。

一　はじめに

「誰に」、「いつ」――生徒の場合には一年、二年、三年とありますから、「誰に」で済んでしまうでしょうが――「何を」教えるか、それから「どのように」教えるかという問題が中心だと思います。

「誰に」と「どのように」は関連するわけでして、この問題は、教育学や心理学に関連するもので、私には十分に扱うことができません。そこで、今日は「何を」教えるかということを中心にお話ししたいと思います。

その趣旨・ねらいとしては、この協議会のこれまでの検討にできるだけ即していきたいと思っていますが、準備の時間がありませんで、一つ一つにリファーすることはできませんでした。ここで発言されたこと、あるいは報告されたことがあちこちに出てくると思いますが、引用しておりませんので、お許しいただきたいと思います。

この協議会のこれまでの検討に即していきたいと考えますが、さらにもう一歩基本的に考えておくべきことはないだろうかというのが私の問題意識です。そういう意味では、事務局の大谷さんに申し上げたのですけれども、これまでのお話の補遺だと考えています。補遺にしては少し出過ぎているかもしれませんが。

二　誰に、どのように教えるか

はじめに、「誰に、どのように教えるか」についても一言します。レジュメ〔省略〕には＊をつけた説明がありますす。これは、体系的になっていない命題を意味します。ほとんどこの協議会で今まで問題になっていたことについて、一言ずつ申し上げます。

まず、二番目の＊のところです。「＊ルールの理解から始めること」がいいのではないかと思います。

我々は生まれたときからルールの中にいます。学校に入るということはルールの束の中に入ってゆくということです。学生・学徒は、ルールを守ることを無意識に、無反省にしています。一学期は何日から始まり、始業式はいつあって、そこではどうしていればよいか、授業の日には何を持ってゆくか、日曜は休みであるなどなど、ルールなしに学校生活は考えられません。ここから始まって、やがて自分たちでルールを作るようになります。例えばクラスのルールを作ることもあるでしょう。サークルを作ることができるならば、必ずサークルのルールを作ります。また、今あるそれらのルールがちょっとおかしいから変えたいという話が出てきます。その辺が怖いところだと、この協議会で現場の方が言っておられますけれども、そこをうまく教えていくことが大事ではないかと思います。ここには既にルールの遵守からその作成、変更、つまりルールの形式から内容の適否の問題まで含まれているわけですね。また、ルールにも、紛争解決規範、行為規範から組織規範が含まれていることもわかります。組織規範が真っ先にくるのですね。そういう意味でルールの理解から始めるのは大変よいと思います。

そのときの問題を幾つか挙げましょう。

そこで教えるべきことは、第一に、ルールに対して一般的にどのように臨むべきかということ、いわばルールに対する態度を教えることと、そのルールの内容を教えるということです。

第二に、これをいかに組み合わせるかが非常に難しいのです。大学の法学部においても、少し違った問題ですが、そこで何を教えるかが問題になっています。法律の知識を教えるのか、それとも法律に対する「リーガルマインド」と呼ばれる法律についての基本的な態度や、その扱い方を教えるのか、という問題があります。

第三に、小・中・高校生の中には将来法学部に進む者も少なからずいると思います。そうしますと、その者も含めての法教育ですから、そこになかなか難しい問題があると思います。それとも、ともかく義務教育で、広く法学部に入らない人達に何をどこまで教えるべきかということだけを考えればよいのか。両者は結局同じことなのか。高校生について言えば、高校でどこまで教えるかがきちんと決まっているのがいいのではないかと感じます。実は、大学でいろいろ教えてみた反省になるわけなので、私は民法を教えておりましたけれども、どこまで教えたらいいかということは結局わからないままでおります。

第四に、法体系全体を鳥瞰する視点を持っている必要があることです。局部的にこういう問題がある、ああいう問題があるということだけですと、ある部分だけが教えられて、法律の全体像がゆがんでとらえられる危険があるからです。

第五に、当然のことながら基本問題と時事問題をうまくからませる必要があるわけでして、問題になっていることのほうが取りつきやすいのですが、といってそればかりやっていたのでは上っ面をなでるだけということになりかねませんから、それを基本問題に関連させ、そこから基本問題を示すことが必要だと思います。この辺も大学で教えた経験からの感想です。

第六に、どういう観点から法を教えるかが非常に難しいと思います。資料として大村座長の書かれたものを引かせていただきました〔参考資料一の図〕です。ここには、ひと言で法学教育と言われるけれども、内容には相手に応じて

〔参考資料1の図〕 法学教育の理念型

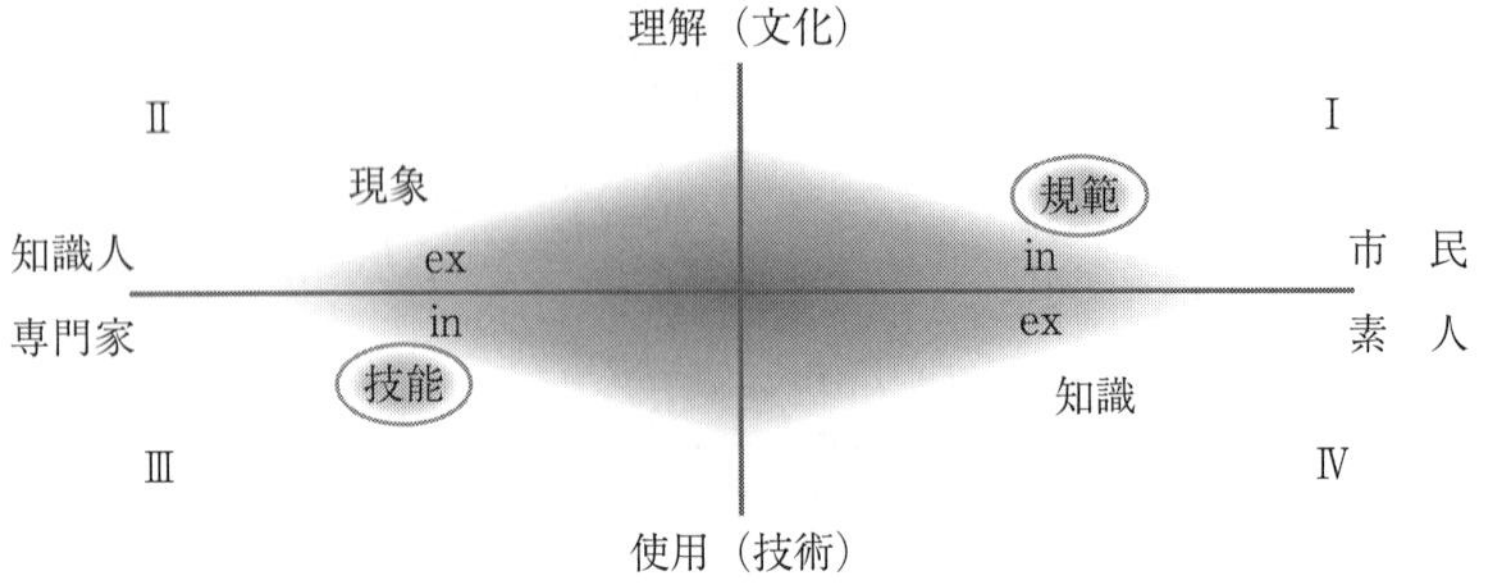

（大村敦志・法典・教育・民法学〔有斐閣，1999〕145頁）

いろいろなものがあるはずだとして、四つの視点を設定されました。そして今の日本の法学教育では、大体こういうことになる、例えば法学部だったらこうだろう、司法研修所はこうだろう、一般の人に対するものはこうだろうといったうまい配置図を作っておられます。

私はあるときに、これをもとにして、ロースクールはどこに入るかと考えたことがあります。どういうことを教えればいいか、義務教育ならどうか、高校ではどうか、それを市民一般に対する法教育と同じに考えてよいか。法というのは、非常に多面的なものですから、そのどの面をどのように教えるかということは難しい問題です。多面的といえば法の内容も多面的ですが、それにアプローチする仕方も多面的であり得るのです。

弁護士、裁判官の法に対する立場は違うし、司法書士も違うでしょう。教師も違います。全くの素人はまた違うでしょう。ですから、どういった人に教えるかを考えていくことが非常に大事だと思います。

一番下に私自身が非常に参考になった人生訓のようなものを書きました。ルールがおかしいのではないかと考えるときにどうするかという問題です。その存在意義がわからないときもあります。自分はそのルールを少なくとも内心の義務としては感じていない場合があると思います。その場合に、そのルールを無視して行動していいかということです。近代哲学の祖であるデカルトがその『方法序説』でおもしろいことを言っています。彼はあらゆることを疑うところから出発しているのですが、日常生活、普通の生活ではどう行動すべきかについて書いています。これは私が旧制の高等学校に入ったときに読んだものですから、今で申しますと、新制高校の二年ぐらいの生徒にはわかることだと思います。(1)

（1）「最も聡明な人たちが実践上では一般に承認する最も穏健な、極端からは最も遠い意見に従って自分の舵を取りながら、国の法律および慣習に服従してゆこう…」（落合太郎訳・方法序説〔岩波文庫版〕三五頁）。

三　何を教えるか――民法を中心に

ルールを教えるのがよいとして、予め二つの点をお話ししたいと思います。

1　法と法律の区別

この協議会の名称として、「法教育」であって、「法律教育」ではないことが重要です。「法学教育」でもありません。法学部の教育は法学教育と呼んでいますが、これはちょっと看板に偽りがあります。法学の進んだところまで教えている余裕は時間的になかなかないので、多くの場合はそこまでいかないのです。ただし、法学の成果を教えているので、法学がなければ、つまり教えている人が法学をある程度実際研究していなければ教えられないというところが非常におもしろいところです。

法と法律は違うとする幾つかの理由があります。第一に、もととなった外国語から見ると、ヨーロッパの言葉では両者はもともと違っています（ius と lex、droit と loi、Recht と Gesetz など）。英語では同じ単語を使いますが、冠詞が定冠詞か不定冠詞の違いがあります（the law と a law, laws）。日本では同視して使っていますが、これは西洋近代の法思想によるものです。昔から、法とは社会に自然にできるものという考えでした。西洋近代になって、絶対王制の頃から、法は作るものだという考え方が強くなりました。初めは、王が作るものでした。フランス革命以来、王制をやめたり、王の権力、広く国の権力を制約しようとしました。それが近代国家で、その憲法は、国家権力を制約することが重要な使命でした。それらの国では、法律を作りますが、民法など、直接権力と関係のない法律においては、基本制度・理念として、所有権の自由、契約自由、人格の自由平等などが入ったほかは、今まで社会に存在した法を国の法律にすることになり、内容はほとんど変わっていません。つまり、かつての法を国家の法律にしたのです。法と法律が同視されるようになった理由の一つです。

しかし、理論的にはこれを分けておかないといけないでしょう。そこで今回、法教育と呼んでいるのは、非常に良い言い方だと思っております。

これに対し、法律とは、国、都道府県などの正式な立法機関が制定したもので、その違反に対して公権力による制裁があるものです。通常は裁判所で何らかの処置がとられます。

しかし、世の中にある規範はもう少し広いものです。

今までの資料を拝見していて気が付きましたのは、小学校の先生で、学校に関してルールとマナーとの違いを問題にしていらっしゃる方があったことです。これは非常に重要な問題を提起していると思います。ここでルールというのは法律ではないのですが、社会規範であり、同じく社会規範でも少し違うもの——規範性が弱いとでもいいましょうか——があることが示されています。法律と法の関係もこれと似たところがあります。

法の例として最近盛んに言われている社会規範に、ソフト・ローというものがあります。ソフト・ローとはもともと国際法から来た観念ですけれども、わかりやすく言えば、国家による制裁がない社会規範のことで、主として、企業社会におけるもので、同種の企業間の取り決めなどです。現在の社会を見ますと、ソフト・ローが大変多いと言われています。これは法であって、法律ではないわけです。東京大学のCOEでこれについて三年間研究した成果が今度出版されることになっています。大変おもしろいものだと思います。

かつては「生きた法」ということが言われておりました。ドイツの法社会学者が使った言葉のようですが、日本でも大正一〇年頃に始まり、戦後盛んに使われた観念です。初めは主として農山漁村で実際に行われている社会規範について用いられましたが、最近でも広く現実に行われる社会規範を指して使われることがあります。

2　民法とは何か

本題に入ります。予め結論を申しますと、民法、広く私法は、社会の基本的な組織を作っている法律だということです。民法は、国家の基本的な組織を定めている憲法と並んで、社会全体の基本法です。

日本では従来、こういう考え方はあまりありませんでした。これを日本で最初に言い出したのは大村座長か私かのどちらかですが、フランスの学者が言っていることに示唆を得たものです。フランスの学者も全く同じことを言っているのではなく、フランスの学者が言った言葉を借用して、このように言っています。

憲法は英語で constitution と言います。逆に constitution という言葉は憲法だけを示すものではありません。もっと広く、ある社会の基本的な組織・制度とか基本的な理念を constitution と言います。そこで、国家の constitution が憲法であって、社会の constitution は民法だということです。

私はこの点を強調したいと思います。民法というと、欲と金の話ばかりだ、民事訴訟などは欲と金の争いで、どれもあまり品がよくない法律であると考えている方も世の中にはたくさんいるようです。だから、自分には関係がないと思っている方も少なくないのです。

憲法の内容は、大別して統治機構と、基本的人権の二つです。民法は統治機構に対応するものとして、社会の機構、特に経済とか人々の自主的な団体などを定めています。社会には国のような権力がありませんから、権力服従自体を定める統治機構と違う制度があります。上下の関係でなく水平の関係の制度です。そして、基本的人権にあたる幾つかの権利と、その他の多くの権利と義務が定められています。

民法は、社会現象・社会関係の一つです。社会問題はきわめて複雑多岐ですから、いろいろな観点から眺める必要があります。民法についても同じです。民法を一つの観点だけから教えるのでは不十分です。

そこで今日は、幾つかのアプローチの方法をとって、異なった観点から眺めた民法と、民法の内容そのものとを分けて説明します。民法という森を外から眺めるのと、中に入って調べる方法です。この分け方も十分に適切なものかは、なお問題であることは自覚しています。つまり、オーバーラップしているところがあります。

まず、社会のほうから眺め、次に一国の法律体系のほうからの位置付けを試みます。

(1) 社会からの観察

① 社会全体を構成する要素とそこにおけるアクターは何かという観点

これから見ますと、四つのアクターがあると言うことができるでしょう。国家、企業、家族のほか、市民社会があります。これは、最近よく使われている言葉で、私もそれを採用しています。人によって若干ニュアンスの違った使われ方をしているようですが、具体的には、人々が自発的に集まって活動するグループによって構成される社会を呼びます。重要なものは、特定非営利活動を行う団体、いわゆるNPOやNGOです。最近では、国家、企業、この意味での市民社会のトライアングルが、協力したり、牽制しあうこと、つまり三者のバランス・オブ・パワーが今後の望ましい社会ではないか、などとも言われています。国際機関におけるNGOの盛んな活動は、よく報道されているとおりです。

日本では明治以来の歴史的な理由があり、国家を非常に重視する傾向があります。実は、法教育のさまざまな教材などを見ても、国家が重視されているような感じがするのです。もう少し広く全体社会、特に企業やNPOを教えることが必要でしょう。この四つの中で民法はどういう意味を持っているかというと、国家以外のアクターの全部に関係しているのです。

② 法全体の社会的機能から

これは、法全体の社会的機能を眺め、その中で民法がどの機能を営んでいるかを見るものです。田中成明さんのお話（『法教育のめざすもの』第二章「法の社会的役割と基本的価値の理解のために」四五頁）をもとに進めたいと思います(2)。

そこでは、法の機能として、(i)社会統制、(ii)活動促進、(iii)紛争解決、(iv)資源配分の四つが挙げられ、(i)が刑事法中心の見方、(ii)が民事法中心の見方、(iii)が手続法・訴訟法、司法制度中心の見方、(iv)が行政法、社会法、経済法などを中心とする見方とされています。続いてこれらの機能全体を統合的に理解することが必要だとして、具体的には(ii)が基軸であるとされ、垂直的関係よりも水平的関係を基軸とする理解が重要であるとされます。四つの機能を挙げる点と、基軸の点で、私は田中さんに全く賛成です。事態を非常によくとらえていると思います。もちろんこの四つは同じレベルに並ぶものではなくて、少し違ったレベルに並んでいるものですが。

しかし、○○法中心の見方という部分、例えば社会活動促進を民事法中心の見方というのは、やや適切ではないと思います。また、資源配分は行政法などの中心の見方とありますが、これも問題です。民事法はここで言う社会統制、紛争解決、資源配分すべての機能を含んでおります。

法律においては、一つの規定がいろいろな役割を果たし得るもの、あるいは現に果たしているものです。この点も大事で、学者は、この規定はこういうもの、この規定はこういうものというふうに排他的に分けたがるのですが、そうではなくて、法律の規定は、ある場面ではこういうふうに働く、別の場面では違った働きをする、ということがあります。民法は、組織規範としての働きが重要ですが、我々の行為を規制する行為規範の役割もあり、それに関して紛争が起これぱその紛争解決規範になります。全体として資源配分の意味を持つといったことです。

行政法もまさにそうでして、この四つの種類の規範を含んでいます。そういう意味で、私法と行政法は社会の中で最も多様な問題に関係している法律だと言えます。一つの問題に行政法も民法も関係することも幾らでもあるわけです。逆に、どの法律にはどういう機能があるか、というふうに見ていったほうがいいと思います。

(2) 法体系の中からの観察

次の二つの観点は、法全体の中で、民法はどういう特色を持つか、ということです。

① 法が何を定めているかの観点

これは、法体系のほうから見ていくものです。法の中にどういう種類の規範があるかということで、法学概論などでよく教えられることですが、もちろん厳密な分類ではありません。

以前は行為規範と裁判規範の二つがあるとよく言われていました。民法は裁判規範だという説が私が若いころは多かったのですが、行為規範の面が強く、両方の面を持っているという考え方が現在では一般的だろうと思います。さらに、行為規範と救済規範を分けるというのは、もとは行政法学者が言われたと思います。行為規範というのは積極的に何かをすることが要求されるのですが、救済規範というのは消極的なもので、何か損害が起こったり、あるいは当事者間のバランスを失するような事態が生じたときに、元に戻すための規範です。民法の不法行為や不当利得、債務不履行といった制度がこれにあたるわけです。このように、行為規範と、救済規範を分けるのがわかりやすいと思います。

第四番目の組織規範が大事です。これも前からいろいろな意味で使われていました。商法学では組織法と行為法の分類がよく言われていました。

組織法というのは、会社法などのように、ある種類の組織を作るための条件や手続を定める規定です。憲法における統治機構の規定、三権分立とか、それらの基本的な部分を規定するものです。行為法とは、売買などの取引を規律するものです。行政機関の組織や権限を定めるのが行政組織法、その行為の規律が行政行為法ということになります。民法にはこの四つのすべてが存在します。

ここでは、法律の持つ、社会の基本的な組織の維持・形成という機能を強調したいと思います。民法については、従来この面が十分に認識されていなかった感があります。もちろん意識はされていたので、特にマルキシズムの影響の強い学者によって説かれていたことではありますが、「民法は組織法である」という言い方はあまり聞かれなかったと思います。

② 法律を構成する三要素

立法に関与するとよくわかります。法律改正や新しい立法は、まず社会の実情から始まります。社会の中に立法への要請が出てきます。この問題について、現行の規定が社会の実情や一般の人の考え方と合わなくなってきたから、立法して欲しいといった声が大きくなり、広がってきます。

これらの場合に、裁判になれば、裁判所で従来の法律を社会に合うように解釈することで処理されますが、解釈としては幾らか無理な場合もあり、立法で解決するほうがよい場合があります。

私どもが比較的最近に扱ったものに、成年後見制度があります。年をとった人に限りませんが、成年で判断力の不十分な人の面倒を見るというのが成年後見制度です。

そこでは、思想が新しくなった部分があります。従来の制度のもとになっていた思想がすべて新しいものと入れ替わったのではありません。新しい考え方を取らなければいけない部分もあるが、従来の考え方でいい部分もあるということです。この二つの思想が併存しているのが新しい成年後見法です。そういった何らかの思想なしには法律は十分には作れないのです。

しかし、さらに法律技術が必要です。立法技術と呼ばれる、言葉を用いる技術です。これがかなり難しいことです。

特に民法はローマ法以来の伝統を持ったもので、用語はローマ法の言葉がほとんどです。それがヨーロッパの中世のローマ法学によって、さらに近代には、主として一八世紀から一九世紀のドイツ法学によって非常に精練された、独特の用語を含む精緻な体系ができました。したがって、法学部の学生、特に法律家になろうとする人はそれを学ばなければならないのです。その上に、それらの法律を使いこなす能力が必要であり、それもある程度は養うことが必要です。現在の法学部教育ではなお足りないというので、法科大学院を作ろうという話になったわけです。

ともかく、法学部に入ったときには法律の技術に圧倒されます。何よりも用語などがわからないのですね。非常に抽象的な概念の体系になっておりますから。しかもこの法律技術は、他の法律の分野でも民法をモデルにしたり、意味をモディファイして使われていることが多いのです。なぜ多くの技術が民法の中にあったかというと、民法がローマ法に由来するからです。

ちなみに、民法のことをフランス語でコード・シビル（Code civil）と言いますが、英語に直訳すると危険です。英語でシビル・ロー（civil law）というとヨーロッパ大陸法、ローマ法由来の法体系のことを言います。もともとはローマ法のことをシビル・ローと言うのです。だから、シビル・ローとあるから民法と訳してしまったら、間違いです。これは学者でも結構間違えます。

このような、言葉による技術という性格が民法には強く存在します。そして、しかも日本で、特に民法学はドイツ法学――日本の民法はドイツ民法をモデルにしたと言われることが多かったのですが、フランス由来の制度や規定も同様に多いのです――、ドイツ民法学一辺倒だった時代もあり、今でもドイツ法学の影響が強いのです。したがって、日本の民法の教科書はドイツの教科書に体裁や内容がよく似ていました。最近はそうではないものが増えてきましたが。

独特の技術という点では、もともと日本にない言葉が多くあります。法律全般についてもそうですが、特に民法の多くの言葉は、明治の初めの法典編纂の時代に訳した訳語です。ところが、対応する観念が日本にないものがあったので、それらにつき造語したのです。

例えば、権利という言葉も造語です。もっと言うと、権利の利は、初めは理念、理想の理でした。本当は理念の理のほうが正しかったのです。ヨーロッパでは権利をライト（right）とか、レヒト（Recht）と言いますが、それに当たるのは、むしろ理念の理のほうです。どこでどうなったのかわかりませんが。時効などというのも完全な造語で、二転三転してこの言葉になりました。

民法にはこういう技術がたくさんあって、それに圧倒されて、民法というのはそういうものだと思ってしまうのですね。これに対して、憲法には思想の要素とか、政治とか、社会といった要素が強く入っています。民法の中には、それらがないように考えられがちです。というのは、近代社会においては経済社会が国家からある程度自律して動いています。民法は経済社会の基本構造を定める法律ですが、日本人は、社会というと、日常生活で接触する社会のほかは国家をすぐ考えてしまい、そこから自律して動いている経済社会をあまり意識しにくいということがあったのではないでしょうか。そして、日常生活の法となると、欲と金の法などと考えたりします。

結局、一般の人々は、民法というと法律技術の面を思い浮かべることになったようです。民法学者自体がそう考えていたように思われます。民法学者がドイツ法学的な独特の概念体系ばかりに関心を持っていたことは先にも申したとおりで、このことも民法に対する外からの印象を偏ったものにしたのではないかと考えています。

(3) 民法の内容

続いて、民法という森の中から、その木々を眺めることとします。

① 人間生活における民法

こちらを先にお話しします。この部分は、先の**2**(1)②と関係があります。

人間生活・社会現象の諸側面を大きく分けると、まず、生存の維持と人類の存続が最も基本的なもの、いわばぎりぎりのものです。そして、人類が消滅していいと言えば別ですが、やはり種族の保存が必要とされるでしょう。生存の維持のための社会制度は経済です。人類の存続のための制度が家族制度です。この両方を通じ、また、社会において一般に、安全の維持が、いくらかでもまとまりをなしている団体の最低限の仕事です。まず外からの敵があります。中からもおかしな者が出てきますから、それらを抑え、防ぐことが必要です。国防と警察の仕事です。さらに、地震、水害、噴火、洪水など、多くの天災地変に対処し、また事前にそれらに備えるという問題があります。人間も関与する危険として、火事や伝染病その他の病気があります。消防や衛生の問題です。これらは、地域的な団体が存在する以上、最低限の仕事としてやってきたことです。現在では、さらに、科学や技術の発展の不可避の結果として、人為的な危険も新しく増えています。交通事故、ダムの崩壊や公害、核汚染などの環境破壊があります。現代はリスク社会と言われますが、むしろ人々がリスクにますます敏感になっている「リスク化社会」です。

これらに対する対策は法律では行政法が担当することが普通です。民法はこの領域にはあまり関係せず、ただ、なんらかの意味で、人が原因になって人が傷つけられた場合に対処する損害賠償制度は民法の扱うものですから、自動車事故、公害などの賠償問題が多様に存在します。

人間生活、社会生活において、ぎりぎりでない、もう少し余裕のあるというか、精神的な方面を見ますと、芸術、学問、宗教、スポーツなどの娯楽があります。どんなに忙しくても娯楽は必要でしょう。芸術活動やその鑑賞もあるでしょう。宗教はむしろぎりぎりの活動の中でも求められるもので、人間の全生活に関係するものです。学問活動は、いくらか暇ができて、ある程度経済が発展しないとできないものでしょう。

これらに民法がどう関係するかというと、そもそも法律はこれらの活動にあまり関係しません。基本的には人間の心の問題なので、法律は介入できないし、現代においては介入すべきでないと考えられています。ただ、それらの活ります。

ある規定の一つ一つがどれかに属するという意味ではなく、どの制度や規定もここに挙げる一つまたはそれ以上の機能を営んでいるということです。

動に際して他の人との接触や摩擦が起こる場合には、関係法律の規定に従って処理されることになります。ただ、これらの活動の人間にとっての特別の意義ゆえに、若干の特殊な配慮がされる場合があり、デリケートな法律問題となります。

② 民法の規定の内容

ここでは四種の機能を分けてみました。ただし、ある規定の一つ一つがどれかに属するという意味ではなく、どの制度や規定もここに挙げる一つまたはそれ以上の機能を営んでいるということです。

民法は第一に、日常生活の規範として働いています。私どもは親のところへ生まれてきます。よく家族法の授業で冗談に言うのですが、あなたのお父さんはだれかと聞きます。そして、普通は一緒にいる男の人がそうだと思っている。しかし、その人が本当にあなたのお父さんだということがどうしてわかるかと聞きます。そうすると皆困ってしまいます。そこで、嫡出推定という制度を説明するわけです。それは民法が決めているので、あなたとあなたがお父さんと思っている人の親子関係があるかどうかは、そこで決められているという話になります。

それから、財産関係については、我々が朝起きたときから夜寝るまでどこも民法が規律しています。まず電気・ガス・水道を使います。電車やバスに乗る。会社や官庁に行ったり、学校に行ったりします。その関係は、現在労働契約を含み労働法という体系になっている諸法律に規定されていますが、基本は民法の雇傭契約あるいは就業規則――これらも基本的には民法によるものです。近所のお店で物を買うのは売買契約によります。

もっとも、それらの関係において、直接には商法がまずかかってくることが多いのです。しかし、基本は民法になります。売買については、商法に特別の規定がありますが、そこに規定のない事項は民法によることになります。家を借りて住んでいる場合にも民法に規定された賃貸借という契約によります。借地借家法がより詳しく規定しており、まずこちらに規定があればそれにより、規定のない事項は民法によります。公営住宅の場合は公営住宅法の適用をまず受けますが、そこに規定がない事項は借地借家法、そして民法によります。このように、我々の日常生活のほとんどが民法に関係しております。

第二に、民法の非常に重要な機能として、市場経済の基本法ということがあります。今日の日本、その他多くの国が市場経済制度をとっておりますが、その中心に民法があり、それを商法が取り巻き、さらに取引所法とか銀行法といった法律が組織法として、競争法と呼ばれる独禁法などが行為法として、それらを支えています。それらのいわば真中にあり、核になっているのが民法なのです。

第三が、「市民社会」の基本法ということです。具体的には、NGO・NPO等の基本法ということです。もちろん、特別法として、いわゆるNPO法があります。権力を持っていない人々が自発的に作った団体で、現在、社会のアクターとして非常に大事な意味を持っているものであることは前にお話ししました。例をたくさんレジュメ(3)に書いておきました。それらの団体の組織とか、それが活動するにあたって人と取引をする場合などの規律は、要するに契約で、民法によるのです。

第四に、法律全般に通ずる基本的な制度や概念が多くあります。これは、先にお話しした、法律技術の問題です。

(4) 民法の理念

抽象的な理念と、より具体的な制度に即した理念に分けます。

抽象的な理念は、出発点が一七八九年の人権宣言であると言ってよいでしょう。そして、一九世紀後半以降その理念に変遷がある点が重要です。

人権宣言に由来する理念が支配していた、いわば古典的な民法と、その後に変遷のあった民法を「市民法」と「社会法」と大ざっぱに対比することが通常です。現代の民法には、この二つの理念が共存しています。もっとも、両者の関係も、具体的制度に関して、どこがどう変わっているかは、学問的に難しい問題です。立法にあたっても苦労する点です。特に現在、民法典の改正をやっておりますが、古典的理念の支配するものだけを残すか、新しい理念のもの、例えば消費者法をどうするかは、難しい問題です。

古典的な理念は、人権宣言の自由平等です。ただ、ここで財産法と家族法を分ける必要があります。

財産法では、自由平等のうち自由が重視されています。これに対し、家族法ではフランス民法典の起草者は、弱者保護を強調しました。弱者は、子と妻です。それらの人を守るために、夫と親に子や妻に対する権利があるとしました。夫権と親権が、かなり強いものでした。強い者は弱い者を守らなければならないという考え方です。それはよいことですが、夫婦、親子は不平等に扱われました。ですから、今から見ると問題はありますが、そういう考え方で出来ているということです。

それが後に変わってきました。財産法においては、自由は若干制限され、平等が重視されてきました。特に弱者や少数者の権利の尊重という理念が強調されています。大きく分けると、三種の特別法が出来、強者の自由が制限されました。世界における出現の順序は、一九世紀後半から労働法、第一次大戦の頃から借地借家法制、第二次大戦後に消費者保護法ですが、日本では労働法の先駆はあったものの、まとまって出来たのは第二次大戦後で、借地借家法制の後になりました。

家族法においては、自由平等が徹底してきました。男女平等、つまり夫婦の平等と父母の平等です。夫権は廃止されました。日本ではそのために、明治民法のイエ制度を廃止しました。また、家族における親密な愛情が強調されてきます。親の子に対する親権は、権利ではなく義務であるという考え方は、それまでにもありましたが、一層強調されています。

さて、今後の問題ですが、現在規制緩和がスローガンとなっています。その結果、具体的に言えることの一つは、弱者の権利保護の後退です。

現実に、一九九〇年代以来、各領域で重要な法律が改正されたり、制定されたりしています。

これが新しい時代の到来を示すものであり、民法の理念についても転換や変更をもたらすものなのか、一時期の特殊な現象で、基本的な理念の変更はないと見るべきかは、難しい問題です。確かに、日本には不要な規制が多いようですが、それと、平等の重視とか弱者の権利の保護という考え方を弱化していくことが必然的に繋がるものではありません。規制緩和の言葉で何が言われているか自体必ずしもわかりにくいところがあります。この点については留保したいと思いますが、あるべき姿としては、もし先に述べた新しい理念の後退があるとすれば、それには賛成できません。

なお、法の理念については、フランスのリセの教科書が非常に参考になるので、文献を引用しておきました(4)。

次に基本的人権についてひと言申します。人権宣言が宣明したことの重要な一つが、基本的人権の尊重です。ところで、基本的人権は、憲法の中に規定されていることは明文上明らかですが、それを規定しているのは憲法ばかりではありません。民法その他の法律、例えば行政法、刑事訴訟法などです。例として、後に述べる私的自治の原則をとってみましょう。現在では、憲法一三条によって認められているが、「憲法の私人間効力」によって民法にも存在することになる、とする学説も有力です——「憲法の私人間効力」はドイツの学説で、日本でも盛んに議論されています——。しかしむしろ、もともと民法の中に存在する原則で、憲法を待つまでもなかった、と言うべきでしょう。なぜなら、現行憲法一三条にあたる規定は明治憲法にはなかったのですが、民法学者や商法学者は、民法の大原則としてこの原則を挙げていたからです。もともと民法の中に存在する原則だったと言わざるを得ないでしょう。実は、憲法と民法の関係についても議論のあるところです。憲法は最上位の法律だから（憲法九八条）、基本的人権についても憲法がまず定め、下位の法律がそれを認めるとする考え方が有力です。しかし、基本的人権の根底にあるもの（人権宣言、法の最高原則、自然法など、色々な言葉で呼ばれます）が最上位にあって、憲法、民法その他の法律がそれぞれの領域で基本的人権を定めている、とする見方もあり、私はこちらをとっています。

より具体的な制度に即した理念に進みます。

契約とその自由、法的人格とその完全性と平等性、「物」、私所有権とその自由平等、そして損害賠償における過失主義を挙げます。

ここでは、制度を主として見ていただきたいと思います。理念のほうは、全体につき、先にお話しした変遷、大ざっぱに言えば自由から平等へ、そして連帯へという変遷がありますが、以下には古典的な民法の理念について若干敷衍して説明します。

「物」を除いたこのうちの三つについては、人によって順序が違います。これは、それらの人がどのような視点、あるいは立場からそれを見たり、説明したりするかによる違いです。人間が重要だとか、権利義務の主体から始めるというならば、法的人格から説明することになります。社会では下部構造が上部構造を規定するから、そこから始めるというならば、所有権が最初に来るでしょう。ここでは、市場経済の基本法という観点で説明しているので、まず市場における活動から始めるということです。

そこでまず「契約」ですが、その古典的理念は自由です。人は契約をすることもしないことも、誰を相手にするかも、どのような内容の契約をするのも自由だ、ということです。自由主義的資本主義に対応するものです。しかし、人々は事実上自由に契約をすることなどできませんから、問題が起こったわけです。この考え方は哲学的には人間の自由から基礎づけられたものです。契約に限らず広く法律関係を自由に形成できるという「私的自治の原則」が挙げられることもあります。

次が「法的人格」とその完全性・平等性です。市場経営のアクターが誰かということです。ここで、すべての人間にはすべて権利義務が帰属し得る地位があり、その点で人間は平等である、ということです。ただし、すべての権利が各人に平等に帰属するという意味ではなく、権利義務が帰属し得る地位があるという点で平等ということです。消極的には、奴隷や農奴は存在しない、身分による差別はない、ということです。生きた人間としての人を問題にし、その人格権を強調するようになったのは、現代のことです。

「物」は、市場において交換の対象となるものは何か、どういうものか、ということで、かなり重要な意味があるのですが、やや技術的な問題を含むので、ここでは省略します。

次が「私所有権」で、その平等、自由、の理念と言われます。これは、封建時代と比べればすぐわかるでしょう。ヨーロッパでは、近代革命の前には、この土地は貴族の土地、これは市民の土地などとなっていて、貴族の土地を市民は買えない、というようになっていました。身分制で、土地にまで身分がくっついているわけです。そういう意味で所有権も平等ではなかったのですが、所有権と言えばすべて同じになりました。そして所有権にはいろいろな制約がありましたが、その制約が取り払われてすべて同じもの、自由に使ったり売ったりすることができるものとなりました。

次に、損害賠償、特に不法行為制度に関するものがあります。ここでは「過失主義」ということが言われます。ただ問題は、過失主義にあたる言葉はどの国にもあるのですが、国によってかなり違った意味で使われていることです。同じ国の中でも、「過失」の意味について見解が一致していないこともあります。ですから、「過失」の意味をどう考えるかによって違ってくるので、過失主義を原理とすべきではないという見方もあり、過失主義を挙げておくべきだという人もいます。日本では普通、ドイツ民法典草案の説明に書かれていることを援用して、過失主義は、所有権の自由と契約の自由、広く人の行動の自由を裏側から支える消極的な理念と言っています。人は自由に行動することが許されるので、その過程で他人に損害を与えても、一定の場合でなければ賠償しなくてよい、ということです。私は、先に述べた理由でこれを民法の基本理念には加えないほうがよいと考えていますが、これを挙げるのが通常です。

これらは、市場経済を支えている基本制度です。そこで、市場経済を取り入れようとしている国は――中国のように社会主義を堅持している国も、社会主義をやめた国もありますが——まず民法、商法、民事訴訟法など私法の立法を急速に進めています。そのほか、特許権などの知的財産法や、独禁法などの競争法の立法を急ぎます。日本も、国の事業として、「法整備支援」と呼んでいる、これらの国の立法とそれに伴う法学教育などのお手伝いをしており、法務省法務総合研究所国際協力部、ＪＩＣＡ、財団法人国際民商事法センターの三機関その他が色々の形で協力して仕事を進めています。

これは何を意味するかというと、市場経済制度の基礎として民法、商法等が必要であることを示しているわけです。そういう基本的な制度があるから、市場経済がスムーズに運営していくのです。これらの国々におけるこれらの法律の立法の熱意を見ると、改めて、民法、商法などが市場経済の基本法であることがよくわかります。

民法が市場経済組織の基礎をなす法律だということは、かつては、マルキシズム系統の学者が盛んに言っていたことです。最近それがあまり言われなくなった理由はよくわかりません。マルキシズムが日本の学界の中で力を失い、あまり取り上げられなくなったからかもしれません。法学者の関心が個々の制度や規定の解釈論に向けられ、こういった大きな問題への関心が減ったことも理由の一つでしょう。

(5)　結　論

民法は憲法と同じ程度の重要性を持っていることをお話ししたいのです。従来は、民法の学習の意義は、次のようなものと言われていたようです。まず、民法を知らなければ損をするという観点、社会生活で不利になるということです。いわばプラグマチックな観点から、社会生活の道具やノウハウとして教え、学ばれることがありました。初めにお話ししたように、民法は「個人の欲得の問題」に関するものだから、あまり高尚でない法律とされることもあったほどです。

もちろん、このようなプラグマチックな観点から教えるのはよくないということではありません。社会生活において、危険なことに当たらないように教育することは必要です。現在の社会の危険には自動車などばかりではなくて、詐欺などもあります。私も、先日、詐欺の電話がかかってきました。社会生活におけるいろいろな危険について教えることは必要です。しかし、民法はそのために役立つだけのものではないということです。

さらに、民法は、使用する概念や用いる法律技術の取りつきにくさのために、一般の人に敬遠されていたことは一言申したとおりです。民法の概念、法律技術の取りつきにくさについては、先にお話したようなやむを得ない事情がありますが、必要以上に概念の精緻さと体系構成を重視してきた日本の法学者にも原因がありそうです。

（2）平成一八年五月二三日に開催された法教育推進協議会（第六回）の配布資料（資料二）にあり、後に平成一八年九月二六日に開催された同会（第一〇回）の配布資料（資料一）にまとめられている中にあるものです。

（3）協同組合、労働組合、宗教団体、社会事業団体、文化団体、芸術団体、スポーツ団体、レクリエーション団体、消費者団体、環境保護団体、人権擁護団体など。

（4）P・フルキエ著〔久重忠夫訳〕・公民の倫理（筑摩書房、一九七七）（原著一九六六）、A・ヴェルジェス、D・ユイスマン共著〔白井成雄＝久重忠夫＝高橋勝訳〕哲学教程　上（筑摩書房、一九八〇）（原著一九七八）。

四　まとめ

以上お話ししたことを法教育全体についてもう一度まとめますと、人間、国家、社会と法律とのそれぞれ全体を見て、それらの中で法律がどういう意味を持っているかと、法律家になる人も含めてどの人にとっても必要な法・法律を教えることでしょう。そして、生徒の発達段階を考えながら、どの辺で何を教えるかの問題だと思います。これまでの資料を拝見すると、皆さんは非常に難しい内容を教えておられますので、後者は杞憂かもしれません。教える内容としては、これまでの憲法に加えて、民法、広く私法を十分に考えていただきたいと思います。

〔参考文献〕

1　参考にすることの多かったもの
大村敦志・法典・教育・民法学——民法総論研究（有斐閣、一九九九）。特に以下の部分。
第一編「民法と民法典を考える」（初出：民法研究第一巻〔一九九六〕）
第二編　序章「現代日本の法学教育」（初出：岩波講座・現代の法一五・現代法学の思想と方法〔一九九七〕）

2　法教育に関するもの
大村敦志・フランスの社交と法——「つきあい」と「いきがい」（有斐閣、二〇〇二）
同・生活民法入門——暮らしを支える法（東京大学出版会、二〇〇三）
同・生活のための制度を創る——シビル・ロー・エンジニアリングにむけて（有斐閣、二〇〇五）
同・父と娘の法入門（岩波ジュニア新書五一九〔二〇〇五〕）
同・「民法〇・一・二・三条」〈私〉が生きるルール（みすず書房、二〇〇七）
同・市民社会と〈私〉と法Ⅰ——高校生のための民法入門（商事法務、二〇〇八）
同・ルールはなぜあるのだろう——スポーツから法を考える（岩波ジュニア新書六一〇〔二〇〇八〕）

3　本稿のもととなった筆者のもの
星野英一・民法のすすめ（岩波新書五三六〔一九九八〕）
同・法学入門（放送大学教育振興会、一九九五）
同・民法——財産法（放送大学教育振興会、一九九四）
同・家族法（放送大学教育振興会、一九九四）

大村敦志＝土井真一編著・法教育のめざすもの——その実践に向けて（商事法務、二〇〇九年）

〔**追記**〕もともとは、二〇〇八年八月に、法務省の法教育研究会において報告されたもの。晩年の著者は法教育にも強い関心を持っており、「法と教育」学会の設立準備委員会委員長なども務めた。

日本の民法学——ドイツおよびフランスの法学の影響

一　はじめに

木棚照一所長による今回の企画の《趣旨》[1]は、たいへん格調の高いもので、これに対応することは困難であるが、以下では、その中の三つの点に考慮しながら進めてゆきたい。

第一は、法整備支援事業との関係であり、わが法が「外に『転移』することの意味の解明」とされている点である。現在、アジアの社会主義国で、社会主義を維持しつつ、あるいは社会主義をやめて、市場経済を導入しようとしている国がかなりある。それらの国は、市場経済の法的基盤としてまず民法、商法、民事訴訟法の立法をしなければならない、ということで、熱心に立法作業を進めている。最近そのような国の一つである中国に行く機会が多いが、そこでよく聞かれるのは、日本民法典編纂の時や、施行された法典を運用する際に、どのような問題があったか、どこがうまく行きあるいは行かなかったかということである。私は法整備支援にも僅かだが関係があるので、これらの機会に考えたり感じたことからこの課題を考えてみたい。

第二に、「わが国の法学から、比較法学の国際的な理論動向への発信を意図する総合的な試み」の一環としての意味である。私も、わが国の民法学から世界に発信するものは何だろうかと考えることが多いので、改めてそれを検討したい。

第三に、民法の「解釈方法論の再検討」について考えているところを述べる。

（1）二〇〇五年五月一二日付の《趣旨》。

二　これまでの研究

まず、問題についてのこれまでの研究を概観しておく。筆者は、日本民法典に対するフランス民法典の影響について研究した結果、その影響はそれまで言われていたよりはずっと大きいことを論じた。(2) ほぼ同じ頃に、日本の民法解釈学に対するドイツ民法学の絶大な影響につき、北川善太郎教授が詳細な検討を行い、それを「学説継受」という言葉で呼んだ。(3) 今日では民法学者の常識になっていることだが、フランス民法典の影響を多く受けた日本民法典の諸制度・諸規定を、ドイツ民法典の同様の制度・規定のように説明したり、ドイツ民法学における構成と同様に構成する努力がずっとなされてきた。しかし、上述の二つの研究以後は、民法の論文、つまり個々の具体的な制度、規定の研究において、それらに与えた外国法の影響や、それらの理解における外国法学の影響の検討が不可欠となってきた。そのような研究が直ちに当該の問題の解釈論を規定するものではないが、民法の制度・規定の解釈の出発点である民法の理解のために、第一に行われるべき作業であると考えられている。もちろん将来に予想される日本民法典の全面改正のためにも必須であると言えよう。

もっとも、「民法」という言葉を、その条文の語義や、立法・起草当時に与えられた意味のほかに、判例、さらには学説によって与えられた意味と考えるならば、それこそが現在の日本の「民法」であるということもできる。簡単に「民法」と呼ばれているものが何であるかは、実はかなり難しい問題なのである。もしも判例・学説によって形成されたものを「民法」とするならば、(4) 民法典の制度・規定の立法・起草時の意味を探求する仕事は、現在の「民法」のオリジンを探る試みであって、「民法」研究の基礎的な仕事だということになる。

ところで、二〇〇四年は、フランス民法典二〇〇年にあたり、記念行事のほか多くの記念論文集が刊行された。筆者も、「日本におけるフランス民法の影響」を執筆した[5]。同民法典一〇〇年記念の際には、わが国でも有名な『フランス民法典——一〇〇年記念論文集』[6]が発行され、そこには、五来欣造弁護士による同じ題の論文が収められている[7]。またその後、類似の講演・報告・論文が幾つか現れている[8]。そこで同論文では、「影響」の意味をより緻密に問い、「誰（何）が」（影響する主体の問題）、「誰（何）に」対して（影響される客体の問題）、どのような結果をもたらしたか（「影響」の意味）を検討した。結論は、学説の学説に対する影響が最も大きいという、いわば当然のことの確認であった。

続いて、法制史学会における講演[9]において、他国の立法が自国の立法、時に判例に影響するが、それらも学説を通してのものであるとした。これも当然のことであり、法典も人の作るもので、学者その他の法律家によって理解されて初めて意味を持つのだから、それ自体が影響するということはありえない。旧民法について言うならば、フランス民法の影響といっても、ボアソナードにより理解されたフランス民法典の理解が彼によって法典の中に書かれているのである。

具体的な主題として、信義則や附合契約論は、まさに学説が学者を通して入ってきたものである。それらは、まず日本のモノグラフィーや論文で紹介されたが、法学生や法学部卒業生（広義の法律家）にとって身近な教科書・体系書にどのように反映されているか、が大事ではないだろうか。既に穂積陳重は次のように述べている。「凡そ一国の法律が他国に入るには三つの門戸あり其一は学校にして其二は立法府其三は裁判所なり[10]」。外国の影響を直接受けるのは法学者と法学教師だが、それによる法学教育によって法学を学んだ者全般にその影響が広く及んでゆくのである。

その具体的な経路は講義・演習などだが、印刷されたもの、つまり講義案や教科書等があれば、その影響はより確実（ノートや記憶は不正確の場合がある）、広範（講義を聞かない者も教科書等を読むからである）であろう[11]。

ところで、法学教育においては、要求される教育技術的配慮もあるが、教育の内容・基礎には法学があるはずであり、またなければならない。

かくして、ドイツ・フランスの法学の日本への影響を検討するにあたっては、教科書等に与えたその影響を調べる必要がある。

本講演は、日本の教科書・体系書に対するドイツ・フランスの法学の影響を検討することを目指しているが（四）、抽象的に論ずるのでなく、具体的に錯誤に関する主として最近の教科書の叙述を例として取り上げた（五）。その前提として、日本の民法学において、「法学」がどのようなものと考えられてきたかを一瞥する（三）。

（2）星野「日本民法典に与えたフランス民法の影響」同・民法論集第一巻（有斐閣、一九七〇、初出一九六五）。

（3）北川善太郎・日本法学の歴史と理論（日本評論社、一九六八、初出一九六六）。

（4）注（5）所掲論文、注（9）所掲論文。

（5）Eiichi HOSHINO, L'influence du Code civil au Japon, in: *1804–2004, Le Code civil, Un Passé, un présent, un avenir, Dalloz, 2004*（その日本語版、星野英一「フランス民法典の日本に与えた影響」北村一郎編・フランス民法典の二〇〇年（有斐閣、二〇〇六）〔本書所収〕。

（6）Le Code civil, 1804–1904, Livre du Centenaire, 2 vols. 1904.

（7）Gorai, Influence du Code civil français sur le Japon, 注（6）所掲書第二巻所収。

（8）星野・前掲注（5）論文注1に引用したので、詳しくはそれを参照されたい。

（9）星野「日本の民法典・民法学におけるコード・シヴィルの影響」石井三記編・コード・シヴィルの二〇〇年――法制史と民法からのまなざし（創文社、二〇〇七）〔本書所収〕。

（10）穂積陳重「独逸法学の日本に及ぼせる影響」穂積陳重遺文集　第三冊（岩波書店、一九三四、初出一九一三）六一七頁。

（11）「私たちの観念に対する教科書の支配力の大きさ」という表現を、日本の西洋史、西洋哲学史について述べた、半澤孝麿・ヨーロッパ思想史のなかの自由（創文社、二〇〇六）二一二頁に見出した。

三　民法学とは何をするものと考えられてきたか

1　富井政章・梅謙次郎

民法典編纂時代に、「法律学は『学』であるか『術』であるか」という議論が盛んになされていることが注目される。[12] 富井においては、初期、中期、後期で考えがやや異なっているが、まず、法学は「科学（Science）」か「技術（Art）」かという問題をたてる。同種の法律的現象の「通素」つまり原理を究明することは「純然タル法学」であり、ある国の法律を解釈し裁判等の実務に応用することは「法術」である、法術は法学によって究明された原理に基づくのでなければ完全に目的を達することができないから「法学ハ本ニシテ法術ハ末ナリ」。初期においては、「一国成法ヲ究知スル如キハ未タ之ヲ法学ト称スヘカラス」「一国立法者ノ制定セル法律ヲ解釈適用スルハ所謂術ニ属シテ学問ノ尊称ヲ下スニ足ラサルナリ」とまで断じ、「法律真正ノ学」を修めようとするならば、成文法の解釈に止まることなく、「高尚ナル点ヨリ其当否ヲ判断シ併セテ其判断ニ理由ヲ附セサルヘカラス」。すなわち、「法律ノ淵源ニ遡リテ其曲直利害ヲ断定シ又之ヲ社会ノ実情ニ対比シテ其風俗慣習及文明進度ノ反射タルヘキ所以ヲ考究シ進化ニ伴フテ漸次其之ニ加フヘキ改良ノ点ヲ示ス」ことが必要である。後期には、「学」について、自然科学（人類学、生物学）のほか「精神科学」、富井の呼ぶ「広義ニ於ケル『社会的科学』」があり、法学は歴史学、経済学、政治学と共にこの部類に属するとしている。法学研究の方法として理想的研究法と経験的研究法とがあり、近世では法学は「経験科学」であって「実際ノ法律的現象ニ就キ其原理ヲ究明スル」ことを目的とするから、「成法」に関することが必要で、この基礎のうえに立たない「主観的理想又ハ立法論」はその範囲外である。

梅は、法律学の中に学に属する部分と術に属する部分とがあるとする。つまり、学のほうが術より上だとはしない。

その研究方向の違いによって学となり術となる。学とは単に知ることを目的としており、「多クハ物ノ道理ヲ究メル」ものであるが、術はある目的に達するためにどんな方法を採るべきかを究めるものである。具体的には、「学」は、「所謂法理」を究め、古くから各国の法律はどのような方向に進んで行くか、各国の風俗、人情が異なっているのにある原則はどの国にも行われており、別の原則は国によって違う理由は何か、ある制度の沿革の研究、各国法の比較、法律の変遷の研究、それらによって法律の理想を探求したり将来の法律の発展を推測するなどであり、「術」とは、法律の解釈、適用、(裁判官や弁護士のする)法律の事実へのあてはめ、新法の立法や法律の改正である。

この問題設定のしかたは、当時のフランスの学者の議論に影響を受けたと思われる。富井と梅とでは、立法論や「法律ノ理想ヲ探ル」ことを法学に含めるか否かの点で異なっているが、法学を法律の解釈に限っておらず、きわめて豊かな内容のものである。

2 日本の「概念法学」時代

石坂音四郎は、「法律学」は「成法」、すなわち成文法と慣習法、つまり「現ニ存在スル法律」につき「法律其ノモノ」のみを対象とする「法律解釈学」であるとする。かくて、自然法、「法律的現象」、慣習法の「発展」、立法論、外国法、比較法、法制史、法哲学などは法律学から排除される。そして、法律学の研究方法は法律の解釈方法であるとする。ただ法律学は法律を存在としてでなく規範として扱う規範科学であり、その対象は「実在」だから、それは経験科学であって文化科学(リッケルト)に属すると言う。(13) 富井は、これを批判して、法学の中から自然法と立法論を除外するのは正当だが、法学を「一国法律ノ意義ヲ定ムル学問」とするのは狭すぎるとしている。石坂は別の論文において、法律の解釈のために法律学と「他ノ社会的学問トノ関係ヲ連絡シ法律学ノ孤立ヲ防ク」ことができると述べ、利益法学やエールリッヒ、ジェニーなどを紹介しているが、(14) 早逝したためか、広い教養と狭い法学観念との調整・統合に至らなかったのであろうか。[15] 石坂がドイツ法学の「学説継受」の中心の一人であったことは繰り返すまでもない。

3　方向転換の時代

末弘厳太郎は2に対する痛烈な批判を行った。末弘は、次のように言う。法律学の中には「あるべき法律を説く部分」と「ある法律を説く部分」があるとし、それは「実生活の中に内在する」。その手近にある材料としては、「判例」と「新聞雑誌の記事」によるほかない。前者については、「ある法律」をすなおに研究してそこに新しいデータを得た上、これに基づいて在来の概念を「審査する」必要がある。ここには有名な「『事実』に依って『概念』を洗へ」との言葉がある。[16] 末弘はずっと後の戦後に、法学の中心をなすものは「実用法学」であり、解釈法学と立法学に大別されるが、両者に通ずる科学としての本質は「法政策学」であるとし、それは政策定立の理念を法哲学に、政策実現の方法を法社会学によって発見された法に関する社会原則によって教えられる、とした。[17]

末弘の批判を正面から受けとめて、体系的な法学方法論の論文を表したのが我妻である。最初に書いた方法論の論文において、我妻は「裁判中心の考察方法」を唱える。ここに「裁判」とは最広義のもので「社会の生活関係を法律的に処理すること」である。三つの問題がある。「法律の実現すべき理想」、「社会現象の法律を中心とする研究」、「法律的構成の技術」である。法律学はこの三つのどれも欠いてはならない。[18] 我妻は、後の『民法講義』の最初に発刊された『物権法』（一九三二）の序文において、「大学における民法の講義は現行法の解釈を中心とする」としたうえで、「真の解釈のためには為すべきことが多い」として、五点を挙げる。制度の比較法と沿革の研究、判例の研究、法規の社会的作用の研究、矛盾のない統一的解釈理論の構成、先進の学者の説に学ぶことである。第四のものが「解釈のために為すべきこと」であるのかには疑問もあり、第五のものは当然のような感じだが、初めの三つに含まれる四点に意味がある。我妻はさらに別の所で、大学教授には二つの任務がある、「専攻する学問分野の全部にわたって講義案ないし教科書を作ること」と「最も興味を感じ重要と信じるテーマを選んで終生の研究をそこに集中すること」であると言う(19)。

なお、田中耕太郎が「法律学とは何ぞや」という小著において、法律学における解釈論のほか社会学的方法の重要性を説き、比較法的方法と法哲学による「法の概念理念の探求」に眼界を広め深めるべきことを論じていることに注目しなければならない(20)。

4 第二次大戦後

戦後しばらくの間は、種々の理由から、法学における解釈法学の意義そのものが大きな議論の対象となり、法学に対する「不信」まで述べられるようになった。これと必然的に関連して、「解釈の方法」が議論されたが、「解釈法学の方法論」に取り組む企てはあまりなかった。昭和三五年頃に民法解釈学が復興し始めて以来、学者の努力・関心が「実作」つまり具体的な問題の研究に忙しかったことも一つの理由であろう。

この時、「法律学はどのような学問であるか、またあるべきかという問題」について私法特に民法に重点を置き、かつ「従来大学で法律学の名において講義されている『実用法学』」に限局して検討しようとしたのが、川島武宜である。川島によれば、「実用法学」とは、「立法や法律解釈などの法律実務のために必要な技術を提供することを目的とする学問」である。法規範を作りまたは適用するという人間の社会的活動(「法的規制」)が広い意味での法律学の対象になり、その技術的側面が狭い意味での法律学つまり実用法学の対象となる。この側面における「法的規制」の要素は、「一定の社会的価値とそれにもとづく判断(価値判断)」と、それに基づいて人々に行動を要求し社会秩序を形成維持するための手段としての「ことば的技術」(概念や論理を技術として用いること)との二つであるから、実用法

学はこの二つを対象とする。かくて、両者につき具体的に「科学としての法律学」の内容が語られる。(21)

筆者は、我妻、田中、末弘の方法論を出発点としつつ、一方で川島に大きな影響を受け、他方でフランスのジョルジュ・リペール、ミシェル・ヴィレイ、ジャン・カルボニエ等の影響のもとに、川島の言う「実用法学」、広く戦後の方法論に対して幾つかの批判を行ったうえ、実定法（解釈論・立法論を含む）を対象とする法学は、「解釈論・立法論を自らする法律学」であり、そこでは、科学特に自然科学の過度の重視は好ましくないこと、実定法を対象とする学問は、科学・哲学・技術の三要素を含む広いものであるべきことを論じ、そのような法学を「実定法学」と名付けた。(22)

平井宜雄は、加藤一郎と私の、「解釈の方法論」であるいわゆる「利益考量（衡量）論」を批判し、「議論にもとづく法律学」を主張したが、(23)上に述べてきたところの、我妻以来の「法学方法論」が対象として検討を積み重ねてきた仕事、つまり実定法を対象とする法学は何をすべきものかという問題に直接応対するものではないように見受けられる。ただ平井には、もう一方で『法政策学』の提唱がある。(24)これは、川島の言う「広い意味での法律学」にあたるものであり、これら二つを合わせたもの全体を「法学」と考えていると理解するならば、「法学」の範囲は広いものである。ただ、実定法を対象とする法学はどのようなものかについての平井の考え方は未だ示されていないといえそうである。(25)

(12)　富井・梅の考え方については、星野「日本民法学の出発点——民法典の起草者たち」同・民法論集第五巻（有斐閣、一九八六）（初出一九七七）（富井、梅の解釈方法論については、瀬川信久「梅・富井の民法解釈方法論と法思想」北大法学論集四一巻五＝六号（一九九一）がある）。著書、論文の引用は、それらを参照されたい。

(13)　石坂については、辻伸行「石坂音四郎の民法学とドイツ民法理論の導入——ドイツ民法理論導入全盛期の民法学の一断面」水本浩＝平井一雄編・日本民法学史・通史（信山社出版、一九九七）。なお、石坂を含む日本民法学史の概観は、星野

「日本民法学史（一）～（四）」法学教室八号～一一号（一九八一）（民法講義総論（有斐閣、一九八三）収録）参照。

(14) 石坂音四郎「独逸近時ニ於ケル私法学界ノ趨向」京都法学会雑誌三巻六号・七号（一九〇八）、同・改纂民法研究上巻（利益法学や、エールリッヒ、ジェニーなどを紹介している。有斐閣、一九一九）。

(15) 岡松参太郎によるネクロロジーにある。これは、石坂の没後出版された、石坂・債権法大綱（有斐閣、一九一七）の詳細な序文であり、石坂を京都大学の同僚としてよく知る岡松らしい、心のこもった、かつ石坂の内面に触れた優れた石坂論となっている。岡松もまた、もっとも「概念法学的」な理論を述べているが、人間味豊かな人だったことが分かる。

(16) 末弘・物権法上巻（有斐閣、一九二一）「自序」。

(17) 末弘「法学とは何か」法律時報二三巻四号・五号（一九五一）。

(18) 我妻「私法の方法論に関する一考察」同・近代法における債権の優越的地位（有斐閣）のどの版にも所収（初出一九二一年）。

(19) 我妻・前掲注（18）の「序言」。

(20) 多くのものに収められている。初出は社会経済体系第八巻（日本評論社、一九二七）、法律哲学論集第一巻（岩波書店、一九四二）、市民文庫（五二）（河出書房、一九五一）、法哲学一般理論（上）（春秋社、一九六〇）。

(21) 川島・科学としての法律学（弘文堂、一九五五）（初出『新しく学ぶために』（弘文堂、一九五三））。

(22) 星野「我妻法学の足跡――『民法講義』など」同・民法論集第四巻（有斐閣、一九七八）（初出一九七四）、同「戦後の民法解釈学方法論研究ノート」同・民法論集第五巻（一九八六、初出一九八二）、同「民法学の方法に関する覚書」同・民法論集第五巻（初出一九八三）、同「民法の教科書に書いてあること」法学教室一三号（一九八一）（同・民法講義総論（前掲注（13））所掲に収録）など。

(23) 平井「法律学基礎論覚書」ジュリスト九一六・九一八～九二一・九二三・九二六～九二八号（一九八八～一九八九）（同・法律学基礎論覚書（有斐閣、一九九一）に収録）。

(24) 平井・法政策学――法的意思決定および法制度設計の理論と技法（有斐閣、一九八七、第二版、一九九五）。

(25) シンポジウム「民法学の方法・思想・思考様式」北大法学論集四七巻六号（一九九七）において、この問題が平井教授と（複数の）参加者の間で議論されているが、見解は分かれている。

四　民法の教科書とドイツ法学・フランス法学

1　比較すべき点

民法の教科書・体系書を検討するのに際して、まずどの点に着目すべきかを考えたい。大別すると、内容、形式、叙述のしかた、教科書等の宛先（想定される読者）となるが、さらに細かく見てゆく。

(1)　内　容

我妻の言葉を使えば、「現行法の解釈」のほか「真の解釈のためになすべきこと」を入れているか否か、入れているとしてもどの項目をどの程度入れているかである。「現行法の解釈」については、そもそも「解釈」とされている部分に何が書いてあるかを改めて検討する必要がある。

①　そもそも、解釈論が中心とされている教科書に何が書かれているかについては、これまでほとんど検討されていなかった。かつての、そして現在でも多くの教科書は、それまでの教科書に書かれている事項をほとんど無反省に――それぞれにつき自説を展開しつつ――、書いていたように見受けられる。教科書や参考書に書かれていることの内容の分析を試みた小文が星野「民法の教科書に書いてあること」(26)だが、いっそうの分析が必要である。ただ、そこに挙げた具体例は、今後なお検討に値すると思われる。次に、北川「民法の体系と法解釈システム」(27)には、通常「解釈」と呼ばれ、教科書に書かれていることには、異なった次元のものが含まれることが指摘されており、それぞれの次元への分析などは星野と共通するところが多い。

教科書等に書かれていることで、解釈そのものであるか否かについて疑問のある事項を幾つか挙げよう。物権変動の所で、登記なしには「物権変動を対抗することができない」ということ（さらに、二重譲渡が可能であること）の理論的説明や、七〇九条に関して、過失一元論、違法性一元論、故意・過失と違法性の二元論、故意過失と権利侵害の二元論などの多くの理論である。前者は、どのような場合に一七七条にあたるかという解釈論ではなく、ある前提をとった場合に理解困難となる二つの条文の関係の説明であり、後者は、七〇九条の解釈そのものというよりは、自分の行為による不法行為を同条に定められている要件や、外国法上の要件を引用して再構成したものと理解するほうが正確であろう。(28) さらに、法人理論や、代理理論も、解釈そのものでないことはほぼ明らかだが、それなしには解釈論が不可能であるような前提理論でもないと見られる。

② 「解釈そのもの」　どのような場合に、ある教科書等がドイツ法・フランス法の影響を受けているとするかは、そう簡単な問題ではない。先に、「影響」を受ける「対象」として学者を重要なものと述べたが、教科書における「影響」とはどのような場合をいうかが、さらに問題である。北川教授が「学説継受」として引用される、民法四一五条につきドイツ民法学を援用して「相当因果関係」と説明するなどのように、フランス民法や英法に由来する規定をドイツ法・ドイツ学説を援用して説明し解釈している場合には、ドイツ法の影響下にあるということができる。又、七〇九条の解釈としてドイツ民法を援用して「違法性」を要件にする（または要件として加える）場合も同様であろう。ドイツ・フランスの教科書等の叙述をほぼ全面的に再現している場合も同様である。しかし、それらを参考にしていても、結局は著者自らが考察した結果その解釈が適当であると判断したのでそのように書いている場合は問題である。もっとも、自分が考察したとはいっても、他の国に異なった考え方がかなりあるのに、それを十分に検討することなくその結論に至った場合は、その国の法律の影響下にあるといってよいであろう。なお問題は残る。

③ 「制度趣旨」の説明　条文又は制度が「何のためのものか」についての説明があるかないか、どの程度詳しいかも、かなり重要なポイントである。

④ 制度・規定の沿革の説明　「どうしてこのようになっているのか」の問題で、これを原則として全く入れ

ないか、入れるかの選択である。書くとしても、どの時代から始めるかが問題である。最低限法典調査会からか、旧民法に遡るか、さらに母法、場合によりローマ法などに遡って説明するか。

⑤　判例・学説の扱い方　正確には、判例と学説とを分ける必要がある。判例については、法典国において問題となる。両者のどちらを書くか、両方を書くか。比較的客観的に説明するか、自説中心で、それらを自説と同説または批判の対象という観点から引用するのか。書き方としても、現在の状況を体系的に書くか（「共時的」に）、現在に至る過程を書くか（「通時的」に）。

⑥　比較法的検討　比較法的説明が全くないか、最低限入れるか、かなり多いか。「最低限」というのは、例えば、物権変動においてフランス式、ドイツ式、スイス式の比較はどの教科書にも書いてある。そうしないと日本法そのものがよく理解できないからである。しかし、そのような場合に限らず、日本法と異なった解決をする立法が存在する場合にもそれを書くか否か。この点で、比較法学者のものをどれだけ考慮しているかも重要な視点となる。比較法学者は多くの立法を見ており、その結果自国法を客観的に見ることができるはずだからである。

(2)　形　式

教科書等の体系の問題と、ややあいまいな表現だが、叙述のスタイル（しかた）の問題がある。

①　民法典の体系に従って編別・章別を構成するか、民法典の体系を崩して書くか。日本でかつては民法典の体系に従って教科書を書いていた。一般向けのものを除きこれを最初に崩したのが我妻『民法大意上巻、下巻』（岩波書店、一九四四、一九四六）ではないかと思われる。経済学部の講義のテキストであり、大胆に順序を変えている。また、川島『民法Ⅰ』（有斐閣、一九六〇）、『民法3』（有斐閣全書、一九五一）も同様で、これは法学部の民法の講義のテキストである。この頃から、教育的な配慮による順序の変更が行なわれ始めたと思われる。

②　スタイル一般の問題ではなく、教科書等において、通常の叙述の部分と進んだ検討の部分を分けて書くかと

いうことであるが、日本でも以前から、弘文堂の教科書シリーズ、体系書としては、兼子一『民事訴訟法』（一九三八）などがあり、ドイツ、フランスでも古くから行なわれたもので、改めて特色というほどのものではない。

これと似ているが新機軸に近いものに、カルボニエの教科書（第一冊は一九五五）がある。大きな文字で書かれた比較的簡潔な説明の後に、「エタ・デ・ケスティオン（Etat des questions）（問題状況）」と題して小さい文字で書かれた部分がある。そこには、まず主たる参考文献とそれについてのコメントが置かれ、次いで、歴史、社会学、経済、立法政策、法理論、裁判実務などの項目のもとにかなり詳しい説明がある。その後フランスでは、ほぼ同じことを、“Pour aller plus loin”（さらに進むために）と題する教科書も出てきた。

(3)　宛　先

その教科書等は、誰のため、何のために書かれたものか。大村敦志は、法学教育を、宛先（対象）と教育の重点的内容との相違による組合せによって四つの類型に分けた。宛先を市民・素人とするか、知識人・専門家とするか、重点を法の理解＝法の文化としての側面に置くか、法の使用＝法の技術としての側面に置くか、である。それらにおいて目指されるのは、「Ⅰ　規範としての法への共感」「Ⅱ　現象としての法への認識」「Ⅲ　技能としての法への参加」「Ⅳ　知識としての法の実用」であり、各種の教育機関においてどれが中心でどれが補助手段であるかを分析する。(29)

2　日本における教科書の書き方の歴史とドイツ・フランス民法

以上の枠組みを用いて、最近の教科書の錯誤の部分について眺めることとする。日本の錯誤学説自体については別稿でやや詳しく論じたので、(30)ここには事実のみを示すこととする。ただ、その前に、一、二の序論的な概観をしておきたい。

(1)　日本における教科書の書き方の歴史

大村は、教科書は「教育・学習のためのもの」とし（体系書は「実務（あるいは研究）のためのもの」とする）、法学教育（法学学習）の目的に応じて多様であるとする。例えば司法研修所における教育は上述のⅢを中心とし、法学部の実定法教育は、上述のⅠを中心とし、ⅡⅢが有効な補助手段である。[31] さらに法学部における法学教育について敷衍して、「民法の規範の全体像を一定の精度で把握し、それが内包する考え方に共感する」ことであるとし、前半を「構造化」、後半を「内面化」とする。その全体を「実定民法の体系的理解」と呼んでいる。大村は、宛先ないし目的を意識した教科書を「新時代の教科書」と呼び、その直前に現われた、この見地からすればいわばパイオニアである教科書三種を挙げる。「意識的なものとしてパイオニア的な存在」として、鈴木禄彌『物権法講義』（岩波書店、一九六四）に始まるシリーズは「構造化」「内面化」の双方に配慮したものであり、星野『民法概論』シリーズ（良書普及会、一九七一〜）は「内面化」の側面に、北川『民法講要』シリーズ（有斐閣、一九九三〜九四）は「構造化」にとりわけ意を用いたものとされている。[32]

大村は、「これらの営みの延長線上に位置付けられ」「新時代の教科書として大いなる成功をおさめた」ものが内田貴『民法』（東京大学出版会、一九九四〜）であると言う。そこでも「内面化・構造化の試みが展開され」ているうえ、「さらなる革新」として「類書と一線を画する」のは「学習者の視点に立った段階的な展開と厚い叙述」にあるとしており、かくて「高いレベルでの内面化・構造化の連結が達成されている」とされる。大村自身の『基本民法』（有斐閣、二〇〇一〜）シリーズは、内田のものの七割程度の紙幅のもので、あまり細かな議論に立ち入らず、「制度の趣旨や位置付けなど基本部分の説明に重点を置いた」ものである。「全体の見通しをよくし相互の関連をつける」ことがその目指すところで、民法の規範の「内面化」「構造化」への第一のルートが内田によって切り開かれたが、大村は第二のルートを切り開こうとする、と言う。

これによれば、民法の教科書の歴史は最近新しい時期に入り、それ以前短い「パイオニア」の時代があったが、その前は「伝統的な」教科書の時代ということになろうか。

(2) ドイツ・フランスの教科書

最近までの大きな違いと見られるものについて一言する。(33)

一九世紀のフランスの教科書等——当時はむしろ体系書多くは大体系書——は、原則として条文の順序で書かれた、コメンタールであった。当時のフランスの法学部の民法の講義は、条文の順序でするものと文部省令で定められていたので、体系書も学生用の便宜を考えたのだろうか。その内容は、「注釈学派」と呼ばれ、制度のローマ法に遡る歴史や立法の際の議論の詳細な提示と、それをもとにした解釈(「立法者意思説」)に特色がある。他の制度や規定との関係が十分に配慮され、他の規定へのレファランスも多い。解釈論も概念論よりは実際の結果を考慮した検討がされている。一八九一年に講義内容を条文順でなくてよいが学年別に一定のものとし、細目も全国統一的に省令で定められるものの、各学年における講義の順序は教授の自由になった。教科書も、各学年に教えるべきことは一定だが、順序は執筆者によりばらばらになった。他方、当時のバーデン民法典は、フランス民法のドイツ語訳であったが、これにつきツァハリエ(Zachariä)が書いた教科書をオーブリ(Aubry)とロー(Rau)がフランス語に翻訳したものがある。これは優れたもので、体系的にはフランス民法典のそれを崩していたことも当然だが、内容的にフランス民法学への影響が大きかったとされる。ドイツの他の領邦の民法学の影響下にあることはいうまでもない。さらに、プラニオル(Planiol)の一八九九年の教科書における判例の重視と比較法への指向が画期的である。各制度の説明の初めに、通常は小さい文字で、その沿革や社会的機能が書いてある点が大きな特色である。ドイツでは最近までそういうものはなかったように思う。要するにフランスでは、解釈そのもののほか、特に制度の歴史等を説明するのが伝統的なやり方となった。

ドイツにおいては、大コメンタールもあるが、教科書等は、民法典の体系に従ったもので、既に民法典自体がパンデクテン法学以来の緻密な概念体系であるが、さらに精緻な概念体系を構成する傾向があった。判例の引用は少なく、歴史的・比較法的説明は、あまりなかったように見受けられる。巻別は、法典の体系によることが通常であり、各巻の内部の体系も、法典の順序のことが多い。

(3) 日本の教科書とドイツ法学・フランス法学

日本の伝統的な教科書等の体系がドイツ法学的であったのは、民法典の体系がパンデクテン体系であることから、当然のことであった。フランスで、教科書が体系的になっても、ドイツや日本のように法典がパンデクテン体系をとっていないのだから、それをモデルにすることは、少なくとも最近まではまず考えられないことであった。さらに、民法典にないドイツ法の概念の説明が多いことは、北川教授が指摘された「学説継受」によるものであることも、今日では常識になっている。末弘の批判を受けた我妻『民法講義』(岩波書店、一九二四)が、判例と制度の社会的機能の説明を重視し、制度の歴史や比較法の叙述をいくぶんか書くことを始めたが、この部分は必ずしも多くない。民法の立法・起草過程からの説明は、ほとんど存在しない。その後の戦間期の教科書等は、そもそも我妻の新機軸を十分に考慮しているとはいえない。ドイツ的な教科書に近い。『民法講義』自体、解釈論においては、自説中心の叙述法を採り、判例・学説はそれに賛成・反対のものとして挙げる傾向が強い。

ようやく最近になって、法学部の教科書についても体系(を崩すこと)への配慮、制度趣旨、立法・起草過程の考慮などが含まれた教科書(「パイオニア」)が出現し、さらに「新しい教科書」が書かれるに至った。それらにはフランスの教科書の影響が少しずつ見られている。内田の「もっと先へ」、大村の「人の同一性」など従来の日本の教科書になくフランスにあった項目の取り入れ、山本敬三における諸制度の説明において「市民社会」との関係の叙述など、内容的にもその傾向が見られるようになった。

(26) 星野・前掲注(22)。

(27) 北川善太郎「民法の体系と法解釈システム」法学論叢一三四巻三＝四号（一九九四）。
(28) もっとも、後者については、「解釈そのもの」とは何か、という根本問題に関係する。一元論は、「権利侵害」という条文上の要件を他の要件に置き換えるものだから、解釈論に他ならない、と理解する余地もあるからである。
(29) 大村「現代日本の法学教育」同・法典・教育・民法学（有斐閣、一九九九）（初出一九九七）。
(30) 「日本民法の錯誤――規定、学説・判例と立法論」未発表（中国語訳は、渠涛訳「日本民法中関於〝錯誤〟制度的規定――学説、判例及立法論」中日民商法研究第五巻、〔二〇〇六〕）。
(31) 大村・前掲注（29）所掲論文。
(32) 大村・基本民法Ⅰ（有斐閣、二〇〇一）のはしがき。
(33) 星野・前掲注（9）二四八頁以下に、相違点を列挙してみた。

五　錯誤の例から見た最近の教科書とドイツ法学・フランス法学

1　以下には、錯誤の説明の仕方を例として、最近の教科書におけるドイツ・フランス民法の影響を眺めるが、その前に、日本における錯誤研究の歴史を一瞥しておくのが適当であろう。(34)

(1)　ドイツ法的な理解・解釈

富井が、その方向への先駆者であり、日本におけるドイツ法的解釈を支配的にした源である。富井は、民法九五条がドイツ民法に由来していないとしつつ、その解釈は近世の法学思想から検討すべきだとし、それがドイツ民法一一九条と同じ「意思表示の内容」の錯誤であるとした。この基本部分は、若干の変更をした鳩山秀夫に受け継がれ、その後の通説の位置を占めた。この際、サヴィニー以来ドイツの通説である、「内容の錯誤」と「動機の錯誤」の区別が導入された。

(2) 批　判

その後、これに対する強力な批判が現われた。杉之原舜一、舟橋諄一、川島武宜らによるものである。動機の錯誤と内容の錯誤は区別が困難な（場合が多い）こと、動機の錯誤でも表意者を保護すべき場合があり、動機以外の錯誤でも保護に値しない場合が多いことなどの理由が挙げられている。また、わが国の判例が結論を導くに際して実質的に考慮されている諸要素に即した詳細な検討（杉之原、舟橋）や、サヴィニーとそれ以後のドイツ学説の研究（川島）が有力な根拠とされた。かくて、動機の錯誤とその他の錯誤を統一的に扱い、錯誤無効の要件を別個に検討する学説（「一元説」）と、伝統的な、動機の錯誤とそれ以外の錯誤を別個に扱う学説（「二元説」）の対立が始まり、ある時期までは、前者が「通説」とされるに至った。

(3) 戦　後

錯誤の研究は大いに進んだ。引き続いて実質的な要素に即した判例の詳細な分析（とそれに基づく解釈論。野村豊弘、須田晟雄、小林一俊）、判例研究だがこれと異なる、その「論理構造の内在的分析」（森田宏樹）、学説史（森田）、ドイツの錯誤法（理論。村上淳一、磯村哲）、フランスの錯誤法（野村、森田。二人の着眼点は異なる）、ドイツ、フランス以外の外国法の研究（小林、星野）、両国を含む各国における錯誤法改正論（小林、星野）、国際条約又は条約案（小林、星野）などの紹介・検討である。錯誤論は、日本民法学の中でも、「解釈のためになすべきこと」の研究の最も豊富な領域であるということができる。

2 最近の教科書

(1) 最近、民法の各部分につき、優れた教科書等が現われている。ここには、先の「新しい教科書」のほか、それ以後に気鋭の若手学者によって刊行されている教科書シリーズまたはこれに準ずるもの四種、合計六種の民法総則の部分を検討することとした。若く、もっとも活躍していると見られる学者のものを取り上げることが、最近の傾向を知り、将来を占うために適当と考えたからである。他に「パイオニア」とされた四種にも若干触れることもある。四種は、山本敬三『民法講義Ｉ総則』（有斐閣、二〇〇一、第二版、二〇〇五）、加藤雅信『新民法大系Ｉ民法総則』（有斐閣、二〇〇二、第二版、二〇〇五）、佐久間毅『民法の基礎Ｉ総則』（有斐閣、二〇〇三、第二版、二〇〇五）、潮見佳男『民法総則講義』（有斐閣、二〇〇五）である。

(2) 最近の教科書における錯誤の章の内容を、先に（三1）教科書比較の諸基準とした点に即して概観する。それは、今述べた錯誤に関する最近の多くの研究（四1）をどれほど取り入れているかという問題でもある。

① 錯誤解釈論そのものの内容の検討は本稿の対象でないが、最近の教科書における解釈論は、それまでの解釈論から一歩を踏み出すべく努力しており、精緻でレベルの高いものとなっている。どれにも、具体的なケースが豊富に引用され、理解に資している。

ニュアンスに富む各説の正確な要約は困難だが、簡単に特色を示す。「一元説」は内田一人で、他は「二元説」ないしそれに近いことは注目に値する。動機錯誤とその他の錯誤の区別には無理があるとし、「意思欠缺」理論の克服を論じるが、相手方の事情としては単なる善意・悪意でなく、「表意者の錯誤を利用することが許されるかどうかの判断」が重要であり、その際主観的・客観的諸事情が考慮されるべきだとして例を挙げるもの（内田）、動機錯誤とそれ以外の錯誤とを分ける立場に立つが、「一般的には動機とされる事情」でも、「契約内容に取り込まれた」ものは「要素」であるとし、それでも「要素」にあたるとされないものについては九六条一項の趣旨を類推すべきだと主張するもの（大村）、学説を二元論（「伝統的錯誤理論」）、一元論（「信頼主義的錯誤理論」）、「最近有力に主張されている」「合意主義による再構成」の三種に分け、最後のものをさらに「新二元論――錯誤外構成説」と「新一元論――合意主義的錯誤理論」に分けて、各説の根拠・結果・その基礎にある思想を詳細に分析するもの（錯誤に充てられた頁数が六冊の中で最も多い）（自己の立場は必ずしも明示しない）（山本）、錯誤についての相手方の予見可能性を無効要件としつつ、動機錯誤の場合は「相手方の予見と認容までが要求される」とするもの（加藤）[35]、一元論・二元論という対立図式を用いてどちらを採るべきかという形では議論せず、自己の立場は「動機錯誤限定顧慮説」とし、「その他の見解」として「動機錯誤不顧慮説」「認識可能性説」「合意原因説」を挙げて各説の違いを詳細に説明するもの（佐久間）、動機錯誤を考慮しない立場をさらに「心理主義的錯誤論に基礎を置くアプローチ」と「情報収集リスクに基礎を置くアプローチ」に分け、「動機錯誤を考慮する立場――表示に対する相手方の信頼保護」を「動機表示構成（判例・通説）」と「信頼主義的錯誤論からのアプローチ」に分け、さらに動機錯誤とその他の錯誤を分けるアプローチに懐疑的で『合意原因』を正当化できない場合の錯誤無効」のアプローチがあるとして検討するもの（潮見）である。

パイオニア学説には、両錯誤の区別をせず、錯誤無効の認められるべき要件について検討するもの（鈴木、星野）と、民法の規定からは区別しない説にも理由があるとしつつ、「法律行為論上」法律行為の内容と動機は「別個の法律事実」であり、それが前提とされていること、さらに解釈論上両者の区別は必要であるとして、区別を維持するもの（北川）がある。

② 錯誤はよくあることで、どのような問題であるかとか、その法的規制の必要性自体はわかりやすい。そのためか、恐らくは当然のこととして、これらの面（人間的・社会的見地）からの制度趣旨を正面から説明するものはほとんどなく、具体例が示されているだけである。多くは、法律行為の効力発生要件の一つとして、意思表示（稀に合意――大村）の分析から始めたり、「意思欠缺」の一つの場合として説明したりしている。つまり、意思表示論の論理構造の中における錯誤の地位から説明されている。その結果、多くの教科書においてドイツ式の錯誤の（態様の）分類がなされている。

③ 最近の教科書に共通する特徴は、判例を自説の補強の手段又は批判の対象としてでなく、客観的・精密に理

解する努力がされていることである。判例をある意味での法源として尊重する今日の一般的な考え方によるものであろう。もちろん、整理の仕方や判例の理解の仕方は著者によって違う場合があり、それ自体が学問的論争の対象になっている。この判例の尊重は日本民法学の特色と言うことができ、ドイツ、フランスの（少なくともかっての）教科書に比べても遜色がない。両国においても近時判例を重視し、それをきちんと叙述する傾向が強くなっているが、それに先行したものといえよう。

④　学説の変遷と現在の学説分布の説明のうち、共時的説明は、動機錯誤とその他の錯誤を別扱いするか否か（一元論と二元論）の対立が解釈論の分かれ目であるために、どれにも存在する。しかし、学説の変遷についての通時的説明をしているものはそう多くない。なお、学説については、具体的な文献を引用しない教科書や、詳細に引用する教科書があって、対照的である。

⑤　錯誤の法規制は、人間的・社会的には分かりやすい（全体の方向や個々の問題についての結論を出しやすいという意味ではない）問題を、法律的にどう処理するかについての古くからの法律家の苦心の歴史を経て現在に至っている。したがって、その沿革の説明が日本法の特色・相対性を示すためにも望ましいと思われるが、紙数の関係もあってかそれをするものはほとんどない。

⑥　これまた紙数の関係であろうか、比較法的考察を加えているものはない。僅かに、著者の説明がドイツ学説によることに触れるものが見られる（大村、加藤）。

⑦　錯誤についての解釈論の相違につき、それらの基礎にある哲学的立場にまで遡り、相違はその反映であるとするものが現われていることが注目される。山本は、「伝統的な錯誤理論」は「意思原理」や「自己決定原理」を尊重する立場から出発し、「契約自由」を重視しているが、「信頼主義的錯誤理論」は「信頼原理や取引安全」を、「契約自由」よりも「契約正義」を重視する立場を基礎としている、とする。佐久間も動機錯誤顧慮説と合意原因説の基

本的立場には根本的な違いがあるとし、前者は私的自治の原則に立って、当事者の意思を意思表示の効力の根拠と考えるが、合意原因説は、内容の正しさを法律行為の効力の根拠であるとする、と言う。また、関連して意思表示理論の背後にある人間像を知るべきだとするものもある（大村）。

(3) 形　式

錯誤の説明の位置に関し、伝統的な、法律行為の章で扱っているものと（加藤、佐久間）、契約の有効要件として扱っているもの（大村、潮見）、契約の成立の章の意思表示の節で扱っているもの（内田）があり、一定していない。法律行為又は意思表示を法学教育においてどこに位置付けるかについての学説の悩みを示すものといえようか。[36]

スタイルはほぼ共通して、小文字でより詳しい部分を置いており、「もっと先へ」などと題した部分を持つものもある。この方式が一般化したため、小文字の部分をさらに分けるなどの細かい工夫をするものもある。

(4) 宛先は、「新時代の教科書」とされる、初学者相手を明示するもの（内田、大村）、初学者に対する「民法への招待」と「教科書」、「研究書」「考えさせる民法」の道しるべの「三兎」を追ったとするもの（加藤）、民法総則を「使うための基礎知識」の供給（山本）、法学部の学生の「予習・復習用の教材」に、法科大学院での民法基幹科目の学習に際して初級レベルで習得した知識の再確認と民法の理解を深めるために役立つよう加筆したもの（潮見）、民法の講義を総則から始める人に「基礎的な事柄を伝える」ことを主目的に、「少し高度な問題についても自ら論じれるようになること」を目指すもの（佐久間）と、どれも講義又は教材を目的とするという。しかし、その難易度は、かなり異なっている。加藤のものは、初心者用教科書以上のものになることが意識されており、佐久間、潮見もそれを超えることを意識している。山本は、講義をもととしたとしている。しかしどれも、時間的に無理ではないかと感じられる。

要するに、内田、大村より後のものは、それぞれ特色があるが、大村の言う「新時代の教科書」にはあたらないと見てよい[37]。

(5) 総括

① 各所で指摘したように、最近の教科書において、解釈論はそれ以前のものに比べて、ますます精緻なものとなっている。(i)しかしそれは、いわば従来の解釈論の延長上にあり、その内在的発展と呼ぶべきものがほとんどであって、その基本的前提を問題にし、新しい視点に立って錯誤論を飛躍的に発展させたものではない。(ii)そのためもあってかなり難解な部分もあり、また、「新しい学説」の主張するような、教科書の宛先を十分考慮した、つまり法学部学生向きのものと(客観的に)いえるかどうか、疑問なものが多い。(iii)「解釈のためになすべきこと」の教科書への導入は、判例の事案に即した詳細な紹介の点で共通の特色を示している。しかしその他の点については、学説の分類の基準としてだが「情報収集リスク」を問題にするものと、学説の哲学的・思想的背景への考慮のなされたものとが現われた以外には、紙数の関係もあってか、特筆すべきものはない。(iv)錯綜した学説の共時的説明は詳しいが、通時的説明がないのは、通常多くの学者によって述べられているところの、学生が諸学説を学ぶ際には学説が分かれている理由・根拠を明らかにすることが重要であるとする教示とややずれている感がある。

要するに、最近の多くの研究の成果が教科書には十分に取り入れられていないのである。全体として、「理論」尊重の傾向が強く、表示に対する相手方の信頼保護よりは表意者の「意思」又は「合意」尊重という思想的立場に立つものが多い。

② 以上の点は、結局、「意思表示理論」に立ち動機の錯誤を別に扱うサヴィニー以来の錯誤論の延長上にあり、それを前提としていることに由来する。むしろパイオニア学説の北川がこの点について敏感であったように見られ、その意味で大村の言うように最近の教科書に道を開いたといってもよいが、北川のいわば苦悩は、その後の教科書には十分に受け継がれていない感がある。それに対する評価は別として、事実として、そのような錯誤論は、歴史的に

も、比較法的（法律改正案や、条約（案）を含む）にも、多くの考え方の一つに過ぎないものであることは否定できない。(38) これは、いったん日本に輸入された特殊な考え方であるが、それに対する批判的検討が少ない。最近の教科書に、歴史的・比較法的な説明がほとんどないことは、この原因であり、結果であるといえよう。

(34) 日本における錯誤学説の歴史については、既に優れた二つの業績がある。中松纓子「錯誤」星野英一編集代表・民法講座1（有斐閣、一九八四）と、森田宏樹「民法九五条（動機の錯誤を中心として）」広中俊雄＝星野英一編・民法典の百年Ⅱ（有斐閣、一九九八）である。前者は一九四八年頃までの学説の精密な叙述であり、後者は、各規定の成立史と判例の検討、将来の展望を中心とするが、その過程で学説もかなり詳細に扱われ、新しい自説も述べられている。

(35) なお、加藤は、伝統的法律行為論は、表示と「内心の効果意思」のみが意思表示に含まれるとするが、「深層意思」をも加えた「三層的法律行為論」を構成すべきことを主張し、「深層意思」の合致である「前提的合意」を認めるべきことを、前提論、行為基礎論等多くの理論をも説明しうるものとして提唱する（但し、舟橋諄一以来の「真意」は、「無限定的に法律行為概念を肥大させるもの」として批判する）。その基本的立場の理解につき、既に山本敬三・民法講義Ⅰ総則（有斐閣、二〇〇一）一七九頁がある。

(36) これは、契約法の立法に際し、これらの問題をその中に取り込むか否か、ひいては、総則編を維持するか否かという大問題にも関連する。もっとも、法学教育と立法は違うから、関係はないという見方もありえよう。

(37) 野村豊弘・民法ⅠⅡ（有斐閣、二〇〇二、二〇〇四）は、徹底して「初学者でも民法の内容を用意に理解できるようなもの」として書かれており、既に好意的な書評が出ている（浦川道太郎「書斎の窓」五四二号）。

(38) この点は、星野「私法上の錯誤――序、総括」同・民法論集第六巻（有斐閣、一九八六）（初出一九七九）に指摘した。その後の比較法学者の説も考慮すべきであろう。ドイツの著名な比較法学者ケッツ（H. Kötz）は、サヴィニーの学説はドイツ民法典一一九条一項にしか影響しておらず、「一一九条においての内容の錯誤と表示の錯誤の区別」は、「比較法的にみてほとんど実際的な意味を持たない」し、「他の法秩序にはまったく知られておらず、しかも錯誤の取消が許される諸要件は制限されており、このような制限はそうした錯誤にも適用されねばならないからである。」としている（ハイン・ケッツ、潮見佳男＝中田邦博＝松岡久和訳・ヨーロッパ契約法Ⅰ〔法律文化社、一九九九〕三六七頁〔四七〕）。同論文に引用したものだが、錯誤につき、アメリカの比較法学者のヴォン・メーレン＝ゴードレイ（Von Mehren=Gordeley）の The Civil Law System, 2. ed. 1978, pp. 853-871）の鋭い叙述がある。法律行為理論については、別の論文に引用したが、イギリスの比較法学者ローソン（F. H. Lawson）が、「法律行為論は人間精神の偉大な発明かそれとも常軌の逸脱か」と問うている（F. H. Lawson, A Common Lawyer Looks at the Civil Law, An Arbor, 1953, p. 167.）

六　結　語

終わりに、最初に述べたような本シリーズの基本問題の若干につき、本稿の検討の結果に即して一言する。

(1)　法整備支援との関係

日本の法律をモデルに考えるべきでないことを強調したい。錯誤法は、一つの適例を示している。現在の日本の錯誤法は、もともと立法の困難な問題に関し、歴史的にも多様な規定が存在することが根本的な理由であろうが、規定の文言が明確でないことのために、独自の歴史を経た学説・判例によって形成されている。具体的結論は各国と似ているとしても、その理論はかなりローカルなものであると言わざるを得ない。そのようなものを普遍的であるかのごとく説明すべきではない。日本の民法学者としては、日本法の立法当時から現在に至る状況の歴史と、その比較法的位置付けを理解して、今後立法する場合にどうしたらよいかを考え、その見地から相手国の法律家に説明する必要がある。当然ながら、相手国にも、同一制度の歴史（立法、判例、学説、社会慣行など）があろう。相手国の法律家が、自国のそれらの伝統を踏まえて、日本の状況と対比しつつその教訓に学んで、法改正や新立法を進めることができるよう、より広い歴史的・比較法的な見地からの示唆をするよう配慮すべきである。法整備支援に際しては、日本法を相対化する視点を持つことが特に重要である。

(2)「発信」

(1)で述べた点と密接に関係する。最近、外国のものの「受容」ばかりでなく、日本からの「発信」が声高らかに叫ばれる。その志は誠によい。しかし、「何を」発信すべきであるのか。発信することができるものがあるのか。この問題は、欧米諸国で日本民法について話す時や、統一法条約制定やその準備の会議において発言し提案する時にも生ずる問題である。日本法について語る時には、その制度について、そもそも何が日本法なのか、日本法はどうなっているかがまず問題となる。これは、民法の中でも制度によってかなり異なり、抽象的・技術的な制度の場合には、法律の規定だけを説明すればよいかもしれない。その時でもやはり、なぜその行き方が採用されたかの、歴史的・社会的な説明が必要であり、それなしにはあまり意味のない紹介になってしまう。しかし、社会的背景に違いがある場合や、判例・学説の背景や歴史に違いのある場合には、制度・規定が同じであっても、その社会（会社・金融法務家、一般人）における受けとめ方や実際の運用が多かれ少なかれ（時には微妙に）他と異なる場合がありうる。社会の「法意識」の違いにより、同じ制度・規定のある意味での変質がありうるという視点も、重要であろう。法整備支援においては、別に日本法について語る必要はないが、一般的に日本のものとして世界に「発信」できるようになるためには、世界の重要な法制度を、歴史、思想、社会などとの関連で理解した上でないと、独りよがりのものになりかねない。新しい社会問題について、世界に「発信」できる新しい法的解決、新しい法制度・法概念は、そのような検討の中から生まれる。もちろん、比較的純粋に技術的な制度においては、先進国・後進国の別なく、同じレベルで議論でき、法律的解決の着想も述べうるが、今日の世界の法律問題は、それに止まらない。

そのためにも、日本法の源となったヨーロッパ法をその種々の背景との関係においてさらに学ぶ必要がある。これは、日本の立法論・解釈論のためのモデルないし参考にするためという、かつての外国法の研究よりも難しいことである。幸い日本民法学には、外国法を学び、外国に留学するという伝統がある。研究し学ぶ視点を変え、内容を深化させればよいのである。なお、(3)も参照されたい。

(3) 民法解釈方法論の再検討

民法解釈学の方法論についてだが、本稿に述べてきたような、実定法を対象とする学問において、法律を種々の背景から検討することは、フランスやドイツでは、教科書におけるばかりでなく、実定法学においても、十分に行なわれているとはいえないようである。実定法学者はほとんど解釈論に従事し、その教科書ばかりか論文等にも、一方で、比較法的叙述・検討を加えるものは少ない。両国には世界的に著名な比較法学者がいるが、その著作はあまり教科書等に引用されていない。他方、法制度・法概念の歴史も、フランスでは注釈学派以来考慮されており、特に戦後のミシェル・ヴィレイ以来多くの研究があって、教科書等にもかなり引用されている。しかし、ドイツの教科書等においてそのような引用はあまり見られないようである。一般的にいって両国においては、それらは比較法学者や法史学者の仕事とされていて、実定法学者は、その成果を取り入れることをあまりしない感がある。実定法学自体にこのような歴史的、比較法的、法社会学的な研究の成果を取り込む方法は、十分に輸出可能だと思う。

また、解釈の方法論としての利益考量論（「狭義の利益考量論」[39]）も、いわゆるドグマーチックと違う解釈方法論として、日本独自のものである[40]。これを諸外国、特にドグマーチックの発達したヨーロッパの法律家に正確に説明し伝えることは、大変難しいことではあるが、既に外国の学者による研究もあることであり[41]、「発信」するに値するものと考えている。

(39) 公刊前、特に見せていただいた、大村「『時効に関する覚書』に関する覚書」慶応法学一〇号（二〇〇八）三六九頁は、筆者のいう解釈方法論としての利益考量論をその「限定ヴァージョン」と呼び、判例研究や沿革的・比較法的研究を実定法学に取り入れる法学方法論をその「拡大ヴァージョン」と呼んでいる。これに示唆を得て、本文のような表現をした。

(40) 利益考量論の「土着性」については、既に語られている（シンポジウム「民法学の方法・思想・思考様式」北大法学論集四七巻六号〔一九九七〕一八四頁における藤原正則発言〕。なお、星野・ときの流れを超えて（有斐閣、二〇〇六）二四三頁以下参照（利益考量論については、最近論争的でない言及・研究がかなりなされているが、それらを踏まえた論稿を準備中である）。

（41）　外国の学者による利益考量論への言及・研究には、ドイツの学者によるもの（Guntram Rahn, *Rechtsdenken und Rechtsauffassung in Japan, Dargestellt an der Entwicklung der modernen japanischen Zivilrechtsmethodik*, C. H. Beck, 1990)、中国の学者によるもの（段匡・日本的民法解釈学〔復旦大学出版社、二〇〇五〕）がある。著者たちは、滞日期間も長く、小さい論稿にまでよく目を通していて感嘆に値する。後者については、中国語を読むことができないのが残念だが、利益考量論の日本らしい独自性を認めておられるようである（著者から直接伺った）。前者は、一瞥したところでは、筆者の言わんとするところがなお十分には理解されていないように見受けられる場所がある（日本にかなり長期間滞在し、日本語にも日本の文献にも通じた学者に対しても、利益考量論を理解してもらうことの困難さを示しているのかもしれない。もっとも、日本の学者のものにも、利益考量論の理解に疑問のあるものが少なくないので、やむを得ないことかもしれない）。

早稲田大学比較法研究所編・比較と歴史のなかの日本法学——比較法学への日本からの発信（成文堂、二〇〇八年）

〔**追記**〕　もともとは、二〇〇五年五月に行われた早稲田大学比較法研究所主催の講演会の報告原稿。教科書の書き方への注目、錯誤による例証など、本書第一部の諸報告と同様の方向性が表れている。なお、この報告に対しては、鎌田薫教授からのコメントがなされており、本稿初出の論文集に収録されている（「グローバリゼイションと日本民法学の潮流——星野報告へのコメント」）。

日本における民法学の発展と法学研究者の養成

一　はじめに

1　課　題

本稿の課題は、二つのものを含んでいる。それらを検討するにあたっては、幾つかの言葉の意味、というよりは検討の前提事項を明らかにしておく必要がある。一方で、「民法学」、広く「法学」とは何か、何をするものかということ、他方で、「法学研究者」とはどのようなものか、ということである。

どちらも、あらかじめ簡単に答えられるようなものではないが、以下では、日本で「民法学」、「法学研究者」とされてきたものについて述べることとする。民法学としては、日本で「実定法学」と呼ばれるのが通常である、憲法学、刑法学、民法学など分化している法学を取り上げる。最近に至るまで、「法学研究者」のほとんどは、大学、多くは法学部の教授であったので、そこに問題が生ずる余地がある。

どちらについても、隣接の領域との関係を考慮しなければならない。「民法学」「法学」については、一方でその実務との関係、他方でその教育との関係を見ておかねばならない。「法学研究者」については、同じく実務法律家（法曹）との関係を見るべきである。その「養成」に関しては、法学教育全般との関係を見ることが必要である。

これらの点は、各国の歴史的・社会的状況に応じて異なる。また、自然科学と異なり、法学は、周囲の状況や学問と必ずしも関係なく、自律的な独自の発展をしている。これらの外的（external）・内的（internal）な状況を考慮しつつ、日本について概観する。

2　前　提

(1)　序

法学は、日本の近代化以前には存在しないか、ほとんど存在しなかった学問であると言ってよい[(1)]。これがまず、明治の近代化開始以来の日本の民法学に、先進諸国の法学を貪欲に学び吸収するという特色をもたらした。これはしばしば外国の学説への依存となった。

(2)　実定法学

実定法学は、最終的には個々のケースの妥当な解決を目的とするものと考えてよいが（"ars boni et aequi"）、そのために、少なくとも今日では、大別して二種の仕事を含んでいる。さらにもう一種を加えることができる。

(i)　第一種の仕事は、法律（法典国 Civil Law Country において）や判例（判例法国 Common Law Country において）、その他の法源（ローマ法）の注釈・解釈に始まり、それらの整理、進んで、一定の原理による体系化をはかることである。歴史的には、これが法学の唯一の仕事であった。今日でも「実定法学」とされるものの大きな部分を占めている。この場合も、比較的それらの法源の個別性を重視して体系化に重点をおかないもの（Problemdenken, Topik などと呼ばれるものなど）と、整合的な体系構築を重視するもの（Systemdenken, Dogmatik, dogmatique などと呼ばれるものなど）がある。

(ii)　第二種の仕事は、法の歴史（法史学）、法の社会における地位や機能（法社会学）、比較法、法の哲学的考察（法哲学）、つまり日本で一括して基礎法学と呼ばれるものを重視し、それらを第一の仕事と関連させたり、その中に取り入れようとするものである。モノグラフィーの形で発表されることが通常だが、それをテキストブック（Traité, précis, Lehrbuch）にどのように組み入れる（integrate）かが工夫される。

前者は法律を内部から（from internal point of view）検討するものであり、後者は、それを外部から（from external point of view）検討するものである。前者は恐らく、法律学に不可欠の部分であろう。問題は、後者の各時代の法律学において占める位置及び今後果たすべき役割と、後者を認めるとした場合の両者の組み込みの仕方である。

(iii) 実定民法学の幾つかの傾向

全体の傾向としては、第一種の仕事が専ら法学の仕事と考えられた時代から、それに対する懐疑が現われ、進んで、それだけでは十分でなく、第二種の仕事を重視する考え方が次第に強くなってゆくものと見ることができる。第一種の仕事の価値を否定するものも現われる。

しかし、各国の実際の民法学史は、このように単純な道を辿ってはいないようである。平面的に並べるならば、一人の学者においても、ある国ある時代の民法学全体の傾向も、二種の仕事の組合せによって理解することができる。(a)第一種の仕事が専ら行なわれるか、それが優位を占める場合、(b)第二種の仕事だけが行なわれることは考えにくいが、それが優位を占めることはありうる。(c)各学者が主としてどちらか一方に従事している場合、(d)かなりの学者が各自両方の仕事をしている場合である。(d)の場合にも、多くの学者が両種の研究を比較的独立に行なっている場合と、両者の結合に苦心している学者もかなりいる場合とが見られる。

以下、日本の民法学史を位置づけるための一つの基準として、欧米法を十分に知らない者の思い付きを述べて、各位のご教示を仰ぎたい。

(a)は、中世・近世のローマ法学の多くと、大陸法系諸国、かつてのアメリカ合衆国に見られる。しかし、多くのヴァリエーションがある。

ローマ法学のうち人文主義と呼ばれる学派はやや異なる傾向を持つとされる。(2) 大陸でも、フランス一九世紀は(a)の傾向であった（École de l'exégèse）が、ジェニー（François Gény）、サレーユ（Raymond Saleilles）以来変化しており、プラニヨル（Marcel Planiol）の教科書以来(d)の後者になっていると見られ、二〇世紀後半のカルボニエ（Jean Carbonnier）を代表とする現在の状況に至っている。ジョスラン（Louis Josserand）、サヴァチエ（René Savatier）、リペール（Georges Ripert）など第二種の大きな仕事をした学者も、教科書を執筆している。ドイツ一九世紀は、パンデクテン法学者（ウィンドシャイド Bernhard Windscheid）と、サヴィニー（Friedrich Carl von Savigny）、イェリング（Rudolf von Jhering)、ギールケ（Otto von Gierke）などの並立する(c)であると見られ、ヘーデマン（Justus Wilhelm Hedemann)、ラーベル（Ernst Rabel)、ベーメル（Gustav Boemer）などを持つ二〇世紀に続く。アメリカにおいては、最初は(a)であったが、レアリスト以来、最近の「法と経済」（Law and Economy）学派、批判法学（Critical Legal Study)、「法と社会」（Law and Society）学派などが現われ、一時(c)の状況となっていたが、最近では法学教育において両者を対象とすることが多くなっているようである。(3)

テキストブックにおける、第一種の仕事への第二種の仕事の組み入れは、二〇世紀のフランスで顕著である。プラニヨルの教科書以来、小さい活字で制度の歴史的説明その他がなされ、リペールとブーランジェ（Jean Boulanger）による改訂ごとに実態などの説明も加えられて、豊富な内容のものとなってきた。カルボニエ以来、基礎的な解釈論（ドグマティーク）の部分を本文にし、État des questions の題名のもとに、小さい文字で歴史、社会学、立法政策、法理論、裁判実務などの見出しでそれらが詳しく書かれるようになり、最近では、Pour aller plus loin の題名でそれらを書いている教科書もある。

(iv)　法学のもう一つの仕事とは、方法論の検討であって、法律の解釈の方法論と、法律学の方法論とがありうる。その追求は、各学者の関心によることだが、国と時代とによって、方法論の盛んな時代と、そうでない時代とがある。時代の転換期や各国の法律学の転換の時代には、方法論とそれに関する論争が多くなるのは当然であろう。

（1）　律令時代にも、律令の学と呼ぶべきものは存在した。大学寮（大木雅夫「大学と法学——東西法観念の比較に寄せて（法・人）」同・異文化の法律家〔有信堂、一九九二〕（初出一九八七）の明法道で教授され（その教授が明法博士である）、律令学が最も盛んであったのは、奈良朝時代から平安朝時代初期にかけてであって、多くの学者、多くの流派があったという。学説が多岐に分かれたので、それを統一しようとした公定注釈書が「令義解」であり、主な学説の集大成が、「令集解」である。平安時代後期から鎌倉時代にも、公家法については律令類を分類編纂し、抜粋した書物も現れており、明法博士等が官庁の諮問に答えた意見書を分類編纂したものもある（石井良助・日本法制史概説〈改版〉〔創文社、一九六〇〕六九頁、二〇七頁以下）。しかし、その後は、多くの学者が競う学問としては衰退したものと見られる。明治政府の「新律綱領」（一八七〇）は、律令法学者水本成美等により編纂されたとされるので（川口由彦・日本近代法制史〔新世社、一九九八〕五六頁）、そのような学者は存在したようである。

（2）西欧中世においては、一一世紀後半以来ボローニアを中心としてローマ法の研究が盛んになったが、三つの学派が次々と現れた。初めは「注釈学派（glossators）」と呼ばれるもので、法文を注釈してそれ自体の意味の発見に従事した。続く「注解学派（commentators）」または「後期注釈学派（postglossators）」は、法文を超えて、当時の現実の要求に適応させることに努めた。第三の学派が「人文主義派（humanists）」である。これは、歴史的、文献学的方法を用いて、ローマ法から中世の付加物を取り除き、法文の社会的コンテクストを理解し、ラテン語とギリシア語の正確な意味を求めようとした（R. C. van Caenegem, An historical Introduction to private Law, Cambridge U.P. (1992), p. 55f. 同〔小山貞夫訳〕・裁判官・立法者・大学教授――比較西洋法制史論（ミネルヴァ書房、一九九〇）六二頁、久保正幡「法学の mos Italicus と mos Gallicus」法学協会百周年記念論文集第一巻（有斐閣、一九八三）や、後掲注（3）所掲書による）。

（3）碧海純一＝伊藤正己＝村上淳一編・法学史（東京大学出版会、一九七六）、F・ヴィーアッカー〔鈴木禄彌訳〕・近世私法史（創文社、一九六一）、ゴドゥメ〔福井勇二郎抄訳〕「一九世紀に於ける仏国民法学の発展」福井勇二郎編訳・仏蘭西法学の諸相（日本評論社、一九四三）、P. Jestaz et Ch. Jamin, La doctrine, Dalloz (2004) などを参照。

二　日本における民法学の発展

1　序

日本においては、明治維新による社会の大変革後直ちに、西欧諸国に伍して近代国家・近代社会を建設するために、民法を始めとする諸法典の編纂が開始され、急がれた。この際、欧州大陸諸国の法典の継受が企てられた。民法典は、パリ大学教授ギュスタヴ・ボアソナード（Gustave Boissonade）の起草した、フランス民法をモデルとする旧民法（一八九〇）を基礎として、三人の東京帝国大学教授が、ドイツ民法草案を中心にその他の民法を参考にして起草したものである。この三人のうち、二人（富井政章、梅謙次郎）はフランスで法学博士になっている。しかしそのうち一人（梅）はいわばフランス学派であるが、一人（富井）は、当時のフランス法学は衰退しているとして、ドイツ法学を高く評価した。三人の中心であったもう一人（穂積陳重）は、ロンドン大学キングズ・カレッジとミドル・テンプル出身でバリスターの資格を得た後、ベルリン大学で二年間学んでおり、ドイツ法学を高く評価していた。

日本の民法学を性格づける諸要素のほとんどすべては、民法典がこのような事情から生まれた継受法典であることに直接・間接に由来する。

以下、四つの時期に分けて概観する。(4)

2　第一期──起草者による解説・注釈の時代（一七九五〜一九一〇）

起草者の考え方のほか、民法の系譜と、その比較法的位置付けの説明が豊富である。これは継受法の解説として当然でもあるが、第二期〜第三期の民法学と比べた特色である。特に、穂積により英独仏の学問一般の傾向の比較までされていたことは、注目に値する。また、三人の起草者によって民法典の不十分さ、特に時間不足のゆえに慣習の検討が不十分であることが強く意識されていた。さらに、三人の間で、法学の学問としての性格が論じられていた。自然科学と同様の科学であるとする穂積、それに近いが精神科学とする富井、もう少し広く考える梅である。富井、梅の間では、法学は「学であるか」「術であるか」という議論が民法典編纂時代（一八九〇年頃）から交わされていた。そこで「術」とは、法律の解釈適用、現行法の改正や立法を指し、「学」には、法律の沿革・変遷、比較法、法律の理想の探求、将来の発達の予想などが含まれている。「学」の「術」に対する優位を説く富井に対し、梅は優劣をつけていない。「術」を低く見る者がいたことは興味深い。

3　第二期――ドイツ法学全盛時代（一九一〇～一九二一）

ドイツ民法学の圧倒的影響のもとに、日本民法典の全面的再構成ともいうべき作業が行なわれた時代である。フランス民法の影響の強い日本民法典の諸制度・概念を、当時のドイツ民法学の制度・概念に従って理解し、解釈し、体系化した時代である。きわめて特殊な、他に類の少ない民法学の傾向ということができる。日本のある学者（北川善太郎 一九三二～）がこの現象を「学説継受」と呼んだが、巧みな表現である。この傾向は、恐らくどの国においても同様に、民法学の主流である、教科書・体系書において浸透した。前の時代と比べると、「術」の重視が著しい。

このような現象が生じた直接の原因は、起草者以後のほとんどの法学者がドイツに留学したことである。彼らがその国の法学の強い影響を受けたことはいうまでもない。ドイツが留学先として選ばれた理由は、前述したとおり、起草者のうち二人が当時のドイツの法学を高く評価して、若手学者にドイツ留学を勧めたことにある。当時の日本が、プロイセンに範をとった大日本帝国憲法（一八八九）に示されるように、ドイツの国家体制をモデルとしていたことがその背景にある。また、ドイツのものが「新しい」ということがしばしば述べられているが、日本人の新しいもの好きの傾向も見取るべきであろう。なお当時から、法学ばかりでなく、将来大学教授に予定された者は、西欧の国、通常は一ヶ国に二〜三年留学することとなっていた。これも、継受法国、広くは後進国にとって自然のことであった（もっとも、その後現在に至るまで、若手学者の外国留学は続いている。ただ、その意味は異なっている）。

法典編纂後これほど早い時期に新法典の概念的体系化が法学者の仕事と考えられ、その後もこの考えが支配的であったことは、一〇〇年近くもの間法典の注釈が学者の仕事とされたフランスなどと比較すると、注目すべきである(5)。民法典の明治維新以来の沿革も、起草者・立法者の議論も、まして明治時代以前の民法に相当する慣習法も、ほとんど彼らの関心事でなかった。

この時期も、フランスの制度、その新しい理論たとえば権利濫用や附合契約の紹介や、個々の問題におけるフランス法の参照は広く行なわれているが、民法学全体に及ぼした影響が強いとはいえない。

4　第三期──方向転換の時代（一九二一〜一九五三）

一九二一年に、末弘厳太郎は、当時の民法学のこの傾向を激しく批判して、以下の主張をした。外国の法典や書物に依拠して概念の正確さや体系の整合性を誇るのはよくない。とりわけドイツの法典や学説をモデルにすべきではない。日本社会における「生きた法」を探求すべきである。具体的には判例の研究と社会の実情の調査が必要である。ここには、オイゲン・エールリッヒ（Eugen Ehrlich）の影響が強く見られる。

この批判と主張を受けとめ、それまでの民法学との総合に苦心したのが我妻栄（一八九七〜一九七三）である。我妻は「資本主義の発達に伴う私法の変遷」のテーマの大研究と、民法全体のテキストブックの執筆をもってこれに応えた。我妻は、体系書は現行法の解釈を中心とするが、「真の解釈のためになすべきこと」をできるだけ盛り込むべきものとしている。それは、法律の沿革的・比較法的研究、判例研究、法規の社会的機能の理解などだとしている。実際は、各制度の社会的経済的側面と社会的経済的機能の叙述しかされていない。実定法学の二つの仕事を平行して行なおうとしたものである。我妻は、方法論の論文も書き、法学は、法律の理想、社会的事実、法律構成の技術の三つの問題を扱うべきものとする。

我妻の主張にもかかわらず、それ以後第二次大戦後に至るまで、第一種の仕事が多く、幾つかの大きなモノグラフィーもこの傾向のものであった。ただ、判例を重視する傾向は次第に浸透していった。

5 第四期──第二次大戦後

三期に分けて眺める。

(1) 戦後の混沌期、または生みの苦しみの時代（一九四五〜一九六〇）

戦後は状況が一変する。法解釈学に対する懐疑が強くなり、一時期法解釈学は衰退した。法解釈の「客観性」が激しく議論された。「法解釈論争」と呼ばれているものである。民法学者の中でもマルクシズムと法社会学への関心が強い。これを含め、「科学としての法律学」を求める傾向が強烈となった。ここにいう「科学」は、自然科学に範をとった「経験科学」を意味しており、体系的知識としての science ではなく、doctrine やドグマティークと対立するものとして捉えられるのが通常であった。川島武宜（一九〇九〜一九九二）は民法学者であるが、それ以上に法社会学者であって、日本における法社会学の研究をリードし、法学方法論をも論じた。彼は「科学としての法律学」を説いている。民法解釈学の業績もあり、そこには判例、制度の沿革、実態などの説明が含まれている。これは第一種の仕事の少ない、珍しい(b)の時代から(d)の時代への移行期と言える。

(2) 民法解釈学の復興・再建の時代──「利益衡（考）量論」と賛否（一九六〇〜）

一九六〇年頃から法解釈学が復興してくる。その頃に、混沌の中から新しい方法論が唱えられた。「法解釈論争」

を踏まえた、「利益衡（考）量論」と呼ばれている法律解釈方法論が二人の学者によって主張された。条文や概念から論理的・演繹的に解釈するのでなく、問題となっている個々の事件において（加藤一郎 一九二二〜二〇〇八）、あるいは問題となっている規定や制度において（星野英一 一九二六〜）、どのような利益とどのような利益が対立しているかを分析し、幾つかの解釈をとった場合にどのような利益が保護され、どのような利益が後退するか、それはどのような価値判断に基づくものかを明らかにした上で、どの解釈をとるべきかを価値判断によって決めるべきだ、というものである。これは結局、一般人の考えを尊重することにつながる。これに対しては、価値判断の基準や、それは実際上裁判官に判断を一任することになるのではないか、などの批判がなされ、激しい議論となり、現在に至っている。ただ、今日では、法律の解釈が結局は価値判断に帰着することについては、ほぼ誰もが認めているようである。

星野はさらに、民法学の方法論を論じた。第一期（起草者）に立ち戻り、末弘、我妻を継承して、民法学自体、具体的には教科書の中に、第二種の仕事をもっと多く取り込むべきことを説く。彼は、法学教育の一つの目的は法律の解釈能力の養成にあるとする。それならば、まずなすべきこと（教えるべきこと）は、各規定のできるだけ正確な理解である。まず規定や制度の本来の（立法当時の）意味を明らかにする必要がある。そのために、起草者・立法者の考え方、歴史や比較法的位置付けを行なうことになる。また、制度・規定の社会で実際に果たしている機能を説明する必要がある。法律の解釈においても同様のプロセスを踏むべきである。利益考量論と併せて主張されており、それとの関連もあって実定法学における思想・哲学の要素の重要性を説く。かくて法学はむしろ「人文学」と考えるべきだとする。(6)

一九八八年に、「利益考量論」、広く川島以来の戦後の新しい法解釈論に対して徹底的な批判が加えられた。平井宜雄（一九三七〜）によるものである。批判は多岐にわたり、積極的な主張も多面的である。出発点は、それが法学教育にとって好ましくないということであり、「議論による法律学」が説かれる。批判の中心は、価値判断は主観的なものであって、客観的に正しい価値判断の存在は証明されていないから、「価値判断による」ということは無意味であり、教育上は学生の勝手な解釈と、法律技術の軽視をもたらす、という点にある。積極的には、法律家一般の仕事は法学者の仕事と違って具体的な問題について何らかの「言明（statement）」を戦わせる「議論（argumentation）」が仕事であるから、「議論」が適当に行なわれるために必要な条件を考えるべきである、法律解釈の一応の客観性は「議論」によって生き残るところに存在する、などである。その条件には、「法律家共同体」の共通の用語の使用、「法的思考様式」などが含まれている。「法律家共同体」の独自性と伝統が強調されている。(7)

これに対して星野は直ちに反論し、論争となったが、この論争は、学者、後には裁判官の関心を引き、相当数のコメントがなされている。(8) しかし、平井が法律家社会においてどのように解釈論が展開されるかについて論ずる（ある学者の言を借りれば、平井は argumentation の重要性を論じているとする）のに対し、星野は、それ以前の各個人の解釈論を構築する場合にとるべき方法を論じており（同じく deliberation を問題にしているとする）、当初から議論が嚙み合っていなかった。

なお平井は、第二種の仕事の重視は、法学と法学教育の一部としては当然のこととして認めている。平井自身、法の経済理論や意志決定理論などを大幅に取り入れて、「法的意志決定および法制度設計の理論と技法」と自ら定義する、独自の科学である「法政策学」を構想して体系を打ち建てた。平井にはさらに、制度の沿革的な検討などを加えた教科書があり、我妻、川島、星野などと同じく方法論を含め三種の仕事をしている。

この時代が(d)の時代であることは明らかである。

(3)　現在の状況

現在においても、専らないし主として第一種の仕事に従事する者と、第二種の仕事も重視する者との二つの傾向がある。しかし全体として日本の民法学者は、両者の意義を認めていると見られる。傾向が二つに分かれるのは、第一種の仕事のみに従事すべきだという信念を持つ者以外は、時間や能力の関係で両者に従事することができないことによるものであろう。

この、「真の解釈のためになすべきこと」の必要性の自覚が強いことが、日本民法学の大きな特色である。まず比較法的関心がきわめて強い。ほとんどすべての法律学者は少なくとも一つの外国の法律にかなり通じている。若手学者が一度は一〜二年外国に留学する慣習は第一期以来続いており、博士論文には少なくとも一つの外国法を徹底的に研究して参照することが求められるのが通常である。次に、社会学的である。判例研究は、一つの最高裁判所の判決に対する研究が多すぎるといわれるほどであり、教科書も、判例の整理が重要な部分となっている。社会の実態の研究もかなり行なわれており、教科書における配慮も見られる。かつては、農山漁村の慣習が研究され、現在では約款が研究される。教科書にそれらを含めるものもある。ある制度の説明に際して企業実務が引用されることもある。規定についてはその説明を立法過程の議論から始めることが研究の作法となっており、教科書にも難解な規定についてそれを行なっているものもある。さらにその源である外国法にまで進んで研究されている。

ただ、制度の思想的背景の説明、広く原理的部分の検討が弱いことが課題であった。これは、日本人のプラグマティックで反形而上学的傾向に由来するようでもあるが、最近では少しずつ改められつつある。

但し、モノグラフィーでなく、教科書としては、これら「第二種の仕事」の組み入れは、今日なお十分ではない。

利益考量論との関係では、若手学者の中で、解釈論において利益考量のプロセスを踏まず、概念や体系的整合性を重視する傾向が、再び有力になりつつある。この傾向に対する疑問や批判も既に現われているが(9)、これをどう見るかは問題である。ドグマティーク再復興の新しい時代に入ったと見るか、一時的な現象かは、まだ断定しにくい。私は、利益考量論の汲むべき点を十分に吸収した、総合であることを望んでいる。

(4) 小結——日本民法学の長所と短所

このように、日本の民法学は、ローマ法以来一〇〇〇年とは言わずとも民法典以来のフランス法学二〇〇年と比べて約半分の一〇〇年の間に、目まぐるしく先進諸国が経てきた時代を駆け抜けてきた。法典の注釈の時期（ごく短かったが、日本民法典と法学との基本問題が既に明らかに示されていた）、ドイツ法学による概念的・体系的解釈の時代、それに対する強い批判と両者の総合があるが、全体として伝統的解釈論の支配した時代、新しい解釈方法の提唱と法学方法論の盛んな時代、というものである。第二種の仕事の重視という観点からはジグザグの道を歩んできて、また折り返すか否かの岐路に立っている。

かくして、日本民法学の長所は、第二の仕事の重視ゆえ、自国を含め、各国の法律を相対的に眺める視点を持つところに認められる。自国法を絶対視しない態度は、法整備支援において、日本法を押しつけず、まず相手国に存在する法規範を尊重し、日本法は相手の要請に応じて参考として提示するに止める方法をとっていることに表れている。

その反面として、その弱点には、既に述べた点のほか、以下のものがある。

一つは、「科学主義」の過度に強い傾向と、「法律実証主義」の強いこと（自然法の観点がないこと）である。

もう一つは、学者が一つの領域にこもり、隣接法領域をかえりみないことである。日本の学者は、社会学、経済学、歴史学などの成果の取り入れには大きな関心を持っているが、隣接の法領域への関心は薄い。A法の学者がB法の領域内の問題について論じても、B法の学者にはまったく考慮されないことも少なくない。民法学者、商法学者間においてさえそうであり、まして、民法学、憲法学、刑法学は、それぞれが同じ問題に違った方法でアプローチしており、その傾向があまりに異なっているのに驚かされるほどである。

しかしこれも、継受法・継受法学であること、つまり近代法と法律学とにおける後進国であることに由来する。明治以来の日本人の努力は、欧米先進国に追い付き追い越すことであった。そこで、研究領域を狭くして、各領域における研究の高度化に努めざるをえなかったのである。しかしその時代は既に過ぎた。

欧米諸国の法は、これと反対に自生法である。欧州大陸における「ローマ法の継受」は古いことであって、土着の慣習法との融合が終了してから一世紀ないし数世紀経過している。法律学は、自国の法律の研究で自足することができる。他にはせいぜいその起源であるローマ法ないしかつての慣習法に触れれば足りる。まずドイツ、次いでフランスで近代法史が著述されるようになったのは比較的最近のことである（Franz Wieacker, Jean-Louis Halpérin など）。これは、それらの国の法学にとって大きなメリットであるが、反面デメリットもある。実定法学の中に比較法学、法社会学を組み込むことは少なく、法学教育の中で自国法を相対化する視点を与えることが難しいように見受けられる。フランスを別にすると、それらの優れた業績も実定法学とは独立しているようである。フランスでも私は、ある優れた私法学者が、法制史・法哲学者の業績につき、「あれは法制史学者だ」と切って捨てたことを印象深く記憶している。法整備支援において、これらの国が、ともすれば自国の制度を押しつける傾向が強いことも、私どもは目にしている。

（4）日本民法学史の部分は、星野「日本民法学の出発点――民法典の起草者たち」同・民法論集第五巻（有斐閣、一九八六）（初出一九七八）、同「フランス民法典の日本に与えた影響」北村一郎編・フランス民法典の二〇〇年（有斐閣、二〇〇六）、同「日本の民法典・民法学におけるコード・シヴィルの影響」石井三記編・コード・シヴィルの二〇〇年――法制史と民法からのまなざし（創文社、二〇〇七）、同「日本の民法学――ドイツおよびフランスの法学の影響」早稲田大学比較法研究所編・比較と歴史のなかの日本法学（成文堂、二〇〇八）などがまとめている。

（5）星野「日本の民法典…」前掲注（4）二九五～三〇一頁において、フランス、ドイツ、日本の民法の教科書の簡単な比較を試みたが、その説明は外面的な観察である。日本の教科書がドイツの教科書と叙述法やスタイルなどにおいてよく似ているのは、日本の教科書の書き方がドイツ式ドグマティークの方法による教科書の書き方に（あるいは無意識的に）従っていることによると見るべきである。この点について参考になるのは、ヴィーアッカー・前掲注（3）五一五頁以下のパンデクテン法学の基礎にあるとされる「学問的実証主義（wissenschaftlicher Positivismus）」についての以下の説明である。「学問的実証主義の法像」すなわち「すべての法規と判決とを法学的諸概念および諸命題から導出しようとする法の見方」によれば、「外法律学的価値評価――たとえば、宗教的・社会倫理的（「自然法的」というのもそうである）ないし世界観的（たとえば社会主義的）価値評価――および経済的かつ社会学的合目的性には、法創造的ないし法変更的力が認められなかったのであり、換言すれば、これらの世界観や合目的性が法律家のエトスのうちにはもちろん、その意識のうちにさえ、位置を占めるための余地は与えられていなかったのである」。ヴィンドシャイドは、「法律家そのもの」を立法家および司法政策家に対立させて、「倫理的・政治的ないし国民経済的考慮は、法律家そのものの仕事ではない」と言った。学問的実証主義は、「もっぱら法学説の一般に承認された諸結論（スイス民法第一条の『定評ある法学説』）から、とくに『体系と積み重ねられた通説的概念と理論』から法を導出しようとする」。

フランスでは、前掲注（3）所掲書によれば、一九世紀末には、ドグマティークと法の外からの観察、つまり人文学との分離（「離婚」）が行われている、とされ、その理由が述べられているが（Jestaz et Jamin, *op. cit.*, p. 172 et s.）、類似の事象であっても、その背景や理由がまったく異なっていると見られる。

やや大胆なことを述べれば、実定法学としてのドイツ民法学（及び従来の日本の教科書）とフランス民法学との間には、基本的な発想において相違があるようである。

（6）実定法学を人文学とする思想は、星野・法学入門（放送大学教育振興会、一九九五）の頃から始まっている（同二〇一頁）。

（7）平井宜雄「法律学基礎論覚書」ジュリスト九一六・九一八〜九二一・九二三・九二六〜九二八号（初出一九八八〜一九八九）、同・続・法律学基礎論覚書（有斐閣、一九九一）。

（8）当時の議論をまとめたものは、ジュリスト編集部・法解釈論と法学教育（有斐閣、一九九〇）。

（9）たとえば、瀬川信久・コメントその他前掲注（8）所掲〈ミニ・シンポジウム〉「法解釈論と法学教育」、加藤新太郎編・民事司法展望（判例タイムズ社、二〇〇二）の第二章「民法解釈方法論と実務」（鼎談　瀬川信久＝小粥太郎＝加藤新太郎）における瀬川発言、同章［解題］中田裕康「『民法解釈方法論と実務』を読んで」、吉田邦彦「アメリカにおける批判法思想の展開とわが民法学の行方」同・民法解釈と揺れ動く所有論（有斐閣、二〇〇〇）（初出一九九八）。

三　法学研究者（学者）の養成

法学研究者の養成を検討するに際しては、まず法学研究者の各国における位置・役割を見定めておく必要がある。次いで、法学生一般がどのように法学教育を受けている（養成されている）かとの関連で眺めなければならない。

1　法曹と学者

ヴァン・カネヘム（R. C. Van Caenegem）は、立法部、司法部、学者のどれが法の発展に対して支配的地位を有したかは、各時代・各地方において異なるとして、コモン・ローが裁判官作成法、中世および近世ローマ法と近代ドイツ法が教授作成法、フランス革命期の法律が立法者作成法であった、とする。「イングランドでは裁判官が法であると述べたものが法であり、近代ドイツでは大学教授が法であると述べたものが法であった」[10]。

この見方に示唆を得て、日本における法曹と法学者との関係について一言する。

日本の近代法が継受法であることがここでも決定的である。明治期の法典編纂自体、西欧に留学した教授が起草者となり、議会における説明者となっている。法典編纂直後は、起草者である教授の学説が裁判官に対して圧倒的意味を持ったことは当然である。その後も、学者によるドイツ法学的な日本法の解釈と欧州の新しい学問への接触とが、学者の強みとなり、学説の支配的地位は一層強まった。当時は、「学者が法を語った」のである。

二〇世紀が進むにつれ、社会問題に対処するための借地借家立法や労働者保護立法は、立法者に新しい役割つまり力をもたらしたものだが、この際起草にあたった行政部のことを忘れることはできない。ちなみに、日本では、ほとんどの法律案が内閣つまり行政府の提案によるものであるほか、行政部が著しく強力であって法に対して持つ力が大きかったことが、カネヘムの述べていない特色である。司法部は、行政部に属する司法省の下にあった。これらの理由もあってか、法学部卒業生の好む進路は、行政か企業であり、トップクラスの中で司法部志望者・弁護士志望者は多くなかった。

しかし、裁判所も新しい社会情勢に対応して次第に独自の解釈を打ち出すようになる。社会が生み出す事件に対処するために、柔軟な解決をとる傾向も出てくる。裁判官は学者依存から次第に離れてくる。末弘によって主張された判例の尊重と、それを受けて次第に強くなってゆく学者の判例重視の傾向も、裁判官に自信を与えたのかもしれない。

第二次世界大戦以後は、アメリカ合衆国の影響で、司法権の完全な独立、違憲立法審査権を有する最高裁判所制度の創設、裁判官の種々の面での優遇が行なわれた。弁護士の社会的評価も高くなった。これらが主たる理由であろうか、法曹を志望する学生が大幅に増え、その質も向上した。また、裁判官、検察官、弁護士志望者である司法試験合格者の全員を一堂に集めて実務教育を行なう司法研修所の制度の創設は、教育される者の質の向上ばかりでなく、教員である法曹の力量の著しい進歩をもたらした。裁判官は、学者と独立して法律の解釈・適用を行なう力を十分に獲得している。法曹界から、学説に対して「役に立たない」という批判が多く投げ掛けられるようになる。進んで、司法研修所教官を中心として、裁判法学とでも呼ぶべき「要件事実論」の体系化が主張され、学者がそれに追随・協力するという現象も生じている(11)。日本は、判例法国に近い様相を示してきた。「裁判官が法を語る」時代になった。ここで、法学の役割、法律学者と法曹の関係が改めて問題とされるに至ったのである。

しかしなお、法曹は独特の法律用語と法律技術の独占者として、日本社会では特殊な存在とされがちであった。最近、行政権による社会的・経済的規制を減らし、事後的な紛争解決へと移行しようとする「規制緩和」政策に伴い、司法制度の改革が進行している。これが学者と法曹の関係に何らかの変化をもたらすものかは、予見しにくい。一方で、裁判へのアクセスの容易化、他方でＡＤＲの大幅な拡大という、この点では相反する結果をもたらしうる方策が併存するからである。

ちなみに、日本の民事立法における学者の役割は、明治期の法典編纂以来、今日においてもなおかなり大きい。立法部に入ることは少ないが、民法・刑事の立法の草案の作成に関与し、かなりの影響を与えている。これらの立法を準備する法務省の法制審議会の中心的なメンバーとしてである。学者の主流は、比較法的、社会学的傾向を持ち続けており、また社会的利害の対立から一応中立な立場をとれるので、この傾向はなお続くであろう。

2　法学研究者の養成

日本は最近まで、西欧大陸諸国（civil law country）と同じく、ロースクールはなく、法学部制度をとっていた。もっとも、明治初期には、裁判官養成のため一八七二年に設立された司法省法学校があった。それは当時の法律家によって「法律運用の職工養成」を目的とするものとされた。一八八五年に東京大学法学部に吸収されたが、それは、根拠法律により「国家ノ須要ニ応スル」人材の育成が目的とされていた。その後は学部レベルの法曹養成に特化した教育機関はなかった。

ところで、法学部といっても、国と時代によってかなり異なる。アメリカのロースクールは独特だが、そこでは理論教育も相当に行なわれている。ドイツの法学部は一方で理論教育を重視すると共に、法曹実務教育の面もある。法曹教育の要素の相対的に少ないものがフランスであろうか。(12)

日本においては、大学が一方で工学部や農学部を組み入れているが、大学の基本的な理念はフンボルト（Wilhelm von Humboldt）的理念であった。(13) そして法学部は、医師養成を目的として履修機関も長い医学部や、技師の養成を目的とした工学部や農学部と異なり、文学部や理学部のような比較的純粋に学問を教える学部であると自らを考えてきた。日本では、法学部の任務及び法学部教授の任務について、従来は、「研究教育」であって「教育研究」ではないとされてきた。かくして、戦前においては、法学教育が論じられることは少なかった。日本の法学部は全体としてフランスのそれに近いように見える。

戦後に至り、各国の法学教育の研究が盛んになった。留学する若手学者の中に、外国法や外国法学を生み出し、その背後にある諸要素の検討までも必要であるとの意識が強くなったからである。最近のある若手学者（大村敦志 一九五八〜）は、法学教育の比較研究と日本の事情の検討から、一口に「法学教育」といっても、対象と目的によって様々なものがあることを示した。相手方が市民・素人か、知識人・専門家であるか、法の理解を重視するか、法の使用を重視するかによる四類型を析出する。うち二つは、法を内部から見る視点（内的視点）に立つもの、二つは法を外部から見る視点（外的視点）に立つものである。彼は、日本の法学部における法学教育は、「規範としての法への共感」（内的）を出発点として、「知識としての法の実用」（外的）（「技能としての法への参加」――法曹のための教育――でない）を中心とするものになる、つまり「専門教育」でなく「一般教育」であるという。(14)

日本の法学部が、法曹養成でなく、将来の官僚や企業人を念頭に置いた一般教育であることは、既に繰り返し指摘されている。ロースクールを生んだ一つの理由である。

しかし、大学以前の教育過程において法・法律がどの程度、どのように教えられているかは、大学における法学教育を考えるためにも重要な意味を持つ。高校（High School, Lycée, Gymnasium）において与えられている知識・教養の程度が、アンダーグラジュエイト、さらにロースクール、大学院における法学教育の内容や方法を規定する。

日本における大学以前の法教育についての検討は、法学者によってこれまで十分にされていなかった。しかし筆者の経験や同僚の話からは、法学部生の法的教養は、時に細かいことを含む断片的な知識に止まっている。法学部において初めて「法」「法律」とは何かを教えられる感があった。最近、法教育をより高度のものにすることが政府レベルで企てられており、次第に変わってゆくことが期待されるが、法学研究者の教育を含め大学以後の法学教育はこれを前提として考える必要がある。

欧米諸国については不知だが、フランスの小学校やリセの教科書を覗いたところでは、法について、時に日本の法哲学の教科書以上とも思われる高度の記述が見られた(15)。大学以降の法学教育は日本におけるよりも高い程度から出発することができるメリットがある。

3　法学研究者養成の方法

法学教育のどの段階から研究者養成のための課程を置くか。これは、各時代の各国における法教育・法学教育のあり方に応じて異なる。

大学レベルについては、アンダーグラジュエイトの法学部を持つ国と、グラジュエイト・コースであるロースクールのみを持つ国とで異なることは当然である。大陸型の法学部を持つ国でも、グラジュエイト・コースのあり方、ドクター論文作成の時期、教授採用の仕方などによって異なり、現に多様な姿を見せている。恐らく、フランスのシステムが、法学教育の各段階を踏んで優秀者を選抜するシステムとして制度化されたものといえる。それは、ドクター論文を教授採用の前提とし、優秀なドクター論文を書いた者の中から、原則として、全国規模で各領域二年毎に行なわれる教授採用試験（concours d'agrégation）によってのみ採用するシステムである。もっとも、アグレガシオンは法学部教授の採用システムであり、法学部教授の任務としても、試験のやり方としても、教育に重点が置かれているようなので、研究者養成コースそのものとは違うとも言える。しかし、フランスにおいて、法学はドグマティークを含むドクトリンとして、大学教授の仕事となっているとされるので(16)、研究者養成コースでもあると見ることも可能である。

いずれにしても、研究者養成のための法学教育の早い段階から特化した課程を持つ国はないように見られる。戦前の日本では、法学部卒業生の中から一定の優秀者を研究者要員（助手）として直ちに研究者コースに入れていた。特別の教育システムはなかった。戦後もこのシステムを持っている大学が若干存在するが、通常は、修士・博士課程を経過する。法科大学院の設立がこれにどのような影響を及ぼすか、研究者養成をどの過程でどのように行なうかが本書のテーマの動機となったゆえんである。

なお、研究者養成は、どのシステムにおいてもドクター論文執筆に際して教授の多かれ少なかれ個人的な指導が必要とされていることからも示されるように、最終的にはある意味での徒弟的訓練によることは、ほぼ明らかである。若手研究者同志の切瑳琢磨の重要性も否定することができない。また、研究者志望の種々の動機のうち重要なものとして、法学教育の比較的早い時期に優れた教授に接することが挙げられている。これらを合わせ考えると、研究者候補のリクルートから養成に至るまで、制度よりは個人的な要素が決定的であることが示されている。この点は、常に注意しておくべきである。

(10) ヴァン・カネヘム〔小山貞夫訳〕・前掲注（2）九一頁。

(11) 要件事実論については、多くの文献があるが、最近の概観を与えるものとして、山崎敏彦「民法教育における要件事実論的要素の組入れについて」鈴木禄彌先生追悼論集・民事法学への挑戦と新たな構築（創文社、二〇〇八）が詳しい。

(12) かなり古いものだが、日本公法学会＝日本私法学会編・法学教育（有斐閣、一九五九）が、英米独仏四ヶ国の法学の特色を示していて、今日でも有用である。

(13) 寺崎昌男「学部――大学の基本組織の変遷」同・東京大学の歴史（講談社学術文庫、二〇〇七）（初出一九八九）。

(14) 大村敦志「現代日本の法学教育」同・法典・教育・民法学（有斐閣、一九九九）一四二頁以下（初出一九九七）。

(15) かなり翻訳があるが、たとえば、P・フルキエ〔九重忠夫訳〕・公民の倫理（筑摩書房、一九七七）（原著一九六六）、A・ヴェルジェス＝D・ユイスマン〔白井成雄＝九重忠夫＝高橋勝共訳〕・哲学教程上（筑摩書房、一九八〇）（原著一九七八)。

(16) Jestaz et Jamin, *op. cit.*, p. 93 et s. その他。

四 結論――日本における法学と実務及び法学教育と研究者養成の将来

以上の諸点を前提として、法学の実務との関係は、「間接的だが不可欠の意味を持つ」と考えたい。私は、実定法学者を含め法学者の存在意義・固有の仕事は、同じくよい法実務を目標としつつ、直接に裁判や企業・行政実務に働きかけることよりは、法律を「深く、広く、遠くから」眺め、その理解を深めることと、法学教育とにあると考える。法学教育については、法曹のほぼすべてがかつての法学生であることを忘れてはなるまい。より具体的には、ある制度が「そもそも何か(「法人」とは何かが一つの好例)」、「何のためのものか」「どのようにして現在のようになっているか」をまず明らかにすることが必要である。もちろん、多かれ少なかれ直接に実務に働きかける仕事は少なくない。テキストブック自体それにあたる場合もある。判例研究や、政府の審議会における活動もある。しかし、一国の法学が前述(第二種)の仕事に従事する実定法学者を失っては、法学の社会における重要な任務が果たされず、かえって実務に対する魅力を失う恐れがある。

法学部における実定法の教育においては、このような法学の成果、先に述べた、制度や規定の理解、つまりそれらの立法時における歴史的・比較法的意味、その後の立法と判例・学説による解釈の変遷、とりわけその社会や社会思想の変遷からの理解、立法論・解釈論における対立の思想的背景を示すことが、解釈論の基礎訓練と並んで、あるいはそれ以上に、重要である。これは、法律家として新しい社会現象に対処するためにも、グローバルな場において法律家として活動するためにも、基本的な教養となる。しかもこれがまさに、学生に対して学問研究への関心をもたらし、かつ高めるものである。

このように考えれば、法学部と法科大学院の教育は重複するものではない。法学部無用論も説かれるが、それどころか、法曹志望者、将来の学者（そのリクルートを含む）ばかりでなく、官庁、会社などの実務に進む者にとって法学部の意味も大きくなると考えられる。問題は、ロースクールにおける他学部出身者の教育に存在する。

基礎法学の授業時間を増やすことも説かれる。時間的に可能ならばそれもよかろう。しかしそれらは、独立した学問（歴史学、比較法学、法社会学、法哲学など）の一部として、それ自体の方法や歴史の部分を多く含むことになる。むしろ、実定法の授業がそれらの学問の成果を利用するものであるほうが、学生に法律の技術面だけでなく、その深く広い意味を教えることになるのではないか。基礎法学への興味も、実定法学における具体的な成果に接することによって生ずる可能性が大きいと見ることもできよう。

曽根威彦＝楜澤能生編・法実務、法理論、基礎法学の再定位——法学研究者養成への示唆（日本評論社、二〇〇九年）

〔**追記**〕もともとは、二〇〇八年三月に開催された早稲田大学の国際シンポジウム「グローバル化時代における法理論創造——法学研究者像の探求と研究者養成」における講演原稿。著者の論文としては最も遅い時期に書かれたものであり、ある意味では著者の方法論の集大成になっている。なお、その後にまとめられた著書として、『人間・社会・法』（創文社、二〇〇九）、『法学入門』（有斐閣、二〇一〇）がある。

〔付録E〕　故鈴木禄彌会員追悼の辞

日本学士院会員、東北大学名誉教授、鈴木禄彌氏は、二〇〇六（平成一八）年一二月二二日、心不全のため逝去されました。享年八三歳でした。

鈴木禄彌さんは、一九二三年四月四日に東京でお生まれになり、東京府立第一中学校、第一高等学校を経て、戦時中の在学期間短縮の結果、一九四二年一〇月東京帝国大学法学部法律学科に入学されましたが、翌一九四三年一二月には、ほかの文科系学生に対する徴兵猶予の廃止に伴ういわゆる学徒出陣として、陸軍に入隊されました。幹部候補生を経て見習士官になり、旧満州、中国の北京、ついで青島に配属されて敗戦を迎えて少尉となり、一九四五年一一月に復員して、大学に復学されました。一九四七年九月に卒業、山田晟先生を指導教官としてドイツ法専攻の大学院特別研究生に採用されました。一九四九年九月には大阪市立大学講師に採用され、翌年三月に同助教授に昇進しました。一九五二年九月から一九五五年三月まで、ドイツ学術交流会（DAAD）の留学生としてテュービンゲン大学とゲッティンゲン大学で研究されました。一九六〇年四月から東北大学法学部教授に転じ、一九八七年三月に定年退官されました。同四月には東海大学教授に迎えられ、一九九六年三月に退職されました。合わせて四七年近く大学において研究教育に従事されたことになります。この間、一九六一年には東京大学から法学博士号を授与され、管理職としても東北大学評議員、同法学部長、同大学院法学研究科長、東海大学大学院法学研究科長、同法学部長を務めておられます。また、一九六五年九月以来法制審議会民法部会及び強制執行部会幹事、続いて同委員として一九九三年まで長きにわたって民法を中心とする基本法の政府草案作成に関与されました。

鈴木さんの業績は、「原稿の依頼があったなら何でも書きなさい」という、大阪市立大学の民法主任教授であられた故谷口知平会員の勧めを「ほぼ完全に守った」ためと自分で言われますが、まずその量的な膨大さに圧倒されます。

これを発表媒体の面から大別すると、九冊目が近く刊行される論文集（うち六冊は「民法論文集」との副題つき）八冊（合計で五〇〇〇頁に及びます）、モノグラフィー一冊、民法全体にわたる単独執筆の教科書五冊、二人で共著の教科書二冊、参考書ないし法律の解説書約四冊その他（判例総合研究二冊やドイツ語の論文を含む）です。次にその主たる研究対象から分類すると、抵当権を初めとする担保制度、物権変動法、借地借家法、親族法・相続法の四領域ということができます。

鈴木さんの最初の論文は、卒業の二年後特別研究生前期の終了論文で、「抵当権に基く物上代位について」民商法雑誌二五巻四号、六号（一九五〇）です。これは比較的短いものですが、ドイツ・スイス・フランスの法制を比較して、日本民法三〇四条はこの制度を最も広く認めつつその内容は微弱であるとし、その法律構成、同条に列挙された代位される権利、特に賃料への代位の検討など、従来にない鋭い検討をした、優れたものです。続いて、「ラントシャフトに関する一考察」法学協会雑誌七〇巻四号、七一巻二号（一九五三）が執筆されました。わが国でも進歩した制度とされているドイツの抵当制度と不動産登記制度との重要な出発点となったプロイセンの不動産担保貸付銀行の歴史を、単なる法律構成からでなく、社会的・経済的背景から検討した研究です。

この二つの間に同氏は、共同研究の一部である「登記制度の比較法的研究——ドイツおよびスイス」法律時報二四巻三号（一九五二）を執筆していますが、この頃から同氏の研究において抵当権、広く担保制度と物権変動（不動産登記制度を含む）が重要な位置を占めるものとなってきます（論文集は四冊合計一六〇〇頁余に及びます）。東北大学の同僚幾代通教授が不動産登記を中心に研究されるようになったので、その方面の研究はあまりされなくなりましたが、物権変動の理論についてずっと後に数編を書いておられます（論文集一冊二〇〇頁余）。

鈴木さんは、一九五二年九月から二年半の間、テュービンゲン大学及びゲッティンゲン大学に留学されましたが、帰国後『居住権論——借家法序説』（有斐閣、一九五九）を発表して、瞠目されました。借家法全体の性格を、借家人を保護するための「契約関係を媒介とする・家主の犠牲による社会立法」と結論づけた上、借家人の権利を「居住権」と呼びました。具体例として、判例による解除権の制限と、解約申入に必要な「正当の事由」の内容とを詳細に検討し、隣接領域である営業用借家及び借地関係を比較してこの命題の立証を試みました。三七〇頁の大著で、後に東京大学から博士号を授与されたものです。借地法・借家法は、もともと初期に総合判例研究を執筆された分野ですが（「賃借権の無断譲渡と転貸」（有斐閣、一九五八））、一九六一年には『借地法（上）（下）』（青林書院新社）を執筆されました。一三〇〇頁に及ぶ大著で関係判決のすべてを取り上げて各所に一覧表を置き、同法を詳細に検討したもので、内容的にも恐らくこれ以上のものは将来にも現われないでしょう。この分野の論文も絶えず執筆されています（論文集二冊合計一二〇〇頁余）。

鈴木さんは初期から、親族法・相続法についても関心を持ち、相当数の研究をしておられます（論文集一冊三一〇頁余）。ドイツの制度の研究、親族法における故中川善之助会員の著名なテーゼの批判、相続分の緻密な計算法などの他、この領域においてそれまで効果の面の検討が不十分であったことを指摘して、要件を効果との関係で検討するという、氏の方法のこの分野への適用が顕著に見られます。

鈴木さんは、民法全体について、同じ調子の本格的な教科書を書いた、わが国で初めての学者です。民法は範囲が広く、内容が多方面に及ぶため、講義案程度のものを別として、独りで全体について同じ調子の教科書を書くことは至難であり、故我妻栄会員でさえも『民法講義』（岩波書店、一九三二〜）の完成を見ることなく逝去されました。我妻『民法講義』ほどの大著でなく、せめてその半分程度の厚さのものでも、単に従来の諸説や判例を整理して若干の私見を加えるだけでなく、それらを基本的に再検討して新しい内容の教科書を書くことは、後進の夢でしたが、鈴木さんは、その一番乗りを果たしました。きわめて大きな特色のある教科書で、特色の第一は、氏自らの言葉によれば「抽象的な概念規定や、要件・効果の羅列を極力避け、具体的な制度のあり方や機能をまず叙述し」、定義などは後回しにすることです。一口でいえば、「機能主義的」あるいは「帰納的」な、「利益考量の方法」による解釈論です。第二は、そのため、思い切って民法典の体系を崩した構成をとることです。

以上の簡単な説明にも示されるように、氏の民法解釈学者としての最も大きな特色は、その方法にあります。氏は抽象的な議論を好まれず、方法論については、氏を囲むあるシンポジウムで述べておられるだけで、論文はありません。しかし、そこでの貴重な証言のほか、氏の著作を見れば直ちに明らかになる特色を指摘することができます。

まず、社会に起こる事例はニュアンスに富むもので、個々のケースで法律上の要件が完全に具備したり、法律に規定された効果を全面的に発生させるのが適当である場合は滅多にないとの認識から出発します。そこから二つの結論が導かれます。第一は、要件のどの部分が存在する場合にどの効果の発生を認めるのが適当か、ということを細かく検討することです。有名な具体例として、売買によって特定物の所有権が何時移転するかにつき、ある時期に全面的に所有権移転の効果が生ずるのではなく、売主・買主がどのような状況に至った場合にどの効果が生ずべきかを個々的に検討する、いわゆる「所有権の段階的（なし崩し的）移転」と呼ばれる理論です。これは、ある学会で、故我妻会員の「破壊は易しいが建設は難しい」との発言を呼んだテーゼで、奥田昌道会員や私などの賛成を除き未だ少数説に留まっています。氏は自ら自分の説には通説批判が多いとしていますが、結局多数の賛同を得ることになったものも少なくありません。

しかし注意すべき第二の点は、社会における事態に一つ一つ正確に対応する効果を与えることが公平だとしても、費用と時間の関係でそれはほとんど不可能なので、微妙な差異があってもそれを無視し、一定の範囲の事態を一律に扱って一つの効果にまとめることが社会の止むを得ざる要請であるとすることです。この第二の点が、鈴木さんに体系的な教科書を書かせた一つの理由かと思われます。

なお、鈴木さんのあまり言及されることのない特色に、制度の沿革的・歴史的検討があります。初めに挙げたもののほか、「借地・借家法前史」法学二六巻二号、三号、二七巻一号、三号（一九六二〜一九六三）などです。氏は、初期に歴史的、社会学的傾向の研究が比較的多く、次第に解釈論へと関心が移りますが、生涯を通じて前者の関心を持ち続けておられます。

鈴木さんにはさらに、ドイツ法の研究論文のほか、ドイツの著書二冊の翻訳もあります。その一冊、F・ヴィーアッカー『近世私法史——特にドイツにおける発展を顧慮して』（創文社、一九六一）は、訳書が註を含めて八六〇頁以上に及ぶ大著です。

鈴木さんは中国との関係も深く、私的な旅行のほか、中国社会科学院その他の機関や学会の招聘による講演・討論等のための出張が五回以上にもなります。急逝の二月前にも中国社会科学院法学研究所や清華大学等に講演・討論に行かれました。『物権変動と対抗問題（「民法論文集六」）』（創文社、一九九七）は中国語に翻訳されており（渠濤訳、社会科学文献出版社（一九九九））、『物権法論集』と題する訳書の刊行も同時に企画されていました。中国の多くの民法学者から敬愛されており、葬儀には中国社会科学院法学研究所初代所長王家福教授によるもののほか数通の弔電が寄せられました。

鈴木さんは、一九九八年に日本学士院会員に選定されてから、例会によく出席され、論文報告は三回に及び、どれも紀要に発表されております（五五巻二号、五七巻一号、六一巻二号）。中でも、「成年後見制度と高齢者保護」（二〇〇二）と題する報告は、「老人は死ぬべきか」との副題のついたもので、副題どおりユーモアと皮肉に満ち、聴衆を笑わせたものですが、その奥に潜むヒューマニズムは、後に述べる鈴木さんの心の奥を垣間見せた印象深いものでした。

ここで私事を述べさせていただくならば、鈴木さんは、東京大学法学部研究室における私の三年半先輩にあたります。私は入替わりに研究室に入ったので、同室の時期はありませんでしたが、専門を同じくし、学界や法制審議会で一緒に議論をする多くの機会を持ちました。とりわけ、法律解釈における機能（帰納）主義、「利益考量」の方法は、今のところ鈴木さんのほか加藤一郎会員や私、その他若干の若手学者が採用しているだけなので、私はひそかに鈴木さんを学問上の同志と考えていました。もっとも、我が道を行く鈴木さんは、「…おなじような考え方を多少述べてくれている人もいるなというだけで、心強く思うだけです」としか言っておられません。

むしろ氏は私にとって、民法学における同時代に学者としての徒弟時代を過ごした先輩という点で、強い親近感のある存在でした。当時は、未だ「戦後」の終わらない時期でした。個々の論文としては、故谷口知平、故来栖三郎、故磯村哲など、後に本院会員になられた方々の珠玉の論文が出ていましたが、民法学界全体はあまり活発ではありませんでした。広く民法学界において、狭くは東大法学部研究室の若手研究者の中で、民法解釈学への不信が声高に叫ばれ、故来栖会員による、法律解釈には「複数の可能性があり」「その選択は主観的価値判断によって左右される」という主張が学界に衝撃を与えていました。故川島武宜会員がパイオニアとして強力に研究を進めていた法社会学や、マルクシズムへの強い関心が支配していました。その中で、なお伝統的な民法解釈学に進み、それを乗りこえて新しい方法を建設しようとした者は、いかにすべきか悩みました。この同時代的体験が、性格的にも学問の他の部分においても相当に違い、方法論についての議論をしたこともない二人を、共通した方法論に到達させた背景ではないかと考えられます。鈴木さんも学生時代には友人と岡崎次郎氏を囲むマルクス『資本論』の読書会をやっておられ——その読書会からはマルクシストになる人が出なかったそうですが——、若手法社会学者との交流も盛んだったようで、この時代の風潮をまともに浴びておられる感じです。鈴木さんが晩年に至るまで、法の歴史的・社会学的研究を重視し、弱者保護の考え方や「社会法」重視の考え方を持ち続けておられたことは、私にはよく理解することができ、同感しています（ちなみに、学界全体として民法解釈学が復活してくるのは、一九六〇年代と見られます）。

鈴木さんは、学問のこととなると勢い込んで議論されましたが、それ以外のことでは自説を強く押すことはありませんでした。幾分の茶目気もあり、他人に対しても自分に対しても醒めた見方をしており、そのためでしょうか、時に含羞の表情を見せることがありました。いろいろな点で貴重な先輩を失ったことは、淋しいかぎりです。安らかな眠りをお祈りいたします。

日本学士院紀要六二巻一号（二〇〇七年）

〔**追記**〕 もともとは、二〇〇七年三月に、日本学士院例会において述べられたもの。著者が鈴木の解釈方法論に強い関心を抱いていたことは、民法概論Ⅰ（良書普及会、一九七一）の「はしがき」に記されており、よく知られている。

〔付録F〕 故加藤一郎会員追悼の辞

日本学士院会員、東京大学名誉教授、加藤一郎先生は、二〇〇八年(平成二〇年)一一月一一日、関東中央病院において、肺炎のため、八六歳で逝去されました。

加藤一郎先生は、一九二二年(大正一一年)九月二八日に、東京都で出生されました。小学校以来一貫して通われた成城学園の高等学校を経て、戦時中の学年短縮で一九四三年(昭和一八年)九月に、東京帝国大学法学部政治学科を卒業されました。直ちに、当時創設され、善政といわれた、徴兵を免除される特別研究生に採用されて東京帝国大学大学院に入られ、前期・後期計五年の任期を終えて、一九四八年(昭和二三年)九月に東京帝国大学助教授に任命されました。一九五七年(昭和三二年)四月に東京大学教授に任命され、途中五ヶ月間の東京大学総長事務取扱、四年間の東京大学総長とその後若干のブランクの期間を経て、一九七四年(昭和四九年)法学部に復帰し、一九八三年(昭和五八年)三月に定年退官されました。この間、一九六一年(昭和三六年)には法学博士の学位を授与されております。その後、母校成城学園の学園長に就任されるとともに、弁護士登録をして事務所を開設され、弁護士業務にも従事されました。

先生は、多くの政府の審議会に参加しておられますが、中心は法制審議会です。一九五四年(昭和二九年)に法務省法制審議会幹事に任命されてから、同民法部会委員、次いで一九七八年(昭和五三年)に民法部会長となり、一九九六年(平成八年)まで、約二〇年にわたり、その任にあたられました。幹事時代からは前後四〇年に及びます。関与された法案は、民法の数箇所の改正、民法の特別法の制定や改正など数多くありますが、借地借家法の全面改正と、反対のため未だに国会に提出されていない民法親族編の全面改正案などが、量的に最も大きいものです。

先生はまた、一九六三年(昭和三八年)から日本私法学会の理事となり、そのうち、一九七四年(昭和四九年)から一九八二年（昭和五七年）までは、同理事長を務められました。

加藤先生は、農地制度・農地法から研究をスタートされました。特別研究生を終了する際の論文は、『フランスにおける農地相続』であります（農林省農業綜合研究所、一九四八）。題名の問題をフォローしたもので、法律の問題ばかりでなく、フランスにおける農地相続をめぐる議論を、例えば社会学者ル・プレイを紹介しながら論じたものです。戦後の相続法改正と平行して国会に提出されて大きな議論の対象となっていた農業資産相続特例法案との関連で時宜を得た研究でした。また、元会員我妻栄先生との共著である、詳細な『農地法の解説』（日本評論社、一九四七）は、先生が草稿を執筆されたと伺っております。論文「農地改革」（日本評論社、一九五三）とともに、この頃の先生の関心を示しております。先生の農業法への関心は続いており、一九八五年（昭和六〇年）発行の『農業法』（有斐閣）に至っております。これは、農業及び農地に適用される法律の総合的な体系書であって、先生のこの問題の研究の集大成と言うことができます。

続いて、先生の研究対象は、当時急激に増加する自動車事故とこれに対処するための自動車損害賠償保障法の制定（一九五五年）を機縁として学者の関心が向けられつつあった不法行為法となります。一九五七年（昭和三二年）に、体系書『不法行為』（有斐閣）が発行されました。これは、基本的な考え方や構成は当時の通説である我妻栄説に従っています。不法行為制度の意義を「社会に発生した損害の公平な分担」にあるとする我妻説に立って、そこには古典的な過失主義に基づく損害賠償と、損害の塡補を目的とする無過失責任制度の並存があると指摘し、随所に類型的考察を行い、細部において修正を加えておられます。通説の到達点を示す体系書です。通説は、一九七〇年前後から、不法行為の基本理論と構成において批判を受け、もはや維持されなくなりましたが、類型的考察は今日誰もが採用するものとなっております。この点で本書は、学説の新しい方向を打ち出した歴史的著作でもあります。文章が平易・明快で、きわめて読みやすいことも、特色です。内容的には、全体として被害者保護に重点を置く、日本民法学の正統ともいうべき穏健な進歩派の態度が顕著です。なお、この方面で、先生は、交通法学会、交通事故紛争処理センターを組織して、最初の理事長として活躍されました。

この頃から、原子力事故の立法、公害、薬害、医療事故、製造物などの事故が増加してきますが、先生はそのほとんどについて、短編ながら鋭くかつ説得的な論文を執筆されました。それらは、『不法行為法の研究』（有斐閣、一九六一）にまとめられております。この方面の論文はその後も絶えず執筆されています。なお、『不法行為』は、一九七四年（昭和四九年）に増補版が発行されました。

その後先生は、公害に焦点を置いて研究を進められ、全国の学者を集めた共同研究を組織して、総合的で大掛かりな研究を推進されました。一九六二年（昭和三七年）に発足した公害研究会がその一つです。これは、公法・私法学者のほか公衆衛生学者合計三五名を含む大研究会で、約三年をかけて合宿や実態調査を行い、その成果は、『公害法の研究』として発表されました（Ⅰ『公害法の生成と展開』、ⅢⅣ『外国の公害法』上・下、Ⅴ『公害法の国際的展開』、岩波書店、一九六八〜一九八二）。第一巻の序論は、先生の手になる詳細なものです。一九七三年（昭和四八年）以来、そのメンバーの一部を中心に人間環境問題研究会が、先生を会長として発足し、続いて環境政策学会がこれを継ぎました。

なお、医事法も、先生が好んで扱われた領域です。例えば、「生命倫理と法――序論的考察」『法学協会百周年記念論文集　第一巻』（有斐閣、一九八三）という力作を書いておられます。

この方面での先生がリーダーとなった共同研究には、一九七八年（昭和五三年）に発足した不法行為研究会があります。これは、わが国の不法行為法の沿革と比較法上の位置づけを探った後、アメリカ合衆国のリステイトメントにならって、わが国の判例の到達点を条文の形で書き表すことを目的とするもので、先生を含む一〇名の全国の学者が各二つのテーマを担当し、月一回合計六〇回に及ぶ研究会を開いて検討したものです。その成果は、『日本不法行為法リステイトメント』（有斐閣、一九八八）となっております。そこでも先生は、他のメンバーと同様に二つのテーマを担当しておられます。

先生の名を民法学史上忘れがたいものとしたのは、法解釈の方法論である、いわゆる「利益衡量論」です。これは、一九六六年（昭和四一年）発行の岩波講座『現代法』第一五巻・碧海純一編『現代法学の方法』に執筆された「法解釈学における論理と利益衡量」に示されたものです。そこで先生は「自由法学」による「概念法学」に対する批判を支持し、具体的な事例を挙げて、法的判断においては、まず既存の法規を意識的に排除して白紙で実質的な「利益衡量」を行って解決を考え、次いで法規による形式的な理由付けを行うべきものとしておられます。この考え方は、民法学界を初めとして法学界に大きな衝撃を与えました。たまたま、やや異なった視点から、条文の解釈は最終的には「利益考量」によってなされるべきものとして、解釈のプロセスを論じた私の論文が発表されたために、合わせて「利益衡量（考量）論」と名付けられて取り上げられ、活発な論争の対象となりました。二人の論文はかなり違った観点からのものですが、一括して強い批判を受けました。議論は今も続いております。先生は、その後これを第二論文集『民法における論理と利益衡量』（有斐閣、一九七四）に収録するに際して、「資料　この論文の成立まで」と「補論『利益衡量論』について」の合計約四〇頁を付加して、その後の議論に時に反論しつつ対応しておられます。

先生は、一九六二年（昭和三七年）から一年ほどハーバード・ロー・スクールに留学され、そこで、自身の中に「概念法学の遺物が残存しているのに気づいて大きな衝撃を受けた」と言っておられますが、その後、一九六七年（昭和四二年）にはカリフォルニア大学バークレイ校ロー・スクールに留学され、研鑽を積まれました。ところが、翌一九六八年七月に帰国された時に、まことに不幸なことに、当時燃え上がりつつあった「東大紛争」に遭遇されることになりました。同年一一月には、辞任した辻清明法学部長に代わって法学部長に選挙され、さらに辞任した大河内一男総長に代わる総長事務取扱、次いで選挙により総長になられたのです。以後、安田講堂の解放と紛争の一応の終結、後を引いた局部的騒擾、入学試験の停止、大学改革の検討と、嵐のような日々が続きました。一九七三年（昭和四八年）に四年の任期を終えて、翌年四月から法学部に復帰されましたが、一九七五年（昭和五〇年）には、国際連合大学副学長として一年勤められました。健康を誇られた先生も、総長時代の後は、各所に不具合が起こりましたが、その後も共同研究会のリーダー、法制審議会民法部会長その他多くの審議会委員をされたほか、一九七七年（昭和五二年）以来、数度にわたり学術交流団を組織して中国を訪問しておられ、一〇回に及んでいます。第二回の訪中後には、その報告を一冊にした書物の巻頭に、「中国の立法の動向」（加藤一郎編・中国の現代化と法（東京大学出版会、一九八〇））を執筆しておられます。

なお、先生は家族法にも関心を持たれ、統計資料などの図表を多く用いた『図説家族法』（有斐閣、一九六三）がありますが、法制審議会においても、改正法の検討における先生の活躍は著しいものでした。先生はこの方面ではきわめてラディカルな自由主義の立場を採っておられました。

先生の学問の特色として、次のことが挙げられます。一つには、時代の生む問題に敏感であって、ほとんどすべてについて小論文を書いておられることです。その適切で常識的な結論は、立法や判例その他の実務で採用されることが多くありました。先生の論文どおりの改正がなされた民法の制度もあります（「同時死亡の推定」法学協会雑誌七五巻四号（一九五八））。もう一つは、法律以外の専門の学者や法律実務家を含む多くの人を動員して共同研究を行うことです。先生は、円満で包括力のあるお人柄により、多くの人を周囲に引き付け、有能なアシスタントを傍らに置いて、素晴らしい組織力と実行力で研究会や学会を組織し運営され、成果をまとめられました。これらは、時宜を得た成果となって、学者や実務家に裨益したものです。これらの場合に、先生は、観念的な議論を好まれず、常に現実的、実践的な学問を進められました。

先生は、一九九二年（平成四年）に日本学士院会員に選定されました。しかし、この頃から体調を崩されることがしばしばあり、論文報告をされたのは一度で、紀要に発表されております。例会で明快な発言をされたことが記憶にありますが、本院にお出でになったのは、成城学園や弁護士などの一切の仕事をおやめになった直後の二〇〇三年（平成一五年）一月の例会が最後になりました。

先生は、私にとって、ほぼ同時期に、共通の発想に立つ民法解釈論である「利益衡量（考量）論」を発表した先輩として、たいへん頼もしい同志でもありました。もっとも、二人でこれについて話すことはあまりありませんでした。ある学会で、私が二人の理論の違いを述べた時、先生が「まあ仲良くやりましょう」と答えられて、聴衆一同が笑ったことを覚えております。同じような考え方の鈴木禄彌会員も逝去され、淋しくなりました。

私は、東京大学、日本私法学会、法制審議会、先生の組織された共同研究会のどれにも、卒業年次が七年半後輩の研究者・同僚として、先生と接触する機会を多く持ちました。先生は、他人の言うことを直ちに正確に理解する人並み外れた才能と、それらをまとめ、いち早く自説と調整して全体の意見を作り上げる、驚くべき能力をお持ちでした。先生とのお話は事務的なものが多かったので、すぐに結論が出て、短時間に終わることが通常でした。かなり深刻な問題でも、鳩首凝議することはなく、二人の納得する結論が直ちに出ました。情緒的な会話はあまりお好きでなかったようにお見受けしていました。しかし、何の折だったか、自分は学者と呼ばれるよりは研究者と呼ばれるほうがよいと言われ、意見が違ったことがあります。学者とは、広く分野全体を見通して大局的な意見を出すことができる人を意味するとすれば、先生はやはり、比類のないタイプの学者だったと言うべきでしょう。

ある時先生は、「研究者は論文が生命だ」と言われました。当たり前のことのようですが、平生このような説教じみたことをあまり言われなかった先生なので、ややびっくりしました。まことに大切な教訓であり、事あるごとに思い出しております。

先生、どうぞ今はゆっくりお休みください。

日本学士院紀要六四巻一号（二〇〇九）

〔**追記**〕 もともとは、二〇〇九年二月に、日本学士院例会において述べられたもの。著者が加藤の利益衡量論について述べたものとして、「いわゆる『預金担保貸付』の法律問題」民法論集第七巻がある。

第三部　日本民法典の一〇〇年とフランス民法典の二〇〇年

民法典の一〇〇年と現下の立法問題

一　はじめに

今年すなわち一九九八年は、民法典にとって記念すべき年なのですが、皆さんは知っておられるでしょうか。法学部・法学科の学生の学習の中心は、民法典の存在を前提とする、その解釈でしょうが、それだけでなく、民法典全体を眺め、それが何時どのようにして出来たものか、世界の他の民法典とどのようなつながりがあるのか、どのような変遷を経て現在のようになっているのか、といった点について弁えておくことが、より基本的なこととして重要です(1)。現実的にも、今後民法を使って日本社会の種々の問題を解決したり、グローバルな法律問題に日本人として臨んだり、最近とみに増えている、日本法を学ぼうとする国の法律家に日本民法を示したりすることがあるでしょうが、それらの場合に不可欠です。

今年は、民法典が施行されて一〇〇年なのです。どの大学でも、創立一〇〇周年を祝いますが、我々の日常生活を守り、日本の社会の基本原理を定めた民法典の一〇〇年は、大いにお祝いするに値するでしょう。現行民法典のもととなった——現行民法典は、その修正作業によって出来たものです——、いわゆる旧民法の財産法の部分の起草者で(司法省法学校の教授として明治初期の法律家の養成の中心でも)あったG・ボアソナードの来日一〇〇年を記念して、法務省等が中心になって式典を行ったことがありますが、現行民法典施行一〇〇年となれば、それ以上に国家的に記念すべきものであり、今記念行事(式典、シンポジウム等)の準備が進んでいます。商法典の施行も、来年の一九九九年ですので、行事としては、一緒に祝うのがよいかもしれません。

そして、ちょうどこの時期は、——私はこれを「第三の法制改革期」と呼んでいますが——民法典の改正や民法関係の法律の立法が数多く要請され、その準備作業が集中的に行われている時期にもあたっています。

そこで、今日は、民法の最近の動向の中で、立法問題についてお話いたします。そのほとんど全てが財産法に関係するものですので、今日は主として財産法についてお話することにします。

ただ、今日の立法問題を正確に理解するためには、先に触れたようにその歴史的意味を知ることが不可欠です。しかも今日においては、商法関係についてですが、法律の日本社会における意味などについて、深刻な反省がなされている有様ですが、これを出発点として検討してみたいと思います。

昨秋、事業会社向きのある有名な実務法学雑誌に、次のような一文が載りました。「創刊四二年目を迎えた当誌は、昨今の次々に起きる会社不祥事に、これまでに経験したことのない、まさに足下をすくわれたような、複雑な思いで過ごしている。企業向けの法律専門誌として、当誌は一体これまで何をしてきたことになるのであろうか」。「昭和五六年改正によって新設された『利益供与の禁止規定』は、制定当時、総会屋対策の決め手として注目を集め、当誌も挙げてその立法趣旨の普及に努め、その結果、関係者には当然十分に趣旨は浸透したと信じていたものが、あに図らんや、大物総会屋が、著名企業の、しかもトップの庇護のもとに今なお延命していたとは……」。「これらの事態に企業はいかに対応しようとしているのであろうか。単なる条文解釈、字面（知識）の習得のみでは、『仏作って魂入れず』であり、これまでと一向に変わるところがないではないか」。「すなわち、当該『法律』の制定の意義・背景にまで遡って理解を深めることによって、初めて『リーガル・マインドの涵養』が行われて、それによって実質的な『法化社会』、いわゆる『法文化』が形成されてゆくことになるのではないか」。かくて「当誌としてはこれまでにまして『法意識育成のための商事法務誌』の編集に力を注ぐほかはない……」(2)。

現代の立法問題を見るに際しても、日本民法典の編纂の事情と、その後の変遷とを背景に検討することが必要ですが、定評ある実務法律雑誌においても右のように言われるに至っていることの重みを考えて欲しいのです。そして、この検討において、右の筆者が嘆いている現在の企業人の法律意識を理解する一つの答えがひそんでいることが示されると思います。

そこで以下では、前提として、日本民法典編纂に関し注目に値する点(三)と、日本民法の変遷(四)について概観し、現在の立法問題について説明しますが、まず一般的な問題を考え(五)、具体的な点のうち皆さんの学習上も参考になるものの幾つかを取り上げてみましょう(六)。ただ、その前に、簡単に言葉の説明をしておく必要があります(二)。

(1) 特集「民法の全体像」法学教室一八一号(一九九五)参照。

(2) 鈴木光夫「『法意識』の育成と本誌の役割——創刊四二年目にして想う」商事法務一四七〇号(一九九七)六三頁。

二 「民法」とはなにか

題や目次を見ていただくとわかるように、ここでは、「民法典」と「民法」という二つの言葉を使っています。これは、違った意味で用いられていますが、その必要があるからです。

「民法典」のほうは、問題がないでしょう。六法全書に「民法」の名前で掲載されている法律で、その範囲は、はっきりしており、その編纂と言えばすぐわかります。しかし、変遷を問題にしている「民法」とは、民法典を含みながら、もう少し範囲の広いものを指しています。「広義の民法」とでも呼んでおきましょう。六法全書で言えば、編者によって幾らか違うとしても、その「民法編」にまとめられている法律を含むものです。

ここでいう「民法」の意味について詳しく説明している時間がありませんので、簡単に結論を述べておきます。まず、民法とは、公権力と私人との関係でなく、私人相互の関係を規律する法律である、いわゆる「私法」に属し、その一般法です(3)。すぐ後で取り上げる江藤新平が、既に明治三年に述べているところで、どの国においても、政府と政府との関係は国際法によって規律し、政府とその国民との関係は「国法」つまり憲法や行政法のいわゆる公法によって規律し、「民と民との」関係は民法によって規律することで共通している、と言っています。(4)

実は、民法典の中にも、私法に属するのでない規定もあり、民法典の内容に含まれる制度・規定の分類という観点からは、さらに検討を要します。(5)ここでは、それをも念頭に置きつつ、広義の民法の内容を概観しますと、四つのものを挙げることができます。①日常生活の規範（財産関係についてのものと、家族関係に関するものとを含みます）、②市場経済の基本原理や、その運行、具体的にはそこでの交換についての規定、③市民社会の基本原理とそこにおける人間の関係を定める制度・規定、④私法ばかりでなく、法律全般に通ずる法律技術です。(6)これは厳密な分類でなく、むしろ幾つかの視点から眺めた民法像とでも言ったほうがよいかもしれません。ある制度や規定で、①にも②にもあたることもありますが、一応「民法」の全体像を概観しうるものだと考えます。このうち、②と③は、近代以降の社会の基本原理を定めるもので、憲法が国家の基本原理を定めるもの（constitution）であるのに対して、社会の constitution であると言うことができます。(7)民法の編纂、変遷、現代の立法についても、この四面に即して眺めるのが便宜でしょう。

（3）星野・民法のすすめ（岩波書店、一九九八）七〇～八一頁参照。

（4）江藤新平が、明治三年閏一〇月二六日に大久保利通に同伴されて三条実美に提出した、「政治制度上申案箇条」の中にある（毛利敏彦・江藤新平――急進的改革者の悲劇〔中公新書、一九八七〕八八頁によった。『民法のすすめ』一九七頁に引用）。

（5）民法典に含まれる内容の、本文とは違った面からの分類については、星野「民法の意義――民法典からの出発」同・民法論集第四巻（有斐閣、一九七八）所収、『民法のすすめ』一二九頁参照。

（6）『民法のすすめ』第二章～第五章はこの四つの観点から民法を提示している。

（7）憲法を国家の constitution、民法を社会の constitution として、一国の法律体系上の位置でなく、そこに含まれる実質的な価値や団体構成原理という観点からは等価値であるとする見方は、フランスに強く、わが国でもその影響を受けた筆者や大村敦志助教授などがある（法学教室一七一号（一九九四）九頁。文献の詳細は、山本敬三「基本法としての民法」ジュリスト一一二六号（一九九八）二六八頁（5）に挙げられている。また、『民法のすすめ』九頁など）。

三　民法典編纂の目的――明治以来の法律観

日本民法典編纂をめぐる多くの問題のうち、なぜそれが必要とされ、急がれたかの理由に特色があると見られますので、今日はその点に限定してお話しします。(8)

民法典の編纂の第一の目的は、それ以前の法律の不統一を改めて、法律の統一をはかることです。これは、近代国家の統一ができた時に常に要請されることで、フランス民法典、ドイツ民法典においても同様です。地域により法律が違うことの不便を除くこと、国内に一つの統一的市場を形成するという実際上の意味と、近代国家としての統一がされたことを法律の面からも示すという象徴的意味があります。日本においては、幕藩時代の各藩により法律がばらばらであったことを改めようとするものですが、当時は実際上の意味が説かれていたように見えます。

ただ、さらに問題となるのは、別に、民法といった法典を作る必然性はなく、例えば、所有権法とか、契約法、婚姻法……というように事項別の法律を作っても同じではないか、ということです。これは、欧州大陸において、「法典」編纂の思想、意義といったテーマで研究されている問題で、興味あるものですが、ここで扱う余裕はありません。(9)さらに日本については、当時既に優れた民法典を含む幾つかの法典を持っていた国――始めはフランス、ついで草案のできていたドイツ――があり、それを参考に作ることが最もやりやすい方法だったのでそうした、ということですから、この講演において扱う必要はないでしょう。

以下の二つが、日本独特の点です。その一、つまり全体の第二は、安政期に徳川幕府が諸外国と締結した通商条約の改正のためです。これらの条約は、不平等条約と呼ばれているように、わが国にとって一方的に不利なものでした。具体的には、治外法権の存在と、関税自主権の欠如です。それゆえ、条約改正は当時の政治家の悲願だったと言われています。しかも、条約改正の交渉が行われた際に、相手国が改正の前提として要求してきたことは、裁判制度の確立、能力とモラルの高い等質な裁判官の存在、そして民法、商法、民事訴訟法、刑法、刑事訴訟法という諸法典の制定でした。これは、当時の外交文書からも明らかです。これらは決して無理難題ではなく、向こうの立場として正当な根拠があることは、よく考えればわかるでしょう。(10) 実際問題として、この点が、民法典を含む法典編纂の決定的理由だったと言えるでしょう。

第三が、今日の話の見地からは重要な点です。以下、江藤新平の言葉をパラフレーズして示します。列強と肩を並べる力を持つこと、当時の言葉では、「各国と並立」することが最終の目的であり、そのために国を強く豊かにすること（「国の富強」）が必要である。国の富強のもとは、国民生活の安定（「国民の安堵」）にある、そのもとは、国民相互の権利義務を正しく確定する（「国民の位置を正す」）ことにある。逆に、国民相互の権利義務が正しく確定されないと、国民生活は安定せず、そうなると仕事を熱心にせず、「恥を知ら」なくなる、それでは到底「富強」にならない。では「国民の位置を正す」とはなにか。江藤は民事と刑事に分けて詳細に述べています。まず、民事に関することは、「婚姻、出産、死去の法」が厳正であり、「相続遺贈の法」が定められ、「動産、不動産、貸借、売買、共同〈団体とその活動のことでしょうか〉の法」が厳正で、「私有、仮有〈不明〉、共有の法」が定められること、これによって初めて、民事訴訟（「聴訟」）が「敏正」になる。つぎに、刑事に関し、憲法、行政法等国と個人の間を定める法律（「国法」）が「精詳」で、刑事訴訟法が「公正」であって初めて、有罪判決が「明白」になる。このようになって民心は安心（「安堵」）し、資財は流通し、国民は初めて政府を深く信じ、初めて権利を保全し、各自が「永遠の目的を立」て、「高大」な事業を企てるようになる。この時に「収税の法」が適正であれば（「中を得ば」）、国民は業を励み、それで豊かになる。税法が適正であれば税収が豊かになる。国民が富み、税収が豊かになって後、「海陸軍備も盛に興」り、工業も興り、「文部の業〈学術、文化、教育のことでしょう〉も盛に」興る。[11]

つまり、列強に伍するために国の「富強」が必要で、そのために産業を起こさなければならないが（「殖産興業」）、そのもとは国民生活の安定であり、そのために国民相互の権利義務を明確にする法律として民法の制定の必要性が説かれるのです。このたたみかける論法は見事ですが、ここでは、民法が国の「富強」のための手段であるとされる点に注目したいのです。しかもそれが、税収の増加、軍備の増強、学術、文化、教育の隆盛をもたらす、というのです。民法制定の国の富国強兵、殖産興業の手段としての意味が明瞭に示されています。

このことは、江藤を継いで司法卿になった大木喬任《たかとう》の言にも表れています。次のとおりです。[12]現在、個々の法律しかないので、人民は法律を「奇貨トシ」て私利をはかり、悪いことを行う者が往々ある。今完全な（「完成ノ」）民法を制定してこれを規制しないと、ほとんど「人類之交義」がだめになってしまうだろう。完全な民法とは、「天然之性理」にもとづいて全国の人民の便益を考え、夫婦父子の権利義務を明らかにし、婚姻、離婚、相続の制度を定め、後見人、管財人の規定を設け、その他契約の方法に至るまで規定するものである。その効果、利益は、「人道ノ大節ヲ守リ」、「権理」の不可侵を定めるなど、言うをまたない。一家の経済から一国の「富強」を生じ、家庭の平穏から国家の安寧に至らせるものである。それゆえ、わが国民は、出生から死亡後まで、民法の「庇護」によってその権利を保全し、その財産を「安固」にし、家庭の「斉整」をえない者はない。ところがわが国の実際は、生活の資を作る仕事が盛んに行われない（「生産ノ増殖セサル」）のは相続法が良くないからである。夫婦が「協同」しないのは婚姻離婚の法律がないためであり、「孤児痴人」の財産を他人に掠められるのは後見人等の制度が設けられていないからである。物資の流通が進まないのは、契約法等が整っていないからであり、家庭が「斉整」でないのは夫婦父子の間の権利義務の限界が明らかでないからである。その他数えきれないほどのことがあるが、その弊害の原因を推測すれば、

「二民法ノ完成セサル二由ル」。江藤とニュアンスの違いが感じられ、この点はさらに検討を要しますが、家庭の経済の安定が国の「富強」を生ずることを述べるあたりは共通しています。(13)

なぜこのようなことを強調するかと言いますと、民法典の編纂の動機といいますか、その意義として考えられていたことが、近代民法典の出発点であり、モデルともいうべきフランスとは大いに異なると見られるからです。

フランス民法典は、フランス革命期の終わりのナポレオン時代に制定されたものですが、制定の必要は革命の始めから説かれ、作業が開始しています。一七九〇年八月一六日の、立憲議会（Assemblee constituante）による司法制度に関する布告の中に、「立法者は、民事諸法を再検討、改革し、単純、明晰で憲法に適合する民事法の一般法典を作成すべし」と定められました。民法典制定を意味することは言うまでもありません。ついで同じ立憲議会による一七九一年九月三日の憲法は、一七八九年の「人権宣言」を前文の一部とし、第一章第九項に「全王国に共通の民事法典を作成すべし」と定めています。つまり、民法は「人権宣言」に適合すべきことが命じられているのです。人権宣言の一条は、「人は、自由かつ権利において平等なものとして出生し、かつ生存する」、二条は、「あらゆる政治的結合体の目的は、人の消滅することのない自然権を保全することにある。それらの権利とは、自由、所有権、安全及び圧政への抵抗である」としています。また四条には、自然権の行使の限界は、「法律によってのみ規定することができる」としています。「安全」については、一七九三年のいわゆるジロンド憲法草案に、「社会が各構成員に対し、その一身、その所有権及びその他の権利の保全のため保護を与えること」とされている点も参考になります。つまり民法典は、自由で平等な、自然権を有するところの人間につき、その相互の関係と、相互の自然権の限界を定めるものとして制定されたのです。その目的は、憲法と同様、全ての人の平等な、自由・人身・所有権その他の権利の保全にあることになります。(14)

富国強兵の目的のための民法典と、自然権の保全のための民法典、この対照はまことに鮮やかであります。その規律の対象においても、その法律技術においても異ならず、どちらもある目的の手段とされたにしても、その目的とされたもの、したがってその担わされた意義の違いは、特筆すべきものでしょう。これは、日本において伝統的に、法律の目的を「富国強兵」さらには「殖産興業」といった、自然権の保全ではなく経済的なものと考えることは、今日にも通ずるのではないでしょうか。敢えて言えば、法律を自己に都合のよい目的のための手段視する傾向が、一貫しているように感じられてなりません。(15) これが、始めに引用した法律実務雑誌出版者の嘆きに対する一つの答えと言わないまでも、示唆になると考える次第です。

(8) 日本民法典編纂の沿革については、多くの文献がある。手軽には、星野・民法――財産法〔放送大学教育振興会、一九九四〕二六〜三一頁参照。

(9) 近代法典編纂に関しては、「法典編纂史の基本的諸問題」法制史研究第一四号別冊（一九六四）参照。

(10) 星野・法学入門（放送大学教育振興会、一九九五）一二三頁。

(11) 江藤の提出した長文の司法卿の辞表（一八七三〔明治六〕年一月二四日）中の言葉〔的野半助・江藤南白 下〔南白顕彰会、一九一四〕〕からの引用ゆえ、平仮名文語体になっている。よく引用される部分だが、どれもここからの引用のようである。文語体のものは、『民法のすゝめ』一九八頁）。

(12) 明治九年九月右大臣岩倉具視に提出した「法律起業之義ニ付申稟」の中の言葉（よく引用されるものだが、ここでは、現物にあたる余裕がなく、中村菊男・近代日本の法的形成――条約改正と法典編纂〔有信堂、一九五六〕三四頁以下、福島正夫著作集第一巻〔勁草書房、一九九三〕一八四頁以下からとった。両者で若干の違いがある。そのままの再引用は、『民法のすゝめ』一九九頁以下）。

(13) 福島氏は、「天然之性理」の語と大木が慣行調査を行わせたことから、大木が「固有法的なものを否定しない」点に江藤との相違を見ておられるように見えるが、この文章からは、民法制定を国の「富強」の手段とはっきり述べる江藤の言と対比すると、人民間の関係の調整に求めているようにも見える（もっともその関係が、古い共同体的なものであったかもしれないが。大木の思想全体の研究をまたなければ明らかにならない）。

(14) このへんのより詳しい説明は、『民法のすすめ』七四〜七七頁にある。
(15) 法律を、人が発見するものでなく、人つまり主権者が作るものであって、その道具性が強調されるようになったのは、近代の法律観である(星野・前掲注(10)九頁)。

四　民法の変遷、特にその思想の変化

二において、民法とはなにかを、四つの面から示しました。そのうち、①の「日常生活の規範」は、種々の方面における技術の発達によってそれに対応すべく民法の規律も変わってくるもので、民法固有の問題ではないと言えるでしょう。また、④の「基本的法律技術」は、今の点とも関係し、技術の発達に応じた新しい法律技術が開発されるほか、ローマ法以来長い歴史を経て精錬された基本的法律技術として不変ともいうべきものもありますが、ここでお話するには細かすぎるでしょう。そこで、今日は、③④につき民法の思想の変遷に絞ってお話したいと思います。民法の「思想」というと難しそうですが、簡単に言えば、民法典はどのような仕方で社会関係・人間関係を規律するのか、民法において人間はどのようなものとして扱われているか、といったことです。民法の「理念」と呼ばれることもあります。(16)

日本民法典の思想・理念がなんであったかは、民法典起草者の発言や、民法典の規定そのものの内在的検討から行われるべきものだとも言えます。しかし、一方で、現在までのところわが国でこの点についての十分な研究はないようです。そこで、通常行われているように、民法典が、フランス、ドイツ等西欧諸国の民法典を参考に作られた、いわば輸入品であることから、それら母法において理念とされているところを援用します。特に、最初に日本民法典のモデルとなり、その修正に際して影響を受けたドイツ民法典も基本理念において変わっていないと見られる、フラン

ス民法典の理念とされるところを挙げれば、大過ないと言えるのではないでしょうか[17]。他方、「思想としての民法」の面は、②「市場経済の基礎」、③「市民社会の基礎」ということでした。したがって、市場と市民社会の基本思想を挙げれば、民法の思想を示したことになると言ってよいでしょう[18]。

ここで、前節で述べたことを思い出していただきたいのです[19]。すなわち、民法が人権宣言に適合すべきものとして制定されたことから、その目的は、「すべての人の平等な、自由・人身・所有権その他の権利の保全」でした。この中で、人身の保護は、刑法、刑事訴訟法、行政法などに規定されることが多いもので、民法では、主として人格権の保護として現れますが、そこでも、人間の自由・平等も重要です。所有権についても、その自由が強調されています。ここから、その思想・理念を大きくまとめるならば、「自由・平等」を民法の理念と言うことができるでしょう。自由とは、自分の意思・判断に基づいて行為することですから、これらを「意思の尊重（意思自治）」、「私的自治」、「自律」、今日よく使われる用語によれば「自己決定」と言うこともできます[20]。

しかし、人間は、事実としては平等でありません。いや、自由でさえないかもしれません。これを法律上自由であり平等であると扱い、その自由な活動に任せたために、社会には、事実上自由に行動できる者と、事実上は自由でなく、したがって前者と事実上平等でない者とが生ずることになりました。産業革命による大企業の発達に伴い、このことは顕著な事実となりました。当時の絵画に出てくる炭坑労働者の悲惨な状態に代表される、劣悪な労働条件は、典型的な例です。「富は少数者の手中に流れこみ、おびただしい人々は、貧困におちいった。労働者は自己意識をたかめ、いっそう緊密に提携するようになった。しかも、このような事態は、道徳の腐敗と相まって、おそろしい紛争をまねくようになったのである」。これは、カール・マルクスの「共産党宣言」に五〇年遅れましたが、それまで社会問題につき保守的であったカトリック教会の教皇レオ一三世が、回勅「レールム・ノヴァールム」において、当時の社会を批判した一節です[21]。「市場の失敗」と呼ばれるもので、自由な市場に任せておいたのでは、公正な社会関係ができない状況です。この状況を前に、各種の批判や改善運動が起こります。マルクスによる批判、各種の社会主義者によるもの、約五〇年遅れてなされたカトリック教会による批判が有名な例です。労働運動は激しくなり、その他の社会運動も起こります。国により時期等は違いますが、労働運動の公認に始まり、第一次世界大戦、そして一九三〇年の世界大恐慌後に、古典的自由経済体制からの転換が行われます。経済秩序の維持と社会的弱者の保護のための国家の介入であり、国家は、「夜警国家」から「福祉国家」へと転換します。これは、民法が社会の基本制度を形成する法律である民法の理念の変化と相互関係にあることは当然です。

自由・平等の理念のほうから見ますと、その実際上の麻痺に対して、その実現のための歩みである、と言うことができましょう。社会的弱者が実際上も自由の享受を享受できるようにし、それにより社会的強者と実際も平等であるようにはかることですが、強者・富者の側から見れば、その自由のある程度の制限を必要とします。自由経済を補完するために多かれ少なかれ要求される経済計画は、企業の自由のある程度の制限を認めるものです。これは、かなり古くから、「抽象的・形式的な自由・平等から、具体的・実質的な自由・平等へ」とされているものです。民法における「弱者保護」の理念とも言えます。自由と平等との関係から言えば、自由よりは平等の強調と言うこともできます。私は、「博愛と連帯」を民法の新しい理念と呼んだらどうか、と考えています。「博愛」(「友愛」と訳す人もあります)はフランス革命のスローガンであったが、法律上は実現されていなかったものであり、もともとキリスト教の教えの中心として説かれたものです。「連帯」は、一九世紀末に、それとほぼ同じ趣旨のものとして一部学者によって説かれたものです。自由の理念——と言ってもそれがなにかこそが問題なのですが——は基本的に存在しますが、「平等の理念の強調による自由の理念の若干の後退、それはより積極的には博愛と連帯の理念に基づく」、という構図が、古典的民法の理念から現代的民法の理念への変遷の流れ、ということになります。これを、市場と市民社会という面から言えば、市場経済社会の減退と市民社会の拡大と言うことができるでしょう。(22)

(16) 『民法のすすめ』では、民法の「理念」としている〔第六章〕。
(17) グスターフ・ベーメルは、ドイツ民法典は、「二〇世紀の母でなく、一九世紀の遅れた子」とする（星野「私法における人間」同・民法論集第六巻〔有斐閣、一九八六〕六頁）。
(18) 『民法のすすめ』第三章、第四章。
(19) 『民法のすすめ』七四〜七八頁。
(20) 星野「契約思想・契約法の歴史と比較法」民法論集第六巻、同「意思自治の原則、私的自治の原則」同・民法論集第七巻〔有斐閣、一九八九〕参照。
(21) レオ一三世「レールム・ノヴァールム」（一八九一）〔翻訳は、『教会の社会教書』〔中央出版社、一九九一〕一七頁〕。なお、この回勅は、宇沢弘文教授によって引用されている〔『二十世紀を超えて』〔岩波書店、一九九三〕八頁以下〕。
(22) やや詳しくは、星野・前掲注（8）三六〜四一頁、『民法のすすめ』一四一〜一五七頁、一六九頁以下。

五　現在の立法問題㈠――一般的説明

(1)　現在の立法問題を眺める幾つかの観点

以上を前提にして、整理してみます。

第一の観点は、**二**に挙げた民法典のどの面が問題なのか、ということです。つまり、まず技術の面についての改正か、理念・思想の面に関するものかを明らかにします。次に、理念・思想面が問題であるとすれば、さらに、**四**に挙げたいわば高次の理念、つまり、自由、平等、博愛と連帯の関係のどのような変化が要請されているのか、各制度につきそこには挙げていないより低次の理念がありますが、そのどれがどのように問題になるのか、という見地から見ることになります。

第二に、理念との関係で、四に挙げたその変遷の流れとの関係を考えることです。これは、その歴史的位置付けを知るために、重要な意味を持つ検討です。

第三に、当然ながら、その背景となっている社会現象・社会関係の特色を知ることです。時間的には、こちらが先に来るものでしょう。

そこで、現在の「法制改革」が要求されているのはどのような時代であるかを大づかみにしておきます。

この見地、つまり民法の規律する社会関係・社会現象の面から言うと、現代は、技術とりわけ情報通信技術の急速な発達、社会の複雑化・多様化、社会関係における人や物の多数化・多量化、問題の国際化が前代と比べた特長です。法律改正もこれらの社会関係・社会現象の変化に端を発するものです。

それらに対応するために、民法のどの次元を変えることになるのかが第一の問題で、右の第一の観点からの問題です。それらをどのように変えるかが第二の問題で、技術面の改正に関することならそれだけのことですが（その解答が易しいということではありません）、理念の変更を必要とするか、理念が問題だとすると、どの次元の理念か、四に述べた歴史の流れとの関係はどうか、を考察する必要があります。

ところが、現在は、もう一つ難しい観点がからんでいます。声高く叫ばれている「規制緩和」との関係です。これは、福祉国家が財政的に困難となり、「国家の失敗」と呼ばれる国家の介入の限界が問題とされている時期に唱えられており、言論界を二分する大議論となっていますが、これを錦の御旗とする主張も各所に存在します。第四の観点と言えましょう。

「規制緩和」と私法との関係については、最近重要な幾つかの指摘がなされているので、紹介しましょう。能見善久教授は、規制緩和と私法についても、二つのものがあるとされます。一は、必ずしも規制がなくなるのでなく、裁判所が法律を根拠に介入する、いわゆる司法的規制は必要に応じて残るとされる場合、つまり「行政的規制から司法的規制へ」とも呼ぶべき場合、二は、国家の介入は司法的なもの、つまり私法によるものであっても好ましくないとされる場合です。それぞれ、モデルとされる「市場」が存在するとされます。より一般的には、「もはや必要でなくなった規制、あるいは本来そうあるべきでない規制を、このさい見直したいというのが、本来の規制緩和の趣旨ではなかったかと思います」とされるのです。[23] それは「ベースとしてジャングル資本主義の時代に戻ろうというのではなく」[24]「もう一度規制を新たな目で見直そうではないかという一つの運動」とされます。[25] 同様に、批判的なニュアンスで「いわゆるジャングル資本主義」と言われ、「民事、シビルというものは、もともと人々の生き方のなかの温もりのようなものを残していなければいけない分野ですので、市場の合理性だけでは律しきれない部分があります」とも言われています。[26] そうだとすると、問題は、何が私法的にも好ましくない規制か、ということになります。ここで、問題となっている事項を古典的民法の理念の変遷の流れに照らして考察する必要があるということになるはずです。

理念の流れとの関係で抽象的に挙げると、ある制度・規定の改正が主張される場合を二つに分けることができます。一は、この流れの方向に進む場合、つまり一つの理念の実現がまだ不徹底であり、他の理念を害することなくその徹底を進めることができる場合、二は、「自由より平等へ」、そして「博愛と連帯の浸透」という流れとは反対の方向、つまり一旦は制約された自由を再び制約のないもの乃至その少ないものに戻すことが主張される場合です。後者においては、自由の制約自体はよいがその行き過ぎを匡正すべきだとされる場合と、そもそもその制約が適当でないとされる場合とに分けられるでしょう。

このように、一口に「規制緩和」と言われるものも、民法広く私法との関係では種々の場合を含みますので、比喩的に言えば、先の理念の流れに横から入ってきてそれを斜めに突っ切る関係とでも言ったらよいのではないかと思われます。

(2) 民法改正の準備をする機関

ここで、意外と気が付かれていないことなので、明治期に諸法典の編纂にあたった「法典調査会」の後身というべき機関が今日においても存在し、当時とほぼ同様の基本的な法律で政府提出の法案の要綱の審議にあたっていることに触れておきましょう[27]。法務大臣の諮問機関の「法制審議会」です。そこには、商法部会、民事訴訟法部会、刑法部会、国際私法部会などと並んで、民法を担当する民法部会が設置されています。

民法部会のもとには、これまで財産法小委員会と身分法小委員会とが置かれていましたが、昨年以来、成年後見小委員会と、借地借家法小委員会が設置され、現在四つの小委員会が存在します。

最近においては、立法問題が多く、政治・社会情勢からその急速な立法が要請されることがあるので、それに備えるべく、研究会を組織して、法制審議会の審議のための資料の作成と、問題点の整理を行うことが工夫されています。これにより、従来と同様の十分なデータに基づいて、効率的な審議を進めようとするものです[28]。平成六年に公布された製造物責任法のときに始められた方式です。平成六年に設置されたものが多く、一時は六つもありましたが、検討を終わって報告書が提出・公表され、法制審議会で正式の検討に入ったもの[29]、近々報告書が完成するものや、種々の事情から中断しているものもあって、現在では、その後に加わった一つを入れて、三つが動いています[30]。

以上を念頭に置いて、民法典の順序に従って、勉学上興味のありそうな問題についてやや詳しく説明しましょう。総則の問題が二つ、債権総論の問題が一つ、できれば各論の問題を一つです。

ただ、私は民法部会長を務めていて、議論のまとめ役であるため、ここで自分の意見を述べることはできません。問題点の指摘と、幾つかの考え方の紹介に止まります。

(23) 坂東一彦(通産省)発言。座談会「規制緩和時代における法の実現(上)」NBL六三二号(一九九八)六頁。

(24) 坂東・前掲注(23)(下)NBL六三三号五一頁。

(25) 坂東・前掲注(24)五一頁。
(26) 高橋宏志発言・前掲注(23)七頁。
(27) 法典調査会から法制審議会へのつながりについては、『民法のすすめ』二一二頁以下。
(28) 現在の審議やその準備の方式については、学士会会報八一八号(一九九八)参照。
(29) 既に、審議会の結論を得て、法案作成作業中のものもある。債権譲渡に関するものである。内容の問題点は本稿で取り上げる。
(30) 法人制度(内容の問題点は本稿で取り上げる)、電子的取引、契約(適正化)に関するもの(内容の問題点については、紙数があれば本稿で取り上げたい)である。

六　現在の立法問題(二)――幾つかの具体的問題

(1) いわゆる「成年後見」

① 問題の所在

総則の初めの部分の「能力」、今日ではドイツ式に行為能力と呼ばれている節(第一章第二節)がまず問題になっています。最近新聞などでもよく取り上げられるようになった「成年後見」と呼ばれている制度に関係します。各方面で、(改正)法律案とその基礎となる検討が行われて、報告書が発表され[31]、学者の研究も多くなっています[32]。平成七年六月に発足した、法務省民事局内に設けられた研究会の詳細な報告が同九年九月に発表され[33]、それを基礎に、平成九年一〇月以降、法制審議会民法部会に新たに設置された成年後見小委員会で検討が行われている最中です。平成一〇年四月にはその結果をまとめた「成年後見制度の改正に関する要綱試案」を公表して、国民の意見を求め、それを参考にして最終要綱を決定し、それに基づく改正法案を平成一一年の通常国会に提出することが期待されています。

但し「成年後見」という呼び方は、やや不正確です。能力の節には、未成年者、禁治産者、準禁治産者の行為能力についての規定があります。そのうち、今回取り上げられているのは、未成年者を除く部分ですから、成年者で行為能力の制限された人のことで、「成年」まではよいのですが、「後見」とは、禁治産者について行われるもので、準禁治産者には「保佐」が行われますから、準禁治産にあたる場合を含めて「後見」というのは不正確です。ただ、近年この問題が論じられ始めて以来、このように使用されているので、ここでも便宜上そのように呼んでおきます。したがってこれは、判断能力の不十分な成年者全般を扱うもので、具体的には、老人性痴呆、知的障害、精神障害と呼ばれるものを含みます。ただ、最近大きく取り上げられるようになった機縁は、人口の高齢化に伴って問題が多発したことによるものでしょう。しかし、精神障害者についても、運動が続けられていたものです。

② 無能力者制度の意義とその思想

無能力者制度とは、判断能力が不十分であるために、間違った判断で自己に不利な法律行為をして財産を失ったりすることのないようにして、その者を保護する制度です[34]。さらに、その家族の保護が言われることがあり、扶養義務者の不十分な判断力ゆえに、被扶養者が貧困に陥る場合についてはもっともですが、もはや被扶養者でない推定相続人などが、自分の相続する可能性のある財産が減ることを恐れて、その者の意思に反してその財産の処分を制限しようとして、この制度を利用する場合もあり、これはあまり好ましくないことなので[35]、今日では、どの場合にも通ずる家族の保護を言うべきではないでしょう[36]。

民法典の禁治産者は、どの法律行為も取り消すことができ（九条）、後見人がつけられます（八条）。後見人は、禁治産者の財産の管理をする代理人となります（八五九条一項）。また、「管理」の内容として、禁治産者のした法律行為を取り消すことができると解されています。準禁治産者は、民法に列挙された一定の法律行為等について保佐人の同意を必要とし（一二条一項）、同意なしにした行為は取り消すことができます（一二条三項）。しかし、保佐人は、準禁治産者の代理人でない（規定がないから当然と解されています）ので、その行為を取り消すことはできないとされています（大判大正一一・六・二民集一巻二六七頁）。

その考え方は、本人の保護を基本理念としつつ、その者と取引する相手方の保護にも配慮し、両者のバランスを図ろうとすることですが、重点は、本人の保護にあります。これを古典的理念と呼んでよいでしょう。相手方を犠牲にした本人保護に偏っている、などと批判されることも、教科書などでご覧のとおりです。[37] ただ、今日では、この制度が相手方よりは本人を保護するものであって差し支えない、と考えられていると見られます。後にも触れますが、意思の尊重の思想が有力となっていること、取引安全を過度に強調すべきではないと考えられるに至っていることからです。

③ 現行制度に対する批判

これらの制度に対し、最近、先に申したように、高齢者の財産管理問題を機縁として、批判が強くなりました。

(ア) 色々な面からの批判が含まれますが、具体的な点として、最も基本的なのは、制度の硬直性というべきものです。例えば、(a)禁治産宣告の要件である、かなり重度の判断力低下があっても（「心神喪失ノ常況に在ル」場合。七条）、日常的な行為は一人で出来ることがあるので、禁治産宣告を受けると、それらについても取り消すことができることとなって、本人にとっても相手方にとっても不安定な状況に置かれること、(b)もう少し軽度の判断力低下の場合（「心神耗弱者」。一一条）に、準禁治産宣告がされると、保佐人に代理権がないため、本人の財産を処分することができず、かえって不便であること、同意を要する法律行為で同意なしにしたときにも、保佐人は取り消すことができないとされるため、本人の財産の保全の観点から不十分であること、などです。(c)さらに、より軽度の判断力の低下がある人に対処できないこと、が挙げられています。つまり、各制度につき、効果をもう少し柔軟にできないか、全体としてこの二つで足りるか、が問題とされます。

(イ)　そのうえ、実際上それらが利用しにくいものとなっていることが、強く主張されています。その理由として、以下の点が挙げられています。(a)禁治産、準禁治産等の用語が今日では不適切であって差別的なものとなっていること、(b)宣告によって多くの法律による資格制限が生ずること、(c)宣告の公示が戸籍への記載によってなされているが、「戸籍を汚す」という国民の抵抗感が強いこと、(d)宣告に至る手続がやや重いこと（法律によって定められたものではないが、必ず鑑定を経ること）、などです。

(ウ)　これらの批判の背後には、成年者の行為能力制度についての新しい理念があります。次のものです。基本的には、人の「自律ないし自己決定の尊重」ということです。より具体的には、判断力が不十分であっても、それが全く失われていない限り、残っている判断力、広く精神能力を尊重し、生かそうということであって、「残存能力の活用」の理念などと呼ばれています。このようにして、判断力の不十分な人もできるだけ通常人と同じ生活を送ることが望ましいということで、「ノーマライゼーション」の理念と呼ばれています。

④　批判の妥当性

理念としての人の自律・自己決定は、他の所でも主張されており[38]、ここでも新しい理念として強調する必要があります。ただ、改正法の理念として従来の理念に全面的に取って代わると言えるかが問題になってきます。報告書は、従来の理念である「本人の保護」も考慮する必要があり、相手方の（取引安全の）保護も、民法の他の箇所との均衡を考えると、捨て去ることはできない、としています。具体例として挙げられている点は後に説明します（⑤）。

さて、判断力の不十分な成年者の扱いは、どこの国でも問題となりました。欧州大陸法系の国でも、既にフランス、オーストリア、ドイツなどで民法改正がなされています。

先の研究会報告書も、それらの批判の多くはもっともであるとしています。ただその先に、具体的にどうすべきかにつき、ニュアンスの相違があるのです。大きくは、二つの問題があり、さらにもう一つ、別の問題が議論されています。

もう一度、民法を見ましょう。禁治産者制度が前提としているのは、痴呆の程度がひどく、法律行為をすることなど無理な人でしょう。旧民法以来、「時々本心ニ復スルコト」があっても禁治産宣告ができる、としていました。全く「本心ニ復スル」ことがない人は、いわゆる意思無能力者だから、その行為はすべて無効であるが、時々「本心ニ復スル」人については、問題となる行為ごとにその時に意思能力があったか否かを判断することとなって厄介な紛争となるので、一律に取り消すことができるとし、後見人を選び、第三者にその旨を公示するのが「簡且便」だ、というのです。[39] 法典調査会において、心神喪失の「常況」という言葉でそのことは分かるから削除せよとの提案がありましたが、結局最後の段階で、起草委員が削除の提案をしたものです。この際、医師の意見を聴いたところ、そのような人が本心を回復するなどとは言いにくいとのことだから、とも説明されました。[40] 要するに、禁治産者宣告の対象としては、ほとんど常に正常な判断力のない、重度の痴呆者が考えられていたと言えますから、たまたま法律行為をしても、常に取消しを認めてよく、後見人の同意も考えなくてよいわけです。あまり問題のない類型ですが、ちょっとした買物くらいはできる人もあるでしょうから、(ア)(a)の批判はもっともです。問題は準禁治産者ですが、(ア)(b)(c)の批判はもっともと言うことができます。民法一二条一項にはその同意を要する行為が列挙してあり、これをさらに増やすこともできますが（一二条二項）、減らすことはできませんから、一方で、もう少し判断力がある人は、一方で、補助者を付けることができないし、他方で、「心神耗弱者」にあたるとして準禁治産宣告がされると、一人でできることも保佐人の同意を要することになって不便です。他方で、「心神喪失ノ常況ニ在ル」というほどではないが、かなり重度の判断力喪失者については、代理人によって法律行為をしてもらうことができず、これまた不便です。保佐人が準禁治産者の行為を取り消すことができないのも、その保護に欠けると言えます。

⑤　新制度の構想

そこで、制度の柔軟化をはかるとした場合に、制度全体の構想として、大きく、二つの考え方があります。詳細に立ち入る余裕がありませんが、一方の案は、禁治産者にあたるような場合は別として、それより判断力のある者につき、現行民法のように幾つかの類型に分けることを思い切ってやめ、各個人ごとに補助者の同意が必要な行為や、補助者が代理権を有する行為を決めようとするものです。ドイツの改正法がこのやり方をとっています。報告書では「一元的制度」と呼ばれています。

他方の案は、そこまで進むのは種々の理由から適当でなく、現行制度に連続する改正をしようとするものです。幾つかの類型を設けて処理するが、先の批判を受けて、各類型の効果を柔軟にすることと、準禁治産者よりも判断力のある者につきもう一つ類型を設けることを考えるものです。オーストリア、フランス、カナダのケベック州がとるやり方です。「多元的制度」と呼ばれています。報告書では、こちらが多数であったとされ[41]、第三の類型として、民法一二条一項の行為の一部についてのみ補助者の同意を要する場合を認めるものを新設しようという提案がされています。具体的に問題となることの多い行為は、所有する不動産を賃貸している場合の賃料の受領等の管理、預貯金等の管理や、介護保険実施の暁にはその申請、受給等があります。介護保険の受皿として、この制度が期待され、介護保険法の施行と同時にこちらが施行できることが期待されています。

この点に関し、一元的構成の問題として指摘されている点があり、改正法の理念とも関係するものがありますので、一言しておきます。

次のとおりです。一元的構成をとると、一人一人につき同意を要する行為を決めるのですが、例えば、申請の時にはAという行為だけについて同意を要するとしておけばよかったり、申請者がそれでよいと考えて、裁判所もAについてだけ同意を要するとの決定をしたとします。ところが、実はBという行為についての判断力も十分でなかったり、後に判断力がさらに低下したのに（老人性痴呆や精神障害は、人により思いがけず進行が早い場合があると言われています）、本人が一人でその行為をしてしまうと、意思無能力でない限り取り消すことができないので、本人は損失を受けます。これでは本人の保護に欠けますが、これでよいかということです。といって、申請の範囲を超えて裁判所が同意を要する行為の範囲を決めることにすると、裁判所の負担は過重になり、裁判所や鑑定人は危険を恐れて、宣告までの時間もかかるようになり、同意を要する行為を広めにとる結果になりはしないか、と考えられます。ただこの点は、裁判所は申請の範囲内で同意権を与えることにすればよいのですが、先に挙げた本人の危険は残ります。これは、自己決定の理念をここでも貫いて、本人の保護はやめるかという問題です。自己決定は自己責任を伴うので、これでよいと割り切ることができるか、やはりこのような制度においては国が若干介入して本人の保護をはかるほうがよくはないか、が別れ道です(42)。後者をとるならば――そして後に述べる任意代理人の監督制度も、本人にすべてを任せるのは危険であるとして、国の介入を認めるものです――、なお古典的理念の意義を認めることになります。ここでは両理念のどちらでゆくかの問題です。どちらをとるべきかは、皆さんに考えて頂きたいのですが、一見技術的な問題のようで、実は基本理念に関係するもののあること、反対に、基本理念は具体的問題の結論にも影響することをよく理解してください。

いずれにしても、色々の局面で――例えば、軽度の精神障害のある者に補助者を付けるときなど――、できるだけ本人の意思を尊重する制度を作ることが、本人の自律の理念から必要となります。

⑥「身上監護」の問題

もう一つ、補助者の仕事として、未成年者における「身上監護」に対応するもの（八五七条）をどうするかが問題となりました。現行法では、禁治産の場合の後見人のみが、本人の「療養看護に努め」る義務を負いますが（八五八条一項）（保佐人にはそのような義務は定められていません）、新しい制度においては、どの場合（類型）においても補助者は一定の範囲で身上監護の義務を負うとすべきではないか、といったことです。他方、この制度は、財産管理を中心とする制度であり、財産管理に適した人が補助者となることが想定され、介護の専門家は財産管理に適しているとはいえない、広い介護義務を認めると、補助者のなり手がなくなる恐れがある、ともされます。研究会は、問題となりそうな点（例えば老人ホームの入所契約）を何十も挙げて検討し、改正法の審議に際して必要と見られる点についてその結果を報告書に記載しています。[43] その結果、補助者の財産管理の「権限の範囲およびこれと関連する範囲において、身上監護義務を負うものとするのが相当である」という意見があった、と報告されていることが注目されましょう。なお、この点に関連して、手術その他医療行為を受けることの同意がよく問題とされ、一定の場合についてその点の規定を置いている立法もありますが（ドイツ）、この点は、広く未成年者や、通常人が事故にあって意識を失っている場合にも存在する問題で、ここだけに限られるものでなく、わが国ではさらに深い検討を必要とし、将来に譲るほかない、とされています。[44]

⑦ 細かい点の批判（③(イ)）について

(a)の用語については、改めることが提言されています。ただ、代わるべき適当な言葉を見付けるのは中々難しいようですので、国民の提案も期待されます。(b)の資格制限は、立法担当の法務省以外の管轄の法令によるものがほとんどですので、関係省庁に検討を求めるべきだとの意見があったとされています。[45] (c)の公示をどうするかは難問です。公示は、本人と取引をしようとする相手方に、本人の能力を知らせて、本人（だけ）と取引してよいか、補助者に介入してもらうかを明らかにするためですから、公示自体は「取引安全」のために必要です――もっとも、公示を重視しない立法もあり、日本は「取引安全」を強調しすぎるという見方もできますが、他の規定との関係もあり、さしあたり公示方法を講じなければならないでしょう。そこで、一方からは、「戸籍が汚れる」などという「家」制度的な古い感覚がおかしいので、将来的には根絶されるべきものだから、そのようなものに妥協すべきでない、との議論があります。しかし他方、そのような感覚は現実にかなり強く存在するのだから、立法としてはそれを考慮に入れないわけにはゆかない、とも考えられます。よい方法があればそれにしくはないので、研究会でもいろいろ考えたのですが、確定案には至っていません。(46) その後、法務省の関係部局で鋭意検討しており、思い切った名案が出てくることが期待されます。(d)の手続に関し、鑑定の要否については、少なくとも、軽度の精神障害については省略することはどうか、などとされています。(47)

⑧「任意後見」——本人による事前の代理人選任の特則

新しく提言されているのは、「任意後見」と呼ばれているものです。これは、初め新井誠教授が主張され、(48) 後に福祉の現場からも要望されて、発表されている幾つかの改正案にも入っています。老年期に入ろうとしている人が、自分が将来判断力が衰えてきた時に備えて、一定の行為についての代理人を自ら選任しておくものです。もとは、コモン・ロー諸国で問題になったもので、そこでは、本人が判断能力を喪失すると、代理権がなくなることとなっているために、法律上の手当が必要になります。しかし、この点でコモン・ローと異なる日本民法においては、(任意)代理権の消滅事由に代理人の禁治産がありますが(一一一条一項二号)、本人の禁治産はその事由とはされておらず、そのような解釈も、これまで見当たらなかったようです。したがって、わが国ではこの点の手当は不要ではないか、という見解がほとんどでした。(49) しかし、さらに考えると、通常の任意代理においては、代理人の代理行為について本人の監督が可能ですが、本人の判断力が衰えてきた時には、それが不可能ないし困難になります。そうだとすると、最低限、代理人を監督する人を公的機関が関与して選任しておくことが、本人の財産の保護のために必要ないし望ましいのではないか、と考えられます。そこで、監督機関による監督開始の時期を判断力低下の時期に合わせる方法——そうしないと、本人の判断力が低下しているのに、代理人を監督する人がなく、代理人の不適当な代理行為によって本人の財産が失われるなどのことが起こる可能性があります——、など最低限の法律上の配慮をすることが考えられるのです。もちろん本人がそのような人（代理人を監督する人）も自分で選んでおくことは可能（自由）ですから、それで足り、それが自己決定だ、ともいえそうです。しかし、全くそれだけでよいか、の問題となります。ここで、自己決定に委ねると、本人が損害を蒙る恐れはないか、と懸念されるならば、国の介入が望ましいものとされることになり、保護の理念が入らざるをえないのではないか、ということです。二つの理念のバランスの問題がここにも存在します。

なお、任意代理人がいる場合に先に挙げた法定成年後見を発動させることができるかなど、任意後見と法定成年後見との関係をどうするかの問題が多数生じますので、解釈に任せるほかないもの以外に、最低限法律で定めなければならないのはどの点かを、検討する必要があります。さらに、この制度を採用するとした場合には、何分例のない新しい制度ですので（不在者の財産管理人（二五条）や、相続財産管理人（九五二条）など、本人がいない場合の財産管理人制度はありますが）、どこまで規定する必要があるか、どこから解釈に委ねる（ほかない）かにつき、細かい検討が要るでしょう。

⑨　この改正の位置付け

前掲の**五**に示した種々の観点からこの改正を位置付けると、次のようなことになりましょう。

この改正は、高齢化社会への対応が動機となっていることは事実ですが、それを超えて精神障害者の扱いをどうすべきかという、より広い課題に直面した結果、行われるものです。また、現行法制の色々の点における実際上の使いにくさという現場の声に応えるものでありますが、より根本的な、これに対処する理念の変化にも由来するものです。社会的必要性と理念の変化とが、改正を促しました。

理念としては、直接的には、繰り返し述べたように、「ノーマライゼーション」であり、スローガン的には「保護から自律・自己決定へ」という重点の移動、厳密には「保護と自律・自己決定との調和・バランス」ということで、自由・平等・博愛と連帯という高次の理念より一段低い次元の理念の問題とも言えます。しかし、よく考えてみると、判断力の不十分な者も社会の一員としてできるだけ他の者と同じように扱おうとするもので、平等の理念の徹底と言うことができます。また、できるだけその意思を尊重しようとするもので、自由の進展と言うこともできます。両者を通じ、どのような人も人間として尊重する博愛、すべての人の共生をはかろうとする連帯の精神に裏付けられたものと言えるでしょう。その意味で、民法の現代的理念を基礎とする、古典的理念の双方の徹底であり、平等の理念のゆえに自由の理念の後退が必要となる事例とは異なる、希有の事例と見ることができます。前回は触れていませんが、現代的な人間の扱い方としての、「人間の抽象的な扱い方からより具体的な人間に即した扱いへ」という進展でもあります。[50]

そのため、民法の技術面においても、従来の制度の柔軟化（各類型につき）と、新技術の導入（新類型と、任意後見制度の導入など）が要請され、実現されようとしています。

「規制緩和」との関係はよくわかりませんが、関連する点として、精神障害者の自由を幾分広く認めただけ、その人が自分の不適当な判断によって損害を蒙る可能性が出てきたことを、もう一度確認しておきましょう。自己決定は自己責任を伴うので、やむをえないことです。しかしそれにも限度がないわけにはゆかず、保護の理念によるバランスが必要ではないかが問題となっているのです。

(31) 詳しい報告書としては、東京精神薄弱者・痴呆性高齢者権利擁護センター（愛称「権利擁護センターすてっぷ」）のもの（野田愛子代表編者・新しい成年後見制度をめざして〔一九九三〕、「成年後見制度検討委員会報告書」〔一九九七〕）、日本弁護士連合会司法制度調査会のもの（「成年後見法大綱（中間意見）」一九九六）、関東弁護士会連合会のもの（「高齢者の財産管理――新しい成年後見制度を考える」一九九六）などがある。

(32) 詳しい研究書であって、文献の網羅的な引用のあるのは、須永醇編・被保護成年者制度の研究（勁草書房、一九九六）。

（33）「成年後見問題研究会報告書」（金融財政事情研究会、一九九七。以下「報告書」と略称）。なお、その「概要」も発表されている（金融法務事情一四九五号、ジュリスト一一二一号、NBL六二七号などに掲載。以下「概要」と略称して、ジュリスト一一二一号の頁を引用する）。

（34）我妻栄・新訂民法総則（岩波書店、一九六五）〔五一〕〔五三〕、四宮和夫・民法総則〔第四版〕（弘文堂、一九八六）、五一頁、五四頁など。

（35）父または母の一方が死亡した後、他方が再婚することを、相続分が減ることを考えて反対する子と似ていて、非人道的なことと言えよう。

（36）我妻・前掲注（34）〔五四〕〔六三〕、四宮・前掲注（34）五五頁以下。

（37）以前からこの点は挙げられていなかったように見受けられる（我妻、四宮両教授の前掲注（34）箇所。これを挙げたのは、星野・民法概論Ⅰ〔良書普及会、一九七一〕、一九二頁か）。

（38）契約の拘束力の根拠または契約の理念として、「私的自治」、「意思自治」、「自己決定」などが説かれている。自己決定の理念については、山本敬三「現代社会におけるリベラリズムと私的自治――私法関係における憲法原理の衝突（一）（二完）」法学論叢一三三巻四号、五号（一九九三）に詳細である。

（39）法典調査会第一一回民法主査会（明治二六年一〇月六日）に提出された一一条（現七条）の（理由）（民法主査会議事速記録。〔日本近代立法資料叢書13〕〔商事法務研究会、一九八八〕二六五頁）。

（40）磯部四郎による削除案は、法典調査会第五回総会（明治二六年一〇月三一日）に提出され、否決された（民法総会議事速記録。〔日本近代立法資料叢書12〕一二九頁以下）。起草委員（梅謙次郎）による削除提案と採択は、第四回民法整理会（明治二八年一二月一六日）においてである（〔日本近代立法資料叢書14〕九〇頁以下）。

（41）「報告書」三一～三六頁（「概要」九〇頁以下）。

（42）「報告書」三三頁。

（43）「報告書」四六～五二頁（「概要」九三頁以下）。

（44）「報告書」四七頁以下（「概要」九四頁）。

(45) 以上二点につき、「報告書」四一頁以下(「概要」九二頁)。
(46) 公示制度につき、「報告書」六四頁以下(「概要」九七頁以下)。
(47) 鑑定につき、「報告書」六〇頁以下(「概要」九六頁以下)。
(48) 新井誠・財産管理制度と民法・信託法(有斐閣、一九九〇)一五五頁以下。
(49) 米倉明「日本法への示唆」ジュリスト九七二号(一九九一)五六頁、道垣内弘人「成年後見制度私案(二)」ジュリスト一〇七五号(一九九五)九五頁以下。
(50) 筆者は、「民法と人間」の問題として扱った(『民法のすすめ』第七章)。

(2) いわゆる「中間法人」(「非営利法人」)

① 問題の所在

総則の第二章「法人」も、第一章「人」に続き、現在問題になっているところです。[51]

最近、かねてから制定が望まれていた[52]NPO法(正式には、「特定非営利活動促進法」)が国会を通過したことは、皆さんも新聞などで知っておられるでしょう。いわゆるNPOの活動の促進のために、一定の要件を充たすNPO団体に法人格を与えるものです。その目的は、「市民が行う自由な社会貢献活動……の健全な発展を促進し、もって公益の増進に寄与する」ことと定められています(一条)。

しかし、民法を学ぶ者としては、①まず、そのような目的のためになぜ法人格を与える必要があるのか、を知らなければなりません。つまり、法人格を与えられる(認められる)というのは法律上何を意味するか、という根本問題です。②次に、そのような団体に法人格を与えるために、なぜ特別法を制定する必要があるのか、についても知っておかなければなりません。

② なぜ特別法を制定する必要があるか

この問題から始めましょう。さらに二つのことがあります。

(i) 民法に規定がない部分があること

総則を学んだ人には常識のはずですが、わが民法典の法人の規定には、古くから指摘されているとおり、大きな穴があります。そこには、団体、民法で「社団」と呼んでいるものにつき、「営利ヲ目的トスル」もの（三五条）と、「営利ヲ目的トセサルモノ」のうち「公益ニ関スル」もの（三四条）とが法人になれることが規定されています。[53] そうすると、簡単な論理の問題ですが、「営利を目的としない」が「公益に関するものでもない」団体は法人になれないことが直ちに明らかになります。この部分の規定は、民法にないわけです。なぜこのようになっているのかは、起草時の議論を幾らか調べただけでは明らかになりませんでした。[54] クラブのように、営利を目的としないが、公益にも関しない団体は法人になれないから、「何ダカ欠ケテ居ルヤウデ、是丈デハ少シク実際ノ需用ヲ充タスニハ足リヌ事ガアリハセンカト云フ疑ヒガアリマス」として、「公益ニ関スル」をとり、「交際上ニ関スル」社団・財団の語を挿入する提案がなされていましたが、[55] 他に賛成者がなく、表決されませんでした。公益・営利の意義についての別の委員の質問に対し、一人の起草委員は、ドイツ民法典（現二一条・二二条）のように、法人を営利・非営利に分けたほうがよいとし、この案が「公益ニ関スル」というのは、「丸デ公益ノ無イモノハ法人トナル事モナイト云フ精神ヲ初メニ顕シタ方ガ宜イト思イマス、夫レデ其目安ハ何処ニアルカト云ヘバ、営利ヲ目的トスルトシナイト云フ方ニアリマス、即チ営利ヲ目的トスル方ガ三十八条（現三五条）営利ヲ目的トシナイ方ガ三十七条（現三四条）ニ依ル、斯ウ云フニシタ方ガ宜シイト思ヒマス」と発言しています。[56] この発言の意味は、はっきりしません。一方では、解釈論として、「公益」云々は、公益法人の要件というより、訓示的な意味しか持たないと解していたようにも見えます。他方、「公益ニ関スル」を要件としているようでもあります。富井政章起草委員は、後の体系書で、公益を目的としないものは必ずしも営利を目的とするものとは言えない、「例へハ産業組合、相互保険会社及ヒ会員組織ノ取引所」などがそれであるとし、ドイツ民法式に営利を目的とするものとしないものとに分けるのが至当ではなかったか、と述べています。[57] 但し、それらは特別法に規定されているので、実際上不便を感ずることはほとんどない、としています。

つまり、この穴を埋めるためには、営利を目的としないが、公益にも関しない団体・財産の集合一般についての立法をする方法（一挙に穴を埋める方法）と、個々の団体等について個別的に立法する（特別法を制定する）方法（少しずつ穴を埋めてゆく方法）とが考えられますが、その後は、富井博士も述べられるように、後者が行われました。つまり特別法により多くの法人が認められてきました（各種の協同組合、労働組合、学校法人、医療法人、社会福祉法人、宗教法人など。比較的最近のものは、マンション管理組合法人、ある種の地域団体など）。これらは一括して「中間法人」と呼ばれています。最近は、「非営利法人」と呼ぶことも多いようです（ここでは、どちらも使います）。しかし、一般的な規定がないため、不便があります。

いわゆるNPO法を見ましょう。これは「特定非営利活動促進法」であり、「特定非営利活動」とは「不特定かつ多数のものの利益の増進に寄与することを目的とするもの」ですから（二条一項）、「特定非営利活動法人」は、実は中間法人ではなく、公益法人の特殊なものになっています。その活動も、別表に掲げられるものに限られます（同条同項）。つまり、公益法人の一部につき、設立に主務官庁の許可（自由裁量）を要することなく、所轄庁の「認証」（羈束裁量）で足りるとする点で（一〇条以下）便利になっていますが、民法起草当時から問題になっていたクラブ、同好会等は含まれません。

(ii)　なぜ特別法を作る必要があるのでしょうか。それは、民法に、「法人ハ本法其他ノ法律ノ規定ニ依ルニ非サレハ成立スルコトヲ得ス」と定められているからです（三三条）。これは、「法人法定主義」と呼ばれている考え方で、わが民法典中、大原則よりはレベルの低い原則であると考えられています。似た規定に一七五条があります。こう言うと、勉強した人なら、判例により「権利能力なき社団」「権利能力なき財団」が認められており、それらは、ほとんど法人と大差ない法律効果を認められているが、それらとの関係はどうなのか、との疑問が投じられるかもしれません。確かに、権利能力なき社団・財団については、その名義で不動産登記をすることができない点を除いては、法人と変わりない効果が認められています(58)。判例は、民法三三条に抵触するのではないでしょうか。

この点は、従来あまり気付かれていなかったようです。しかし、民法の明文に反する解釈が判例によって行われていることは、この場合だけではありません。民法中のややレベルの低い原則という点で類似のものに、民法一七五条の「物権法定主義」がありますが、判例は、慣習法上の物権(古くからのものとして、水利権など。新しいものとして、譲渡担保)をかなり広く認めることにより、この原則に反することを認めています。要は、そのような解釈によって、規定どおりの効果を期待していた人が害されることのないように配慮することが必要ですが、そのようなことがないならば、そのように解釈すべき必要性や、「原則」の立法趣旨や、その今日における存在理由などを考えあわせて判断すればよいと考えられます(59)。

民法三三条のような規定はドイツその他諸外国にあまり例のないものです。それどころか、判例法国のイギリスでは当然としても、フランスにおいても民法上法人格のない組合の規定しかないのに、判例によって組合は法人であるとされました(「組合法人論」と呼ばれます。具体的な内容は、四六頁)(60)。これらを参考にすれば一層、厳密な意味での「法律」つまり制定法によらなくても、判例や慣習法によって法人格に近い効果を認めても差し支えない、と言ってよいでしょう。さらに、わが民法三三条は、日本人起草委員による旧民法人事編五条一文「法人ハ公私ヲ問ハス法律ノ認許スルニ非サレハ成立スルコトヲ得ス」に由来し、その理由は次のとおりですが、これは右に述べ、また後に述べるように、今日では十分な根拠にならないと考えられます。法人は自然に存在するものでなく、「仮想上ノモノ」であるが、この仮想を誰が「造成」することができるかと言えば、「立法官」だけだと答えざるをえない。「社会ノ主権」でなければ、自然に存在しないものを作ってこれに権利義務を認めることはできない。では、法律でこのようなものを作るのは何のためか。これは「社会ノ公益ヲ目的トスルモノ」であり、社会の公益を「計画」するのは、「立法官」しかない。それ以外のものが法人を作ることができるとすると、これは道理に反する。[61]民法典も、旧民法の主義に従いました。立法者はこれを認容し保護しなければならなくなるが、「公益ニ非スシテ公害タル」法人を作っても修正に際しても、ほぼ同じことが言われています。次のとおりです。同条の理由として、法人の「自然存在説」を唱える学者があり、またその主義による法律もあるが、それは「法人タル資格ヲ受クヘキ団体ノ存在ト其団体ノ受クヘキ法人タル資格トヲ混同」している。団体は自然に存在していると言うことができるかもしれないが、その団体が法人格を得るのは、法律の効力に帰するほかない。[62]

③　中間法人（非営利法人）の検討の沿革

NPO法制定を目指した研究は、政府系のシンクタンクである総合研究開発機構が商事法務研究会に委託した、民法・行政法・経済学の学者による研究会で行われ、研究報告書が出ています。[63]さらに、法務省民事局長の研究会として、「法人制度研究会」が平成八年一〇月に発足し、研究を続けてきました。ただ、その検討事項の第一は、公益法人であるが事業内容が営利企業の事業と競合し又は競合しうる状態になっているものにつき営利法人への転換をはかることの現行法上の可能性、その不可能な場合の立法の方法です。こちらが急を要するとして検討を要請されたからです。昭和六〇年九月の総務庁勧告、平成八年七月の与党行政改革プロジェクトチームの提言、これを受けた同九月の閣議決定による新しい「公益法人の設立許可及び指導監督基準」により、法務省に要請されたのです。既に検討は平成九年一二月に終了しました。報告書の公表も近いと思われます。第二が、より根本的な、「中長期的な検討課題」とされる、中間法人制度の制定です。

中間法人については、法制審議会財産法小委員会においても古くから種々の形で取り上げられ、ついに昭和四九年から五〇年にかけて、正式に検討されました。しかし、幾つかの難問について議論がまとまらないままに、仮登記担保の問題の検討に移り、この問題は、途中のままになりました。その後、借地借家法の改正、製造物責任法、特定債権譲渡法、成年後見制度と、次々に大問題を扱ってきたわけです。

④「法人」になることは何を意味するか

ここで、法人になるとは法律上何を意味するかを考えましょう。ある団体が法人になると、それ以前と法律上どう違ってくるのでしょうか。この点は、一般にはやや不正確な理解が多いので、法律を学ぶ者としてははっきり知っておく必要があります。

法人になる（法人である）ことの最小限度の、もっとも基本的な意味は、法人の名で権利を有し（権利の帰属者、名義人となり）、法人の名において義務を負うことができることです。

団体については、法人でないと、権利・義務は団体構成員の全員に属しているので、全員の名で権利を有してこれを行使し、全員が義務を負っています。したがって厳密に法律的に行動しようとすれば、全員が権利者・義務者として名を出さなければなりません。ただ実際は、法人でなくても、団体の名で権利を持ち、行使することが行われています。郵便貯金・銀行預金などそうですし、簡単な契約は、団体の名で締結し、団体あてに請求書・領収書が発行されています。ただ、不動産になると、法人でない者が登記名義人になることができないため、団体の代表者個人の名義で登記しています。法人になると、団体の実態に合わせて、法人名義で不動産の所有者として登記し、預貯金の帰属者も、契約も法人の名義ですることとなります。そして、その債務のためにその名義の財産を差し押さえられます。また、その名で裁判所に訴えることができると共に、その名で訴えられます。もっとも、民事訴訟法二九条によって、法人でなくても一定の要件のもとに訴え、訴えられることができますので、わが国ではこの点は大差ありませんが、法人という制度が法律上認められてきた沿革からは、法人の原初的な効果だったという点で、重要なものです。

むしろ、財産の集合体について、法人とすることの意味があると言えます。集まっている財産を一括したままに管理できるからです。つまり、財産の散逸を防ぎ、統一的方針のもとにその運用をすることができます。作家の蔵書や原稿、芸術家の作品などの管理のために財団法人にすることがよく行われているのは、この理由からです。

しかし、以上は法人のミニマムな法律効果で、法人の効果には、さらに二つのものがあります。法人の認められてきた歴史に即して整理しましょう。

第一、つまり法人の第二の効果は、法人の構成員（「社員」と呼びます。民法三七条六号など）の債権者は、法人がその名で有する財産を差し押さえることができないことです。団体が法人でないときは、実質的に団体の財産であっても、法律上は社員の財産でしかないので（法人でない以上、団体自身が権利の帰属者となりえませんから）、社員の債権者は、団体財産に対して社員が有する権利（所有権であれば共有持分です）を差し押さえることができるのは当然です。これは、団体に対して債権を有する者にとって危険であり、結局、団体が信用を得ることを困難にします。もっとも、わが民法では、法人になっていない組合についても、この点で法人と同様の効果が認められている（六七六条一項）など、この効果と法人格との結びつきは薄いのですが、少なくとも歴史的には、フランスでもイギリスでも「法人となること（incorporation、personification）」の意味がここにありました。

第二、つまり法人の第三の効果は、法人の債権者は、社員の財産を差し押さえることができないことです。このことを、社員は有限責任を負うと呼びます。但し、この効果はすべての法人に認められるものでなく、合名会社の社員全員（商八〇条）、合資会社の無限責任社員（商一四七条）は、一定の範囲で、法人の債務のために自分の財産を差し押さえられます。このような社員は、無限責任を負うと呼ばれます。有限責任社員しかいない法人として法律の定めている典型は、株式会社です（商二〇〇条）。したがって私は、これを法人一般の効果・意味としないほうがよいと考えましたが、後に京都大学の上柳克郎教授は、ここまで認められたものを法人の理想型と理解するほうがよい、とされました。整理としてはどちらも可能でしょう。これが法人のいわば最大（マクシマム）の効果であることは確かです。その社会・経済的意味は、法人の債権者によって差し押さえられる恐れがないので、誰でも安心して出資することができることです。[64]

ところで世間では、法人になると社会的信用が増し、銀行からの融資を得やすくなったり、取引をしやすくなるとよく言われます。ＮＰＯ法を求める声の中に現れ、法案の通過後にも、そのことゆえに法律の成立を喜ぶ論評も見られました。しかしこれらの点は、法律上は、法人であることとは直接の関係がないものです。社会的信用云々ですが、法人でないものが法人の文字を使用することを禁止した民法三四条ノ二が昭和五四年に挿入された理由はそこにありましたから、事実でしょう。そこには、民法によって公益法人になっているものは、主務官庁の許可を得て法人格を与えられ、その監督も受けているので間違いがないだろうと考える、合理的な理由もありましょう。しかし、「法人」であることに何か特別の権威を感ずるという心理もあるのではないかと思われます。お上意識の強いわが国では、主務官庁のお墨付きがあることで、権威があると考えやすいのではないかということです。しかしこれはかえって監督官庁が設立許可を与えることを慎重にさせたり、監督を厳しくして法人の活動を窮屈なものにしたりする方向に向かわせることになり、公益法人制度を一層使いにくいものにしているようです。[65] それゆえ、許可主義と官庁の監督とが緩和された法人に対して、同様の社会的信用が存在するかは、若干疑問でしょう。融資云々は事実としても、なぜ金融機関が貸さないのかは、分かりにくいところです。物的担保や、信用力のある者からの保証を取っておけばよいのではないかと考えられるからです。団体の場合に債権の回収に困難があるとすれば、任意の回収が多く、其の際、代表者が変わっていてやりにくいといったことがあるのでしょうか。しかし、金融機関は、「貸付管理」といって、絶えず債務者の財産状態をチェックしていて、少しでも財産状態がおかしくなると、期限の利益喪失条項（民法上のものは一三七条。約款による多くの場合に債務者が期限の利益を喪失する旨の条項）を援用して回収にかかるのが普通です。相対的に少しでも面倒となる可能性のあるものは避けようということでしょうか。取引云々もほぼ同様です。

さらに、法人になると税法上の優遇措置があるということがよく言われましたが、これは法人格と必然的な関係のあるものではないことが、NPO法（これを規定していない）によっても明らかであり、ようやく今日一般にも理解されてきたようです。これは、各種の社会的活動に対して国がどういう態度を取るか（どの程度、どのような形で促進するか）という、すぐれて政策的な問題です。私も今後の日本においてNPOの持つ意義を大きいものと考えていますので[66]、税法上の優遇措置には賛成ですが、法人格取得（付与）と必然的関係のないことは、はっきりさせておきたいと思います。

⑤　中間法人の立法にあたっての問題点

かつて法制審議会において中間法人の検討が挫折した理由は、単純ではないと見られますが、中間法人の要件、とりわけ効果をどうするかについて困難な問題に遭遇し、意見がまとまらなかったことも一因であることは確かでしょう[67]。

そこで議論された問題は色々ありますが[68]、ここでは、効果に限り最も根本的と考えられるもの二点について説明します。幸い最近では、NPO法案の研究会以来、研究が大変進んできて、優れた論文が現れています。

(i)　ただその前に、法人格の承認ないし付与の立法問題を考えるに際して、予め強調しておくべき点を挙げておきます。後でも述べますが、ここで一言します。

第一に、法人格があるということは、これらの私法上の効果を認めることで、それにより団体の活動、財産の集合の管理が便利になります。しかしそれ以上に、法人格と直接に関係のない効果を法人格付与に期待するのは誤りです。他方、団体等の活動を促進するための重要な方法は他にもあり、法人格を認めることはその一つにすぎないものです。

第二に、これにも関連して、この講演の始めにお話しした、わが国において法律を狭い社会的目的達成の手段と考える傾向が、ここにも現れていることが指摘できます。法律が社会的な目的のための手段であるのは事実ですが、あまり狭い目的を考えるのはどうでしょうか。

(ii) 中間法人の効果面の難問は、その財産関係についてのものです。法人が活動している時と、活動をやめて解散した時の、二つの問題があります。前者は、社員の責任をどうするか、後者は、残余財産の帰属者を誰とすべきか（残余財産の分配）です。(69)

(ア) 社員の責任は、商法上の法人については明文があり、民法上の組合については、組合員が直接・分割責任を負うことを前提とする規定があります（六七五条）。ところが、民法の公益法人については規定がありません。かつてこの点は、十分に考えられることなく、有限責任が当然のように言われていたようです。(70)しかし、法人格と有限責任が必然的に結びつくものではないことは、先に述べたとおりです。私はかつて、有限責任の認められるのはどのような場合であるべきかを検討し、それは「団体に対する債権者・団体構成員・構成員に対する債権者の通常の期待と、それを妥当とすべきか否か」の観点から考えるべきものとし、「出資を限度とする有限責任であるつもりで構成員となっており、構成員に対する債権者もそれを期待しているような場合であって、それが妥当であり、しかも、団体に対する債権者が、団体財産のみを責任財産とすることを覚悟しているか、または覚悟すべきであるようなもの」につき有限責任を認めてよい、としました。具体的には、社員に対するその債権者による団体財産への執行が認められていないことと、その団体につきいわゆる資本充実の原則が存在すること（脱退が持分の払戻を伴わないこと）の二点がある場合がそれにあたるとしました。(71)前半の抽象論、具体的な二点の前者及び後者中「資本充実」までは異論がないようですが、「脱退が持分の払戻を伴わないこと」については、現に持分払戻を認められながら有限責任の法人があること（相互会社、協同組合）その他の理由から、この点は有限責任の必要条件でないとする批判があります。そして、「事業の開始にあたりリスクに応じた合理的な出資の引受が構成員によってなされ、以後維持され、かつ財務状態に関して合理的な方法で第三者に対する開示がなされること」を挙げる学者[72]、「第三者保護の措置として、……組合と取引関係に入ってくる相手方が客観的に一部の組合員の責任制限を予期するのが相当と認められるような措置（予見可能性の確保）と、……組合の資産充実・維持に関する制度的配慮（責任財産の確保）」が必要と考えられるとするある報告書を引用する学者（賛成の趣旨と思われます）[73]があります。この問題の検討の深化が見られ、立法の基礎になります。

(イ)　残余財産分配は、細かいことのようですが、公益法人については民法に規定があるので、中間法人についても同じでよいか、少し変えるかが、立法問題になります。民法は、三段階に分けて規定しています（七二条）。第一次的に、定款又は寄附行為で指定した人に帰属し（一項）、第二次的に、そのような人がいなかったなどの場合は、理事が総会の決議を経、主務官庁の許可を得て、その法人の目的と類似の目的のためにその財産を処分することができ（二項）、それでも処分されない財産は国庫に帰属します（三項）。行政実務上は、主務官庁は、定款で公益法人の設立者自身やその相続人を帰属者と定めた場合は設立を許可していないとされています。

問題になるのは、残余財産を社員又は出資者に配分することを認めてよいか、禁止すべきか、ということです。これにつき、肯定・否定の両説があります。否定説は、まずやや概念的に、「営利」という意味は、法人が得た利益を社員に分配することだとすると、法人が生きて活動している場合は利益配当請求権、解散した場合は残余財産分配請求権として現れるから、「非営利」の場合に社員に残余財産分配請求権を認めることはありえないとか、出資者が近未来の解散を予定して自分や子孫を残余財産の帰属者とするのは適当でない、とします。基本的には、残余財産の分配を受けるのに有限責任しか負わないのは「利益の存するところ責任もまた帰す」という基本原則に反するとされます。しかしこの点については、公益法人においてさえ民法上は、定款・寄附行為によって残余財産の帰属者を定めておくことが可能だから（七二条一項）、非営利法人について否定する理由はない、と反論されます。そして、法人が生きている場合は、法人の財産が十分でない場合に備えて社員の無限責任を考慮する必要があるとしても、法人が本来の活動を止め、債権者に弁済した後に残っている財産があるならば（七八条一項二号）、もはや債権者の保護の問題はないので、社員に分配してもなんら差支えない、とされます。

もう一つの点は、残余財産中に含まれるものに、社員や出資者に帰属させてよいもの、反対に帰属させるべきでないものがありはしないか、ということです。前者は、財産を提供するに際し、全く法人に差し出してしまって、一切自分に関係ないものとする趣旨でなく、ある意味で自分のものとの感覚があり、法人が活動を止めた時は返してほしいという趣旨の場合がありうるとされます。典型例は、法人の物を社員が利用することが予定されている場合です。後者は、第三者からの寄付であって、法人は活動している限りいわばその人から預かっているものだが、解散するときは何等かの方法で返しても（返すほうが）よいのではないか、とも考えられます。検討に値する問題でしょう[74]。

⑥　この改正の位置付け

この改正は、文言からは民法典の穴となっており、学者によりそう考えられていて[75]、社会的にも改正が必要とされていた部分を埋めようとするものです。民法典の不便さが以前から、とりわけ最近強く感じられていた問題です。社会的には、既に述べたとおり、団体の活動や財産の集合の管理の便宜のために、団体・財産の集合自体を法律上の権利義務の主体とする必要性があります。これは、ごく単純な法律技術上の要請と見ることもできます。法人格を団体や財産の集合に認めるということは、特にそれらを優遇するというほどのことではないが、そうしないとそれらにとっては多少の不便があるので、穴は埋めたほうがよい、と言えばすむようにも見えるのです。ただ、それがこれだけ長い間議論されてきたのは、改めて立法となると考えるべき難問があることのほかに、積極論者の側にも消極論者の側にも誤解があったことにも由来するように見受けられます。先に一言したものです。

その第一は、既に述べたように、法人格付与と必然的に結びつかない効果で、政策的にはそう簡単には認めにくいものが発生すると（誤って）考えられ，積極論者によってその効果が主張されたために，反対論を誘発したことです。

第二は，第一と共通する面がありますが，より根の深いものです。それらに法人格を認めることが，それらの活動を大いに促進し，反対に法人格を認めないことが，それらの活動を抑制する意味を持つ，と考える傾向です。この傾向は，既にフランス民法制定時に見られます。革命前の社会（アンシャン・レジーム）において修道院に寄付された財産が財貨の流通を妨げたり，職業組合（コルポラシオン。英語のギルド）が人の自由な活動を妨げたこと，革命中に反革命団体の活動があったことなどから，それらを禁止・抑圧しようとする態度で，その結果民法典中には，法人に関する規定が一つもありません。わが民法典も，法人格の付与の政策的意義を強く意識して作られています。フランス民法典の影響で，法人についての規定が一，二条しかなかった旧民法を改め，ドイツ民法典草案にならって現民法典を作る際に，公益法人については，私が「公益国家独占主義」と呼んでいる，公益は国家のものという考え方が，営利法人については，それが国家の経済上必要であって，官庁の介入を許すと事業の勃興発達を妨げるから，設立の許可主義はとれないとしていて，富国強兵・殖産興業政策の手段とする考え方がはっきり出ています[76]。

しかし，フランスにおいて判例が，組合には法人格があるとして，その権利主体性，組合員に対する債権者による組合財産への執行を否定したことから示されるように，法人格の承認は，団体等の便宜と，その信用の維持というごく私法的・基本的なものです。

もちろんそれは，法律技術的な要請だけに由来するのでなく，それらの社会的活動促進という理念が強くなったからであるのは言うまでもありません。ここには理念の転換があります。

社会活動促進の理念は，国家において，国家対個人の関係以外に，個人（私人）による，直接国家との関係でなされるのでない種々の活動，つまり団体や，直接国から支出されるのでなく個人によって提供され，個人の管理から離れて社会的に管理・運用されるべき財産の意味を大きいとする思想です。国家内のそれらの活動については，フランスのように、ルソーの影響のもとに、国と個人の間のいわゆる中間団体を認めない思想、反対にアメリカのように、私人のこのような活動が盛んでそれを評価するもの、[77][78]明治以来の日本のように、村や家族のような自然発生的な中間団体を重視し、それらに国家の下請けとして国家を維持する役割を担うものとする考え方などが見られます。中間団体重視は、アメリカの考え方ですが、フランスでも最近は、中間団体を見直しているようです。わが国では、最近ようやく、「公益国家独占主義」に対する反省と、私人のイニシアチブによる団体の活動と、そのための私人による資金・財産の提供の意義が認識されています。以上は主としてNPOに関係しますが、さらに、技術社会における人間的豊かさや潤いを求めての、教養、趣味、レクリエーションその他多種の自発的な人間的集まりがますます重要になっています。私は、これらの、自立した個人の自発的な団体とその活動、そのための私財提供が形成する社会を「市民社会」と呼んで、その二一世紀における不可欠さを強調していますが、[79]この言葉を使うことが許されるならば、中間法人を認める理念は、この意味での「市民社会」の発展ということになります。この市民社会の発展こそが、今後の日本、そして世界の将来を左右すると考えられるのです。

この理念の、民法の高次の理念である、自由、平等、博愛と連帯の三つとの関係を考えましょう。法人設立につき自由度が増えるのですから、自由の進展であることは言うまでもありません。平等との関係は言うこともないようですが、強いて言えば、民法の公益法人になりうる団体や財産の集合以外の、より多くの団体や拠出を、それらと平等に扱おうとするものとして、人間の諸活動の平等性の承認という点で、平等理念の進展と見ることも可能でしょう。さらにそれらの団体内部においては、構成員の平等と自由（加入・脱退の自由、内部における意見表明など）、拠出された財産については、その目的に従った公正な運用がはかられる、という点でも、自由・平等の理念が実現されます。博愛と連帯については、まさにそれらの団体・拠出は、この理念のための活動です。かくして、ここでも、成年後見制度と似て、博愛と連帯の理念にリードされる三つの理念の調和が存在します。ただ、わが国民にはまだ国家に依存する感覚が残り、国家の枢機にある者にも「公益国家独占主義」と、私人の自発的活動に対する不信感が残存するように見受けられるのは、残念です。

「規制緩和」との関係は難問ですが、ごく形式的に言えば、公益法人設立に対する厳しい規制の緩和であり、実質的には、その規制が富国強兵、殖産興業時代の遺物であってどこから見ても二一世紀にふさわしいとは言えそうにありませんから、これを緩和することは、そのスローガンにも適っていると言えましょう。

難問が法律技術にあることは、既に述べたとおりです。幸い、最近の研究の深化により、これも近い将来に克服できるものと考えられます。その意味で、非営利法人制度の制定は、多くの研究を基礎にした、新しい法律技術をもたらすことが期待されます。

(51) 能見善久「団体――総論」、中田裕康「公益法人・中間法人・NPO」(共にジュリスト一一二六号(一九九八)、特集「民法一〇〇年――新時代の民法を展望する」。他に本稿に関するものに、後掲の後藤元伸・後掲注(59)、道垣内弘人・後掲注(69)の論稿がある)は、この問題の最近における優れた全面的検討である。

(52) 「特集 NPO法の検討」ジュリスト一一〇五号(一九九七)(座談会「NPO法の検討――市民活動団体の法人化について」〔雨宮孝子＝磯部力＝江崎芳雄＝川井健＝松原明＝山田誠一〕、税制に関する佐藤英明、石村耕治の論稿、能見善久・後掲注(53)、中田裕康・後掲注(69)の論稿が掲載されている)、座談会「民間公益活動の促進に向けて――法制度整備上の諸問題」(木田宏＝星野英一＝味村治＝滝寺洋一)公益法人二六巻一〇号(一九九七)参照。

(53) 財産の集合体(財団)は、公益を目的とするものしか法人格が認められない(三四条)。「営利財団」が認められない根拠は、財団法人とは社員が存在しないものなので(財団法人の根本規則である寄附行為には、「社員タル資格ノ得喪ニ関スル規定」がないこと〔三九条〕から示される)、「営利」を「団体が得た利益を構成員に分配すること」と解する限り(多数説)、営利財団法人という存在はありえないことである(但し、最近、「営利」の意味につき、このような解釈に対する異論もあり、さらに検討を要する)。この点につき、能見善久「公益的団体における公益性と営利性」ジュリスト一一〇五号(一九九七)参照。

(54) 星野「日本民法典に与えたフランス民法の影響」同・民法論集第一巻〔有斐閣、一九七〇、初出一九六五〕一二七頁(五)、中田・前掲注(51)五三頁など。
(55) 法典調査会第一五回(明治二六年一一月二八日)における田部芳委員の発言(民法主査会議事速記録〔日本近代立法資料叢書13〕三九九頁)。
(56) 梅謙次郎起草委員の発言(前掲注(55)四〇二頁)。
(57) 富井政章・民法原論第一巻総論〔増訂版〕(有斐閣、一九二二)二三五頁。
(58) 教科書でこの点を最もはっきりと書いているのは、四宮和夫・民法総則〔第四版〕(弘文堂、一九八六)である。
(59) 星野「いわゆる『権利能力なき社団』について」同・民法論集第一巻(初出一九六七)二七五頁・二九九頁以下。最近この問題を取り上げているのは、後藤元伸「団体設立の自由とその制約」ジュリスト一一二六号六〇頁。
(60) 山本桂一「フランスにおける組合法人論」同・フランス企業法序説(東京大学出版会、一九六九)。
(61) 「民法草案人事編理由書」(石井良助編・明治文化資料叢書第三巻法律編上〔風間書房、一九五九〕四〇頁)。
(62) 民法修正案理由書(広中俊雄編著・民法修正案(前三編)の理由書〔有斐閣、一九八七〕九二頁)。
(63) NIRA研究報告書(川井健＝磯部力＝井堀利宏＝中田裕康＝能見善久＝山田誠一「ボランティア等の支援方策に関する総合的研究——ボランティア活動の支援とボランティア団体の法人化」〔総合研究開発機構、一九九六〕)。
(64) ごく簡単には、星野「法人の設立、法人・団体の解散」法学教室一八三号(一九九五)参照。今日、法人の法律効果(法人となることの法律的意味)が何かについては、星野・前掲注(59)に始まり、上柳克郎「法人論研究序説」同・会社法・手形法論集(有斐閣、一九八〇〔初出一九七二〕)、竹内昭夫「会社法講義」法学教室四一号(一九八四)(同・会社法講義上〔有斐閣、一九八六〕)、江頭憲治郎「企業の法人格」竹内昭夫＝龍田節編・現代企業法講座第二巻企業組織(東京大学出版会、一九八四)に至って、ほぼ行き着く所に達した感がある。
(65) 民法制定以来の公益法人に対する「規制の強化」については、中田・前掲注(51)参照。
(66) 民法のすすめ〔第四章「民法と市民社会」、第九章「民法の将来」〕参照。
(67) 須藤純正「中間法人制度の創設に関する問題点」NBL三七二号(一九八七)参照。

(68) 須藤・前掲注(67)に概観がある。
(69) 最近の研究は、これらの点を中心としている。NIRA研究報告書・前掲注(63)の一一章中、民法の法人の規定に関するものは五章あり、八章が「ボランティア団体法人の財産」(山田誠一)となっている(他は、「法人化」一般、「設立」「公示」「組織等」である)。さらに、山田「権利能力なき社団」法学教室一九三号(一九九六、特集「リーガル・マインド民法」)、中田裕康「公益的団体の財産」ジュリスト一一〇五号(一九九七)、道垣内弘人「団体構成員の責任」ジュリスト一一二六号(一九九八)、及びそれらに引用されている諸研究(新しいものに、納屋雅城「団体債権者に対する団体構成員の無限責任――フランスにおける民事会社を参考にして」早稲田法学会誌四七巻〔一九九七〕がある)により、これまた検討がほとんど行き着くところまで進んだ感がある。
(70) 例えば、我妻・前掲注(34)〔一三九〕。
(71) 星野・前掲注(59)二九六頁。
(72) 江頭・前掲注(64)七三~七七頁。
(73) 道垣内・前掲注(69)特に七〇~七一頁(引用されているのは、「ベンチャー企業への資金供給円滑化研究会報告書――中間とりまとめ」一四頁(一九九七)である――筆者は未見)、なお、山田・前掲注(69)一五頁以下、中田・前掲注(69)五九頁以下も参照)。
(74) これらについては、中田・前掲注(69)五九~六二頁に詳細である。
(75) 例えば、我妻・前掲注(34)所収〔一四四〕。
(76) 『民法のすすめ』九五頁以下参照。
(77) フランスの思想家が、アメリカに滞在してそこで中間団体の持つ大きい意義に驚き、フランスに紹介した有名な著書である、A・ド・トクヴィル・アメリカの民主政治(一八三五~四〇〔井伊玄太郎訳、上中下、講談社学術文庫、一九八七〕)。最近のアメリカの状況については、R・N・ベラーほか〔島薗進=中村圭志訳〕・心の習慣(みすず書房、一九九一)参照。
(78) 国家像の観点からルソー・モデルとトクヴィル・モデルを対比されるのは、樋口陽一教授である(手近なものとして、例えば、近代国民国家の憲法構造〔東京大学出版会、一九九四〕の第Ⅱ章「二つの国家像の対抗」参照)。

(79) 『民法のすすめ』第四章・第九章、特に一一六〜一二二頁・二二六頁以下。

〔**後記**〕 本稿は、「仮想の講演」とでも言うべきものである。筆者は、数年来何箇所かで講演をしており、そのテープがある。本誌編集部からそのどれかの掲載を依頼されたので調べたところ、それぞれ若干の重複があり、また既に発表したり、発表の約束をしているものが多かった。そこで、掲載の約束がない、千葉大学法学会主催の講演会（講演の題は「民法の最近の動向」〔一九九七年一一月二〇日〕）の主題であり、別の所に紙数の関係で簡単に書いた、現代の立法問題を（「一九九八年と日本民法典——民法典施行百年と『第三の法制改革期』」学士会会報八一八号、一九九八）、本稿の中心に置くこととした。そして、それを検討するための前提として、その歴史的・比較法的位置付けを示すことが重要であるので、民法典の立法の特色、その基本思想とその変遷につき、既にかなり詳しいものを発表し、または発表を予定しているものではあるが（『民法のすすめ』、「日本民法典の百年と民法の将来（仮題）」日本学士院紀要五十三巻一号〔一九九八〈近刊〉〕）、これらを要約して初めの部分に置くこととした。さらに、近年とりわけ昨年以来立法や企業法務に多くの問題が投げ掛けられているが、それらに触れることとした。これに関する注目すべき論稿や研究会が法律実務雑誌に掲載されているので、色々な形で引用させていただいた。これが本稿の随所で触れる第三の問題となる。ただし、この点は、現在の立法にも関係するデリケートなものであるので、問題の指摘に止めている。
　何時ものように、さらに学びたい読者のために、註をつけた。筆者のものでは、前掲『民法のすすめ』にある部分は、それを引用した。これは、ある部分は本稿より詳しくある部分は簡単になっており、本稿と相補うところがある。他は、本稿のもととなっており、紙数の関係で十分に議論できない点に関し、他の文献をそこで見られることを考慮して若干引用した。

法学教室二一〇号〜二一二号（一九九八年）

〔**追記**〕 一九九八年は日本民法典施行一〇〇周年にあたる年であったが、著者はこの年から翌年にかけて、複数の講演を行っている。本稿は、著者自身も記しているように、それらのうち未発表のものを総合しつつ書かれたものである。なお、このほかに公表されている論文として**付録G**として収めたものがあるが、これは本稿の縮約版としての性格の濃いものである（ただし、特徴がないわけではない。付録G追記参照)。

また、未公表のもので草稿が残るものとして付録Hとして収めたもののほか(収録の理由については、付録H追記を参照)、「二一世紀の市民社会と民法」(一九九九年七月、有楽町朝日ホール)、Japanese Civil Code: The Cetenary of its Birth and its Future(一九九八年一一月、弁護士会館クレオ)がある。本書への収録を見合わせた二つの未公表講演のうち、前者は一般市民向けのものであり、著者の市民社会観が簡潔に示されているほか、人間の尊厳やデモクラシーと民法の関係が語られている。後者は日本民法典一〇〇周年記念国際シンポジウムの際の報告原稿であり、マロリー(フランス)、カナーリス(ドイツ)、ホンディウス(オランダ)、ハイランド(アメリカ)の各教授とともに報告されたものである。残念ながら、このシンポジウムの記録は公刊されるに至っていないが、著者の報告において、民法典の原理は一つではなく、「自由・平等」と「博愛」が併存していることが強調されているのが興味深い。なお、〔後記〕に「近刊」とされていた論文も公刊されるには至らなかったようである。

家族法は個人関係の法律か、団体の法律か

一　はじめに

本稿は、日本民法典及び民法学において、夫婦・親子の構成する関係、つまり日常用語で言う「家族」ないし「家庭」を民法上団体として把握することが、西欧諸国の法律と比べてあまりなされていないことを指摘し、今後この方向での検討が一層行なわれる機縁を提供しようとするものである。既に、高橋朋子助教授による同様の指摘と精力的な研究が存在するが、(1)やや違った視点からのアプローチを試みるものである。

日本民法典には家族という概念が存在せず、諸個人間の権利・義務の関係としての婚姻や親子が規定されていること、しかし現実の社会関係としては、二つの異質の部分、つまり夫婦と未成年の子から成る「寝食共同体」と、「単なる個人間の関係」とがあること、家族の団体的現実とそれを個人間関係として扱う民法の規定との間の原理的差異から生ずる諸問題があることは、高橋助教授によって既に指摘されている。(2)同氏の研究は、その諸問題を解決するために家族を団体的に構成する試みを検討の対象とするが、ここでは、筆者の以下に述べる関心から、もう一歩退いた部分、よく言えばより基本的な部分について検討するものである。

すなわち、本稿のより遠い目的、換言すれば本稿の視点は、日本の明治以来の家族法及び家族法学全体に通ずる傾向、筆者によれば偏向ともいうべき特色に、二つの面から光を当てることである。第一は、わが国の家族法学における、西欧家族法の根幹を形成するキリスト教の影響の強いラテン系諸国の家族法の検討の不十分さである。それは、かねてから筆者が「啓蒙主義的家族観」、「事実の偏重」(3)などと呼んでいたものである。第二は、家族法上の諸制度の研究に際して、財産法の関連する制度（条文上のもののほか、判例・学説上のものを含め）と対比しつつ検討することがなお十分でないことである。

第一の傾向は、最近において、一方で一層強くなっているが、他方で、筆者と見方を共通にする学者が現われて重要な指摘が行なわれており、(4)ようやくわが家族法学界もよりバランスのとれたものになりつつあることは、好ましい現象である。本稿は、一つの小さな点からこの方向の研究を進めてみたい。これは、最近筆者が試みた、明治以来の家族法の立法から日本の家族法・家族観を探るための一資料となればと考える。(5)

第二につき、家族法学は、戦前は中川善之助博士による、各制度の民族学、歴史学、社会学的検討の上に立った、財産法学に対する独自の体系の構築という偉業に代表されるが、戦後に至り、我妻栄博士により、財産法学の法律技術を用いて法解釈学的に財産法学のレベルに高められた。この方向を継承する研究も増加している。しかしなお、なすべきことは多々ある。家族を生活共同体という面に即して、団体という観点から眺めることは、前者のアプローチにもつながるが、後者の方向に属する一つのアプローチでもある。財産法における類似の状況を規律する制度や概念と対比しつつ検討するからである。(6)

なお、誤解を避けるために一言すれば、筆者は、西欧諸国にかなり見られるように家族を生活共同体である団体の面から眺める見地が明治以来の家族法及び家族法学においてどのようになっているかを検討し、この見地を考慮すべきことを主張するに止まり、家族法を全面的に団体法として扱うべきだという主張をするものではない。ただ、そのような観点から説明しやすい制度が存在することは指摘することになる（本書四〇〇〜四〇一頁以下、四〇六頁以下）。(7)

以下では、「家族」と「家庭」の語は、生活共同体の意味としては厳密に区別しないで用いる。

（1）最近のものとして、高橋朋子「わが国における家族団体論の特質――フランスとの比較において」太田知行＝荒川重勝編・鈴木禄彌古稀・民事法学の新展開（有斐閣、一九九三）（全論文を体系的にまとめたものが、近く刊行される予定である）。

（2）高橋・前掲注（1）四六七頁。

（3）星野「最近の西欧における家族法改正の動向」ケース研究一七〇号（一九七九）四頁（同・民法論集第六巻（有斐閣、一九八六〕、同・家族法〔放送大学教育振興会、一九九四〕「まえがき」など。ここで「啓蒙主義的家族観」と呼ぶのは、フランス革命時の反教会的家族観という程度の意味である。筆者が啓蒙主義——フランス革命の思想一般に対して否定的な考え方を持っているのではない（例えば星野・民法のすすめ〔岩波新書、一九九八〕を見られたい）。

（4）水野紀子（多くの論文がある。最近の「比較法的にみた現在の日本民法——家族法」広中俊雄＝星野英一編・民法典の百年第一巻〔有斐閣、一九九八〕及びそこに引用された同教授の諸論文）、広瀬久和（「離婚原因」〈シンポジウム「婚姻法の改正」〉私法五六号〔一九九四〕など）、大村敦志（家族法〔有斐閣、一九九九〕その他）など。

（5）ごく簡単なものだが、星野「明治以来の日本の家族法」ジュリスト一一一八号（一九九七）で、若干の検討を試みた。

（6）もう一つは、日本に強い「事実主義」を、法人法定主義（三三条）、物権法定主義（一七五条）についての判例・学説との関連で検討することだが、本稿では果たしえなかった。

（7）なお、大村敦志「フランス法における契約と制度——労働法と家族法を素材に」北村一郎編集代表・山口俊夫古稀・現代ヨーロッパ法の展望（東京大学出版会、一九九八）も、視点はやや異なるが、本稿と関心を共通にすると見られる。

二　現行親族法

まず、現在の親族法が、家族を団体として扱っているかを眺めよう。

(1)　家族を団体法との関連で眺めることは、わが国の「家団論」において特殊のコンテクストから行なわれていることはここに繰り返すまでもない。また、フランスの一部有力学者等により家族とりわけ夫婦財産関係を法人と構成する試みがなされていることも、最近の詳細な研究が明らかにしている。[8] スイス法における家族共同体、家族財産は、この観点から興味があり、紹介もある。[9] しかしここで家族を団体という面から取り上げるのは、民法上の他の団体についての規定が家族についてはどうなっているかを調べるためである。[10]

なお、「団体」を厳密に定義することは難しいが、ここではその必要はない。一応、ある程度継続的に共同の仕事を行なって集っている複数の人の総体、としておく。[11]

(2) 民法財産法における団体についての規定は、社団法人と組合の所に存在する。そこで規定されているのは、通常「内部関係」と「外部関係」の問題とされており、団体のために用いられている財産に着目して「財産の帰属」と「財産の管理」を問題とすることもある。さらに、「権利能力なき社団」の存在が認められ、判例は、「団体としての組織をそなえ、そこには多数決の原則が行なわれ、構成員の変更にもかかわらず団体そのものが存続し、しかしてその組織によって代表の方法、総会の運営、財産の管理その他団体としての主要な点が確定している」ことを、その要件としているのも、周知のことである。[12]

(3) 家族・家庭は婚姻によって開始するので、これを中心に見てゆく。日本民法は、「婚姻の効力」の表題の節と、「夫婦財産制」と題する節がある。前者に、夫婦間の権利義務が五条規定されるのみで、しかもその二条は氏に関する日本独特の規定、他の二条も特殊なもので、僅かに同居、協力、扶助義務を定める一条が、人格的・財産的双方の義務を定めるのみである（七五二条）。そこには、「夫婦」以外に団体を示唆する言葉は存在しない。後者も、夫婦財産契約四条、法定財産制三条が存在するのみで、僅かに、「日常の家事」についての規定が団体的色彩を帯びるだけである（七六一条）。

① 財産の帰属については、団体のために用いられる財産が構成員全体に属するか、法律上構成員とは別の存在（法主体）に帰属するかによって、団体が法人となっているか否かの違いが存在する。家族用の財産については、どの近代民法典においても、構成員である夫・妻・子の誰かに属するものとされ、それらとは別の法主体への帰属は規定されていない。[13]

② しかし、家族においてその財産にのみ着目するのでは、その基本的な面を捉えることにならないのは、言う

までもない。家族における、夫婦・親子の人格的関係とされるものである。団体については内部関係とされるものである。ここでは、共同で一つのことをする際の意思決定とその執行とが問題である。

(i)　団体の意思決定については、その方式（特別の会議を必要とするか、その召集や議事手続等）の必要性と、構成員のどこまでの多数を要するか（全員一致か、特別多数か、過半数か、一定の事項については少数でもよいか）との二つが問題になる。さらに細かく言うと、予め特定の一人と定める場合も、その度ごとに決定者一人を種々の方法で定める（文字通りその度ごとに決められることも、予め決め方〔順序によったり、くじによるなど〕が定められていることもある）こともある。社団法人においては、理事に委ねられた事項の他は社員総会の決議によることとなっており（六三条）、召集その他の手続についても規定があるが（六〇条〜六二条・六四条〜六六条）、組合については、意思決定の方式が規定されていない。家族においても同様である。

問題は意思決定に必要とされる多数である。社団法人、組合のそれぞれにつき、事項を分けて、必要な多数が細かく定められている（法人――三八条・六九条・五二条二項、組合――六七〇条・六八〇条）。それどころか、多数人が同じ物に関与する場合についても、規定がある（共有についての二五一条・二五二条等）。

ところが、家族については、全く規定がない。

(ii)　決定事項の執行についても、法人（理事が業務執行者であるとの明文はないが、そのことを前提とする規定がある。五九条二号・三号）や組合（六七〇条）と異なり、特別の規定がない。夫婦親子間では、相談で決まることとなる。決まらなければ、法律上は動きようがない。

(iii)　一方の名義の財産の処分等、決定事項の対外的な執行についても、法人においてその代理につき細かい規定があるが（五三条以下）、家族については規定がない（組合においても同様である）。したがって、名義人自らによる処分（居住用財産についてフランスなどでは特則がある。後述四〇八〜四〇九頁）も、名義人でない者が行なうことも自由であり、名義人でない者が処分行為を行なう場合は、代理の方式をとることになる。

③　一方が個人的な債務を負担するときは、他方が保証人になる場合は別として、名義人だけの債務となる。では債権者は債務者名義ではあるが家族全員の共同使用に供されている財産を差し押さえることができるか。これは、団体において、団体に供されている財産、日常用語で言えば「団体の財産」がある場合に生ずる問題である。ある団体が法人になることの法律的意味が、法人の認められてきた歴史から言って、法人の財産になることにより構成員の債権者によっては差し押さえられないという点にあることは、現在ではよく知られている事柄である。さらに、日本民法においては、六七六条一項の解釈上、組合においても同様の結果となり、この点で今日においては法人の独自の意味と言いにくいことも、周知である。家族においてどう考えるべきか。我が国においてはほとんど論じられていないようだが、家族がこの面で法人はもちろん組合にも類似しない、つまりその団体性を考えない結論になりそうである（フランスでは夫婦財産制の所で論じられている。日本の旧民法第一草案も同じ）。

④　他方、団体用に供されている財産との関係で生じた債権者、換言すれば団体に対する債権者は、前記のような家族用の財産のほか、家族員の個人財産を差し押さえることができるか。これが、団体における、団体債務に対する構成員の責任が有限責任か無限責任かの問題である。ある種の法人においては規定があるが（株式会社における有限責任、合名会社における無限責任など）、民法上の公益社団法人については明文の規定がなく、解釈の問題となり（公益法人の趣旨から、有限責任と解されている）、権利能力なき社団においては、一般的に有限責任とした判決があり（最判昭和四八年一〇月九日民集二七巻九号一一二九頁）、議論されている。家族については、日本民法は、家事債務の連帯を定めており（七六一条）、判例はさらに、一般論ではあるが、家事債務につき夫婦は相互に代理権を有するとした（最判昭和四四年一二月一八日民集二三巻一二号二四七六頁）。この点に関する限り夫婦にある種の団体性を認めた結果となっている。

(4) 不法行為の所に規定されているが、団体の一員が第三者に対してした加害行為につき、他の団体員が、または他の団体員も、損害賠償責任を負う場合がある。法人の代表者の加害行為についての法人自体の財産による賠償責任等（四四条）のほか、未成年者の与えた損害についての七一四条、他人を使用する者の被用者の行為についての七一五条であり、共に沿革的には家族や徒弟関係が社会の構成単位であった時代からのものとされるが、七一四条については、家族の団体性からも説明することができる。この点については、以下では省略する。

（8） 高橋・前掲注（1）の研究。

（9） 佐藤千春「家族財産における財団の機能と発展――スイス法研究の一環として」慶応義塾大学大学院法学研究科論文集一八号（一九八四）、松倉耕作「スイスの家族共同体について」南山法学一九巻一号（一九九五）など。

（10） この点で、高橋・前掲注（1）論文とねらいを異にする。なお、水野紀子「団体としての家族」ジュリスト一一二六号（「特集　民法一〇〇年　新時代の民法を展望する」）も、正面からこの表題をうちだした数少ない試みであるが、幾らか視点が違うようである。フランスでは、後に引用する、Jean Carbonnier, *Droit civil, Tome 2, La famille*, 14e éd. 1991, p. 115.

（11） 高橋・前掲注（1）論文四六七頁は、マックス・ウェーバーに従って、「複数人が集まり、指揮者のもとに、一つの目的を追求する組織」としている（ウェーバー・社会学の基礎概念〔阿閉吉男＝内藤莞爾訳、角川文庫、一九五三〕）。この定義によれば、「団体」には「指揮者」が不可欠となるが、本稿の観点からは、もう少し広い意味で用いる。

（12） 最判昭和三九年一〇月一五日民集一八巻八号一六七一頁。

（13） わが国で、既に旧民法第一草案の起草者が、夫婦の共有財産に法人格を認めることを否定して（一八四五条「財産共通ハ無形人ニアラス夫婦ハ共通財産ノ共有者タリ」。ベルギー民法一四四三条が引用されている）、その理由として次のように述べていることは、その優れた能力を示している。「若シ財産共通ヲ無形人トスルトキハ夫婦外ニ無形的ノ者一人アリト看做スヘキナリ因テ其人ニハ夫婦ノ財産ヨリ異ナリタル財産アリ夫婦ノ債主ヨリ異ナリタル債主アリ共通財産ハ共通ノ債主ノ一般ノ抵償タルヲ以テ夫婦ノ債主ハ其共通ノ債主ニ於テ全ク弁償ヲ受ケタル後ニ非サレバ其財産ヲ以テ弁償セシムルヲ得ス又若シ共通ヲ無形人トスルトキハ夫婦ノ某甲ノ債主タリ某甲ハ共通ノ債主タルトキト雖モ義務相殺ノ生スルコトナシ又若シ無形人トスルトキハ共通財産ノ夫婦ノ所有トナルハ婚姻ノ解除シタルトキニ在リトセサルヲ得ス（改行）此等ノ点ヨリ考フルトキハ財産共通ハ無形人ト為サヽル方可ナルカ如シ故ニ以下無形人ニ非ストシテ起草セリ」。法人（「無形人」）とは、法律上構成員の財産と独立した財産を作る法技術であることを見事に指摘している。

三　沿　革

では、このような現行法は、どのような由来を有するのであろうか。

① 旧民法典の草案（いわゆる「第一草案」）は、フランス民法を参考にしていると見られるが、人事編の「婚姻ノ効果」の節に五条から成る「夫婦ノ権利及ヒ義務」の款と九条ある「婦ノ無能力」の款、そして獲得編第二部の第三章「夫婦財産契約」に、「総則」七条に続く「財産共通」と「財産分離」の二節一二五条を置いている。なお法定財産制は、「財産共通」の一種である「所得共通」である（一八四二条）。

夫婦の権利義務についても、費用負担、同居義務についてやや詳しい規定がある。冒頭に「夫婦ハ互ニ信実ヲ守リ住居ヲ同クシ相扶助ス可シ」（人事編九九条）という規定があり、次いで、「夫ハ婦ヲ保護シ婦ハ夫ニ聴順ス可シ」「夫ハ婦ヲ住居ニ迎待シ婦ハ夫ノ住居ヲ定ムル処ニ随行ス可シ」と定め（一〇〇条一項・二項）、住居に関する規定が二条、婚姻費用負担についての「夫婦ハ其資力ニ応シテ婚姻ヨリ生スル一切ノ費用を負担ス可シ」「夫ハ婦ニ対シ身分相応ノ給養ヲ為ス可シ」（一〇一条一項・二項）との規定がある。合計五条だけである。但し、続いて妻の無能力の款に九条ある。

一〇〇条につき理由書は次のように言う。「本条庄ハ夫権ノ原則ヲ立ルモノニシテ法律ハ夫ヲ以テ家長ト定メ之ニ其婦ヲ保護スルノ義務ヲ命シ従テ其夫ニ聴順スヘキノ義務ヲ婦ニ命シタリ蓋シ二人ノ会社ニ在テハ其意見ヲ異ニスルトキ決定ヲ得ルノ道ナク夫婦ノ一方ニ全権ヲ与フルノ外アルヘカラズ而シテ夫婦ノ中智識ノ勝ル者ハ夫ナリ故ニ法律ハ夫ニ全権ヲ与ヘ一家ノ事務ヲ整理セシムルモノナリ仏国法ノ如キ男女同権ヲ以テ原則ト為ス法律ニ於テモ夫婦ノ権利ヲ異ニセリ況ンヤ我国ニ於テオヤ男女同権ノ原則ハ従来ノ風俗ニ反対シ夫権ハ婚姻ノ基本トスル所ニシテ此風俗ヲ変更セントスルハ未タ之ヲ今日ニ望ムヘカラズ」「第二項ハ夫権ノ効果中最モ重要ナルモノヲ規定シ……」。(14)

ただ、日常家事については、妻は夫の代理権を有するとしている。獲得編第二部一八六二条は、共有財産について、「共通財産ノ管理ハ夫ニ属ス（改行）日用家事ニ関シ婦ノ為ス管理ハ夫ノ与ヘタル総括ノ代理ニ依テ為スモノト看做ス」としており、理由は、財産の管理も「日常家事ニ関スルモノ」は妻が処理するのが「便ナリトス」とする。

② 旧民法においては、日常家事債務に関する財産取得編四三四条一項「婦ノ名ヲ以テ生セシメタル債務ニ付テハ債権者ハ其債務カ家事管理ノ為メニ生シタルコトヲ証スルトキニ限リ夫ニ対シテ其弁済ヲ請求スルコトヲ得」以外は削除された（なお、同二項は、入夫の行為による債務につき女戸主の弁済を定めている）。そして、「第六節　婚姻ノ効力」の所に、婚姻は何時から効力を発生するかと（人事編六七条）、妻の無能力の規定六条（同六八条〜七三条）、計七条を置くだけとなり、財産取得編の最後の一五章「夫婦財産契約」は、「総則」四条、「法定ノ制」一〇条のみとなった。

その経緯は次のとおりである。(15)五一〇条から成る第一草案は、全国の裁判所と地方官に送られて意見が求められたが、重要な部分に対して、「本邦ノ慣習」を理由とする批判が多く述べられた。これに基づいて法律取調委員会で検討された。その結果「民法人事編再調査案」四七二条が作成され、これに対する各委員の意見書が提出された後、これをもとに修正された最終案四一二条となって、元老院に付議された。「第二版民法人事編」と呼ばれているものである。元老院の審議は、まず委員一五名による「元老院審査会」で行なわれたが、その目的は、「我国慣例の実際に戻らざるを主とし、西洋宗教的の事は一切これ除き…既に全く原案を削りたるもの五十余条」で、「草案と全く面目を一新」したものとなったとされる。(16)

夫婦の権利義務については、「再調査案」においては、「第六節　婚姻ノ効果」として、まず婚姻の効力発生時期の規定（六八条）と、第一款「夫婦ノ権利及ヒ義務」三条、第二款「婦ノ無能力」九条が置かれていた。前者は、「第六十九条　夫婦ハ互ニ貞実ヲ守リ居住ヲ同フシ相扶助ス可シ」、「第七十条　夫ハ婦ヲ保護シ、婦ハ夫ニ順従ス可シ（改行）夫ハ婦ヲ住家ニ同居セシメ婦ハ夫ノ住家ヲ定ムル所ニ随行ス可シ」、「第七十一条　夫ハ婦ニ対シテ身分相応ノ給養ヲ為ス可シ（改行）婦ハ夫ノ資力不十分ナル場合ニ於テハ其資力ニ応ジテ夫ヲ補助ス可シ」である。「第二版民法人事編」においては、六八条が八一条になり、六九条が削除されたほか、七〇条・七一条はそれぞれ八二条・八三条となっている。しかし元老院審査会では八一条だけが残され、八二条・八三条とも削除されて、妻の無能力の規定だけが残った。元老院から内閣に提出され、公布されたのは二九三条で、妻の無能力の規定は六条となった[17]。

③　明治民法においては、婚姻の効力発生時期は婚姻の成立の所で明らかであるとして削除され、妻の無能力は総則に置かれたので不要となった。そこで、起草委員は旧民法の草案に立ち戻り、これを参考として検討している。結論としては、夫婦の権利義務と、夫婦間の契約のみが規定されることとなった。前者につき、相互の「信実」、同居、「相扶助」の義務を定めた人事編第一草案九九条の第一点、第三点は削除され、第二点の同居義務のみが規定された。また一〇〇条中、夫の妻の保護義務と妻の夫への「聴順」義務を定める一項も削除され、婚姻住居に関する二項のみが残った。その理由として、梅起草委員は次のように言う。第一草案の「真実（「信実」？）保護貞順（「聴順」？）の義務は、「尤モ」であり外国にも規定のあるものが多いとしつつ、「助力」（「扶助」？）を含めこれらは、「事柄ハ誠ニ其通リデサウナラナクテハナラヌ」のだが、「法律上ノ規定トシテハ如何ニモ面白クナイ」、「徳義上カラ言ヘバ無論ノ話デアリマスガ法律上ノ規定トシテハ如何デアロウカ」。そこでドイツ民法草案のように財産上の効力のほかは、そこにあるくらいの事柄にするのが「穏当」である。貞操義務についても、刑法犯になったり、離婚原因になる場合はあろうが、その義務を強制履行させせられないし、「民法ノ規定トシテハ穏カデナイヤウニ考ヘマシタ[18]」。

なお、家事債務の連帯については、八〇四条一項「日常ノ家事ニ付テハ妻ハ夫ノ代理人ト看做ス」との規定となって残った。

④ 第二次世界大戦後の日本民法典の改正は、「家」制度を廃止すると共に、夫婦同権において徹底した。「家」制度をなくしてもなお存在する、というよりむしろそれにより正面に現われる「家庭」・家族共同体の団体性への配慮はなされなかった。

⑤ このような傾向は、憲法においても存在する。

(i) この部分は、戦前著名なピアニストの令嬢であって、幼少の時代に滞日一〇年に及び、アメリカ留学後GHQ民政局員として来日したベアテ・シロタ・ゴードンの草案とされる、家族に関する一八条に始まることは、今日ではよく知られている。最初の案文は、次のように始まっていた。「家庭は、人類社会の基礎であり、その伝統は、善きにつけ悪しきにつけ国全体に浸透する。それ故、婚姻と家庭とは、法の保護を受ける。それら〔婚姻と家庭〕は、争いなく認められている両性の法的、社会的平等に基礎をおき……」[19]。このうち、第二文の前半はGHQ内部で削除され[20]、GHQ草案（二月一三日に日本側に提示されたいわゆるマッカーサー草案）においては、第一文に続く第二文は「それら」でなく「婚姻」で始まることとなり、「婚姻は、……に基礎をおき……」となった。さらに第一文は、日本政府とGHQの徹夜の交渉（三月五日午前二時）の際に、日本側の提案により「文章として日本の法制の体裁に合わないから、ということで」削除された[21]。結局「婚姻は」で始まる現行法の形になったのである。「結果的に、この条文が『家庭』よりも『婚姻』に力点を置いたトーンのものになった」とされるゆえんである[22]。

第一文につき、佐藤達夫参考人は、後に次のように言っている。「これなども善かれ悪しかれということは日本の法文では到底入れられないということで、われわれの案ではオミットいたしました[23]。」また、「伝統ハ善カレ悪シカレ」云々ということをどういうふうに一体法文に表わすべきかというようなことで非常に迷いました。それ故にというわけではございませんが、この家族云々のところは、必ずしも憲法に書く必要はなかろうということで三月二日案では落してしまった。」『善カレ悪シカレ』云々というような言葉づかいは日本の法文の伝統に合わないというようなことを説明し、……」先方も了解したという。(24)

(ii) 議会に提出されたこの条文に対しては、衆議院、参議院の本会議、委員会等において、主としては、わが「家族制度」が「古来の醇風美俗」であって、廃止すべきでないという質問・意見が述べられ、政府側は、憲法二四条は道徳としての「家族制度」に触れるものではないという答弁を繰り返した。この点は、多くの著者によって紹介されているが、ここでは、家族の団体性に幾らかでも触れている議論を挙げておく。(25)

衆議院においては僅かに、「家」制度廃止賛成論者の社会党議員による、次のような意見が見られるだけである。「……古き家族制度の解体、新しい家庭の成立に当りまして、将来親子、兄弟、姉妹の関係等を合理化する必要を認めまするから、家庭生活の保護と云うことを追加致して置きたいのであります」(鈴木義男〔日本社会党〕)。これに対しては、「……現在の国民の最大多数に依って御賛同を得得る部分を主眼と致しまして、……権利の内容を取捨選択致したのであります……併し盛込むべき範囲には自から限界があり……」と答えている(金森徳次郎国務大臣)。(26)

また憲法改正案委員会において、次のような発言がある。「単に婚姻に於ける男女間の平等の規定だけでなくて、更に我が国民生活の実情に基き、家庭生活に付きましても、国家として是が円滑に遂行し得られるやうに保障する必要があると思うのであります……政府は積極的に憲法上に於て、国民の家庭生活を保障する意味の条項を規定して、将来の立法に対する指針とされる御方針はございませぬでせうか」「積極的に新しい条文乃至項目を設けて、国民の家庭生活は之を保障すると云ふ意味の積極的なる規定をなすべきことを主張したい……」(黒田寿男〔日本社会党〕)。(27)ただ、これらは、家庭生活の保障のために、社会保障制度に関する規定を置く修正案との関連における発言とも見られ、家族の私法的団体性に関するものかどうかははっきりしない。

なお、「婚姻生活と云ふものに対して憲法がはっきり之を保護すると云ふことを…附加へることが当然ではないかと思ふ…」（武田キヨ（日本自由党））との発言があったが、十分な答えはなかった。(28)

貴族院の本会議中、牧野議員の後掲修正案に対する答えの中で、金森は、芦田衆議院帝国憲法改正案委員会長の本会議における委員会についての報告中に、衆議院の改正案委員小委員会で「家庭生活を保護すると云ふ案が出た……」が、採用されなかったと述べている。(29)佐藤達夫氏も、小委員会で社会党から「国民の家庭生活は保護される」という修正が提案された段階があるとする。(30)社会党が一旦「国民の家庭生活は保護される」という修正案挿入の提案をしたが、結局撤回したものである。(31)

貴族院においても幾つかの意見があった。牧野英一議員（無）が、夫婦とともに「家族共同体と云ふことを少くともそれと同等に憲法上明かにして置いて然るべきことではないか……」と執拗に食い下がった。(32)帝国憲法改正案特別委員会においても、婚姻関係も家族共同体も「道徳の方面から取扱はれねばならぬ所の家族共同体」「家族制度の原則」を規定せよと繰り返す。(33)牧野はさらに本会議において(34)「家族生活は、これを尊重する。」を第一項に加える案を提出した。金森は、衆議院で採択されなかったことを引き合いに出し、衆議院でも法律で決めるということになったから、ここでもそうしてほしいと述べ、(35)採決の結果、可は一六五票、非は一三五票で賛成が三分の二なく否決された。(36)

「家」制度維持派の田所美治（同和会）は、特別委員小委員会において、家族生活に関する規定を入れよと主張し、(37)特別委員会において「家族生活はこれを尊重する」という規定を入れる旨の修正案を提出した。(38)これに対し、大河内輝耕（研究会）が反対し、それは家族制度を保存しろと云ふことになります。(39)」と言う。金森は、「憲法として相応しき或範囲というものに……」ついて規定を設けたと繰り返し、採決の結果否決された。(40)

他に関係のありそうな発言を引用する。霜山精一（無）は、「親子兄弟の自然の家族の団体と云ふものは……自然にある訳なんで、それに矢張り或意味を認めると云ふことは是は少しも妨げないことであって……」「或る程度の家族共同生活と云ふものを認めて行くことは、是は大いに必要なことではないかと考へて居ります。」と述べているが、具体的修正提案はなかったようである(41)。

興味のあるのは、田中耕太郎文部大臣の答弁である。婚姻制度は「政治問題」であり「特別の意味を」持つから特に憲法に現われてくる。しかし親子関係は自然的関係ゆえ、憲法に規定する必要はない。「婚姻を中心とし、又親子関係を中心と致しまする所のさう云ふ詰り一種の血族的の小さな社会」の、「普遍的、人類的道徳と云ふものは大いに強調され」るべきで、「この自然的なる家族団体と云ふものに留意致しまして、家族倫理の昂揚に大いに今後益々努力しなければならないと云ふ風に考へて居ります(42)」。ここでも、法律的に団体として扱う規定を置くことについては触れられていない。

(14)『民法草案人事編理由書』第百条の項〔石井良助編・明治文化資料叢書第三巻法律編上〔風間書房、一九五九〕九五頁〕。

(15) 以下に述べるプロセスと、各案の条文は、手塚豊「明治二十三年民法(旧民法)における戸主権(一)〜(三)」法学研究二六巻一〇号、二七巻六号・八号(一九五三、一九五四)〔同・明治民法史の研究下〔慶応通信〈一九九一〉〕〕、石井良助編・明治文化資料叢書第三巻法律編上・下〔風間書房、一九五九、一九六〇〕及び同博士の「解題」前掲書上、同「旧民法人事編元老院提出案、審査会案、議定案および内閣修正案」同・民法典の編纂〔創文社、一九七九〕二三一頁以下〔初出、国家学会雑誌七一巻五号・七号、七二巻二号〈一九五七、一九五八〉〕による。

(16) 時事新報一九八〇年六月一五日〔手塚・前掲注(15)明治民法史の研究下二六二頁、石井編・前掲注(15)書上の解題四頁による〕。

(17) 財産取得編のこの部分についての沿革は、今のところ発表された研究が見当らない〔石井・前掲注(15)「旧民法人事編……」では、発表が予告されていたが〔民法典の編纂二三六頁〕、残念ながら、未発表に終わったようである〕。

(18) 第一四六回法典調査会〔明治二八年一二月九日〕における梅謙次郎委員の説明〔〔日本近代立法資料叢書6〕二七〇頁以下〕。

(19) 高柳賢三＝大友一郎＝田中英夫編著・日本国憲法制定の過程Ⅰ原文と翻訳〔有斐閣、一九七二〕二二三頁、ベアテ・シロタ・ゴードン〔平岡磨紀子構成・文〕・一九四五年のクリスマス（柏書房、一九九五）一五六頁、鈴木昭典・日本国憲法を生んだ密室の九日間（創元社、一九九五）二〇一頁、田中英夫・憲法制定過程覚え書（有斐閣、一九七九）一三八頁も参照。

(20) ゴードン・前掲注（19）一八二頁によれば、運営委員会で「文章をもう少し簡潔にしなさい。」と言われたとのことで、内容的な変更はないとも見られるが、不明。

(21) 和田幹彦「戦後占領期の民法・戸籍法改正過程（二）」法学志林九五巻二号（一九九七）四五頁による。

(22) 田中・前掲注（19）一八二頁の表現。

(23) 憲法調査会「憲法制定の経過に関する小委員会議事録」第一三回一〇頁。

(24) 前掲注（23）第二七回九頁。

(25) 以下は、和田・前掲注（21）五〇頁以下及び対応する詳細な註、同・前掲注（21）「同（三）」法学志林九五巻四号（一九九八）と、憲法調査会・帝国憲法改正審議録(六)(七)基本的人権編（上）（下）（一九五九）、清水伸編著・逐条日本国憲法審議録第二巻（日本世論調査研究所、一九六二）第一六章による。同として引用する頁は、憲法調査会のものである（和田・前掲注(21)「同（三）」に接することが遅れたため、同註（109）及び（154）に掲げられた文献には目を通していない）。

(26) 衆議院本会議昭和二一年六月二六日（議事速記録第六号）（憲法調査会・前掲注（25）（上）一八〇～一八二頁）。

(27) 衆議院帝国憲法改正案委員会昭和二一年七月二日（議録〔速記〕第三回）（同二六九頁以下）。

(28) 衆議院帝国憲法改正案委員会昭和二一年七月一七日（議録〔速記〕第一五回）（同五九三頁）。

(29) 貴族院本会議昭和二一年一〇月六日（議事速記録第四〇号）（同八七〇頁）。

(30) 憲法調査会・前掲注（23）第二七回九頁。

(31) 和田・前掲注（21）「同（三）」五二頁、五五頁以下、五七頁以下。

(32) 貴族院本会議昭和二一年八月二七日（議事速記録第二四号）（同九二頁）。

(33) 貴族院帝国憲法改正案特別委員会昭和二一年九月一九日（議事速記録第一七号）（同五七八頁以下、五八二頁以下）。

(34) 前掲注（29）（同八六三頁以下）、（和田・前掲注（21）「同（三）」七一頁以下に論議の詳しい紹介がある）。

(35) 前掲注（29）（同八七〇頁）。

(36) 前掲注(29)(同八七四頁)。
(37) 貴族院帝国憲法改正案特別委員小委員会昭和二一年一〇月二日(議事速記録第一号)(同七九五頁以下)(和田・前掲注(21)「同(三)」六九頁以下に詳しい紹介がある)。
(38) 貴族院帝国憲法改正案特別委員会昭和二一年一〇月三日(議事速記録第二四号)(同八一三頁以下)。
(39) 前掲注(38)(同八二三頁)。
(40) 前掲注(38)(同八二五頁以下)。
(41) 貴族院帝国憲法改正案特別委員会昭和二一年九月一八日(議事速記録第一六号)(同五六八頁)。
(42) 貴族院本会議昭和二一年八月二七日(議事速記録第二四号)(同九二一頁)。

四 フランスの例

しかし、フランスその他の国においては、「家族」ないし類似の語を用い、それに何らかの効果を認める結果となっている。ここでは、既に紹介もあることゆえ、簡単にフランスの例を挙げておく。

① フランスの現行法においては、「配偶者相互の義務と権利」の章において、「夫婦は相互に誠実、扶助、援助の義務を負う」(二一二条)に続き、「夫婦は協同して家族(famille)の精神的、物質的管理(direction)を確保する」とあり(二一三条)、二一五条一項には、「夫婦は、相互に生活協同体(communauté de vie)への義務を負う」とあり、住居につき「家族(famille)の住居」としている(同条二項・三項)。また、「家族の利益(l'intérêt de la famille)」の語は一度ならず出てくる。意思の一致または一方の同意を必要とする行為につき、「一方配偶者がそれを拒むことが家族の利益によって正当化されない場合」には単独でする権限を裁判所によって認めてもらうことができる」こと(二一七条一項))、「一方がその義務を著しく欠いて家庭の利益を危険に陥れたときは家事事件裁判官はそれらの利益が要

求する緊急の措置を命ずることができる」こと（二二〇―一条一項）である。「家庭（所帯）の維持（entretien du ménage)」のための行為に関する規定もある（二二〇条）。

もっとも、フランスの民法学者の多くは、意外とこの点について特に触れていない[43]。テレの教科書（以下に編、章等としたのは、便宜的なものである）が、第一編「人」の第二部を「団体及び法人格」とし、「法人格」「法人格を与えられた団体」の二つの章に続き、「法人格のない団体」の章を「家族以外の団体」「家族団体」に分けて検討しているのが目につく（François Terré et Dominique Fenouillet, *Droit civil. Les personnes. La famille. Les incapacités*, 6e éd., 1996.）。この面で注目すべきは、カルボニエの教科書である。今日の最高峰と言われる教科書のこの部分の目次は、きわめて示唆的である。カルボニエは、民法教科書第二巻「家族」の第一編「婚姻」の第一の部分を「婚姻関係にあること(En mariage)」と題し、その第二の部分（Sous-titre）を「婚姻生活（La vie conjugale）」とする。その目次は、おおむね以下のとおりである。

第一章　人格的関係
　1．義務の相互性
　　1．婚姻に明示的に結び付けられている義務
　　2．婚姻に明示的にでないが結び付けられている義務
　2．L'unité du ménage[44]
　　1．対第三者関係
　　　① 公示
　　　② 姓

③ 住居

2. 夫婦間の関係

個人の自由

共同管理

第二章 財産的関係

1. 婚姻の直接の効果（régime matrimonial primaire）

1. 扶養関係

2. 管理の規定

家計管理

α) 家事債務の連帯

β) 家族住居に関する処分行為の共同

権限の推定

3. 職業の問題

2. 夫婦財産関係（以下略）

ménage の統一性の第三者関係のあたりには異論も成り立ちうるが、全体として注目すべきものである。

② 特筆すべきことは、家族用住宅等について、一方配偶者による処分を無効とすることである。この点は、わが国でも既に紹介があるので[45]、大筋のみ繰り返しておく。一九六五年七月一三日法によって挿入された民法二一五条三項は、次のように規定する。「配偶者は、家族の住宅（logement）がそれによって保障されている諸権利及び備え付

けられた家具（meubles meublants）を単独で処分することはできない。その行為に同意を与えなかった一方配偶者は、その無効を請求することができる。無効の訴えは、その者が行為を知った時から一年内に提起することができる。但し、夫婦財産制度が終了した後一年を超えてはならない。」。この規定は、夫婦財産契約が反対のことを定めていても適用される。これは、処分者の所有するものの売却、賃貸、その名で賃借しているものの転貸、契約の解約を含んでいる。強制執行については、判例は適用がないとし、賛成の学説もあるが、カルボニエを含め、反対説が多い(46)。

これは、家族の居住の保護を重視して、配偶者がこれを所有している場合でさえその単独処分を無効とすることを認めたもので、大きな意義を有する。

③　さらに、実際配偶者の居住に供されている場所の賃借権は、婚姻前に契約されたものであっても、両当事者に属するものとみなされる（一九六二年八月四日法による一七五一条一項）。

この規定は、「両配偶者の居住（l'habitation de deux époux）」という表現をとっているが、内容が家族生活に関することは言うまでもない。

（43）　フランス民法全体にわたる体系書であって、最近の最も優れたものであり、伝統的な家族観から、カルボニエを起草者とする近年の立法に批判的なマローリーは、第一部を「家庭及びカップル（Le ménage et le couple）」、第二部を「親子関係の成立」、第三部を「家庭生活（La vie familiale）」と題しつつ、特に家族の団体性という面からのまとめをしていないのは、皮肉な現象である（Philippe Malaurie, *Droit civil. La famille*, 5ᵉ éd.）。同様に優れたものとされる、コルニュの教科書も、第一編「家族集団（Les groupes familiaux）の第一部「カプル（Le couple）」中、「人格の結合（L'union des personnes）」「財産の結合（L'union des biens）」の題の節で法典の説明をしているのみであるのは、法実証主義者の面目を示している（Gérard Cornu, *Droit civil. La famille*, 4ᵉ éd.）。

（44）　ménage と famille の相違として、カルボニエは、前者は特殊的にはカプルを意味し、子ができて後者になる、と言う（*op. cit.*, p. 114.）。

(45) 野村豊弘「フランス法における家族の住宅について」学習院大学法学部研究年報一四号(一九七九)、高橋朋子「夫婦の居住用不動産の処分制限に関する一考察」星野古稀・日本民法学の形成と課題下(有斐閣、一九九六)に詳しい。日本法の問題を検討したものに、長谷部由起子「配偶者の居住権保護」ジュリスト一〇五九号(一九九五)がある。

(46) 高橋・前掲注(45)による。Jean Carbonnier, *op. cit.*, n° 92.

五　憲法における家族保護条項

憲法に家族保護の規定を持っている国も少なくない。ドイツ連邦共和国基本法(一九四九)六条一項は、「婚姻及び家族は、国家秩序の特別の保護をうける。」とする。イタリア共和国憲法(一九四七)も、「共和国は、婚姻にもとづく自然的結合体としての家庭の諸権利を認める。」とする(二九条一項)。

六　結　語

以上、一見些細に見える問題について扱ってきた。ここから、何を学ぶことができるか。

(1) まず事実をまとめよう。

① 日本では、「家族」「家庭」等の語は、「家」制度を廃止した戦後の改正親族法にも存在せず、基本的人権を広く認めた戦後の憲法においても、家族・家庭の保護の規定は存在しない。これに対し、現行フランス民法典においては、使用される言葉は多様であるが、それにあたる語がかなり使われており、種々の法律効果を導く要件としての意味を持っている。憲法に関して言えば、ドイツ、イタリアのように家族保護の規定を持っているものがある。

② 実はこれは、明治初期の法典編纂の最初の草案以来のことである。フランスにおいても、一八〇四年の民法典以来、最近の改正に至るまで、その使用例はあるが、それほど多くない。つまり、フランスにおけるその頻繁な使用は、最近の改正以来である。明治憲法は言うも愚かであろう。

③ 団体としての家族・家庭における意思決定者は、日本においては、かつては「家」の戸主、夫婦における夫であった。戦後の改正において戸主を廃するとともに、家族共同体における意思決定の問題がすっぽり抜け落ちてしまった。この問題が大議論されたドイツなどとも著しく異なる。(47) そのうえ、家族が一体として行動するときの決定権の問題は、あまり意識されることもなかった。

(2) その理由は何だろうか。

① 旧民法第一草案は、その模範としたフランス民法と同様、夫の妻に対する優位が定められていた。ただ、フランス民法においては、起草者ポルタリスによれば、家族は、「愛・相互の尊敬」に基づいて形成される、「国家の苗床」であるとして、その団体性が前提とされている。家族は、団体であるから決定権者を要するが、多数決のありえない、二人から成る社会にあっては、法律で決定者を決めておく必要がある。ポルタリスは、「二人の個人の社会にあって、成員の一人にバランスを保つための裁決権を与えることの必要」と言っている。夫を決定権者にするのは、「性の優越に基礎を置く」が、「夫の勢力は結局のところ権威よりも寧ろ保護に帰する。弱者を保護し、これを扶助するのは強者に応しいこと」だからである（『民法典序論』野田良之訳（日本評論社、一九四七））。

日本の旧民法第一草案の理由のうち、二人の団体ゆえ決定権者を規定する必要性という技術的な点は、ポルタリスの説明とよく似ている。しかし、フランスのように男女同権を原則とする法律でも夫婦の権利は違っており、まして男女同権はわが国の従来の風俗に反するとしている点と、男性の優越といっても、弱者を保護する強者という視点のないことなどは、根本思想の差異を感じさせる（八頁以下）。

さらに、「戸主及ヒ家族」は、人事編第一草案以来、「千古ノ遺風ニシテ之ヲ保存スヘキハ固ヨリ当然ナリ」として第一二章に置かれていた。この際、「戸主トハ生計上家居ノ構設即チ一世帯ヲ統括スルト否トニ拘ラス独立シテ一ノ姓氏ヲ公称シ戸籍ヲ特有シ眷属ヲ董督シ社会ニ対シ其家ヲ代表スル者」とされ、「家」は、現実の家族共同生活と論理的には一致しない観念的な存在となっていた。「戸主タル被相続人ノ家名其他ノ特権ヲ承継スル相続」である家督相続（一五二六条）は、「我カ国慣習ノ久キ社会成立ノ基礎タル一家構成ノ必要方法ト為リテ今日之ヲ動カスコト殆ント能ハス又之ヲ動カスノ必要モアラサル一種ノ原則ニ基クモノ」として、「死者親愛ノ情ノ推測ニ基クモノ」（理由）である「普通相続」（遺産相続）と並んで規定されていた（一五二五条）。

法典論争における延期派の主張の中の、「一家ハ法人デアル」ということは[48]、法律技術的には面白い点だが、主張者の基本思想は「我固有法」、「我千古ノ国体」（穂積八束）を援用するものであって、発想が全く違う。理由はともあれこれは採用されておらず、この点についての議論も見当らない。

旧民法は、これらの点の規定は基本的に変わっておらず、第一草案に比べると一層、夫婦・親子の構成する家庭生活を単位として尊重する思想がなくなってきた。

このように、「家」と言っても、家族共同生活団体を生活に即して捉えるものではなく、いわんや夫婦・親子の家庭生活を念頭に置かれたものでなかったことが、その共同生活・団体性への着眼を欠き、かえって家族を家族員間の権利義務関係において規定するという皮肉な結果になっていた。

② 戦後の改正も、この傾向をひきずったままであった。

その理由としては、当時のやむをえない事情もある。起草者としては、「家」制度を廃止し、男女同権に改めることだけで手いっぱいであった。

(ア) まず、十分な時間がなかった。

(イ)　また、当時は、「家」の廃止に対する反対が強く、政府当局者から我妻、中川の両権威に至るまで、「家」の廃止とは、共同生活の実態から遊離した法律上の「家」の廃止を意味し、我が国古来の美俗である家族制度を廃止するものでなく、家族倫理は今後も尊重されるべきものである、と防戦に努めざるを得なかった。当時としては、「家」廃止後の家族共同生活の法律技術的規制など、到底考えられなかったであろう。

(ウ)　仮に思い及んだとしても、今度は、家族の団体性の主張が「家」制度存続論と結合する危険や、「家」制度廃止論からそのような疑念が持たれてかえって廃止論の陣営を乱すことの恐れがあったかもしれない。

(エ)　さらに、当時は、フランスやドイツの民法においても、男女同権に関しては日本の改正法のほうが進んでいた有様であった。参考にすべきモデルもなかったのである。

③　これに対し、フランスにおいては、「夫は家族の長（chef de famille）である」という規定が一九七〇年に削除されるとともに、前述した「家庭」を要件とする規定（四〇六～四〇七頁）が多く作られている（家族住居の単独処分無効の制度は、その五年前の挿入であるが）。このことは何に由来し、何を意味するか。

つぎのように理解することができよう。ポルタリスの言に見られるように、当初から家族の共同生活・団体性が意識されており、その管理者を男とし、夫＝父により共同体が統合されて、共同生活上の問題の法律的解釈がなされていた。これが夫婦の共同管理になったときに、共同体の統合の原理として、それまでは背後に潜んでいた家族の共同生活・団体性が前面に出てくることになるのである。

(3)　ところが、日本においては、「愛と尊敬」に基づく家族共同体の管理を弱者保護の思想によって強者である夫に委ねるという考えでなく、共同生活に即した構成でない「家」の「戸主」による管理しかなかった。それゆえ、「家」を廃止すると個人関係の規律だけが残るほかなくなる。(49)

(4)　しかし、夫婦、そして親子には、何らかの共同生活がある。共同生活ということは、一緒に、ないし一体として行動せざるを得ないことが少なくないということである。これを高橋助教授は、いみじくも「寝食共同体」と表現した。その場合には、どうするかを決定しなければならない。家庭生活に関し、また子の監護教育に関する事項である。住居（場所、共同住宅から一戸建かなど）、一方又は他方の親と同居するか、別居していた親を引き取るか、子の学校、広くその教育方針をどうするかなどの深刻なものから、長期休暇は山に行くか海に行くか、はては今晩は皆でどのレストランに行くかに至るまで、大小さまざまの問題がある。重要なものについては、どちらかに決めなければならないが、意見が一致しない場合にどうするか。

ここで重要なのは、共同で何らかの仕事をする際には、予め決まっていたのでない事柄については、どれをするかについて決定をしなければならないということである。意思決定が存在せざるを得ないのが、団体の特質であり、その方法が問題となる（三九五頁）。未成年の子を決定者に加えることはまずないとして、夫婦についてはどうなるか。

男女平等の原則を貫く限り、意見が一致しない場合の解決法としては、くじ引きにでもするか、第三者例えば裁判所の決定によるとするほかない。後者は、家庭の細かい問題に第三者が介入するという欠点がある。[50] 共同決定方式は、法律的には、決定が何時までもできなくて、特に子のためにならないことがある（高校に入ることもできなくなる）。実際は決めざるを得ないから、真の合意ができない限り、妥協か、強いほうの意見に従うことを認める結果となる。わが国において、この問題についての議論があまりなかったのは、不思議とも言えよう。[51]「和」の精神により、スムーズに行くと考えられたのかもしれない。真に「和」の精神によるなら結構である。しかし、そうでないと、強い配偶者やその親戚等による、一方的決定のみが通用する結果となりかねない。[52] この問題意識のなさは、明治の民法典編纂時代の、家族の問題は倫理・風俗に委ねるべきだとの主張と根を同じくするのでなければ幸いである。

(5) 進んで、フランス、ドイツ等における、住居についての一方的な処分の制限は、家族生活の安定という思想を徹底したものであり、彼地の家族尊重の理念の具体的表れと見ることができる。[53] これについては、我が国の法律家によって過度に主張される取引安全の問題のほか、(54)財産処分の大きな制限とも見られるかもしれない。しかし、婚姻とは人格の重要な部分をいわば共通の運命に服させることであるから、この種の財産についても同様に考えることは、婚姻（家庭）共同生活という面からは、おかしなものでないということも十分理由がある。

さらに、次の点も考えるに値する。家族は、雇傭契約のように一日のある時間を限って関係のあるような社会関係とは異なり、現実に共におり、共に行動する時間は多くなくても、常に夫婦であり親子である。(55)それは個人間の関係に分解されるのか、それに尽きない、個人とは別の何物かがあるのか、(56)どのようにそれを法律上取り扱うか、という問題は、結論はどちらになるにせよ、十分に検討されるべきものとして存在するのである。(57)

(47)　鈴木禄彌「男女同権の西ドイツ的理解——夫婦共同生活における裁決権を繞る論争（一）（二・完）」大阪市立大学法学雑誌一巻一号・二号（一九五四）（同・親族法・相続法の研究〔創文社、一九八九〕）の明快かつ詳細な紹介がある。

(48)　「社説　読法典実施断行意見書」法学新報一四号（星野通編著・民法典論争資料集〔日本評論社、一九六九〕一七〇頁による）、穂積八束『「家」ノ法理的観念』法学新報八五号（一八九八）、上杉慎吉編・穂積八束博士論文集〔一九一三〕。

(49)　水野・前掲注（4）（筆者のご好意で、校正刷を見せていただいた）は、第一草案においてはなお存在した弱者保護の規定が、裁判官・地方官の意見、元老院の審議において削除されたとされる。離婚に裁判所の関与の必要なことや、離婚給付など、確かにそうである。

(50)　ドイツにおいても（鈴木・前掲注（47）〔一九八九年〕七五頁以下）、フランスにおいても（Carbonnier, *op. cit.*, n° 70）、このことが説かれる。

(51)　鈴木・前掲注（47）と、川井健「東西ドイツにおける男女同権論の対立について（一）（二・完）」法学協会雑誌七三巻六号、七四巻一号（一九五七）によるドイツの紹介において詳しく論じられている程度である。

(52)　氏の決定が、法律上は夫婦となる者の合意によるために法律上は男女不平等の問題は存在しない形になっているが、事実上は男の意思（その親の意思を背景にすることも多い）によることとなって、不平等が存在すると言われるのと同じ問題である。

(53) なお、高橋助教授が、法制審議会民法部会の「婚姻及び離婚制度の見直し審議に関する中間報告（論点整理）」（一九九二年一二月）におけるこの問題提起につき、その直接のねらいが財産権の保護にあるとしておられるが（前掲注（45）一一二七頁）、むしろ同助教授の前の論文（「夫婦の居住用不動産の処分の制限について――フランス法の例」判例タイムズ八一三号〔一九九三〕五四頁）にあるように、財産権の保護にあるのか、居住の保護にあるのか明確でないとするほうが、正確である。両方の立場があったからである。

(54) フランスにおいても取引安全の配慮がなされていることは、野村・前掲注（45）、高橋・前掲注（45）を見よ。

(55) フランスにおいて、婚姻・出生によって夫婦・親子関係という état に入ると呼ぶのは、この見地から興味がある（état を「身分」と訳すのが通常だが、それが適当か否かは問題である。一方で、法律用語としての état は、「法的地位――その statut〈英語の status にあたる〉その法律状態 condition juridique――法律がそれに対して法的効果を与える要素の総体（家族、さらに職業、国籍、健康状態その他）。時に省略用法として、特に état civil を示す」とされ、état civil とは、「人の家族又は社会における地位」とあり、より精確には、例えば「人に内在する性質の総体であって、民事の法律がそれに対して効果を与えるために考慮しているもの（配偶者・養子・生存配偶者たる性質）」とされている〔Gérard Cornu, *Vocabulaire juridique*, 1re éd. 1988〕。他方、「身分」とは、『新社会学辞典』〔有斐閣〕によれば、「全近代の、法的に規定された社会集団」とされる〔成瀬治執筆〕から、état は明らかに、この意味での身分ではない）。日本では、夫婦・親子であることは、一定の時間のみのことであって、例えば会社・官庁にいる時は、誰かの夫・妻・親・子であることはない、と考えられているのだろうか。

(56) カルボニエは、法律特に最近の立法は、「家庭（ménage, famille）を夫婦とは区別された統一体（entité distincte）として扱っている」として、先に挙げた幾つかの条文を援用している。

(57) 直接には違った問題だが、生命維持装置の取外しの同意などにつき、本人の生前の意思のほか、「家族」「遺族」の同意の必要性が問題となっている。唄孝一教授の御教示によれば、アメリカの州によっては、「家族（family）」の意思や利益が問題とされているとのことである。ここでも同様、「家族」といっても、残される配偶者個人の、本人の意思と異なる気持なのか、それとニュアンスを異にする・これまでの夫婦共同生活から推測される何かなのか、子が数人いた場合に、多数決なのか

(配偶者の票が多いのか)、本人を含めた家族全体の雰囲気のようなもの(それが証明されるとして)なのか、といった問題があるはずである。

七　おわりに

以上、一見些細ではあるが、実際上も(立法問題)、家族や団体の基本理論の面からも看過できないにもかかわらず、これまであまり扱われていない問題を検討した。ここでも、始めに指摘したような、わが家族法学の一面的傾向が見られる。さらにここでは、皮肉なことに、「社会的事実」を尊重するという、行き過ぎない限り正当な傾向の伝統を持つわが家族法学が、家族共同生活、高橋助教授の言を借りれば「寝食共同体」という明らかな「社会的事実」に対しては目をつぶっている感が否めない。しかもこれは、ほとんどの家族において、いわば価値中立的に、つまり何らかの思想や伝統的思い込みとは関係なしに存在する事実である。(58) この一見矛盾する学説状況をどのように理解すべきであろうか。

(58) もっとも、ある現象を価値中立的事実と見るか否か自体が、既に一定の価値判断を前提にするのかもしれないが。

家族〈社会と法〉一四号(一九九八年)

〔**追記**〕家族〈社会と法〉学会の機関誌に巻頭論文として寄稿されたもの。直接立法に結びつくものではないが、著者の家族法(立法)観を知る手がかりとして、第三部に収録した。著者は家族法に対しても強い関心を持っており、その研究成果は『家族法』(放送大学教育振興会、一九九四)にまとめられているほか、「家族法を考える種々の視点」民法論集第八巻、「明治以来の日本の家族法」民法論集第九巻などの論文もある。

「消費者契約法（仮称）の具体的内容について」を読んで

一　はじめに
二　第一報告から最終報告へ
三　契約締結過程の問題
四　契約条項に関する問題
五　基本理念
六　他の法律との関係

一　はじめに

(1)　昨年一二月に、国民生活審議会消費者政策部会の報告「消費者契約法（仮称）の立法に当たって」（経済企画庁国民生活局、一九九九）が、参考資料とともに発表された。そこには、同消費者契約法検討委員会が一一月三〇日付でまとめ、消費者政策部会が了承した「消費者契約法（仮称）の具体的内容について」が付けられており、これが本稿でとりあげる対象である。それに基づく法案作成も進行中であると聞いている。この時期においては、もはや右報告に対する意見を述べても現実的な意味がないともいえよう。また、民事基本法の立法における筆者の現在の立場からは、発言は慎重たらざるをえない。ただ、かなり古い時期に約款規制法ないし消費者契約法の問題についての私的な研究会を組織し、検討を続けてきて、その中間報告を学会のシンポジウムで行なっており[1]、今回の報告の原案を作成した第一七次国民生活審議会消費者政策部会消費者契約法検討委員会の審議に対しても、私的な形ではあるが種々の方法によって見解を提出してきており[2]、最近では、経済企画庁所管の経済企画協会が発行する雑誌に小稿[3]を発表した者としては、ある感慨なきをえない。むしろ筆者は、この時期に何も述べないことは、民法学者としての怠慢であったと後世に批判されることをおそれるものである。そこで、詳しい検討は機会があれば法律成立後にでも行なうこととして、とりあえず、若干の点に限って、問題提起をしておきたい。まず、重要な点について、前記報告に至る同部会の数次にわたる報告からの流れをたどる。そして、そこに存在する内在的問題点を指摘したい。感想ないし意見はできるだけ避け、事実の客観的提示（もちろんそこには、事実の解釈を不可避的に伴うばかりでなく、事実認識の誤りも存在するおそれがあるが）に徹したい。さらに前述の小稿に述べた、今日の世界における経済大国らしい消費者契約法の立法になっているかという視点から、対比のために外国法を一瞥する。

(2)　今回の報告は、直接には第一六次国民生活審議会（平成九年四月〜同一一年四月）消費者政策部会が平成一〇年一月に発表した「消費者契約法（仮称）の具体的内容について」と題する中間報告（以下「第一報告」または①と略する）に由来する。同部会のいわば最終報告書である同一一年一月の「消費者契約法（仮称）の制定に向けて」（以下「第二報告」または②と略する）を受けて、第一七次国民生活審議会（平成一一年四月〜）消費者政策部会のもとに設置された消費者契約法検討委員会の報告書である前記「消費者契約法（仮称）の具体的内容について」（以下「最終報告」または③と略する）が消費者政策部会で了承され、「消費者契約法（仮称）の立法に当たって」と題する右部会報告の附属文書のような形で公表されたものである。したがってここでは、右の①報告から③報告への変化を追い、次に述べる観点からの位置づけを試みてみたい。幸い、②報告には、若干の外国法の概要が含まれ、それらの条文の翻訳も付属の「関連資料」に入っている。(4)

(3)　筆者は前掲小稿において、わが国で消費者契約法の立法があまりにも遅れていることの理由はなぜだろうかと問いつつ、来るべき立法について二つの要望をした。第一は、遅れた立法には先行する諸外国の立法等を参考にすることができるという「後から来る者の有利さ」もあるゆえ、それらに劣らないもの（つまり消費者契約法のグローバル・スタンダードにかなうもの）になって欲しいということである。第二は、この立法におけるグローバル・スタンダードは、「市民法から社会法へ」という流れを汲んだ社会法の理念を十分に考慮したものであること、最近よく使われる表現を用いれば、「セーフティ・ネット」を組み込んだものであること（本法はむしろ、消費者契約におけるセーフティ・ネットそのものであるかもしれない）、理念的には、一九世紀以来の自由・平等の理念と博愛・連帯・共生の理念との調和・均衡であること、その消費者契約法における具体的表れとして、世界的に、消費者の権利が「社会法」の説かれていた時代よりもはるかに手厚く保護されていること等を述べた。

（1）　シンポジウム「現代契約法論」私法五四号（一九九二）（その基礎となった研究「現代契約法の諸問題」を、七名が執筆したものがＮＢＬ四六九号〜四九三号（一九九一〜一九九二）に掲載されている）。

（2）　現代契約法制研究会の名で発表したものに、第二報告に対する「消費者契約法（仮称）の論点に関する中間整理（平成一一年四月）」ＮＢＬ六六四号（一九九九）四四頁以下がある。メンバー個人が発表したものに、第一報告に対する対案と詳細な解説をした、沖野眞已『消費者契約法（仮称）』の一検討（一）〜（七・完）」ＮＢＬ六五二号〜六五八号（一九九八〜一九九九）がある。その他、書面および口頭での非公式な意見を述べたことは少なくない。

（3）　星野「現代における消費者契約法のあるべき姿」ＥＳＰ三三一号（一九九九）。

（4）　各報告は、次のように引用する。どれも、まず公表された報告書（パンフレット）の頁で引用する。次に第一報告には、藤岡文七氏（当時、経済企画庁国民生活局消費者行政第一課長）の『消費者契約法（仮称）の具体的内容について』の概要」ＮＢＬ六三六号（一九九八）六頁以下の解説があり、同号の頁をも引用する。第二報告については、「消費者契約法（仮称）の制定に向けて［概要］」が事務局によって作成され、本文、参考資料とともに発表されており、ＮＢＬ六五九号（一九九九）五九頁以下にその第二の部分のみが掲載されているので、同号の頁を引用する。そのため、以上二つについては、原文にしかない部分がある（ＮＢＬからの引用はない）。最終報告は、ＮＢＬ六七九号（一九九九）五五頁以下に全文が掲載されており、同号の頁も引用する。

二　第一報告から最終報告へ

最終報告は、第一報告と次の点で異なっている。

契約締結過程については、第一報告は、いわゆる情報提供義務を明示してその違反の場合の契約取消権を規定し、また「事業者の威迫行為又は困惑行為」による契約の取消権を規定している。しかし、最終報告は、情報提供義務一般を規定することをせず、情報提供は努力義務になり、一定の限られた事項につき「不実告知」等の行為がある場合にのみ取消を認めた。さらに、消費者の「事業者から提供された情報を活用し、当該契約の範囲及び当該契約による権利義務の内容について理解するよう努める」義務を定めている。また、事業者が執拗に勧誘して退去しない場合等に限って「困惑」行為とした。

不当条項については、第一報告が無効とされるべき条項を三〇項目余挙げているが、最終報告においては、八項目に整理し、一般条項を加え合計九項目としている。

以下では、まずこの順序で概観し（三、四）、進んでその変遷の背景となっていると見られる消費者契約法（案）の理念についてのニュアンスの変化を探り（五）、及び消費者契約法と民法との関係に関する報告の立場について眺めてみたい（六）。

なお、報告の結論は、第一報告においては、重要な点につき、結論的に「次のようにすることが適切である」として、線で囲ったなかに条文のような書き方で提示されていてわかりやすい。第二報告以降は、すべて通常の文章で書かれており、とりわけ第二報告は全文が長くて歯切れもよくなく、同じことが何箇所かに書かれたりしていて、ややわかりにくい。

三　契約締結過程の問題

(1)「誤認」による取消

(ア)「情報提供義務」違反から「誤認」へ

第一報告は、「情報提供義務違反・不実告知の場合の契約の取消」と題し、「消費者契約において、事業者が、契約の締結に際して、契約の基本的事項その他消費者の判断に必要な重要事項について、情報を提供しなかった場合又は不実のことを告げた場合であって、当該情報提供があった又は当該不実の告知がなかったならば消費者が契約締結の意思決定を行わなかった場合には、消費者は当該契約を取り消すことができる」との条文に近いものを掲げている（①一八頁、NBL六三六号一七頁）。第二報告においては、「情報の適切な提供の確保」という形で問題とされ、「重要事項」の一般論がやや詳しく検討されている（②二九頁以下、NBL六五九号五九頁）。結論として、報告書全体の「むすび」において、「検討結果」として二項目を挙げており、その第一が契約締結過程の規定に関する。「事業者が消費者に対して消費者契約に関する重要事項（契約締結の時点の社会通念に照らし、一般平均的な消費者が消費者契約の締結の意思決定を行う上で通常認識することが必要とされる事項）について情報を提供しなかった場合」に消費者が「契約の効力の否定など自らの救済に資する何らかの措置を採ることができるようにすることが適当であると考えられる」とされた（②八七頁、NBL六五九号六五頁以下）。この際、「重要事項」の定義については「立法技術上ある程度抽象的な概念を採用せざるを得ない」としているが、産業界等から、「重要事項」の内容については、「できる限り明確化・具体化を図り、裁量の幅が小さい規範となるよう法令上明文化すべきであるとの意見が、強く寄せられている」とされている（②三三頁）。

最終報告においては、「不実告知等の対象となる『重要事項』を可能な限り明確に示し、重要事項の範囲を明らかにすることが必要である」とされて、「消費者は、事業者の下記①に該当する行為により誤認したことによって、……消費者契約を締結したとき」に取り消すことができるとし、「誤認」とは、

「当該消費者契約の締結の勧誘に際し、次に掲げるもののいずれかに関する事項であって、消費者が当該消費者契約を締結する判断に影響を及ぼす重要なものにつき、不実のことを告げ、将来の見込みについて断定的な判断を示し、又は告知した事実に密接に関連する消費者に不利益な事実を故意に告げない行為

ア　当該消費者契約の対象たる財、権利又は役務の質、用途その他の内容

イ　当該消費者契約の対象たる財、権利又は役務の対価その他の取引条件

ウ　当該消費者契約の消費者の解除権の有無」であるとしている（③一二頁、NBL六七九号五七頁）。

(イ)　問題点

(i)　ここで注意すべき第一点は、「重要事項」の範囲が限定されており、しかもそれらはほとんどが契約の内容だということである。ア、イは、ほぼ契約内容そのものであって（「財……の用途」は若干違うか）、契約締結に際して表示されるのが当然の事項である。つまり、通常は、それが表示されない限り（黙示の意思表示とか、契約に明示されていなくても慣習として契約内容になる場合はあるが）、そもそも契約の内容にならない事項である。ウもわかりにくい。法定の解除権等の存在は、契約で特に定めなくても当然に存在し、行使することができるのだから、ここで言おうとしているのは、消費者の解除権を制限ないし排除することであろうか。しかしそれは、契約によってしかできないはずである（そのような特約の効力が否定される場合さえありうる）。つまり、これも契約の重要な内容であるから、表示される、つまり告知されるのは当然であって、ここではむしろ、これに「関する事項」とは何かが重要になってくる。ところがこれは、きわめて漠然とした表現であって、本報告の強調するルールの「明確性」「透明性」との関係はどうなっているのかが問われうるであろう。

(ii)　第二は、行為についても、三種のものに限定されていること、そのなかには疑わしいものがあることである。限定については、委員会のなかにも異論のあったことが説明4に書かれている。具体的には、三番目のものが問題を多く含む。「告知した事実に密接に関連する」事実とされるが、ここでも、「密接に関連する」という表現は、報告の強調する「明確性」「透明性」の原則とどう関係するのであろうか。またそもそも、「告知した事実」に関連するものに限るとすると、事業者は、契約内容になる事柄以外はあまり多くを告知しないほうが不告知をとがめられないですむことになりそうであるが、その趣旨であろうか。

(iii)　第三に、右のものにつき、「故意」の不告知のみがとりあげられていることである。説明4には、その意味についての幾つかの解釈の可能性が挙げられている（③二二頁以下、NBL六七九号五七頁）。この点は、この規定の趣旨にも関係する。もしもそれが、事業者のよくない意思を咎める趣旨であれば、「故意」への限定は理由があろう。しかしその場合でも、「悪い意思」そのものではないが、「過失」の場合にはやはり事業者はとがめられるべきだという考え方も十分に成り立つ。民法においても、損害賠償を基礎づける主観的（態様）要件として、故意と並んで過失の挙げられることが通常である（七〇九条・四一五条等）。これに対し、本規定は詐欺、強迫に準ずる性格を持ち、取消原因であるという反論がなされるかもしれない。しかし、詐欺、強迫につながるのは、次の「困惑」の類型であることは、報告自身が言っている（①二〇頁は、同報告における「威迫、困惑」は「悪質な事業者」の問題としている）。「誤認」類型は、これまた本報告が述べるとおり、今回の報告の基礎をなす「自己決定による自己責任」を「正当化する条件」であるところの「十分な情報に基づく自発的な意思決定」が欠ける状態に関するものである（②二七頁）。「十分な情報」のない以上「自己責任」を負わせる条件が欠けるのだから、「十分な情報」のないという客観的な事態が取消等を基礎づけるものであって、それ以上に事業者の主観的態様を問題にすると、本報告の基本的立場との整合性が問題になろう。

「故意」を要件とするか否かは、第一報告においても問題とされ、それを不要とする結論が提示されていた。しかし、その理由はやや不明確であった。「事業者の故意の有無にかかわらず、情報の提供がなかったこと又は不実のことが告げられたことによって消費者が受ける影響は同じであるとともに、故意の立証は、消費者にとってきわめて困難であり、故意を要件としたのでは実質上現行の民法とほとんど変わらず、このルールを作る意味がなくなってしまう」とされていた（①一八頁）。この文章からは前半部分が、「このルールを作る」意味と考えられるが、「消費者が受ける影響が同じ」ということとの、本消費者契約法の基本理念との関係が明確でない。客観的には、既にこの段階から最終報告への道が開かれていたとみることもできるかもしれない。

(iv) 情報提供義務については、事業者の情報提供の努力義務が定められたばかりでなく、消費者の情報を活用し、理解する努力義務が置かれるに至った。

事業者の努力義務は、「事業者は、消費者契約の条項を定めるに当たっては、当該契約の範囲及び当該契約による権利義務を明確にするとともに、分かりやすいものにするよう配慮しなければならないものとする。また、当該契約の範囲及び当該契約による権利義務の内容について契約の相手方となる消費者の理解を深めるために必要な情報を提供するよう努めなければならないものとする」というものである（③一一頁、NBL六七九号五六頁以下）。

これについては、幾つかの問題点を指摘することができよう。第一に、前半は、第一報告で「次のようにすることが適切である」とされた条項の一つである、「契約条項は、常に明確かつ平易な言葉で表現されなければならない」（①三五頁以下、NBL六三六号一九頁）と同趣旨のようだが、「配慮義務」として、より弱い義務になっている。第二に、この部分を含め全体としてわかりにくい表現であるが、前半の「契約の範囲」という表現はあまりみられないものであって、わかりにくい。第三に、後半が「情報提供義務」についてのものであるが、これも努力義務に落とされている。しかも第四に、提供されるべき情報は、「契約による権利義務の内容について……消費者の理解を深めるために必要な」情報であって、「契約を締結するという意思決定をする上で重要な情報」（①一六頁、NBL六三六号一七頁）、「消費者の判断に必要な重要事項」（①一八頁、NBL六三六号一七頁の条項の表現そのまま）ではない。情報提供が消費者の「自己責任」の前提であるという基本原理からはますます遠くなっていないか。第五に、そもそも「努力義務」は、民法にまったく存在しないわけではないが、一般的には民法の規定としてはあまり意味がないものであることはよく知っておく必要があろう。特に、次に述べる外国法と比べて、格好がよいものであるかは、十分検討するに値する。第六に、損害賠償請求権を基礎づける情報提供義務違反との関係がある。説明1はその点に気づいており、これについての（従来判例や学説によって展開されてきた）「法理論」には変更が加えられるものでないとしているが（③一一頁、NBL六七九号五七頁）、その趣旨であるならば、この努力義務にすぎない情報に関する義務は、取消権についてのものであることを明記しないと、まぎれが生じないだろうか。解説書等で十分に説明するだけでなく、本法の規律する範囲をどこかにきちんと書いておく必要はないだろうか（後述**六**に関係する）。

消費者の義務についてもさらに大きな問題がある。「契約の範囲」の意味がわかりにくいことは同様であるが、情報を「活用」する義務とは何を意味するのであろうか。契約の範囲と内容の「理解」義務の意味は一層わかりにくい。少なくとも、それらの重要な部分を「理解」しないで契約を締結すること等、約款による契約以外の場合には考えられないであろう。そうでない場合においては、その部分ないし全体につき契約自体の成立が問題になるのではないか。また、消費者が「誤解」して契約を締結したときは、正しく理解すべく努めなかったという理由で、仮に「誤認」の要件を充たす場合であっても、契約を取り消すことができないという効果を帰結するのであろうか。損害賠償において過失相殺の理由になりうることは、この規定を待つまでもあるまい。

事業者の努力義務についても同じであるが、努力義務の不履行の立証という厄介な問題が生じ、紛争を一層複雑なものにして、本法の一つのねらいである紛争の予防との関係が問題となることはないか。

(ウ)　外国の立法との関係

ここでは、第一報告中、および第二報告の参考資料にあげられている立法を中心に、最終報告の位置づけを試みる。第一報告では、欧米先進諸国が引合いに出されているが（①一頁、NBL六三六号一七頁）、他に手元にあるものとして、大韓民国「約款の規制に関する法律」（一九八六年）(5) と、契約に関する一般法であるが、市場経済をとり入れつつある中華人民共和国契約法（一九九九年）(6) をも参照する。

まず、情報提供義務を明文で規定する立法としてフランス消費者法典（一九九三年）があるが、その内容はそれほどのものではない（一一一一条）。しかし、何らかの形で、情報提供の不十分な場合の取消権を認める国が多いことに留意すべきであろう。イギリスにおける不実表示法による「不実表示（misrepresentation）」の制度によるもの、ドイツにおける「契約締結上の過失」の判例・学説の理論によるもの、アメリカの「非良心性（unconscionability）」の判例法理によるものである。

なお、事業者が作成した約款を用いる契約については、約款の事前の開示・説明義務を課したり（ドイツ普通取引約款規制法〔一九七六年〕二条、韓国三条）、一定の条項について説明義務を課したり（中国三九条――自らの責任を免除または軽減する条項について）しているものがある。

(2)「困惑」による取消

(ア)「威迫、困惑」から「困惑」へ

第一報告は、「事業者が消費者を威迫した又は困惑させた場合であって、当該威迫行為又は困惑行為がなかったならば消費者が契約締結の意思決定を行なわなかった場合」の取消を認めている（①二一頁、NBL六三六号一八頁）。これは「悪質な事業者」の行為とされ、説明として、「消費者に対して脅迫まがいの態度を示したり、消費者を長時間拘束」するケースのみが挙げられ、民法の「強迫」からの発展形態とされている（①二〇頁、NBL六三六号一八頁）。第二報告においても、「事業者から消費者への不適切な強い働きかけの回避に関する規定」とされ、「消費者を威迫し、又はその私生活若しくは業務の平穏を害するような言動をすること」と、やや広くなった感を与えた（②三五頁・五〇頁以下、NBL六五九号六〇頁）。しかし、最終報告に至り、「当該消費者がその住居若しくは就業場所から当該事業者に退去するよう求める旨の意思を示したにもかかわらずこれらの場所から退去しない行為又は当該事業者が勧誘をしている場所から当該消費者が退去したい旨の意思を示したにもかかわらず当該消費者の退去を困難にする行為」とした（③一二頁、NBL六七九号五七頁）。

(イ)　問題点

(i)　最終報告を第二報告と比べると、一方で脅迫的な行為に限らないとして広げた感があるが、反対に威迫により困惑しただけではこの規定にあたらない点で限定されたとみられる。この点は、文章だけからはそう明瞭ではないが、説明9において、この場合も対象とすべきだとの意見もあった、とされていることから、起草者の意思がそのようなものであると理解しうるし、そうでないとしても、そのように解釈する余地が残されたことは否定できない。また、「私生活若しくは業務の平穏を害するような言動」が落ちたが、その理由は説明されていない（③一三頁、NBL六七九号五八頁参照）。

(ii)　さらに重要な問題は、説明9に挙げられている、「事業者が目的を隠匿して消費者に接近した場合」である。説明9においては、この場合等をも対象にすべきであるとの意見もあったとされているが（前掲箇所）、具体的には、いわゆるSF商法、催眠商法のような、ある意味で典型的に悪質な行為である。第一報告において、「悪質な事業者」の行為によるトラブルが多発しているとされ（①二〇頁）、新聞等を賑わせていて、消費者にとって最も危険な態様のものであるが、この場合は第二報告、最終報告と進むにつれて落ちていった。なぜこのようになったかについては、最終報告では明らかにされていない。憶測であるが、一つには、第二報告に書かれている、「その概念の具体的な内容を明確にした上で、これを法文上できる限り明確にすべきである」という事業者の意見（②三六頁）が優先し、「明確」「透明」な要件が書けないということであったのかもしれない。もう一つは、既に第一報告以来、民法の強迫の規定の延長線上でのみ考えられていた感があるが、この場合（類型）は、錯誤・詐欺、強迫のどちらともやや異なる、意思表示の瑕疵の第三の類型とみるべきものであることから、学者委員を含め、慎重になったのかもしれない。

(ウ)　外国法との関係

イギリス、アメリカにおける、「不当威圧」及び「非良心性」の理論による契約の効力否定は、既に有名である。

なお、中国契約法には、「契約当事者の法律的地位は平等であり、一方当事者は自己の意思を相手方に強要してはならない」という規定（三条）、「一方当事者が詐欺脅迫の手段を用いまたは他人の危急につけこみ、相手方を真実の意思に背かせる状況の下で締結した契約について、損害を受けた者」の裁判所や仲裁機関に対する契約の変更や取消を請求する権利を定めた規定（五四条二項）がある。

（5）韓国約款規制法については、鄭鍾休「韓国における約款法の制定」ジュリスト八九三号（一九八七）の訳文を用いた。

（6）中華人民共和国契約法については「中国の立法を巡る調査報告書」平成一一年三月、財団法人日中経済協会に収められた訳による。同書の入手については、松島洋弁護士のお世話になった。ここに感謝の意を表する（なお解説として、王勝明＝張青華「中国契約法の解説（一）〜（六・完）」国際商事法務二七巻六号〜一一号〔一九九九〕がある）。

四　契約条項に関する問題

(1)　列挙された無効とされるべき具体的条項

(ア)　条項の限定

第一報告においては、不当条項ではないかが問題とされる条項は、九分類され、約三五項目が挙げられていた。もっとも、そのうち「裁判上無効とされた又は適用が制限されたことのある条項」とされたのは、一三項目であった（①三二頁以下）。第二報告は、項目について語っていない。最終報告においては、一般条項のほか八項目のみが列挙されている（③一四頁以下、NBL六七九号五八頁以下）。

(イ)　問題点

第一報告の列挙は、十分な整理のされる前のものであるから、「不当条項」が最終報告において減少したと一概にいうことはできず、詳細な検討を要するので、本稿では省略する。一見して明らかなことは、最終報告においては、第一報告において、「紛争解決に関する条項」の分類のもとに存在した項目が見当たらない点である。

(ウ) 外国法

各国においては、列挙される不当条項の数がかなり多い。ドイツでは三〇項目弱、EUが一五項目強、韓国が約二五項目といった具合である。イギリスの「不公正契約条項規制法」（一九七七年）、「消費者契約における不当条項規則」（一九九四年）は約一七項目とみられようか。中国の消費者権利保護法（一九九四年、全人代常務委員会）は見ていないが、契約法に一条規定があり、「約款提供者側の責任を免除し、相手方の責任を加重し、相手方の主要な権利を排除している場合」、当該約款を無効としている（四〇条）。

(2) 一般条項

(ア) 一般条項の最終的挿入

第一報告、第二報告においては明示されていなかった、不当条項にあたるものについての一般条項が、最終報告において規定されることになった。「その他、正当な理由なく、民法、商法その他の法令中の公の秩序に関しない規定の適用による場合よりも、消費者の権利を制限することによって又は消費者に義務を課すことによって、消費者の正当な利益を著しく害する条項」というものである（③一五頁、NBL六七九号五九頁）。

(イ) 問題点

立法技術として、一定の場合が要件として列挙されているときに、それらの場合に限定する趣旨でなく、それらが共通のより一般的・抽象的な原理・思想のもとに書かれているならば、類似の状況のすべてを意識しまたは予想することは立法者にとって不可能であるから、その思想をより一般的な形で書き表した規定、つまり「一般条項」を置くことが望ましい。したがって、本報告においても、右の列挙が「およそ消費者契約において効力を認めることが適当でないもの」を挙げたとされる以上（③一五頁の説明1、ＮＢＬ六七九号五九頁）、その趣旨を示す一般条項が置かれるべきことになるであろう。問題は、その趣旨が、書かれている規定に十分に表現されているか、本規定の考え方である「任意規定により消費者に認められる権利義務との比較」でよいか、また、「正当な理由なく」「正当な利益」「著しく害する」といった制限が実質的に妥当であるか、そうだとしても、本報告の眼目である「明確性」、「透明性」との関係はどうか、の諸点にある。

(ウ)　外国法

一般条項は、ドイツ（九条）、フランス（一三二一一条）、韓国（六条）等にあり、中国は、「約款提供者側は公平の原則に従い当事者間の権利および義務を定め」なければならない、としているが（三九条）、その効果は明らかでない。

(3)　約款の解釈原則

(ア)　解釈原則の導入から削除へ

第一報告においては、消費者契約一般について、解釈原則を置くことが適切であるとされていた。次の規定である。「契約条項の解釈は合理的解釈によるが、それによっても契約条項の意味について疑義が生じた場合は、消費者にとって有利な解釈を優先させなければならない」（①三六頁、ＮＢＬ六三六号一九頁以下）。第二報告もこれを維持している。「事業者が契約条項を一方的に定めた場合」においてである。その根拠として、「解釈によって大きな幅が生じるような契約条項は、トラブルが生じた際に事業者に有利に解釈されやすいという問題がある」こと、及び「信義則は契約の趣旨の解釈についてもその基準となるべきものであるという判例の趣旨にも合致する」ことが挙げられている（②四二頁・五一頁以下、ＮＢＬ六五九号六一頁）。しかし最終報告に至りこの解釈原則は『「作成者不利の原則」からいっても」「公平の要請の当然の帰結であると考えられる」とされつつ、「特定の解釈原則が法定されることによって、安易にこの解釈原則に依拠した判断が行われ、真実から遠ざかることになるおそれがあることを考慮する必要がある」として削除された。さらに、「裁判外での相対交渉への影響を懸念する意見もあった」と書かれている（③一一頁の説明2、NBL六七九号五七頁）。

(イ)　問題点

最終報告に述べられているこの原則の削除の理由につき、その妥当性が問題となることは、言うまでもない。もっとも、右に引用した、第一報告、第二報告におけるその根拠づけが十分であったかは、さらに検討する必要があろう。

(ウ)　外国法

フランスにおいては、作成者不利の原則が既に民法典に存在する（一一六二条）。消費者契約ないし約款条項について規定するのは、ドイツ（五条）、ＥＵ（七条）、韓国（五条二項）、中国（四一条）等で、ヨーロッパ大陸法系のほとんどすべての立法がこの種の規定を置いている。

五　基本理念

(1)　この点については、本稿で深入りすることはできず、別の検討に譲るほかはないが、右に指摘した個別的問題に関する三報告の変遷と最終報告に至る過程の原因をより明らかに示すと考えられる一、二の点を挙げたい。

(2)　まず、第一報告から最終報告に至る、強調点のニュアンスの変遷を一瞥しよう。

(ア)　「消費者利益」から、規制緩和後の社会における「自己責任と規定の明確性・透明性へ」

第一報告においては、消費者契約法の目的として「消費者利益を確保し、消費者契約に係る問題を防止・解決する」ことが挙げられていた。次のような命題にまとめられている。同法は「消費者利益を確保し、もって国民の消費生活の安定及び向上に資することを目的とする」もので、それは「契約締結過程及び内容の適正化を図ることによって」なされるということである。さらに、この立法化は、「取引における消費者と事業者の関係をより対等なものとし、消費者、事業者双方の自己責任に基づく行動を促すものと考えられる。また、このようなルールの考え方は欧米先進諸国において既に確立されており、こうした考え方を導入し、ルールを整備することは、国境を越えた悪質商法等による国際的な消費者被害に対する未然防止やその解決にも資することが期待され、わが国経済社会のグローバル化への適切な対応」にもなる（①三頁以下、NBL六二六号一六頁以下）。

なお、既に第一報告においても、「わが国の経済社会においては、規制緩和の進展等による経済活動の活性化が推進されており」「規制緩和の進展に伴い、今後、消費者、事業者双方の自己責任に基づいた行動が一層強く求められることと考えられる」ということも冒頭に述べられていた（①三頁、NBL六三六号一六頁）。

第二報告に至る過程において、一三回にわたり関係五二団体からの意見聴取が行なわれ、関係各界から示された懸念・疑問等の指摘や要望、提案等をも踏まえた考え方の整理が行なわれたが、そこでは、「自己責任原則の確立の観点から、消費者取引に係る消費者啓発（情報提供）・消費者教育の在り方についても検討を行うとともに、消費者契約に係る紛争を迅速に解決するための方策や、被害の未然防止・拡散防止のための方策について」の検討が行なわれたとされている（②三頁）。その結果、第二報告においては、「双方の自己責任」、特に消費者の自己責任が繰り返し述べられている（②七頁・五三頁・五五頁・八九頁等、NBL六五九号六二頁・六三頁・六五頁以下）。それは、「自己決定に基づいて生じた結果について決定者が自己責任を負うという原則」である（②八六頁、NBL六五九号六五頁）。

さらに第二報告では、「規制緩和」が強調されている（②一頁等）。「もとより、規制緩和・撤廃は、無責任な自由放任や弱肉強食の社会を目指すものではない」旨、繰り返し述べられてはいるが（②一頁・五頁・六頁。なお、この趣旨は最終報告でも述べられている（③八頁、NBL六七九号五五頁））。その背景にあるのは、「規制緩和・撤廃後の自己責任に基づく市民社会」（②六頁）である。

それとともに、第二報告以来消費者契約法のルールの「透明性」「明確性」「予見可能性の高さ」が強調されてきた（②五頁・八八頁等、NBL六五九号六六頁）。それは「双方にとって予見可能性の高いもの」とされ、「消費者契約法が、事業者にとって事業活動に即してどのような行為をするとどのような結果が生じるのか、また消費者や紛争解決に携わる消費生活相談員等にとってどのような場合にどのような救済がなされるのかが、できる限り明確となるような規範であることが望まれる」とされつつも（②八八頁、NBL六五九号六六頁。③一〇頁、NBL六七九号五六頁もほぼ同じ）、「特に産業界からは、本法の制定により正当な事業を運営している事業者に無用の混乱を招くものであってはならないとして、業種の特性、取引やトラブルの実態等を踏まえた、さらに精緻な検討が求められており、こうした検討を通じて、事業者にとって新たな対応が求められる部分がどこにあるかを明らかにしていく必要がある」としている（②八八頁、NBL六五九号六六頁）。

最終報告においては、第二報告に描かれた社会像が強調されている。「公正で自由な競争が行われる市場メカニズム重視の社会」といった表現がある。そして、そこにおける「消費者のための新たなシステムづくり」が本法のねらいとされる（③八頁、NBL六七九号五五頁）。ただしここにもみられるように、「公正」の語は、他の語とペアになってしばしば出てくる（③九頁、NBL六七九号五五頁「公正で予見可能性の高いルール」「紛争の公正かつ円満な解決」）。

規制緩和との関係も強調されていることは、参考資料として、「消費者契約法（仮称）に関連した政府の考え方（抄）」の表題のもとに、「規制緩和推進三か年計画（改定）」（平成一一年三月三〇日閣議決定）、「経済社会のあるべき姿と経済新生の政策方針」答申・閣議決定（平成一一年七月八日）、「規制改革についての第二次見解」（平成一一年一二月一四日行政改革推進本部規制改革委員会）中の文章が引用されていることからも示される。そこには「消費者契約の適正化」として、「規制改革の一環として」「双方の自己責任に基づいた経済活動を促す公正なルール」の確立であって紛争の「公正かつ円滑な解決」、「円滑かつ迅速な解決」に資するための消費者契約法といった表現がみられる（③二一頁）その背景にあるのが、前掲の、「規制緩和・撤廃後の自己責任に基づく市民社会」（②六頁）である。

右に引用したように、「予見可能性」の確保も、引き続き強調されている（③一〇頁、NBL六七九号五六頁）。

(イ) 民法の特別法として消費者契約法が必要である理由

同法による国の介入の根拠としては、事業者・消費者間の「情報、知識、交渉力」の大きな格差であることは、三報告を通じて変わっていない（①三頁・五頁、NBL六三六号一六頁）。最終報告においても「情報、交渉力の格差」は「消費者に自己責任を負わせることが適当でない状況をもたらすこともあ」るとの指摘が存在する（③九頁、NBL六七九号五六頁）。この点の認識が同じであることは、前述した第一報告から最終報告へのニュアンスの変化とどのように関連するであろうか。

(ウ) 以上、三報告を通じ、多くの部分は変わっていないが、重点の変化は否定できないようである。このことが、幾つかの点と対応しているようにみられるのである。

(i) その原因に関して

第二報告以来、事業者の意見が多く聞かれている。先の意見聴取を受けた五二団体のうち、一回分三団体がいわゆる消費者団体二つと日本弁護士連合会であるほかは、一二回分四九団体が事業者ないしそれに近い団体とみられる（②九四頁以下）。そこにおいては、弁護士、消費者からは歓迎し支持する旨の意見が表明されたが、業界からは、「規制緩和・撤廃の時代における規制の在り方、消費者の自己責任、個別法との関係等様々な観点からの懸念、疑問」が提出され、これらは「重要な論点を多く含む」から、第二報告ではそれらを踏まえて「再度検討を深めることとした」ものである（②四頁）。ここに、問題の鍵の一つが存在するようである。

(ii) その一つの結果――「明確性・透明性・予見可能性の確保」の自己目的化

最終報告が、第一報告に比べると大幅に規定を減らしていることは、内容はともあれ、理論的には、規定の「明確性」等の要請を強調したため、明確でないという理由から多くの規定が削られたとみることが可能である。しかし、最終報告でも繰り返されているとおり、それらは、「公正」と並ぶ要請である。ところで、「公正」と「明確性」とは、同じ次元に並び、両者の平板なバランスによってどちらを強調するかを決めるべきものであるかが根本問題である。「公正」が実質的な理念、つまり実現されるべき目的であると考えるならば、法規定が「明確・透明」であることはそれを実現する手段であって、望ましいとしても、「公正」の要請が優先することになる。仮に「明確性」が確保できなくても、それはやむをえないこととせざるをえないはずであるが、どうであろうか。

(iii)　「明確性」の強調のジレンマ

実は、明確性を強調して、最終報告のように規定の要件を絞っていくことは、本法のように、特別法とされる法律については（特別法の意味に問題があることは別として）、少なくともその適用のない場合、つまりその要件にあたらない場合には、一般法である民商法等の規定が適用されることになるのは、当然である。その場合は、錯誤、詐欺、強迫のように比較的に要件がはっきりしている規定のほか、公序良俗、信義則といった、民法中でも「一般条項」と呼ばれる、要件がかなり漠然としている規定が適用される可能性がある。結論として、それらにあたるとされるか否かは別として、裁判になった場合の予見可能性が大きいとは言いにくいし、訴訟外での解決も容易とはいえない。消費者相談員等も苦心するところである。消費者契約法の立法においては、このジレンマが存在することを意識しておく必要がある。

(エ)　消費者契約法の理念再考

右のように「明確性」は立法技術の問題として手段的なものと考えることができるとしても、もう一つ、「消費者の自己責任」と「公正」との関係が問題となるであろう。先に引用したとおり、最終報告においても、「消費者に自己責任を求めることが適当でない場合」があることは意識されている（③九頁、ＮＢＬ六七九号五六頁）が、それが最終報告にどこまで現実化しているかは、個別的問題の解決ごとにさらに検討を要するであろう。

「公正」という観念は、多義的であってわかりにくいものではあるが、最近発表された「金融取引における公正(fairness)の概念に関する法律問題研究会」報告書によれば、(7) 経済学においても、所得分配の「公正」をいう場合と、効率性をいう場合があるようである。また、法学上は「機会の平等」と「結果の平等」を含むと考えられ、「取引環境の整備」と「弱者の保護」がそれに対応するとされている。この見方は、少なくとも十分に根拠のあるものであることは誰しも否定できないであろう。したがって、本報告が所得分配の意味での「公正」をどう考えているかは、問うに値しよう。(8)

(7) 金融法務事情一五六三号(一九九九)一三頁。

(8) 消費者契約法検討委員会のメンバーである河上正二教授も、消費者契約法によって追求される理念には、自己決定の尊重や自由市場の環境整備のみならず、経済的弱者保護と被害の適切な救済への要請に応えることも「等価値で含まれている」とされている(「消費者契約法――立法への課題」別冊NBL五四号(一九九九)〔日本私法学会第六三回大会(一九九九)シンポジウム資料〕七頁。

六　他の法律との関係

(1) これは、第一報告以来繰り返して述べられてきた点である。消費者契約法は、民商法の「特別規定」であって、民商法の適用される要件を充たしているならばその適用がある、とされてきた(①三七頁、NBL六三六号二〇頁)。第三報告においては情報提供義務が努力義務とされたため、情報提供義務違反が損害賠償請求を帰結する場合を認めている判例との関係に疑義が生ずるので、特にそのような「法理論について、変更が加えられるものではない」と説明されているが（③一一頁の説明1、NBL六七九号五九頁）、はじめの部分においても、「現在民法その他により消費者が持っている権利は何らの制約を受けないことについては、十分周知徹底する必要がある」としており（③九頁、NBL六七九号五五頁）、末尾の「他の法律との関係」のところでも、民商法「その他各種の個別法の民事規定」は「現行法のまま適用され」、「これらの法の定める消費者の権利は、本法の制定によって何らの制約を受けないものとして立法されなければならない」としている。例として、錯誤、詐欺、脅迫、債務不履行（解除、損害賠償）、不法行為（損害賠償）等が掲げられている（③一六頁以下、NBL六七九号五九頁）。

(2) 問題点

右の結論自体にはおそらくまず異論がないと思われるが、三点を挙げておきたい。

第一に、このような問題が生ずるのは、本法が、当初「包括的な民事ルール」の策定をいいながら、結局、二点において限定的なものになったことに由来する。一つは「消費者に自己責任を求めることが適当でない場合のうち、……契約締結過程及び契約条項に関して消費者が契約の全部又は一部の効力を否定することができる場合を新たに定めようとするもの」（③九頁、NBL六七九号五六頁）になっていること、もう一つは、ルールの「明確性・透明性」を強調した結果、各規定の要件が限定され、そこから外れる場合が多くなったことである。前者は時間の関係でやむをえなかったとしても、本法の問題点として指摘せざるをえない。

第二に、「特別法」の意味である。従来は、特別法の規律する領域については一般法は適用がない、と考えられてきたようであるが、今回の立法はそれとやや異なり、一般法との競合的な適用が考えられている（①三七頁、NBL六三六号二〇頁）。理論的な問題だが、一般法、特別法の関係につき、今後の研究が要請されるのではないか（それとも、右のことは当然なのであろうか）。

第三は、その結果、取消を基礎づける場合については本法が、損害賠償が問題になる場合は民商法が適用されるが、本法の規定要件が絞られているため、消費者は多くの場合に、取消ができればよいが、それが不可とされても、せめて損害賠償を得たいと考えて、双方を援用するであろう。このことは、本法の眼目の一つである、紛争の行方の「予見可能性」を害する結果をもたらす。

NBL六八三号（二〇〇〇年）

〔追記〕　一九九九年一一月に公表された「消費者契約法（仮称）の具体的内容について」に関する所見を述べたもの。著者は一九八〇年代から約款立法・消費者契約立法に強い関心を寄せており、長年にわたり研究会を主宰し、一九九〇年には日本私法学会においてシンポジウム「現代契約法論」を開催している。消費者契約（立法）に対する著者の考え方を窺い知るための手がかりとして、第三部に収録した。なお、著者には「消費者法」民法論集第九巻という小論もある。

日本民法典の全面改正

一　はじめに

日本においては、現代語化された民法典が二〇〇五年に施行されたのに引き続き、いよいよその全面改正が語られるようになった。民法の担当官庁である法務省民事局長が、計画されている民事立法として債権法の全面改正を挙げ[1]、新聞でもそのように報道されて、学界の話題になっている。

しかし、民法典の全面改正は、最近になって突如として現れた問題ではない。以下には、まず民法典改正問題の学者による最近の検討の動きを略述し（二）、次いで現在における民法典全面改正につき問題となる諸点を概観したい（三）。

（1）　寺田逸郎「〈新春インタビュー〉法務省民事局長に聞く——民商事法改正の動向」金融法務事情一七五九号（二〇〇六）三頁。

二　日本民法典全面改正に向かう動き

一九九八年は、日本民法典施行一〇〇年にあたるが、これを記念する企画が幾つか行われた[2]。その際なされた発言には、民法典が周辺の特別法の制定や法典自体の小さな改正、さらに判例の蓄積とによる進展を経て一〇〇年を迎えたことへの賛辞に続いて、全面的な改正についての言及が見られる。私もかなり以前にその旨書いている[3]。

当時は、明治初年、第二次大戦の終了後と並ぶ、私の名付けた、「第三の立法改革期」にあたっていた。私は、民法、商法、刑法など、日本で基本法と呼ばれている法律の政府提出法案の作成を担当する法務大臣の諮問機関である法制審議会の民法部会長をしており、債権譲渡特例法、成年後見法制、中間法人法制などの起草に関係し、それに集中していたので、民法典の全面改正にまでは手が出なかった。また、ほぼ同時期の一九九一年に開始され、進行していた、民法典の現代語化の案を作成する作業の委員長もしていた。その成案は一九九六年に完成し、法務省民事局長あてに提出されたが、種々の理由から、ようやく二〇〇四年に国会に提出されて成立し、二〇〇五年に施行された。(4)これは、条文の文理と明らかに異なる解釈を採る確定判例があり、学説にもほぼ異論がない点についてのみ条文を改め（実際は条文にないことを付加するもの――例えば「善意」とあるのに「善意無過失」とするなど――がほとんどである）、ほかは条文の原初の意味を変えることなく現代的表現に改めることを志したものである。その作業中、いずれ遠くない将来に民法典の全面的・内容的改正をすることになるから、単なる「現代語化」は無駄な作業ではないかとの懸念が強く沸き起こってきた。これにつき、私は次のように考えていた。民法は、日常生活のほとんどあらゆる場面に適用される内容を含むが、さらに社会の基本法である。したがって、国民一般にわかりやすいものでなければならない。ところが民法は片仮名・文語体で、用語や文章も難解であるから、民法を一般の人に身近でわかりやすいものにすることが緊急に必要である。これは、一刻も早いことが大切で、民法典の二一世紀に向かう全面改正を間近に控えているとしても変わらない。反対に、少しでも多くの国民が全面改正に関心を持つためにも望まれる。(5)

日本民法典一〇〇年を記念する行事は各所でかなり行われたが、その一つとして、日本私法学会が一九九八年に開催した「民法一〇〇年と債権法改正の課題と方向」と題するシンポジウムが民法典の改正を問題にしている。(6)

また、民法典の全面改正のために、自発的な研究グループも組織された。内田貴を中心とする「改正委員会」である。(7)二〇〇一年二月から担保物権の検討を開始し、メンバー外の学者も交えた検討会を行い、(8)さらに検討の上、中間試案を公表した。(9)次いで債権法部会と家族法部会を設置して検討を進めている。前者は二〇〇二年一月に開始され、途中でメンバー外の学者を入れた検討会をし、後者は二〇〇三年に発足し、同様の検討会をしている。(10)

なお、直接の目的が日本民法典改正ではなくても、最近のドイツの債権法改正、動産売買に関する全世界的及び地域的統一法条約など、さらにフランスの債権法改正案、その他の国で最近改正の行われた民法典の、個人とりわけ研究グループによる検討はかなり行われており、(11)二〇〇六年六月にも、比較法学会年次総会において、「ヨーロッパ契約法原則」と題する小シンポジウムと「債務不履行――売買の目的物に瑕疵がある場合における買主の救済」と題する大シンポジウムが行われた。そこでは、報告者や討論参加者による、日本民法典の改正を意識した発言が少なからずなされていた(12)。

ちなみに、民法典の全面改正は、日本の「第三の立法改革期」とどのような関係を持つのかにつき一言しておきたい。私の見るところ、「第三の立法改革期」は、屈折した動きをとった。初めは、成年後見制度や中間法人制度のように、民法のあるレベルの原則の変更や、民法典にあるべくして欠けていた部分を埋めるといった、いわば根本的な改正立法がなされた。それに続いて、民法の重要な制度の改正であるが、動機及び内容は民法典の根本的な見直しというよりは、一九九〇年代のバブル崩壊の後始末のためであって、その限度での改正と見るべきものが行われた。抵当権の改正は中途半端であり（だからこそ「改正委員会」がその根本改正案を策定したのである）(13)、民法に根保証制度を明文化することも、根本的な点に触れてはいるが、改正は徹底せず、当時の社会的要請を最低限度みたすものに止まっている（もっともこの点は、各勢力の妥協の結果にすぎないという見方もありうる）(14)。そして、内容の改正のない「現代語化」を出発点として、民法典の全面改正という、まさに「第三の立法改革期」のピークをなす作業に進んできたものと見ることができる。これは、非営利法人及び公益法人制度の全面改正（中間法人法の廃止）を行った三つの大きな法律の制定（平成一八年法四八号・四九号・五〇号）、信託法全面改正（平成一八年法一〇八号）、二〇〇六年に施行された会社法の全面改正と商法典からの分離などとあわせてみると、二〇〇五年頃から再び民商法の根本的な改正の時代になり、最近では「大立法期」と呼ばれるようになっているのは(15)、これを物語るものであろう。

このようにして、日本では、民法典全面改正の機が熟しているように見える。

（2）例えば、日本の民法学者全員の協力（金銭的・労務提供など）により、フランス、ドイツ、アメリカ、オランダの世界的に著名な学者各一名を招待し、日本の学者も加えて、報告が行われた、「民法一〇〇年記念シンポジウム」（一九九八年一一月一二日於東京、一一月一四日於京都）（能見善久「民法一〇〇年記念シンポジウム開催される」ＮＢＬ六五四号（一九九八）二三頁に紹介がある）。

（3）星野英一「近づいた民法典施行百周年」法学教室一五〇号（一九九三）五頁以下。

（4）多くの文献がある。最も詳しい、研究会委員の一人による論稿は、中田裕康「民法の現代語化」ジュリスト一二八三号（二〇〇五）八六頁。

（5）「民法典の現代語化をめぐって〈インタビュー〉星野英一先生に聞く」法学教室二九四号（二〇〇五）一三頁。

（6）私法六一号（一九九九）。

（7）内田の説明。「債権法の改正に向けて（上）」ジュリスト一三〇七号（二〇〇六）一〇四頁以下。

（8）この研究会については、「〈座談会〉担保法の改正に向けて（上）（下）」ジュリスト一二二三号・一二二四号（二〇〇一）。

（9）「抵当権法改正中間試案の公表」ジュリスト一二二八号（二〇〇二）一八二頁以下。

（10）「債権法の改正に向けて（上）（下）」ジュリスト一三〇七号・一三〇八号（二〇〇六）、「家族法の改正に向けて（上）（下）」ジュリスト一三二四号・一三二五号（二〇〇六）。

（11）星野〔渠涛訳〕「日中韓民法制度同一化的諸問題」中日民商法研究第四巻（二〇〇二）に文献を引用している（日本語版は近刊）。

（12）比較法研究六八号（二〇〇六）。

（13）文献は多いが、松岡久和「担保・執行法改正の概要と問題点（上）（下）」金融法務事情一六八七号・一六八八号（二〇〇三）に文献が網羅的に挙げられており、また同法の問題点についての指摘がある。ジュリスト一二八三号は「平成一六年民法改正」と題する特集で、この点と後掲注（14）の問題についての解説と研究会が載っている。なお、実際は担保の場合が多いと推測されるが、立法上は広く法人による動産の譲渡の対抗要件として登記ファイルへの登記を認めた「動産及び債権の譲渡の対抗要件に関する民法の特例等に関する法律」（平成一〇年法一〇四号）は、新しい考えのものだが、全体としては、関連問題を十分考慮した立法にはなっていない。

（14） 民法典の現代語化と同時に民法の保証の部分に四六五条の二〜五の四条を挿入したもの。これについても文献は多いが、前掲注（13）のジュリスト一二八三号を挙げておく（「座談会 保証制度の改正」「保証制度の見直しに関する民法の一部改正」）。

（15） 房村精一（当時の法務省民事局長）「大立法時代の到来」金融法務事情一六九五号（二〇〇四）一頁など。

三 民法典改正に際して検討すべき諸問題――現代における『法典論』

1 概　観

しかし、ことはそう簡単ではない。法典の全面改正を考える際には、あらかじめ幾つかの基本的な、また実際的な諸点を検討しておく必要がある。

前述した日本私法学会のシンポジウムにおいて、報告者たちは債権法の改正の必要性を主張したが、討論参加者の発言は、必ずしもそれに手放しで賛同するものではなかった。私自身基本的態度については述べていないが、先に疑念を表明した発言を援用して、報告者の改正論の底にあるやや急ぎ足の態度（と私が感じたもの）に対する懸念を述べており、改正について若干の問題を指摘していた(16)。ただ、私も結局のところ、民法典の全面改正の方向を支持するものであり、本稿は、改正作業において考慮すべき点を概観する。

ここで、フランス民法典の父というべきポルタリスの『民法典序論』(17)のほか、日本にも古典的な論文があることを指摘したい。穂積陳重『法典論』(18)である。日本民法典の起草者の中心であった穂積が篋底に秘めていた論稿であり、ボアソナードが起草し、公布されていた旧民法典の施行を延期して日本人起草者による民法典を作るべきだとする強力な主張をめぐって争われた「法典論争」が盛んになったのを機会に公表されたものである。著書としてはそう大きいものではないが、穂積のどの論稿にも見られるように、法典編纂をめぐる当時としてほとんどすべての問題とそれについての意見を整理した包括的で鋭い論文であって、今日においても常に参照されるべきものである。本稿ではこれを参照点（frame of reference）とする。そして、日本私法学会における発言（「私法」六一号の頁数で引用する）や、内田のグループの案をめぐる前掲検討会における議論（「ジュリスト」の号数と頁数で引用する）なども引用したい。既にそれらにおいて重要な問題点のほとんどに触れられているからである。

穂積の論文は五編に分かれている。「緒論」に続く、「法典編纂の目的」「法典の体裁」「法典編纂委員」「法典編纂の手続」である。以下には、現代の状況を考慮して順序を変えて検討する。

2 改正の目的[19]

第一に、何のために法典を改正するのかをきちんとさせておかなければならない。これは、法典のない所でこれを編纂する場合よりも一層デリケートな問題である。特別悪い法典であるならばともかく、かなりよく出来た法典であって、時代の変遷に対応して判例・学説でかなりうまくやっているのだから、今後とも運用でやれるのではないか、特に具合の悪い部分だけを改正し、法典に直接の規定のない新しい点があれば、それについてだけ立法（民法典への挿入または特別法の形で）すればよいのではないか、という疑問が直ちに生ずるからである。穂積は、法典編纂の目的として、「治安」「守成」「統一」「整理」「更新」の五つを挙げ、実際の法典編纂はその幾つかを兼ねているとし、日本の明治初期の刑法、民法については、「統一」と「更新」であるとした。ある学者が、改正の課題は、リステイト、リフォーム、クリエートの三つであるとするのは[20]、改正にしぼったまとめといえよう。

ところで現代の日本は、特別法の多いことや判例の蓄積からは、穂積のいう「整理」、そして「更新」が一つの目的であり、それはもっともだが、それだけで全面改正の必要性を基礎づけうるだろうか。

これに対しては、私法学会における報告者（特に能見）、検討会における内田発言などが答えている。内田は、法典制定当時と比べた「社会的・経済的な環境」の「激変」、多数の特別法による民法典の「空洞化、すなわち、……民法典の規律する領域が狭まること」、各国における全面改正への動きと債権法などにおける「国際的法統一の動き」を挙げた後、改正の「基本的姿勢が重要」であるとして、現行民法典のような「比較法の果実」でなく「民法典の国際競争に参加するという姿勢」の重要性、さらに「民法典を作ることが一種の文化的事業であるという意識」の必要性を主張する。また、法整備支援に触れ、「西洋法を継受して成功したアジアの国」ということの「市場価値がいつまでも続くものではない」として「よりグローバルな発信をすべきではないか」と言う。(21) 能見は、契約法の改正につき、「市民あるいは企業が契約法を使ってこれから活動を展開する際に、これを支援するような契約法というものが必要」とする。(22) 内田の最後の点と能見の論には斬新な発想が見られるが、なお一層の深化が必要であろう。

というのは、既に「検討会」においても触れるように、債権法の立法において「理論的」整合性を強調する見解が示されていたところ、最近に至り森田修が発表した「債務法改正作業の『文脈化』のために」という副題のついた論文は、立法の仕方に関するものだが、ここでも問題を提起するからである。その主題は「〈民法典〉という問題の性格」であり、「何故いま民法典改正なのか」を問う。その志向は「民法典の危機」という意識に発するとして、それは多くの特別法の制定によって民法典の裁判所で適用される範囲が小さくなっていること（「版図の危機」）と、その基礎とする社会哲学の現実適合性への疑問（「権威の危機」「思想の危機」）の二つに由来し、前者に着目して現在特別法に規定されている事項を民法典にただ取り入れるならば、「思想の危機」はかえって深化するというジレンマがあると指摘する。そこで森田は、「法典の基礎としていかなる社会哲学を選択するか」、続いて「我々の法典化の基礎を意思自律の原理に求め得るか」を問う。

「検討委員会」のスタンスは「合意原則」「意思自律原則」の強調、したがってドイツ債務法改正と異なり消費者私法の法典への組込みを否定するフランス債務法改正案のそれに立つようだが、それを「文脈化」することが「民法学のフォーラムに求められている」とする。(23) 筆者は、森田の指摘した課題とそれへの取組みの必要性には賛成だが、進んで次の論文で森田がみずからの批判を「原理的な対抗の上に展翅しよう」としている点(24)には、その一元的原理への懐疑に賛意を表しつつも、以下の本文に繰り返し述べるような心配を抱かざるを得ない。

筆者としては、第一に、次に述べる新しい理念、したがって場合により新しい理念に基づく制度や規定を民法典に組み込むことの必要性を挙げたい。従来からの自由の理念でなお進むべき分野・制度と、それに対抗する平等の理念により多かれ少なかれ自由の理念が後退している、又は後退すべき分野・制度、つまり理念それ自体ないし理念における重点の変わった制度とをうまく法典に組み入れる必要性である。従来の理念が――といっても、現行民法自身が一元的原理によって支配されていたか否かは大きな問題だが――支配すべき分野のみを民法典に残してこれをいわば純化することは、改正の可能な一つのやり方だが、現代においては適当であるまい。民法が社会の基本的構成原理や国民の日常生活のルールを定める法律であるとすれば、その全体を国民にわかるように示すべきであり、その一部の原理に基づく制度・規定だけを取り出して「民法」に規定することは適当でない。両者を貫く理念は3に述べる「連帯」である。

ただ、この作業は、決して容易なものではない。例えば、建物の一部の賃貸借といっても住宅用の場合と大企業の店舗・事務室用の場合とで扱いを変えるべきであるということは、既に古くからの課題であった。これを一般化すれば、大村敦志の「取引民法」と「生活民法」とに対応するものだが、(25) それと理念としての「自由」「平等」との関係はさらに複雑である。民法の体系の問題として6で触れる。

次いで、検討会では改正規定のあり方として議論されているように、民法典をできるだけ多くの国民にわかりやすいものにすることの緊急性、具体的には、平易でわかりやすい条文及び体系の編成も――これは「現代語化」の際には、検討当初は目標とされたが、作業を少しやってみると与えられた時間ではとうていできないことがわかって、作業から外されたものであるから――、改正の必要性そのものとして掲げたい。民法典を国民にわかりやすいものとすることは、民主社会の重要な課題の一つだからである。

3　民法典の「理念」・「基本原理」・「基本原則」

穂積は、「法典の主義」と呼んでいる。(26) ここにいう「主義」とは、民法人事編における「家族主義」か「個人主義」か、財産編における「完全所有権」主義によるべきか、「有限所有権」主義によるべきか、相続編における「分配主義」によるべきか「総領主義」によるべきか、といった問題である。ちなみに、憲法については「国家主義」「君主主義」「民主主義」が、商法については「保護主義」「助長主義」「放任主義」が選択されるべき「主義」として挙げられている。

もちろん今日では、もう少し細かく検討する必要がある。ただはじめに、加藤判事が危惧するように、(27) これだけでも議論の収拾がつかなくなるおそれがあるので、今回の起草において、抽象的な議論にあまり深入りしないように十分警戒すべきことを注意したい。

民法の「理念」「基本原理」「基本原則」と並べたが、それぞれの意味は必ずしも明瞭でない。一括しつつ大別すると、民法規範の実質的内容、つまり価値判断の根本を示す場合と、価値判断を実際は前提としあるいはそれを含んでいるとしても、一応はそれとは中立な法律的論理とに区分できるであろうか。それぞれにおいてさらに、異なったレベルのものがある。どのレベルのものについてかを明らかにして扱わないと、議論が混乱する危険がある。

前者のうち最も抽象的なレベルのものとして、最初の近代法典とされるフランス民法典の原理である、フランス革命に由来する自由、平等、博愛（最近では「友愛」とすることが多い。そのほうが原語に忠実であろうが、本稿では「博愛」としておく）がある。後者にあたる例は、「誰も不能の契約に拘束されない」の原則であろう。

幾つかの例を見よう。

前者の第一に、最も抽象的な理念として、自由、平等がある。今日、自由と平等の重点が一九、二〇世紀と異なってきており、自由と平等の関係をどうするかが大問題である。もっとも、両者をレベルの異なる理念と見ることもできる。中国においては、平等の理念が自由の理念に優先するように見えるが、両者のバランスが考えられていることはほぼ間違いない（民法通則二〜四条、契約法三〜五条）。日本においても、両者のバランスが問題であることは同様である。法典における基本原理は、二つないし三つの原理のバランス（考量）が問題になり、一つの原理だけから演繹的に体系化されたり、整合的に説明できるようなものでないことに注意すべきである(28)。

現在、フランス革命の三大理念のうちこれまであまり問題にされなかった博愛、今日では連帯とか共生の理念が再評価されている(29)。筆者もかねてからこれを主張してきた(30)。かつては未だ抽象的な理念にとどまっていたが、最近のフランスでは、契約法におけるこの理念を主張する学者が現れてきたものである。二一世紀に向かい世界に発信する民法典という以上、この問題を十分検討しておく必要があろう(31)。

第二に、やや違った観点から、理念というよりは原則と呼ぶべきものがある。「公共の福祉」「信義誠実の原則（信義則）」「権利濫用の否定」「公序良俗の原則」である。これらは、日本民法典に明文のあるものだが（一条・九〇条）、その意味については、これまで各規定の解釈論又はそれらの原則間の関係という面からの議論が多くなされていた。しかし、ここで問題にしているどの意味・どのレベルの原則・理念かという観点からする整理は未だ十分になされていないように見受けられる(32)。例えば、解釈論の違いとされるものが、同じレベルでの解釈論の違いではなく、どのレベルでこれらの「原則」を捉えるかの違いに由来する場合があると見られる。特に信義則について、どのレベルのものを考えるか自体が問題である。筆者はかつて、信義則につき、「具体的な内容を含んでいるわけではない」として、その存在理由を、何らかの規定をそのまま適用せず、例外を認める場合に用いられる機能的な観念とした。[33] つまり、一般条項として、具体的な内容を持つのでなく、法律の規定あるいは法律原理のそのままの適用では妥当な結果が得られないときに、規定のそのような適用を修正することを可能にする法律原則である。これにつき山本敬三は、「信義則と契約債務の関係に関する原則」を挙げる。[34] また、合意原則と信義則のどちらを基本にするか、両者の優劣関係はどうか、という議論がなされることもある。[35] このように用いられた「信義則」の意味は、筆者の用法とやや違い、例えば「合意原則」のようにある程度具体的な内容を持った原理に対立し、それとのバランスを検討すべき理念（自由に対する平等のように）を意味するもののようでもある。ともかく、原則とか理念とされるものの意味、どのレベルのものかをはっきりさせて議論すべきである。[36] ここでも、中国民法通則四条、中国契約法六条・七条が参考になろう。

第三に、加藤判事が「スローガン」として挙げる、「被害者救済から公正な賠償へ」、「物、サービスから情報へ」、「形式的合意の重視から情報付与と自己決定権の尊重へ」、「債務不履行法から履行障害法へ」、（もうちょっと大きく）「契約自由から契約正義へ」などがある。[37] 山本が挙げる「契約の拘束力の原則や契約自由の原則」「慣習や任意法規と契約との関係に関する原則」[38] も、ここに位置づけることができそうである。これらの中には、加藤判事も言うように、いくらかレベルの違うものが存在するが、実定法の原則として一括することもできるであろう。例えば、「契約の拘束力の原則」自体、フランス民法典や中国契約法に存在する実定法上の原則でもあるが（フランス民法一一三四条、中国契約法八条）、もう少し抽象的な原理として議論される場合もある。いずれにしても、民法典のほぼ各編に対応するものということができる。

これらも、一応の検討は必要である。しかし例えば、契約法に関する「契約自由から契約正義へ」の標語自体激しい議論のあるものであり、経済的には、強い自由放任主義を採り続けるか、「第三の道」を採るかといった、日本において国論が二分するような問題にまでつながるものである。(39) 加藤判事は、前述のスローガンにつき、「そうした大きな流れを内実に伴った形で浮き彫りにして」ほしいとし、このことは、「理念がきちんとしていないのではないかという批判とは少しニュアンスが違」うとするが、(40) 前述のとおりもっともである。

第四に、より具体的な民法上の原則（規範）について、日本民法典は、これらの原則を明文で規定しない場合が多い。筆者が「条文にない民法の原則」と呼んだものである。(41) 例を挙げよう。例外の場合だけが規定されているものがある。公信の原則による物権取得（一九二条）などであり、原則は、「誰も自分の有する以上の権利を他人に移転できない」である。(42) 次に、その原則を前提としなければ理解できない規定がある。「私権の享有は、出生に始まる」（三条一項）がそれであり、原則は「すべての人間は権利義務を持つことができる」である（フランス民法八条、オーストリア民法一六条）。さらに、民法の最も基本的な原則とされ、当然のことだから規定しないとされたものもある。「適法に成立した契約は、両当事者を拘束する」である。これはむしろ、前述したもう一つ高いレベルの原則である（フランス民法一一三四条、中国契約法八条の定めるもの）。これらの原則は、わかりやすさのためにも、民法典に規定すべきである。

ただし、第四の原則とされるものの中には、異論のありうるもので、今後採用すべきか否か問題のものもある。例えば、既に指摘されているとおり、「誰も不能の債務に拘束されることはない」との原則を今後維持すべきかである。(43) そもそも現行日本民法典の原則かどうかが争われているものもある。物権と債権の「峻別」である。(44) これは、民法典の編別問題、具体的な規定のしかた（物権編の問題としては、物権行為の無因性の採否など。債権編では、現行の民法五六〇条）とも関連し、この際慎重に検討されるべきである。

4 改正の範囲――改正の順序

穂積が、「法典の範囲」として扱う章に含まれている。[45] 現在、債権法から改正を進めるのが既定のこととなっているが、それを別としても、この点から開始するのが便宜であることにはまず異論がなさそうである。中国において比較的早く制定された法律の一つが契約法であることも参考になる。諸統一条約は、売買法、契約法から始まっている。取引社会の国際化の進展に伴って最も各国法の統一が要請され、その関係もあって国内法の一定の範囲における修正が必要となる領域だからである。

問題はむしろその先にある。これまた、私法学会、[46] 検討委員会[47]においてかなりの発言がある。一方で、現在の債権編の全体に及ぶべきか（範囲を狭める必要）、他方で、取り入れるべき他の部分はないか（範囲を広げる必要）、の二面から問題になる。

狭める部分といっても、本来そうすべきものと、今回の改正からは後まわしにするほうがよいものとを含む。法定債権を外すか、典型契約（契約各論）も含めるか、現行の典型契約に削除すべきものはないか、債権総論の中でも債権譲渡など後まわしにすべき部分ないしそうしてよい部分はないか、といったことである。そもそも、最近のかなりの立法のように、債権担保編を別に置いて保証をそちらに持ってゆくことも検討する必要がある（6参照）。現在のところ債権総論と契約総論に限ることが示唆されているようである。もちろん、あらかじめ全部を決めておくのは現実的でなく、最も作業のやりやすい部分から始めるのが適当であろうが、常に注意していて、時間との関係で後にまわすべき部分がどのあたりかを考えておくことの必要な点である。

広げる部分として問題になるのは、現行の債権編に置かれていない制度でこちらに統合するのが適当なものはないか、現行民法典以外の法律にある制度で統合するのが適当なものはないか、現在社会で行われている契約で新たに典型契約として取り込むべきものはないか、である。

第一は、契約成立の要件との関連で、法律行為・意思表示に関する規定、法律効果との関係で債権の消滅時効制度が問題になる。国際条約では、UNCITRALによる消滅時効統一条約があり、[48]フランスでも改正案に時効が入っている。[49]また、法律行為・意思表示の効力について、ドイツのマックス・プランク研究所がUNIDROITから委託された研究の成果で、一九七七年のUNCITRAL会議に資料として提出されたものがあり（その後のことは不明だが、条約になってはいない）、[50]中国契約法にも代理に関する規定（四八条・四九条）、条件・期限の規定（四五条・四六条）や無効事由に関する規定（七条・五二条）があるが、それらだけでもかなり立法の困難な事項である。

第二は、商法第二編「商行為」のうち、第一章「総則」と第二章「売買」の民法典との統合、消費者法と呼ばれている領域中私法の規定や、知的財産法の規定のうち取り入れるべきものはないかなどが問題になる。商法に関しては、民法・商法を統一している法典がかねてから世界に多く（スイス、イタリア）、最近の立法においてもその傾向が強い（中国、ブラジル）ことをどのように見るべきか。[51]消費者法や借家法については、ドイツの改正債務法、オランダ法が、知的財産法については、中国における検討が参考になるが、民法典の理念の問題もあり（前掲3）、入れるとしてもどこに置くかなど、立法技術の問題もある。

穂積は、「法典の範囲は便宜上より定まるべきもの」としているが、おそらく最終的にはこれが妥当であろう。むしろ穂積から学ぶべきことは、彼が法典の中に入れるべきでないとしている法律として、単行法に付属するもの、しばしば変更することの必要なもの、実施期間のあるもの、特に細かい規定の必要なもの、一地方又は一定の人民にのみ適用されるもの、商業法、工業法などのように「一種特別の規定」を必要とするものなどを挙げている点であろう。これらの点は、今日でも考慮されるべきである。

5　民法典と民事特別法

穂積は、4と一緒に『法典論』第五編第二章の「法典の範囲」の中で扱っている。ここでは、最近の立法との関係で、別個の視点から問題を取り上げるのが適当である。

民法典と民事特別法の関係についての考え方は、民法典に盛り込むべき内容や、その理念を検討するに際しても重要である。これは要するに、「民法典とは何か」という根本問題だからである。

まず、最近の日本における事例を見よう。条文数が多くなったために、本来法典に入れるべき規定を特別法として法典の外に出さざるをえなかった場合もある（「中間法人法」がその一例である）。また、短いものだが他の制度との関係で現行法典には納まりにくいために法典の外に出されて特別法になった場合もある（「任意後見契約に関する法律」）。これは、起草の一端を担った筆者として、もう少し工夫ができなかったかと反省している。公益法人関係三法が民法典から出たのも条文数の多いことによるようでもあるが、立法担当者の民法典と特別法との関係についての考え方の一端を示したものと読み取ることもできる。

ここで、一方で、民法典とは何か、本来民法典に取り入れるのが望ましい制度や規定があるか、それは何かという根本問題にぶつかり、他方で、民法典と民事特別法の関係をどうするかという、民事法全体の体系構成の問題が存在する。(52)

特別法といっても、さらに分ける必要がある。大雑把ではあるが、「何らかの限定された目的を立法の目的として明示する法律」（森田修は「個別政策立法」と呼ぶ(53)）と、民法の基本的原理（3で述べた新原理を含む）に従いつつその一定の制限された範囲（人、対象、地域など）について規定する法律とである。ここでは、前者を問題とすることになる。

これについては、二つの対立する考え方がありうる。民法典と民事特別法とはいわば同格・並列関係にあるものとする考えと、民法典は民事一般法であって、特別法は現在あまり異義なく定義されている意味での特別法、つまりいわば同心円のように一般法を取り巻くものとする考え方である。

これにつき、単なる立法技術の相違であって、どちらを採っても結局は同じだから、検討するのは実際上意味がない、という見方もありうる。民法典のある規定と同じ内容の規律を特別法のカバーする類似の領域でも行わせようとする場合に問題となる。前者を採るときは、法典内のその規定を特別法で準用することになり、後者を採る場合には、特に規定を置かないでも一般法・特別法関係ゆえに、当然に法典のその規定が適用されることになるからである。最近の立法においては、特別法に多数の準用規定を置くことが見られるので、前者の考え方が立法担当官庁や法令の体裁を審査する官庁（内閣法制局、両院の法制局）の考え方であるようにも見受けられる。適用関係を明快にするために準用規定を多く置くという考え方もありうるが（廃止されることになっている中間法人法に既にこの傾向があった。法人三法に著しい）、準用規定が煩瑣であることは、法人三法からも明らかである。ある領域を規律する法律全体からすると、一般的・基本的な制度・規定がいわば中心的な法律に置かれていて、他の法律を見る場合に常にその法律を参照することによって、その領域を規律する法律の全体像が見渡せるようになっているほうがわかりやすい。いわば透明性がある。例えば法人について言うと、民法の中に、法人の意義、その種類、どの法人にも適用される規定などが置かれているほうが、法人とは何かという出発点と、法人に関する法律の全体像とを捉えやすい。さらに民法には、歴史的な理由から、行政法などのいわゆる公法を含めた法律一般の基礎的概念が含まれているから[54]、そのことをも考慮に入れれば、以上のこと（民法典のある意味での中心性）を一層認めやすいであろう。もっとも、一般人は一般法・特別法の関係を知らないのが通常だとすれば、この関係をまず知ってもらう必要があるが、その程度の知識の伝達法を工夫することは、今後当然のことというべきである（一般の人にわかりやすい法学入門の執筆など）。

いずれにしてもこの点は、単に歴史的な問題である以上に、法律のわかりやすさという現代的要請からしても、十分考慮すべきものである。

さらに、法学教育という見地からも、ほぼ同様のことがいえよう。

より根本的な問題は、民法典のような「法典」をどのように考えるかということである。これについては、穂積『法典論』でも、また今日の日本においても、十分に議論されていないが、最近優れた研究が現れているので、研究の進歩を期待したい。[55]

6　民法典の体系・編別

穂積『法典論』は「法典の綱領」という章で扱っている。[56] 改正する部分の民法典全体における位置づけ、つまり他の部分との関係の問題であって、立法に際し常に考えるべき事項である。まず卑近なことだが、最初に手をつけた部分があまりにも多くの事項を規定すると、残る部分の内容の検討に不当な制約を課することになったり、形式上残る部分が痩せてしまって、民法典の編別が体系的均衡を失っては困るであろう。債権編を検討する場合（特に4で扱ったところの、現在他の部分に規定されている事項をここに取り込むとき）には、留意すべき点である。

次にこれは、民法典に総則編を置くべきか否か（むしろ現行総則編の制度をばらして各編に置くほうがよいか）の大問題にも関係する。総則編にある制度の多くを債権編に持ってくることが適当だとしても、それによって現在総則編にある他の制度をどうするかも同時に考える必要がある。ある編の色々な部分を他に持っていって、その編が虫食いのようになるのも好ましくない。また、物権編、債権編を別建てにするか否かも問題であるが（前掲3）、どちらにしても、両者に共通する問題、例えば物権変動と債権譲渡や、多数当事者による一つの物又は債権の支配（共同所有と、多数当事者の債権・債務関係など）につき、共通の点と性質上異なる点とを意識して規定することが望ましく、少なくともその点を考慮した検討が必要である。[57]

そもそも、民法典の体系・編別をどうすべきか、パンデクテン体系を維持すべきか否かが大問題である。同体系の功罪や、諸国における最近の立法・法案がこれをかなり崩していることの意味をよく考える必要がある。[58] 日本の若手学者が関与したカンボジア民法草案もこれを崩しているが[59]、とりわけ債権担保編を設けて物的担保と人的担保を統一的に規定することや、「人」の編を新設することなどを十分検討すべきである。これは、民法典を誰のためのものと考えるか、つまり法律家あてのものか、一般国民のためのものか、という根本問題にも関連する。一般国民にわかりやすいことを重視すれば、抽象理論から組み立てられていると見られるパンデクテン体系に固執すべきではないであろう。又は、法典の一覧性、透明性の要請にも関係する。かといって、あまり社会事象に即して詳しすぎるのも（英米に見られるようであるが）、かえって全体をわかりにくくする。日本のこれまでの立法のしかたがあまりにも骨組みのみを規定する嫌いがあったことを考慮しても、やはり伝統からそう離れるのは適当でないので、バランスをとるために苦心の必要なところであろう。

なお、契約責任法について、「体系化原理」として、remedy アプローチと process アプローチとがある、といわれることがある[60]。また、最近の日本私法学会において、契約責任の問題を処理するための法理論を、「債権」を基礎に据えるか（「伝統理論」とされる）、「契約」を基礎に据えるか（「新しい理論」とされる）、が議論された[61]。後者はむしろ、「法体系構築の原理」にあたり、3で触れたが、債権法の体系をどうするかの問題でもあるから、ここにも挙げておく。

これらの双方に共通して、パンデクテン体系について上述したのと同様、わかりやすさや、一覧性、透明性を考慮し、抽象理論から決めないようにすべきであり、どちらの理論を採るかを決めてすべての問題をそこから演繹することは避けなければならない。例えば、前者については、一般人にとって、remedy アプローチよりは、process アプローチのほうがわかりやすいように感じられる[62]。後者については、一方の立場だけからすべての制度・規定を決めることは適当でないこと、もはや繰り返し述べるまでもない[63]。

さらに、3に示したように民法典の理念・原理を、例えば「自由」「平等」の二つに、また「取引民法」と「生活民法」とを分ける考え方[64]によれば、異なった性格の制度・規定の置き方が課題となる。

7　新しい角度からの検討

今日、民法解釈学の方法としては未だあまり採り入れられていないが、立法に対して新しい観点を提供することが期待される方法等がある。要件事実論[65]、法政策学[66]、法心理学[67]、「法と経済」理論[68]、ソフト・ロー論（非法〈non-droit〉論[69]）などの研究者から、全体的又は個々の制度・規定についての意見を出してもらって、十分参考にする必要がある。それらの研究者の協力が望まれる。

8　法典のかたち（「スタイル」）

あいまいな表現を使ったが、『法典論』では第五編第六章に扱われている[70]。

既に「わかりやすさ」、「透明性」（「透視性」）、「一覧性」の強調がなされている。民法典の基本的なあり方として、加藤判事が「実務家として」述べたことは、起草者にとって重要な問題提起である。「理念論をやり出すと大問題になる」「わかりやすく利用しやすい民法」をスローガンにして改正するならば結構、ということである[71]。理念論とわかりやすく利用しやすいこととは、次元を異にするものであり、理念がはっきりしていることは、法典のわかりやすいことと本来矛盾するものではない。この発言は、ともすると理念論を戦わせることを好み、実際的見地からの検討が弱くなる学者＝起草者への警鐘と見るべきであろう。フランス債権法改正案について、検討グループがほとんど学者のみから構成されていたことから、「学者法典」である危険が問題とされていることは[72]、わが国にとっても十分に参考にすべきである。

また、民法解釈学についてであるが、「学者・実務家の『秘伝』のようなもの」にする民法解釈学は、一般市民にとって民法をますます縁遠いものにするものであり[73]、まして民法典をそのようなものにしてはならない。

なお、法律の「わかりやすさ」には、「法律になぜそう書かれているかがわかりやすく説明できること」も含まれており、そうした説明が可能なように「民法の基本枠組みや基本原理を構成しなおし、そこから個々の規定を整合的に説明できるようにすることが必要である」とされることがある[74]。「基本原理」については、3で扱ったが、ここでは法律のわかりやすさとの関連で取り上げる。

前記の山本のコメントの前半は、一般論としては誠にもっともであり、種々の制度や規定が「何のためのものか」を理解することの重要性は強調すべきである。だが、それを法典の規定にどの程度書くべきか、また書くことができるかは、法典の作り方の一般論としては困難な問題である。ある時期からの特別法においては、冒頭の一条にその法律の目的を書くことが行われている[75]。民法あるいは各編や各章冒頭の規定をそれにあてることも考えられなくはない。しかし、民法典の各制度ごとにそれを書くことには、立法技術上かなりの困難があり、規定としても煩雑であるように見える。むしろそれは、法典の起草者の解説や学者の著書などによってなされるべきものではないだろうか。

さらに、その「説明」が次のようなものであるとすれば、かなりの疑問がある。契約の「熟度論」につき、それは「合意原則」の「射程外」であるから、「熟度論」のいう「中間的合意」は「契約規範が基礎づけられる合意」ではなく、それを「契約」とはしないという帰結を導く[76]、というような説明であるならば、それは「わかりやすさ」とは離れてしまうのではないだろうか。

なお、「わかりやすさ」の例として、現行民法からは落とされている重要な原則を明文化することの必要性は、3で述べた。

これに関連するが、一般論としても、民法典はどの程度の詳しさのものであるべきか、という問題につき、穂積が「法典の文体」という章で詳細に扱っている。手続法は「細密の規定を要」し、行政法、商法は民法に比べればおのずから細密になるが、憲法、民法、刑法は「原則、副則、変則に止まりて成るべく細密に渉らざるを要す」と述べていることに留意する必要がある。これは、法典調査会における旧民法の修正の方針を定めた「法典調査ノ方針」（法典調査会総会決定）一一条にも規定されている。その理由は、社会の変化が「全く一変する」のでなければ改正する必要がないという利点があることで[77]、議会における穂積の提出理由説明の中でも、「時勢ノ変遷ニ伴フコト」ができると述べている。日本民法典の起草者は、具体的には判例による時代への適合を考えていたとされており、広中もこれを援用して、あまり広く、細かく検討しないほうがよいとする[78]。

これに対し能見は、「簡潔で抽象度が高く、判例で具体化しなければならない範囲が広い民法典がいいのかどうかがまさに問題」であるとし、「行動の指針となるような、行為規範となるような」民法典、「ルール自体が明確である民法典の必要性を説く[79]。内田も現行民法のように「素人にはやや不親切な条文のスタイル」を修正し、「一般市民が読んでわかる民法」を目指すものとする[80]。

両教授の見解には若干のニュアンスの違いがあるようにも見えるが、ほぼ同意見と考えてよいであろうか。筆者も基本的に賛成である。ある程度抽象的な議論をしておくことは必要だが、それにも限界があり、問題を意識しつつ、個々の制度・規定の検討の際に常に考えるほかはないであろう。現在の民法典よりは具体的に、しかしアメリカのリステイトメントほど詳細でない、という常識的な結論しかないのではないか。

(16) 前掲注（6）六三頁以下（広中俊雄発言）、六五頁以下（北川善太郎発言）、六六頁以下（星野発言）。
(17) ポルタリス〔野田良之訳〕・民法典序論（日本評論社、一九四七）。
(18) 穂積陳重・法典論（哲学書房、一八九〇）。
(19) 穂積・前掲注（18）第二編。
(20) 前掲注（6）七〇頁（山田卓生発言）。

(21) 前掲注(10)一三〇七号一〇三頁以下(内田発言)。
(22) 前掲注(6)七三頁(能見善久発言)。
(23) 森田修「〈民法典〉という問題の性格——債務法改正作業の『文脈化』のために」ジュリスト一三一九号(二〇〇六)三六~三八頁。
(24) 森田修『『新しい契約責任論』は新しいか——債権法改正作業の文脈化のために」ジュリスト一三二五号(二〇〇六)二一五頁。
(25) 大村敦志・民法総論(岩波書店、二〇〇一)第五章が簡潔にまとまっている。その他、同・法典・教育・民法学(有斐閣、一九九九)一〇五頁以下(初出一九九六)、二八五頁以下(初出一九九七)、二七四頁以下(初出一九九八)、同・生活民法入門——暮らしを支える法(東京大学出版会、二〇〇三)など。
(26) 穂積・前掲注(18)第五編第三章「法典の主義」。
(27) 前掲注(6)八一頁(加藤新太郎発言)。
(28) 山本敬三は、「原理の衡量」の必要性とその方法を問題にされている(公序良俗論の再構成〔有斐閣、二〇〇〇〕、「民法における動的システム論の検討——法的評価の構造と方法に関する序章的考察」法学論叢一三八巻一=二=三号〔一九九五〕その他)。
(29) ユーグ・フルシロン〔松川正毅訳〕「現代フランス家族法における自由、平等、博愛」ジュリスト一〇三一号(一九九三)、金山直樹「フランス契約法の最前線——連帯主義の動向をめぐって」判例タイムズ一一八三号(二〇〇五)。
(30) 星野・民法——財産法(放送大学教育振興会、一九九四)四一頁、同・民法のすすめ(岩波新書、一九九八)一五六頁以下など。
(31) ここに「連帯」の理念といっても、その意味が直ちに明瞭になるものではない。自由と平等のバランスをはかる理念という意味(自由、平等の理念よりもレベルの高いもの)と、自由、平等とは独立した一つの理念として、両者と同次元に並ぶ理念と見るかの違いもある。広く「連帯」が一九世紀のフランスにおいてどのようなコンテクストで用いられるに至ったかについては、工藤庸子・宗教vs.国家——フランス〈政教分離〉と市民の誕生(講談社現代新書、二〇〇七)一三三頁以下に鋭い説明があり、一筋縄では扱うことはできないことがわかる。
(32) 体系化の原理という観点からではあるが、森田・前掲注(23)三八頁が、「remedy アプローチ」と「process アプローチ」(本稿後述参照)につき、「条文の体裁の編成原理」としての体系についてのものであるか、「規範内容の原理的構造としての体系」についてのものかが必ずしも明確でない、としているのは、問題意識を筆者と共通にしているように思われる。同教授は、最近も「履行請求権か remedy approach か——債権法改正作業の文脈化のために」ジュリスト一三二九号(二〇〇七)八二頁を発表したが、それは「体系化原理」の比較とはっきり断っている。
(33) 星野・民法概論Ⅰ(良書普及会、一九七一)七七頁以下。
(34) 前掲注(10)一三〇七号一〇八頁(山本敬三発言)。
(35) 前掲注(10)一三〇七号一〇九頁(鎌田薫発言)、森田・前掲注(22)四〇頁。
(36) 前掲注(10)一三〇七号一一四頁以下(大村敦志発言)は、具体的な問題についてこのことを指摘している。
(37) 前掲注(6)八一頁(加藤新太郎発言)。
(38) 前掲注(34)。
(39) 中国契約法三条〜五条は、社会主義国ゆえの基本的相違があるはずだが、参考にすべきであろう。
(40) 前掲注(37)。
(41) 星野「条文にない民法の『原則』」法学教室一五二号(一九九三)一一頁(同・民法のもう一つの学び方〔有斐閣、二〇〇二〕第四講)。
(42) ローマ法に由来する考え方である(原田慶吉・ローマ法(上)〔有斐閣、一九四九〕[95]、マックス・カーザー〔柴田光蔵訳〕・ローマ私法概説〔創文社、一九七九〕一九四頁以下)。
(43) 同じくローマ法に由来する(原田・前掲注(42)[69]、カーザー・前掲注(42)二七三頁以下)。
(44) ドイツ民法典がこの原則を採用していることには異論がないが、これに対する再考の努力も行われている(ドイツについての学説史を中心とする詳細な研究は、赤松秀岳・物権・債権峻別論とその周辺——二〇世紀ドイツにおける展開を中心に〔成文堂、一九八九〕)。フランス民法(学)で区別のあることにも異論はないが、「峻別」とはしていないと見られる(特に物権法定主義をめぐる議論から示される。P. Malaurie et L. Aynès, *Les Biens*, Defreénois〔2004〕, n° 351 et s. に文献が詳しい)。星野〔渠涛訳〕「物権与債権」中日民商法研究第三巻(二〇〇三)(日本語版は未刊)は、日本の学説を簡単に紹介して、後者の考えを採ることを示す。

(45) 穂積・前掲注(18)第五編第二章。

(46) 前掲注(6)七三頁以下(能見発言)。

(47) 前掲注(10)一三〇八号一六二頁(中田裕康発言)。

(48) Convention on the Limitation Period in the internatinal Sale of Goods, Adopted June 14, 1974(CISG). ウィーン売買条約(Adopted April 19, 1980)の姉妹条約で同時に発効しているが(August1, 1988)、作業の開始と成立はそれより早いものである。

(49) 二〇〇五年九月二二日に、債務法(民法典一一〇一条~一三八六条)と時効の規定(同二二三四条~二二八一条)の改正草案が、Pierre CATALA を代表とする主として学者から成る作業グループによって司法大臣に提出されたものである。メンバーによるシンポジウムの記録が、Revue des contrats, 2006/1 に掲載されている。

(50) 結局ウィーン売買条約にとって代わられたが、一九六四年にハーグで成立した国際物品売買統一に関する法条約(ULIS)の姉妹条約として、マックス・プランク研究所が提出した「有体動産の国際売買契約の実質的妥当性に関する統一条約案(Der Entwuruf eines einheitliches Gesetz über die materielle Gültigkeit internationaler Kaufverträge über bewegliche Sachen)」。

(51) 前掲注(6)七一頁以下の商法学者清水巌の発言参照。

(52) 大村敦志「民法と民法典を考える」同・前掲注(25)法典・教育・民法学第一編(初出一九九六年)、星野・前掲注(5)一五頁、森田修「民法典と個別政策立法――〈支援された自律〉の概念によるエスキース」岩村正彦ほか編・岩波講座現代の法4政策と法(岩波書店、一九九八)、中田・前掲注(4)九九頁以下など。潮見佳男＝山本敬三＝森田宏樹編・特別法と民法法理(有斐閣、二〇〇六)も参照。

(53) 森田・前掲注(52)。

(54) 田中二郎「公法に於ける私法規定適用の限界」同・公法と私法（有斐閣、一九五五）（初出一九三五）、星野「民法の意義——民法典からの出発」同・民法論集第四巻（有斐閣、一九七八）（初出一九七五）。
(55) 大村・前掲注（52）、森田・前掲注（52）など。
(56) 穂積・前掲注（18）第五編第五章「法典の綱領」。
(57) 星野（丁相順訳）「民法典的体系問題」人大法律評論二〇〇三年巻（二〇〇三年三月に麗江で開催された中国民法典草案国際検討会における報告の中国語訳——日本語原文は近刊予定）、債務不履行と不法行為の関係についてだが、星野「民法の学び方」同・民法論集第九巻（有斐閣、一九九九）六五頁以下（初出一九九六）も参照。
(58) パンデクテン体系の功罪は、日本でもかなり問題とされつつある。簡単には、大村・前掲注（25）民法総論八頁以下。やや詳しく、古くから、北川善太郎「民法典と比較法」比較法研究五八号（一九九六年）、同「〈基調講演〉日本民法とドイツ法——比較法の視点から」民商法雑誌一三二巻四＝五号（二〇〇五）などのほか、赤松秀岳「近代パンデクテン体系の史的素描」同・一九世紀ドイツ私法学の実像（成文堂、一九九五）（初出一九九一）及び同書所収の諸論文が詳しい研究である。
(59) カンボジア王国法典草案（二〇〇三年）の編別は、総則、人、物権、債務、各種契約・不法行為等、債務担保、親族、相続、最終条項（付則にあたる）となっている（ICD NEWS第11号〔二〇〇三年〕による）。
(60) 前掲注（10）一三〇七号一一四頁以下の発言（大村敦志、鎌田薫、潮見佳男、道垣内弘人）、森田・前掲注（32）など。
(61) 「〔シンポジウム〕契約責任論の再構築」私法六九号（二〇〇七）。
(62) 前者は、法律制度をその効果の面から分解して考える方法を徹底したものと見ることができそうだが、制度や規定の理論的分析や解釈論としてはともかく、一般人にとってもわかりやすい立法という面からは問題があろう。
(63) 前掲注（61）四五頁以下（星野発言）。
(64) 大村・前掲注（25）。
(65) 多くの文献があるが、最近の大きなものとして、大塚直＝後藤巻則＝山野目章夫＝編著・要件事実論と民法学との対話（商事法務、二〇〇五）、「〔特集〕要件事実論の新しい展望」ジュリスト一二九〇号（二〇〇五）、笠井正俊ほか「〔シンポジウム〕要件事実論と民法学との対話」私法六八号（二〇〇六）、伊藤滋夫代表・要件事実の現在を考える（商事法務、二〇〇六）、

伊藤滋夫＝難波孝一編・民事要件事実講座第一巻要件事実の基礎理論（青林書院、二〇〇五）。

(66) 平井宜雄・法政策学（有斐閣、一九八七、第二版、一九九五）。

(67) 法と心理学会の機関誌「法と心理」（二〇〇一〜）がある。法心理学についての関心は刑法学者に強いようであり、民法学者の関心は薄いように見受けられる。

(68) 研究、翻訳は多いが、最近、小論だが文献も豊富に引用しつつ実定法学者にわかりやすいまとめをしている、細野敦「法解釈論と『法と経済学』の関係についての覚書――法解釈論と『法と経済学』の連続性と不連続性」法の支配一四四号（二〇〇七）二四頁が出たので、これのみ引用しておく。

(69) もともとは国際法学で発達した観念だが、最近では国内法についても論じられている。東京大学大学院法学政治学研究科二一世紀COEプログラムの雑誌「ソフトロー研究」のみ挙げておく。非法論については、北村一郎「〈非法〉(non-droit)の仮説をめぐって」星野古稀・日本民法学の形成と課題（上）（有斐閣、一九九六）。

(70) 穂積・前掲注（18）第五編第六章「法典の文体」。

(71) 前掲注（36）。

(72) Cécile Pérès, Avant-projet de réforme du droit des obligations et sources du droit, *Revue des contrats*, 2006/2, Chroniques, p. 281 et s.（最近、岡本雅弘ほか「〈座談会〉銀行取引から見た債権法改正の検討課題」金融法務事情一八〇〇号〔二〇〇七〕六頁が現れたのは、好ましいことである）。

(73) 前掲注（10）一三〇八号一六六頁（潮見佳男発言）。

(74) 前掲注（8）ジュリスト一二一四号五八頁（山本敬三発言）。

(75) 立法学についての文献も最近増加してきた。包括的なものとして、大森政輔＝鎌田薫編・立法学講義（商事法務、二〇〇六）、法制審議会の立法の実証的な研究として、盛岡多智男・基本法立法過程の研究――法務省・法制審議会の立案と政治の関わり（山梨学院大学行政研究センター、二〇〇五）を挙げておく。

(76) 前掲注（10）一三〇七号一二八頁（潮見発言）。

(77) 穂積・前掲注（18）一八八頁以下。

(78) 前掲注(6)六三頁(広中発言)。
(79) 前掲注(6)七四頁(能見発言)。
(80) 前掲注(10)一三〇七号一〇六頁(内田発言)。

四 民法典全面改正のプロセス

この点は、具体的な課題として、改正作業の人的・物的諸条件に係る点が多いので、以下には、ごく重要と考えられる項目を挙げて問題点を指摘するにとどめる。[81]

① 検討は、一方で、基礎固めとしてまず現行民法典から出発して、そのどこが維持されないか、維持すべきか、維持してよいか、ということから始めるのが適当であろう。これは、既に主張されていることである。「民法典……一〇〇年……の経験の積み重なり……を踏まえ」るべきことや、[82] 加藤判事から「従前の議論のうちで生かすべきは何か」という視点が不可欠であって、「過去、現在との連続と不連続を説得力ある形で示してほしい」という要望もされている。[83] 実際的でやりやすいという技術的理由もある。

② 他方で、思い切って自由に、各部分ないし全体につき新しい考え方があれば出して他の委員の検討にさらすのがよい。このように、いわば上と下から攻めていって、その出会う地点を見いだすのがバランスのとれた検討方法である。

③ 以上①②について、諸外国の立法(案)や、統一法条約(案)、統一契約条項などを十分に調査して参考にすべきこと、この際、それらをその背景となっている社会の要請や、思想との関係において理解すべきことは、最新のものに応接するために必要である。

④　実務界のほか一般社会人の要望や意見を求めることが、現代の基本法の立法に際して特に重要であることは、繰り返しておきたい。団体、個人を含め関係各界の意見を求めることは、法制審議会の伝統であった。もちろん、一部の特殊利益のみの声高な主張もあろうが、起草者の賢明さによってチェックできるはずである。

なお、最近多く見られる、パブリック・コメントと称してただホームページに掲載して意見を募るだけのやり方は、全国民に意見を求めるという形をとっているが、実際は形式的にすぎる。かつてのように一定の範囲の者には個々的に意見を求める方式を採るべきである。公聴会という方式も考えられるが、これも最近の事例で明らかになっているように、かなり疑問がある。

⑤　全国の民法学者や実務家から改正案を求めることが重要である。民法学も、一〇〇年の努力の結果、とりわけ第二次大戦後の発展は著しいものがある。研究者の数は飛躍的に増加し、優れた着想や、見解の分かれる点における斬新な議論が現れる可能性もある。多くの研究者・実務家に発言してもらい、それに対応しつつまとめてゆくことが現代の起草者の仕事であろう。

⑥　重複するようだが、日本私法学会のほか、比較法、法制史学、法社会学、法哲学その他の学会において検討の機会を持ってもらうことも望ましい。できればシンポジウムを計画してもらうのがよい。私法学会の検討は一回では足りないかもしれない。④⑤に述べたように、現代においては、検討の多方面への呼び掛けと応答に対する説明とからなるフィードバックが必要である。

しかし、ここで委員以外の学者・実務家に対しても望みたいことがある。見解の分かれる問題について、以上の手続を経て最終的に決定された後は、反対者ももはや自説に固執すべきでないということである。最終的には、立法機関の判断によるものであり、思想的、政治的な意見の相違はもう一度そこで調整される。ここで強調したいのは、研究者間、広く法律家間の感情的な内部分裂を厳に避けるべきことである。これまでの法律研究者・法律家にも原因の一端が帰せられるものだが、今日の日本において窺われる、法律家に対する不信をさらに根拠づけることがないよう、細心の注意を払う必要がある。(84)

⑦ 中間試案や法案（要綱）には、現行民法と対比し、これまでの判例・学説に応接し、参考にした外国法、国際条約（案）その他を引用した、簡潔な理由書を付ける。この際、出された諸意見への対応も行う。

⑧ 法案（要綱）は、法制審議会の検討を経て内閣提案の法案となるが、上記のプロセスがその十分な準備作業になるように配慮すべきことを繰り返しておく。

⑨ より具体的には、起草の中心となる委員のまわりに、これを補佐する委員・幹事、さらに資料について協力する相当数の委員・幹事を作業の中心とし、その他の民法学者と実務家の総力を結集し、広く他の領域の法学者のバック・アップのもとで改正案を作成することになる。穂積は、準備委員、起案委員、審査委員を置くこととその任務を示している（なお、穂積は、修正委員についても述べているが、これは法典発布後のことである。重要なことであるが、ここでの問題ではない。また、外国人委員についても論じているのは、当時の状況を示していて興味深い）。きわめて慎重なものであるが、当時の法典編纂が必ずしも穂積の述べたとおりにならなかったのは、ある意味では当然である。(85)

穂積の鋭い提言の趣旨を汲みつつ、一〇〇年を経て著しい進歩を示している判例・学説の成果を十分に生かして、デモクラシー社会である現代にふさわしい法典編纂のプロセスを工夫すべきである。しかしこれは、前述したように多くの人的・物的な資源を必要とする。その整備は担当行政庁の大きな仕事であるが、民法典全面改正は国家的な大事業であり、広く関係方面の理解とバックアップがなければ実現できないことを社会に訴えたい。

このようにして、民法典の全面改正は、種々の次元において、法学研究者ばかりでなく日本の法律家全体の力量、広くは文化国家日本の資質が問われる大事業であることを、すべての法律関係者が自覚しなければならない。

(81) 最近、金山直樹、小柳春一郎、七戸克彦、松尾弘、北居功による「法典調査会に学ぶ――債権法改正によせて（一）

(二・完)」と題する共同研究が発表されていることに注目すべきである(ジュリスト一三三一号・一三三三号〔二〇〇七〕)。
(82) 前掲注(8)ジュリスト一二二四号五六頁(中田裕康発言)。
(83) 前掲注(6)八二頁(加藤新太郎発言)。
(84) 星野英一「法科大学院における民法教育のあり方」法科大学院要件事実教育研究所報四号(二〇〇六)、前掲注(60)四七頁(星野発言)。
(85) 穂積・前掲注(18)第四編「法典編纂委員」。

〔後　記〕

本稿は、二〇〇六年六月一七日に中国南京大学において開催された中日民商法研究会第五回大会における報告の日本語原稿に手を入れたものである。渠涛氏による中国語訳が「中日民商法研究第六巻」(二〇〇七)に掲載されるが、日本の最近のトピックに関するものであり、民法(債権法)改正検討委員会による債権法の全面改正の準備作業が開始された現在、幾分の意味はあろうと考えて、ここに公表する次第である。報告時期の関係で、内容は今日では既に各所で論じられている部分が多く、引用文献もやや古いものがある。中国への原稿の締切は二〇〇七年一二月だったが、報告後の二〇〇六年一〇月から上記検討委員会における検討が開始され、これに関する重要な論文等が次々と現れたため、それらに応接しているうちに、中国への最終稿、つまり本稿の完成が大変遅れた。それにもかかわらず、むしろそれゆえに、本稿はそもそも題名が古く、内容その他の点で統一を欠くところの多いものとなったが、なお無意味にはなっていないと考えている。

ジュリスト一三三九号(二〇〇七年)

〔追記〕〔後記〕に述べられているように、渠涛教授による中国語訳があるが、表題は「関于《日本民法典》的全面修改」である。

なお、民法典の体系に関しては、著者に対するインタビュー記事が法時二〇〇九年六月号に掲載されていることを重ねて付記しておく。

フランス民法典の日本に与えた影響

一　はじめに
二　第一期（一八六七～一八九〇）——ほとんど専らフランス民法典が影響した時代
三　第二期（一八九〇～一九六五）——ドイツ民法典とドイツ民法学の支配的な影響
四　第三期（一九六五～現在）——民法学の大きな転換期

一　はじめに

フランス民法典の一〇〇年に際して、五来欣造弁護士による「フランス民法典の日本に与えた影響」と題する論文が『フランス民法典一〇〇年記念論文集』に発表された。それ以来一〇〇年の間に、数人の著者が、異なった方法により、異なった観点から同じ主題を扱っている。(1) 日本においても、法律家たちが、フランス民法典の一〇〇年と一五〇年を祝った。(2) 彼らは、『フランス民法典の二〇〇年』という書物を刊行してその二〇〇年を祝おうとしている（本書）。

今日において、どのようにこの問題を取り扱うべきであろうか。もちろん、一〇〇年の月日は、当時とは違った影響を生じさせているはずであり、新たな影響は同様の表題を持つ論稿の対象とするに値する。しかし、それだけで十分であろうか。今日においては、同じ主題をより深く扱い、主題を構成している各観念を分析することによってこの主題自体の意味についてより緻密に問うことが適当である。すなわち、誰（何）が影響を与えるのか。誰（何）が影響を受けるのか。ここでいう「影響」とは何を意味するのか。

まず、誰（何）が影響を与えるのか。「民法典」である。しかし、「民法典」とは何をいうのか。民法典の条文の文字なのか。明らかにそうではない。それらのテキストの意味である。それゆえ、「民法典」という言葉のもとに理解されるのは、判例・学説及び慣習であって、それらが「民法典」と呼ばれる統一体を構成するのである。

とりわけ、学説の役割はきわめて重要である。(3) なぜならば、一方で、テキストの意味を発見するのは学説であり、他方で、ある国の学説は直接に他の国の学説に影響を与えるからである。さらに別の観点もある。二つの面が考慮されなければならない。まず第一に、法典の理念と原理であり、次いで、法律技術、つまり、それらを実現する制度、観念、概念である。

次に、誰（何）が影響を受けるのか。日本である。しかしどの部分か。立法特に民法典であり、その理念とその法律技術である。しかしここでも、学説と判例を強調する必要がある。

最後に、「影響」とは何か。立法の例を見よう。もしもある国の立法者が他の国の民法典のある制度をモデルにしたならば、それは後者の法典の前者の法典に対する影響である。

しかし、二点を付け加える必要がある。まず、私はこの表現を、立法者や著者が他の国の制度や理論を真剣に学んだ後でそれらを採用しないか捨てた場合についても、用いることにする。この場合においては、結論だけを見るならば、影響は存在しない。しかし、そこに至る論証を見るならば、それは疑いもなく、立法者や著者の熟考に対して、かつそれを通して、その国の法律家に大きな影響を与えているのである。この現象をも「影響」と呼ぶことができる。さらに、ある国の法典の影響をはかるためには、他の国の法典の影響と比較する必要がある。日本について言うならば、ドイツ民法典の影響は常に大きかった。以上二つの観点を考慮することによって、フランス民法典の日本に対する影響をより精密な方法で分析することが期待できよう。

フランス民法典の影響という見地からは、日本民法の歴史を三つの時期に区分することができる。

（1） Gorai, “Influence du Code civil français sur le Japon”, in *Le Code civil. Livre du Centenaire*, Tome 2; N. Sugiyama, “Les transformations du Code civil japonais et l'influence du Droit français”, in *Ma mission en France*, 1936; M. Ishimoto, “L'influence de Code civil français sur le droit civil japonais”, *RIDC*, 1954-4; Y. Noda, *Introduction au droit japonais*, 1966; M. Matsukawa, Le voyage de Monsieur Boissonade, in P. Boucher, dir., *La révolution de la justice. Des lois du roi au droit moderne*, 1989; J. Robert, Rapport introductif; La circulation du modèle juridique français en Asie”, T. Yamaguchi, “Japon, Première partie”, T. Nomura, “Japon, Quatrième partie, Droit civil”, in *La circulation d'un modèle juridique français, Travaux de l'Association Henri Capitant*, Tome XLIV, 1993.

（2） 法理研究会編・仏蘭西民法百年紀念論集（一九〇五）（東大教授だった Louis BRAIDEL の仏文の講演〈和訳付き〉も収められている。日本語で書かれたものだが、題と目次がフランス語に訳されて載っている。次のとおり。“Le Centenaire du Code civil français. Discours prononcés devant la Société des études juridique de Tokyo, Société des Études juridiques”); 江川英文編・フランス民法の一五〇年（上）（有斐閣、一九五七）。

（3） 海老原明夫「法の継受と法学の継受（一）〜（三・完）」ジュリスト九九五号・九九七号・九九九号（一九九二）。著者は、この二つの現象の相違を強調している。

二 第一期（一八六七〜一八九〇）——ほとんど専らフランス民法典が影響した時代

(1) 日本民法典の誕生

明治維新、すなわち一八六七年に徳川幕府が権力を天皇に引き渡してから三年も経たない時に、民法典の編纂事業が開始されたことは、かなり驚くべき事実である。一八七〇年に、後に司法大臣になる江藤新平は民法典草案を検討するための委員会を太政官に設置して、箕作麟祥にフランス民法典を討論の基礎として翻訳することを命じた[4]。箕作は、一八六七年のパリ万国博覧会における幕府の使節団の一員であり、一八六九年に司法大臣の要請によってフランス刑法典の翻訳を始めていた者である。

江藤がフランス民法典を日本民法典のモデルと考えた理由は、まだ十分には明らかにされていない。ただ、江藤が刑法典の翻訳を見てフランスの諸法典の優秀性に感嘆したと想像することができよう。

法典編纂事業は変転なしに進行するわけにゆかなかった。法典編纂の責任者は代わり、幾つかの草案は失敗した。しかし、一八七二年（一一八四条を含む）と一八七八年（約一八〇〇条を含む）に、民法典の二つの草案ができあがっている。それらは、ほとんどフランス民法典の敷き写しであった。

種々の模索の後ついに、外国の一人の教授に民法典草案の作成を依頼することが決定された。ギュスターヴ・ボアソナードである。彼は法律顧問として日本に招かれ、既に刑法典と刑事訴訟法典との草案作成を委嘱されてその仕事を完成したところであった。ボアソナードの民法典草案とその運命についてはフランス語で書かれた多くの論稿があるので、簡単に概観するに止めよう。ただ、今日の日本においてボアソナードについての研究が非常に深められていることを指摘する必要がある。ボアソナード草案の編纂過程についての詳細な研究[5]と、ある法律雑誌の「ボワソナード民法典とは何か」と題して一一編の論文を収めた特集号が存在するなどである[6]（後出三(3)）。

起草事業は、ボアソナードにより作成された予備草案（Avant-projet）を基礎として進められた。ボアソナードは、その予備草案を大筋においてフランス民法典をモデルとして起草したが、その他の諸要素を加えた。フランスの判例、新しい特別法と学説、フランス民法典の後に公布された諸法典[7]、そして必ずしも多数説ではなかった彼自身の理論である。予備草案は、次々に管轄する官庁と名前を変えた委員会によって検討され、ついに法律として一八九〇年に公布された。その施行は一八九三年一月一日と定められた。ところが、その施行に対する非常に強い反対運動が生じ、日本社会と議会における激しい議論の後に、施行は一八九二年の議会の決議によって一八九六年まで延期された。諸法典の修正のための委員会（法典調査会）が一八九三年に設置された。その任務は、諸法典を研究して、民法典を修正することであった。民法典起草委員が任命された。東京帝国大学法学部の三人の教授である、穂積陳重（一八五五〜一九二六）、富井政章（一八五八〜一九三五）及び梅謙次郎（一八六〇〜一九一〇）であり、後の二名はリヨン大学において法学博士の学位を取得した者である。

委員会の第一回会議において、「法典調査ノ方針」が採用された。その第一条と理由書は、検討はボアソナード民法を基礎として行なうと述べている。但し、修正は根本的であることが了解であった。法典調査会は、多くの外国の立法、なかんずくドイツ民法第一及び第二草案を参考にした。原稿が穂積によって準備され、伊藤博文総理大臣が貴族院において口頭で説明した立法理由から、修正が全面的であることを理解することができる。

この修正が、日本民法典はドイツ民法典のコピーであるといえるほど根本的なものであるかという問題は、既に研究されている。答えは「否」である。フランス民法典の影響は、ドイツ民法典の影響と少なくとも同程度、あるいはそれ以上であると言うことができる。(8) 一人の教授は、日本民法典は「フランス法的体質のものでありながらドイツ法的衣をまとっている」とし、その性格は「混血児」であると書いている。(9) もう一人の教授は、「折衷的」という表現を用いている。(10)

(2) フランス民法典の諸原理は採用されたか――日本における民法典の編纂の目的

西欧民法の継受と共に、日本は近代法の諸原則の存在する法典を持つことになった。つまり、法的人格、自由、平等、強力な所有権、契約の自由などの原理である。

しかし、フランス民法典の精神、すなわちフランス革命の精神である、「平等、自由、意思の尊重理念を伴う個人主義」(11)は、その当時の日本人に十分理解されたであろうか。五来はかなり楽観的であり、「人々はフランス革命が極東の国に与えた大きな影響に驚くであろう」と述べている。しかし私は、むしろ悲観的である。(12) たしかに、日本は自由主義的市場経済を伴う資本主義国家になったので、上述した諸原則を含む近代法システムを採用することは不可避であった。しかし、ここで問われている問題はもう少し深いものである。つまり、日本人がそれらの諸原則の「精神」はフランス革命の精神であることを理解したか、という問題である。まず三人の起草者たちの思想を調べてみよう。富井と梅はこの点について語っていないように見える。穂積はイギリス、フランス、ドイツ三国法の基礎とする「思想」を比較した論文を書いている。彼によると、イギリスの法理念は主権者の意思の表現、フランスの法理論は自由平等な個人の集まって作った社会であって、主権の基礎はルソーの言うヴォロンテ・ジェネラールであり、ドイツの法思想の基礎は国家である、とする。彼はドイツ法の理念を好むと宣言し、社会の観念はわが国の国体の理念に合わないと言う[13]。

また、日仏両国の法典編纂の動機を比較する必要がある。もちろん、民法典の編纂には種々の動機がある。しかし日本においては、その目的は「国の富強」であった。江藤は次のように書いている。帝国主義の列強に対する日本国の独立が主たる関心事である。独立の基礎は富強である。富強の基礎は人民の生活の安定であり、人民に安定した生活を与えるためには、各人の権利義務を確実なものとする必要がある。人民の権利義務を確立し強化するのは民法である[14]。民法典の編纂の目的は「国の富強」であった。フランスにおいてはどうか。立憲議会による一七九〇年の司法制度に関する法律は次のように言っている。「民事諸法は立法者によって点検され改革されなければならない。そして、単純、明快で憲法に適合する一般法典が制定されるべきである[15]」。民法典は憲法、すなわち革命の精神に適合しなければならないものであった。ところが日本においては、一八九一年の憲法は絶対主義的傾向のものであった。これは著しく対照的である。国の富強の手段である民法典と、フランス革命の精神に適合する民法典なのだから。その時代の日本においては、穂積などのほかは最も知的な人々もこの点を理解することができなかったのである。まして、民法典が「国の最も権威ある constitution である[16]」ということは考えることもできなかった。

⑶ 特別法

特別法の幾つかは、フランス法の影響のもとにあると考えられている。例えば、法源を規定した司法制度に関する一八七五年六月八日の法律がある。その第三条は、民事事件においては、制定法が存在しない場合には慣習に従って、慣習が存在しない場合は条理と衡平に従って裁判すべきものと定めている。杉山直治郎によれば、この解決は日本の古い伝統に基づいているが、フランス民法典四条、五条及び一一三五条の影響とボアソナードの影響があると推測することもできるという[17]。

⑷ 判例

一八九八年の民法典施行までは、特別法の若干の規定を別にすると、民法の明文の規定は存在しなかった。慣習は不明確であった。その結果、日本の裁判官は、条理と衡平の名において、その受けた法学教育に応じて、フランス法又はイギリス法を適用した。その時代においては、フランス法を教える法学校と、イギリス法を教える法学校とが存在したからである。ボアソナード民法典が公布された時、より厳密に言うと裁判官がその草案を知った時から修正された民法典の公布までは、彼らはボアソナード民法典を適用した。この二つの場合に、裁判官はフランス民法典の規定を「書かれた理性（ratio scripta）」として適用したとも言われている[18]。この時代には、フランス民法典の影響が支配的であったと言えよう。フランス法によって教育されたある裁判官は、修正民法典が施行された後の一九〇五年においても、大審院では二九人の裁判官のうち一〇人がフランス民法典によって教育された者であったと述べている[19]。彼らは民法典の規定をフランス民法の理論に従って解釈したものと推測することができる。

(5) 学　説

ここでは、この時期にきわめて多くのフランス法律書の全部又は一部が日本語に翻訳されたことを指摘するに止める。若干の例を挙げよう。アコラス（Acollas）、ボードリー＝ラカンティヌリー（Beaudry-Lacantinerie）、ドゥモロンブ（Demolombe）、ユック（Huc）、マルカデ（Marcadé）、ムールロン（Mourlon）、ポール＝ポン（Paul-Pont）。

（4）箕作麟祥は、民法典の後、他のフランスの法典を翻訳している。憲法典、商法典、刑事訴訟法典、民事訴訟法典である。翻訳は、一定の部分の完成に応じて分冊として刊行された。最後の第四〇巻は、一八七四年に刊行された。翌年に、それらは『仏蘭西法律書』全二巻にまとめられた。最後に、全面的に改訂されて、一八八二年に刊行された。

（5）大久保泰甫＝高橋良彰・ボワソナード民法典の編纂（雄松堂出版、一九九九）。

（6）「特集・民法一〇〇年　ボワソナード民法典とは何か」法律時報七〇巻九号（一九九八）。

（7）Y. NODA, "Gustave Boissonade, comparatiste ignoré", in *Problèmes contemporains de droit comparé, Recueil d'études de droit comparé en commémoration du* 10e *anniversaire de la fondation de l'Institut japonais de droit com-*

paré, t. II, 1962.

(8) E. Hoshino, "L'héritage de G. Boissonade dans le Code civil et dans la doctrine du droit civil au Japon", *RIDC*, 1991–2 (in *Boissonade et la réception du droit français au Japon*, Société de la Législation Comparée, 1991)、「日本民法典及び日本民法学説におけるG・ボアソナードの遺産」加藤一郎古稀・現代社会と民法学の動向(下)(有斐閣、一九九二〔民法論集第八巻(一九九六)〕)。最近、若干の著者が、法典調査会委員の言葉を引用したり、日本民法典がパンデクテンシステムを採用したことを根拠として、この説に反対している。しかし、この反対は、あまり説得的なものでない。何故ならば、一方で、それらの言葉が語られた状況を十分に考慮に入れられていないこと、他方で、日本民法典の制度ごとの検討や条文ごとの検討の結論ではないからである。筆者は、僅かながらそのような検討をしている。厳密に言えば、最終的な結論に達するためには、長い細心な作業をする必要がある。

(9) 奥田昌道「日本における外国法の摂取——ドイツ法」岩波講座・現代法第一四巻「外国法と日本法」(一九六六)。

(10) Y. Noda, *supra* note 1, p. 59.

(11) J. Carbonnier, *Droit civil, Tome Premier, Institutions judiciaire et droit civil*, 1955, n° 48; do., *Droit civil*, 20 éd. 1991, *Introduction*, n° 72.

(12) しかし、五来欣造が平等の原理の浸透を強調した(注(1)引用文献)のは正当であった。何故ならば、日本の明治維新は、士農工商という身分制を廃止したからである。すべての人民は民法の前に平等となった。

(13) 穂積陳重「英仏独法律思想の基礎」法学協会雑誌二二巻(一八九九)(穂積陳重遺文集第二巻〔一九三二〕)。

(14) 江藤新平が一八七三年に司法卿を辞職した際に送った長文の書簡中の一節(この文章は多くの論稿に引用されている)。

(15) Décret 16–24 Août 1790 sur l'organisation judiciaire, Art. 19 (Duvergier, Tome Premier, 2 éd., p. 312 et s.).

(16) Demolombe, *Cours de Code napoléon, Tome I, De la publication*, [n° 17 (p. 16)], n° 156 (p. 156) ("…… la loi constitutionnelle de la société civile française."); J. Carbonnier, *Institutions*, n° 14; *Introduction*, no. 73; [R. David, *Le droit français*, Tome 1, p. 96]; Ph. Malaurie, *Droit civil, Introduction*, n° 100〔最近では、本稿のフランス語版が掲載された論文集に、Y. Gaudemet, Le Code civil, "Constitution civile en France"という題名の論文が収められている。また、北村一郎

「フランス民法典二〇〇年記念とヨーロッパの影」ジュリスト一二八一号（二〇〇四）九四頁注一三にも、この点の関係文献が挙げられている。この注も、同論文によって補充した所がある」。

(17) N. SUGIYAMA, *supra* note 1, p. 8; 井上正一「仏国民法の我国に及ぼしたる影響」法理研究会編・前掲注（2）六七頁。

(18) N. SUGIYAMA, *supra* note 1, p. 8 et s.

(19) 井上・前掲注（17）七四頁。

三　第二期（一八九〇〜一九六五）——ドイツ民法典とドイツ民法学の支配的な影響

この時代を二つの時期に分けることができる。ドイツの影響がほとんど他を排していた時期と、この影響が引き続いているがフランス民法典の一定の影響を許すような新傾向が現われた時期である。

(1)　ドイツ民法典とドイツ法学の、ほとんど他を排する影響（一八九〇〜一九二〇）

既に一八八〇年頃に、政治家や世論は、ドイツに向かっていた。この現象を示す幾つかの例を挙げよう。第一に、政治家たちは日本国家を共和的デモクラシーの上にではなく絶対君主制つまり「天皇制」の上に建設するという決定をした。そのために、当時最も有力な政治家だった伊藤博文はドイツに出掛けて学び、プロイセンのモデルに従って憲法を制定すべきだと考えた。第二に、当時法律家の最大のリーダーだった穂積陳重も同じ考えを持っており（前掲一(2)、科学と技術の領域におけるドイツの発展に感嘆していた。[20] 穂積とその他の教授たちは、若手法律家つまり有力な法学部の将来の教授たちをドイツに送った。かくてドイツが日本の国家や学問のモデルになったのである。

他方、当時のフランス法学が批判の的であったことに注意する必要がある。日本民法典の三人の起草者は、他の国における学習の後、ドイツに行って、講義に出席している。三人ともその時代のドイツ法学を高く評価している。ギールケ（Gierke）、イェリング（Jhering）、ヴィンドシャイド（Windscheid）などである。三人のうちの一人でリヨンにおいて法学士号（licence）と博士号（doctorat）を取得した富井は貴族院における演説の中で、当時のフランスの法学をかなり激しく批判し、フランス法学は今や「卑しい注釈」になっているとまで述べた。[21] 当時の状況を考慮に入れても、彼が後の一九三四年に日仏協会（Société franco-japonaise）の会長に任ぜられ、フランス好みとして知られていたことを合わせ考えると、ややショッキングな発言であり、真剣に検討されるに値する。なお富井は、その『民法原論』[22] によって民法学におけるドイツ学派の開祖と考えられている（後述三(4)）。

富井は比較法的傾向を持っていた。しかし彼によれば、教授たちは、日本民法典の制度と観念をドイツ民法典の体系とドイツの学説によって体系化する仕事をしていたという。反対の面からいうと、一方で、起草者の考えと編纂過程で行なわれた議論とを等閑視することであった。立法資料はほとんど援用されていない。一言でいうと、民法典を立法当時の状態で理解することの不十分さである。他方で、ドイツ民法の観念、概念、及び理論、一言でいえばドイツの「ドグマーティック」の輸入である。若干の例を挙げよう。日本民法典には存在しない債務不履行の三分類、「契約締結上の過失」の理論、債務引受、「合有」などである。その結果、この時代に日本民法の体系化とそこにある観念の説明は、ドイツ法のモデルに従ってできあがった。その後、民法の体系書や教科書のスタイルはこの体系に従った。この時代のドイツ法学の日本法学に対する影響は巨大なものであった。著名な民法学者の北川善太郎は、この現象を「学説継受」と呼んだ。[23] この現象を的確に表現しているこの言葉は、日本の民法学者によって頻繁に用いられている。

この時代のこの傾向を代表する学者は、岡松参太郎（京大教授、一八七一～一九二一）、川名兼四郎（東大教授、一八七五～一九一四）、石坂音四郎（京大ついで東大教授、一八七七～一九一七）、そしてなかんずく当時その学説が一般的に受け入れられていた鳩山秀夫（東大教授、一八八四～一九四六）である。但し、鳩山には既に新しい傾向が現われており、次の時代への移行を示している。

(2) 新しい理論の出現――前の時代の学説に対する激しい批判と、なお引き続くドイツのドグマーティックの影響（一九二一～一九六八）

一九二一年に、東京大学の教授でフランスとアメリカへの留学から帰ったばかりの末弘厳太郎（一八八八～一九五一）は、当時の民法学、特に石坂と鳩山の学問の傾向を激しく批判し、「日本の法律書はローカルな色彩を持つべきである」と論じた。そして以下の主張をする。外国の法典や書物に依拠して概念の正確さや体系の整合性を誇るのはよくない。とりわけ、ドイツの法典や学説をモデルにすべきではない。反対に、日本社会における生きた法を探求すべきである。これらの仕事を進めるためには、判例の研究と社会の実状の調査が必要である。(24) 一言でいうと、末弘は法社会学の価値と、ドイツ的スタイルの法解釈学の支配的地位の放棄とを強調した。彼自身は東京大学に民法判例研究会を組織し、(25) その著書『物権法』において多くの判例と実態調査の結果を引用した。

その宣言は民法学界にショックを与えた。鳩山は数年後に職を辞したが、その理由の大きなものは彼がこの批判にたいへん苦しんだことにあるように見える。鳩山の弟子の我妻栄は、この批判に応えて、法学の新しい道を切り開いた。彼は、鳩山の解釈学と末弘の批判とを総合しようとした。そのために、彼は二つの方向の研究を行ない、二つの系列の論著を残した。「資本主義と民法」という大研究と、体系書『民法講義』の執筆とである。前者の成果として、『近代法における債権の優越的地位』と題する論文を著した。これはいわば当時の経済史学と社会学の成果をもとにした近代私法の歴史であって、日本における民法学の金字塔をなす著書である。(26) 七巻に及ぶ（残念ながら完成を見なかった）『民法講義』（第一巻は一九三二年刊行）は、民法の各制度の経済的・社会的側面と、その経済的・社会的機能の叙述を含んでいる。各巻の序言にはその巻に扱われる制度の指導理念が述べられ、制度や規定の解釈はそれらの指導理念によって導かれている。その優れた価値によって、この体系書は今日においてもなお日本の法律家の基本的な体系書という評価を保っており、なお通説とされる部分も少なくない。

我妻は、その民法学方法論に関する論文において、民法学は三つの要素を含むと述べる。法が実現すべき理想の研究、法の社会現象の法律を中心とする研究、法律的構成の技術の研究である。[27] しかし彼は、民法典施行後の法学者の第一の仕事は、散在しているように見える諸制度と諸規定から出発して整合的な体系を構成することであると考えた。[28] 末弘でさえ、ある論文において、法的判断が法律的観点から正しいものであるためには、構成すなわち法律論理の体系を持たなければならないと書いている。彼は、この仕事を達成したのは、ドイツのパンデクテン学派の大きな功績であると述べる。[29] ここで注意すべきは、そこで言われている体系が、語の通常の意味におけるものでなく、「ドイツ式」体系だということである。

かくして、民法典施行後の日本の学説においては、規定の注釈という方法が支配的であったフランス[30]におけるものとは異なって、「ドイツ式」な形式論理を尊重する、体系的な概念的方法が支配的であった。法社会学の隆盛は、第二次世界大戦終了を待たなければならなかった。

(3) フランス民法典の影響

しかし、この時代のもう一つの面を眺める必要がある。それは、有名なアンリ・カピタン教授（Prof. Henri Capitant）が来日して幾つかの講演を行なった時代である。これは重要な事件であった。民法学者の間で強くなった比較法への傾向は、さらに重要である。この理由により、フランス民法はかなり頻繁に引用されるようになった。以下に若干の例を示す。

また、若干の私法学者が、民法の原理について意識し始めたことを指摘するのは有益であろう。我妻は先に引用した研究の一部をなす大論文[31]において、レオン・デュギー（Léon Duguit）の『私法変遷論』とアントン・メンガー（Anton Menger）の著書を引用して、「個人の所有及び活動の自由」を近代法の第一原則としている。田中耕太郎は、

「人間の意思の自治（l'autonomie de la volonté humaine）」ないし「私的自治（Privatautonomie）」を近代法特に民法の大原則とし、この原則はジャン＝ジャック・ルソーの著作、フランス大革命及び人権宣言に源を有すると説明している。[32] ここに、フランス法の指導理念の影響を見てとることができる。

しかし、より具体的な諸点を示すのがよいであろう。

第一に、日本の民法学者は、フランス民法学を参照して、日本民法典の解釈についての結論をそれによって正当化した。それ以前、多くの民法学者は、ドイツ法のように、物権行為の独立性と物権行為の原因からの無因性（abstrakte Natur der dingliche Geschäfte, Abstraktion von der causa）を認めていた。しかし末弘は、日本民法典が所有権の移転につきフランス・システムを採用していることを理由にその考え方を批判した。[33] その後支配的学説はこの批判に従った。我妻は、フランス民法一一四二条、一一四三条、一一四四条を参照しつつ、債務不履行の場合の債権者による間接強制（astreinte）の可能性を限定しようとした。我妻によれば、これらの規定は人間の人格の尊重の表現である。[34] 戒能通孝は精神的損害の賠償についての助手論文においてフランスの学説を参照し、[35] 川島武宜の契約責任と不法行為責任の関係についての助手論文はフランスに存在する学説を参考にして非競合説を主張した。[36]

第二に、日本民法の最もよい理論を形成するために、フランス民法を含む二つ、時には三つの外国法を研究している多くの優れた助手論文がある。筆者は必ずしもフランスの考え方を採用するとの結論をとってはいない。しかしその場合にも、フランス民法は詳細に検討されている。例えば、有泉亨の不法原因給付についての助手論文（日本民法七〇八条）、[37] 来栖三郎の共同相続人による相続財産の共有（フランスにおける indivision に対応）についての助手論文などである。[38] さらに、磯村哲のフランス民法における不当利得についての論文を挙げることができよう。それは不当利得についての大きなモノグラフィーの一部となるべきものであった。[39]

第三に、一九一六年にフランス法の講座が日本人の教授によって占められた後は、フランス民法典の諸制度の紹介が盛んになった。最初の教授は杉山直治郎であった。その後継者である福井勇二郎は、営業財産質(nantissement de fonds de commerce)についての助手論文を発表した。[40] 彼はその他、フランスの著名な教授たちの著書や論文を紹介し、[41] 当時の日仏会館館長たち、つまりレオン・ジュリオ・ド・ラ・モランディエール(Léon Julliot de la Morandière)、レオン・マゾー(Léon Mazeaud)、フレデリック・ジュオン・デ・ロングレー(Frédéric Joüon des Longrais)が日本でした講演を幾つか翻訳した。それらは一九四三年に発行されてよく読まれた著書にまとめられている。[42] その後継者である野田良之は、フランスにおける責任保険についての助手論文を書き、[43] 自動車事故責任法を紹介した。[44] 他に彼が、レイモン・サレーユ(Raymond Saleilles)とフランソワ・ジェニー(François Gény)について発表した論文は関連論文と共に一本にまとめられているが、これまたよく読まれた。[45] ここでさらに、日本を訪れたアンリ・カピタン(Henri Capitant)の講演の翻訳が一冊にまとめられて発行され、[46] ジュリオ・ド・ラ・モランディエールの講演も同様にして公刊されたこと[47]を付け加えておく必要があろう。

第四に、フランスで生まれた理論や学説が輸入され採り入れられた。この時代にフランスとドイツにおいて新しい理論が生まれたことはよく知られている。外国の新理論に敏感な日本の法学者は、それらを学び紹介した。例えば杉山は、今日日本の法学界で頻繁に用いられている「附合契約」の観念を導入した。[48] しかし、既に二〇世紀の初めからフランスの新しい傾向の著者を紹介したのは、牧野英一[49]である。例えば、デュギー(Duguit)、[50] ジェニー(Gény)、サレーユ(Saleilles)、[51] ラベ(Labbé)、ランベール(Lambert)等々である。もっと具体的には、彼は一九〇四年に権利濫用理論を紹介し、絶えずこの理論の意義を力説し続けた。彼は、繰り返し民法のあらゆる領域を支配すべき「信義誠実の理論」の価値を力説した。[52] 彼はまた、ジェニーに依拠して「科学的自由探求」の方法を紹介した。[53] いわゆる「社会法」の思想の紹介も絶えずなされている。

一言でいうとこの時代は、二つの顔を持った時代であった。一方で、民法典の解釈と体系化はドイツ法ないしドイツ法学を範形として遂行された。しかし他方、新しい傾向、すなわち社会的ないし社会学的傾向と、比較法的傾向とがますます強くなってきた。我妻の目的はこの二つの面を総合することにもあった。その業績は驚くべきものである。その他の民法学者は、この二つの道の一つを求めるほかなかった。ただ、前者が支配的であった。

(4) 第二次世界大戦

戦争もこの状況を変えなかった。幸いなことに、民法の教授のほとんど全員が自由主義的傾向の持主であった。彼らは、国粋主義でも軍国主義でもない将来の時代を準備していた。例として、川島はこの時期を法社会学の読書に費やしていた。ヘーゲル、マルクス、マックス・ウェーバー、特にオイゲン・エールリッヒである。さらに彼は、農山漁村の実態調査を行なう学生のグループを組織した。これが戦後の法社会学の発展の端緒であった。戦争中に近代民法の原則の研究がかなり進んだことを付け加える必要がある。川島と来栖とは、この問題を論文の中で取り扱った。この研究に従事するときには、フランス民法典の原則に触れることは不可欠であった。[54]

敗戦の後、著名な教授の何人かは、民法典第四編（親族法）と第五編（相続法）の全面改正に非常に忙しかった。他にも日本の再建のためになすべき多くのことがあった。民法学者を含み、学者の間では法社会学が盛んになった。比較法への傾向は常に存在し、当時は少なかった助手・博士論文の中に、フランス法にあてられた部分を看取することができる。[55] しかし全体としては、民法学が活力を失っていた時期であった。ドイツ的解釈論の傾向は絶えることなく存在した。

(20) 穂積は、その他の理由としてドイツ民法典は新しい民法典であることを挙げる。穂積のこの考え方は、彼がスペンサーの影響を受けた進化論者であり、『法律進化論』と題する三冊の大著（未完成である。岩波書店、一九二四）があることから、容易に理解することができる。

(21) 富井政章は旧民法の施行延期派に属した——これは当時においては例外的な現象である。

(22) 本書は未完であり、以下の三巻が出版されている。『総論（上）（下）』（一九〇三、一九〇四）、『物権（上）（下）』（一九〇六、一九一四）、『債権総論（上）』（一九二九）。

(23) 北川善太郎・日本法学の歴史と理論——民法学を中心として（日本評論社、一九六八）; do., *Rezeption und Fortbildung des europäischen Zivilrechts in Japan*, Arbeiten zur Rechtsvergleichung, Bd. 45, 1970.

(24) 末弘厳太郎・物権法上巻（有斐閣、一九二一）の自序。

(25) この研究会（現・民事法判例研究会）はずっと続いており、現在も週一回行なわれている。

(26) 我妻栄・近代法における債権の優越的地位（有斐閣、一九五三）は、この論文と、関連する二つの論文、及び私法の方法論についての論文を収めている。これらの論文は、筆者の知る限り、韓国語と中国語に翻訳されている。筆者の知る範囲では、これほどの見事な著述は欧米諸国にも見られない。

(27) 我妻栄「私法の方法論に関する一考察（一）〜（三・完）」法学協会雑誌四四巻六号・七号・一〇号（一九二六）（同・前掲注（26））。

(28) この文章は、我妻の小品に何度か現われている。例えば、我妻栄・民法と五〇年（随想拾遺）（有斐閣、一九七六）一二八頁、一三六頁。

(29) 末弘厳太郎「日本民法学生成時代の回顧——特に川名兼四郎教授について」東京帝国大学編・東京帝国大学学術大鑑（法学部・経済学部）（一九四二）。

(30) L. Husson と Ph. Rémy の論文以来、今日では注釈学派の見方が変化したように見える（J. -L. Halpérin, *Histoire du droit privé français depuis 1804*, PUF, 1996, p. 80 et s.）。富井による前述した激しい批判の理由の一つは、条文の順序で講義をする当時のやり方にあったように思われる。

(31) 我妻・前掲注（26）書二六〇頁以下（我妻が依拠している書物は、A. Menger, *Das bürgerliche Recht und die besitzlosen Volksklassen*, 5 Aufl. 1927 である）。五来（注（1）引用文献）と対比されることは、我妻が「自由」を指摘している点である。第二次世界大戦後に我妻は「自由と平等」を民法の指導理念として挙げた（「民主主義の私法原理」尾高朝雄ほか・民主主義の法律原理（有斐閣、一九四九））。私にはこの対照がたいへん興味深く思われる。

（32） 田中耕太郎・法律学概論（一九二八）、第四編第二章第二節「民法」（本書には幾つかの版がある）。
（33） 末弘・前掲注（24）六三頁以下。
（34） 我妻栄・民法講義（四）債権総論（岩波書店、新訂版、一九六四）〔一一五〕。
（35） 戒能通孝「不法行為に於ける無形損害の賠償請求権（一）（二・完）」法学協会雑誌五〇巻二号・三号（一九三二）。
（36） 川島武宜「契約不履行と不法行為の関係について——請求権競合論に関する一考察（一）〜（三・完）」法学協会雑誌五二巻一号〜三号（一九三四）。著者は、基本的な文献として、フランスの二つのテーズを引用している。Brun, 1931 と Van Ryn, 1933 である。
（37） 有泉亨「不法原因給付について」法学協会雑誌五三巻二号〜四号（一九三五（一）〜（三・完））。
（38） 来栖三郎「共同相続財産に就いて（一）〜（四・完）」法学協会雑誌五六巻二号・三号・五号・六号（一九三八）。
（39） 磯村哲「仏法理論に於ける不当利得法の形成（一）（二・完）」法学論叢五二巻三号・四号（一九四六）。
（40） 福井勇二郎「仏法に於ける『営業質』に就いて（一）〜（三・完）」法学協会雑誌五一巻二号〜四号（一九三三）。
（41） 一例を挙げると、「注釈学派」の名は、Eugène GAUDEMET, *L'interprétation du Code civil en France depuis 1804* の抄訳（注42）所掲書）のおかげで、既によく知られていた。
（42） 福井勇二郎編訳・仏蘭西法学の諸相（日本評論社、一九四三）。
（43） 野田良之「フランスの責任保険法（一）〜（四・完）」法学協会雑誌五六巻一号〜四号（一九三八）。
（44） 野田良之「自動車事故に関するフランスの民事責任法（一）〜（三・完）」法学協会雑誌五七巻二号〜四号（一九三九）。
（45） 野田良之・法における歴史と理念（東京大学出版部、一九五一）。
（46） 日仏文化新第二輯（一九三二）（同誌の誌名と目次のフランス語訳が付けられている〈誌名等は以下のとおり。*La culture Franco-Japonaise*, n° II, Conférences données au Japon par le professeur Capitant, Publication de la Maison Franco-Japonaise〉）（日本語に翻訳された八編の講演が収められている）。
（47） ジュリオ・ド・ラ・モランディエール・現代法の諸問題（日仏会館、一九三八）（フランス語の表題、若槻礼次郎による序文、山田三良と杉山直治郎による目次のフランス語訳が付けられている〈表題等は以下のとおり。*Les problèmes ju-*

ridiques contemporains. Conférences prononcées au Japon 1933–1936 par Léon Julliot de la Morandière, Association japonaise des juristes de langue française et Maison franco-japonaise〉）。

(48) 杉山直治郎「附合契約の観念に就て（一）〜（五・完）」法学協会雑誌四二巻七号〜九号・一一号・一二号（一九二四）（同・法源と解釈〈有斐閣、一九五七〉）（この著書は、デュギー、サレーユ、H・カピタン、ジェニーについての幾つかの論文をも収めている）。

(49) 東京大学教授（一八七八〜一九七〇）。刑法学者であるが、民法に関する多くの論稿がある。それらは、多くの論文集に収められている。特に『民法の基本問題』五冊と『外編　民法の基本問題』五冊（計一〇冊）（一九二四〜四一）。

(50) 私法変遷論（*Les transformations générales du Droit privé depuis le Code Napoléon*）の第二版は一九二五年に日本語に翻訳されている（西島弥太郎による）。

(51) 牧野英一「権利の濫用」法学協会雑誌二二巻六号（一九〇四）（同・法律における進化と進歩〈一九二四〉）。

(52) 牧野英一「信義則の三つの見方」（一九三〇）。これは、GORPHE, *Le principe de la bonne foi*, 1928 の紹介である。その後、彼はこの主題について幾つかの論稿を書いた。それらは『民法の基本問題』第四編（一九三六）に収められている。信義誠実の原則については、鳩山秀夫が既に一九二四年に長編の論文を書いていた（「論説　債権法に於ける信義誠実の原則（一）〜（五・完）」法学協会雑誌四二巻一号・二号・五号・七号・八号〈同・債権法における信義誠実の原則〈有斐閣、一九五五〉〉）。それは牧野の論稿と異なり、解釈論の論文であり、ドイツの論著を参照していた。

(53) ジェニーとサレーユは、日本の法学者によって既に紹介されていた。例えば比較法制史学者の中田薫（東京大学教授。一八七七〜一九六七）は、「仏蘭西ニ於ケル自由法説」法学協会雑誌三一巻一号（一九一三）（同・法制史論集第四巻〈岩波書店、一九六四〉）という論文を書いており、「自由法学（Freirechtslehre）」に対する賛否の議論が行なわれていた（中田はこの立場を支持すると言っている）。

(54) 川島武宜「経済統制法と民法」国家学会雑誌五七巻一号（一九四三）（同・川島武宜著作集第一巻〈岩波書店、一九八二〉）、来栖三郎「民法における財産法と身分法（一）〜（三）」法学協会雑誌六〇巻一一号、六一巻二号・三号（一九四二〜四三）（同・来栖三郎著作集Ⅰ〈信山社、二〇〇四〉）。

(55) 例えば、鈴木禄彌「抵当権に基く物上代位制度について(一)(二・完)」民商法雑誌二五巻四号・六号(一九五〇)、五十嵐清「遺留分制度の比較法的研究(一)〜(三・完)」法学協会雑誌六八巻五号、六九巻二号・三号(一九五〇〜五一)、松坂佐一・債権者代位権の研究(有斐閣、一九五〇)。

四　第三期(一九六五〜現在)——民法学の大きな転換期

(1)「神話」の批判

一九六五年に、「日本民法典に与えたフランス民法典の影響」と題する論文が大きな反響を呼んだ。これは、一九六二年に開催された日仏法学会第三回大会で行なわれた講演の原稿である。この論文において、私は、日本民法典は編纂作業の際にドイツ民法典の第一及び第二草案をモデルとしたから、多かれ少なかれドイツ民法典のコピーであるとする通説を批判した。明治時代の法律家の発言の幾つかを引用した後、次の事実を指摘した。一方で、日本民法典の中にドイツ民法典に存在しない多くの制度が存在し、その多くはフランス民法典に由来すること、他方で、日本民法典の中にドイツ民法典に独特の制度はごく少ないことである。そして民法第一条から第八八条の各条文を検討して、フランス民法典の影響はドイツ民法典の影響と少なくとも同様に重要であり、あるいはより重要でさえあるとの結論を述べた[56]。私は、日本民法典の源泉に遡る研究の重要性を強調した。例えば、民法典起草の過程における議論の研究である。ある規定又は制度がボアソナード民法典に源を有するならばボアソナードによるその注釈書の研究、ボアソナードがフランス民法典の解決を採用している場合はフランスの学説の研究である。私は、これらの研究は二つの利益をもたらすと主張した。民法典の理解に不可欠なそのアイデンティティの発見と、制度や規定の解釈の基礎的な要素である、それらの正確な理解である[57]。

この論文は民法学界に大きな影響を与えたように見受けられる。何人かの人が、それに衝撃を受けたと私に語った。この論文の発表後、民法学者特に若手学者は、それ以前よりもフランス民法典に関心を持つようになった。フランスに留学する若い学者の数が次第に増えてきた。民法学界の傾向が変わった。要するに、彼らは日本民法典の源に重点を置くようになったのである。この傾向は二つの方向に表われた。フランス民法典の研究と日本民法典の源の探求とである。以下に若干の例を挙げる。

(2) フランス民法典の研究

種々の型を区別することができる。もっともその分類は厳密なものではない。

(a) フランス民法典の検討を主とするもの

この時期には、日本の若手民法学者によって書かれたフランス民法の検討に多くの部分を割く助手・博士論文その他の論稿の数が増えた。その例を挙げよう。不動産公示制度についての星野のもの[58]、相続と家族法についての稲本洋之助のもの[59]、不動産所有権の移転についての滝沢聿代のもの[60]、農地賃貸借についての原田純孝のもの[61]、住居賃貸借と社会的住宅についての吉田克己のもの[62]、不動産売買契約の成立と所有権移転についての横山美夏のもの[63]、不動産賃貸借についての小柳春一郎のもの[64]、時効についての金山直樹のもの[65]、家族共同財産についての高橋朋子のもの[66]などである。徒弟時代を戦時期に過ごした古い世代に属する山本桂一教授の諸業績を忘れてはならない[67]。この部分の最後に、民法学者の一人がフランス生活の経験から社交法の体系化を試みたこと[68]、同じ学者がブールデュー（Bourdieu）とデリダ（Derrida）の法哲学の研究を始めたことを特筆する必要がある[69]。

(b) 日本民法の問題を扱う論稿におけるフランス民法典の参照

前の時期と同様、常にフランス民法典が参照されていた。しかし、フランス民法典を参照する助手・博士論文と論文の数は増加した。かくてフランス民法の検討が重要な位置を占めるものが多く、豊富になった。若干の例を引用しよう。連帯債務と全部義務（obligation in solidum）についての淡路剛久のもの(70)、不動産附合についての瀬川信久のもの(71)、抵当権と賃貸借の関係についての内田貴のもの(72)、債権譲渡についての池田真朗のもの(73)、離婚給付についての水野紀子のもの(74)、買主の倒産における売主の保護についての道垣内弘人のもの(75)、公序良俗についての大村敦志のもの(76)、債権者取消権についての佐藤岩昭のもの(77)、継続的売買契約の解消についての中田裕康のもの(78)、売買における瑕疵担保についての森田宏樹のもの(79)、強制履行についての森田修のもの(80)、契約交渉の破棄責任についての池田清治のもの(81)、契約譲渡についての野澤正充のものなどである(82)。同じく、結果債務と手段債務の分類とこれを日本民法に導入することの相当性についての森田宏樹の著書(83)を挙げよう。

これらの論稿の著者はフランス法にそのまま従うのではなく、自己の結論を種々の要素を考慮したうえで導いているのだが、池田真朗の論文の書評において、同論文が立法者の考え方に過度の重要性を置いているとするものが現われた(84)。池田は直ちにこの批判に反論して、批判された方法は自分のものではなく、自分にとって立法者の考え方の探求、つまり法律のテキストの当初の精神の確定は、よい解釈のために不可欠であるが、諸要素の中の一つに止まるものである、と述べた(85)。他の学者も議論に参加し(86)、その間で論争が行なわれた。しかしここで興味あるのは、この論争が後に説明する新しい傾向に対する反流の存在することを示した点である（後述(5)）。

(c)　フランス民法典の諸原理の研究

フランス民法典の諸原理の研究は絶えず進んでいる。私のものだが、三つのタイプの研究を挙げておく。

第一は、近代民法の原理は何か、という探求である。これは、戦後の日本の民法学者、特に若手学者が大いに関心を持った問題の一つである。最初に、マルクシズムの傾向が支配的であり、民法はカール・マルクスの用いた意味における「市民社会」の法であるとされた。しかし最近では、近代民法を種々の観点からより精密に観察する分析が現われている。論者は、民法は多くの面を持つと言う。日常生活の法、市場経済の基礎法、「市民社会」(87)の構築と活動に奉仕する法、及び他の新しい諸法のモデルとなる制度と法律用語を持っている法である[88]。

第二に、フランスで用いられている「意思自治の原則（principe de l'autonomie de la volonté）」とドイツで用いられている「私的自治の原則（Privatautonomie）」の相違を検討する論文が現われた。日本では、両者は区別なしに用いられているが、私は違いがあるか否かを明らかにしようとした。答えは「相違がある」ということであった[89]。

第三に、民法と憲法の関係も今日の憲法学者と民法学者の間における議論の対象である。一方は、人権についての規定を含む憲法典は最高法規であって、直接に私人に対し、あるいは法律を介して間接的に私人間に適用されるとする。民法はケルゼンの言う規範のヒエラルヒアにおいて憲法典の下にある法律である[90]。他方は、民法典は形式的な観点からは憲法典の下にあるが、人権を認めている民法典の規定又は原理の価値は、憲法の規定と全く同等であるとする。この見地からは、憲法典の価値と民法典の価値は同等である。ドゥモロンブ（Ch. Demolombe）、カルボニエ（Jean Carbonnier）、ルネ・ダヴィド（René David）、マローリー（Philippe Malaurie）の述べているように、憲法典が国家の constitution であるのと同様に民法は社会の constitution である[91]。

この三つの場合において、日本の民法学者の思想におけるフランス法の影響を容易に見てとることができる。

このようにして、フランス民法の研究は今日の日本において、量的にも質的にも著しく進んできた。

(3)　立法時における日本民法典の姿の多方面からする研究

日本民法典の諸制度と諸規定の立法時における意味を確定するためにその源泉に遡る研究は、大きく進歩した。

(a)　ボアソナード民法典及びボアソナードについての研究

一方、ボアソナードについての研究は量的にも質的にも進んでいる。ボアソナード研究グループが組織された。そのメンバーは、貴重な書物を編集して刊行した。先に引用した大久保泰甫と高橋良彰の著書[92]は、類例のない業績である。一九九八年に、このグループは『ボワソナード民法典資料大全』の編纂を開始した。第一期二六冊は既に完成した。約二〇冊を含む第二期が刊行中である。[93] これは、まことに大きな仕事である。

ボアソナード民法典中の個々の問題についての研究は、大いに進んだ。その一部にこのような問題を扱った論著の他に、例えば抵当権についての藤原明久の諸論文[94]を挙げることができる。

さらに、不動産所有権移転に関するボアソナードの考え方についての研究と論争について付け加える必要がある。[95] ボアソナードの同時代のフランスの学者の議論までもが、相当数の研究の対象になっているのである。

ボアソナードの全体像についての研究が現われた。一部は既に触れたが（注（8）引用文献）、詳言すると、次のものがある。大久保泰甫の『ボワソナアド』と題された、小著であるが精緻な書物が一九七七年に刊行された。[96] さらに『ボワソナードとフランス法の日本における継受（Boissonade et la réception du droit français au Japon）』という著書[97]がフランスで刊行されたことは大変重要な事件である。これは、パリ第二大学において開催されたシンポジウムの成果であり、講演者のうち二人がフランスの学者である。[98] 法律雑誌の「法律時報」のボアソナードについての特集の発行も付け加える必要がある。そこには、この優れた人物についての一一編の論文が含まれている。[99]

(b)　ボアソナード民法典の修正（法典調査会）に関する研究

他方、法典調査会におけるボアソナード民法典の修正の過程についての研究と、ボアソナード以前の時代（明治時代初期）の日本の法状態（立法、判決）の研究が、まだ十分とは言えないにしても、著しく発展した。京都大学の前田達明を中心とするグループによる、民法第三編債権編（約四〇〇条）第一章「総則」に関する、法典調査会の議事録についての、一〇年を費やした共同研究を特記する必要がある。このグループは、調査会における議論を条文ごとに検討して要約し、各条の箇所に引用されている外国法を翻訳している。[100] これは研究の基礎資料として貴重なものである。その他、江藤新平の役割を再検討して新しい説を提示した、坂本慶一の書物[101]を挙げておきたい。

全体として今日では、論文特に助手・博士論文はまず日本民法典の源を多面的な見地から検討すべきであるというのが日本の民法学者の支配的な考えである。この研究を進める際には、多くの場合にフランス民法に触れざるをえない。また、フランス民法の種々の制度が民法の助手・博士論文において詳細に研究されている。

(4) 比較法の方法論へ

法典の源の研究の価値は何か。(2)(b)に述べた論争は、日本民法典の解釈における比較法の利用という問題を提起した。森田修は、この論争、より一般的に日本民法学の歴史を、外国法への引照という観点から分析するための方法を見いだそうと試みた。彼は、三つの分析道具を提示したが、その一つはここに示す価値がある。彼は論者によって用いられた論法を三種に分類した。第一の論法は、その結論を制度又は規定の源を引用して直接に引き出すものである。A条がその源をX法に持つときに、その規定の解釈をX法によって正当化するものである。これは、かつてドイツ学派の民法学者によって用いられ、今日においてもフランス学派の若干の学者によって用いられている、不適当な論法である。第二の論法は、B条はY法に由来するのに、その解釈の結論又はその説明をその源でないX法を引用することによって基礎づけることは適当でないとする。これは第二期の民法学者のやり方である(「学説継受」)。その不適当である理由は容易に理解することができる。B条はその源をX法に有しないから、X法の結論を他の点を考慮することなく直接に採用することは避けるべきだからである。第三の論法は、ある規定を解釈し又はある制度を説明するために決定的な点は、規定又は制度の源でなく現在の状況を考慮に入れることであるとする。どの結論が最も正しく、現在の時代に最も適合するかを探求すべきである、と言う。この理論を適用して、森田は自分の論文を含む幾つかの論文を分析した。[102]

確かなことは、ある条文又はある制度の源の探求は、その条文又は制度の意味をよりよく理解するために不可欠だということである。しかしそれは、その条文の最上の解釈又はその制度の最上の理解のために考慮されるべき諸要素の、重要ではあるが一つにすぎない。第二次世界大戦の後に、考慮されるべき決定的な要素が何であるかが、民法学者の間で激しい議論の対象となっている。[103]

おそらく私は、森田修の分析とそこで提起されている問題を明快に説明することに成功していないであろう。しかし、仮にそれを私が説明できたとしても、母法国の法律家にとっては、その分析がどんな役に立つのかを理解することは難しいであろう。それが外国法を継受した国の法律学の避けられない運命である。[104] しかし、私は、一見煩雑に見えるであろうこの方法又は分析が比較法の実際の価値を論議するために役立つものと信じている。

(5) 反流か、平行する流れか、収斂に向う歩みか?

フランス学派とドイツ学派の間の論争の後、[105] ドイツ法を学んだ民法学者も日本の学説の源を探求することの必要性を意識した。三つの例が引用に値する。

まず、民法七〇九条の源についての対立があった。一方は、この条文が「単一主義[106] (single-rule approach)」を採っているから源をフランス民法典一三八二条に持つとするが、他方は、「他人の権利を侵害した」という言葉が挿入されていることは、この条文がその源をドイツ民法典に持つことを意味すると言う。日本民法七〇九条がフランス民法一三八二条と異なっていることは確かである。起草者たちの説明もあまり明快ではない。それゆえ、法典調査会における議論と起草者たちの説明をさらに深く検討する必要がある。

第二に、フランス民法典にも日本民法典にも存在しないが日本の学説に導入された制度の研究を始めた民法学者たちがある。[107]

第三に、非常に重要な現象がある。私の知る限りで少なくとも一人の民法学者が、民法学の研究のために、まずドイツに留学し、次いでフランスに留学している。[108] 彼は、これら二つの法の間の相違は一般に考えられているほど大きくはなく、機能的比較法が必要であるとしている。

全体としては、ドイツ学派に属する民法学者がフランス学派に属する民法学者より多い。その理由は必ずしも明らかではない。戦後に法学部の増加によって民法学者の数が増加しているのにもかかわらず。その理由の一つは、ドイツ民法学はパンデクテン法学のドグマーティックの伝統ゆえに大変細かく、若い民法学者がそれに依拠して自己の学説を立てやすいことであろう。また日本においてはドイツ語の教員がフランス語の教員よりずっと多く、ドイツ語のクラスが多いことも一つの理由かもしれない。[109]

いずれにせよ、第一期以来の比較法を尊重する伝統と、第二期以来の法社会学尊重の伝統と、第三期において既に四〇年を経ている歴史と哲学の尊重の伝統により、日本の民法学者は開かれた精神を持ち続けている。日本の民法学の現在の傾向は、視点が豊富で、法律の解釈において非常に柔軟なことである。一方において自国を含め各国法を相対化して眺めること、他方において共通ないし普遍的な要素の探求が日本の民法学者の関心事である。[110]

(6) フランス民法学の二つの傾向ないし流れ？

この「フランス民法典のルネッサンス」の時期の概説の最後に、フランスにおける民法学に二つの流れがあるのではないかという疑問を呈したい。一方は歴史、哲学、社会現象に重点を置くもの、他方はドグマティークの構成と法体系に重点を置くものである。[111] フランスに留学した日本の民法学者が二つのグループ、つまり前者の流れに影響を受けた者と後者の流れに影響を受けた者に分かれていることを指摘する必要がある。このことは単に日本民法学自体の流れの反映にすぎないのかもしれない。今日フランスで学ぶ若手民法学者は、よりドグマティークで体系化の流れの影響を受けている。しばらく前からフランスの民法学者の中でも法実証主義がより強くなっているように見える。当然のことながら、学説において二つの要素は不可欠である。相違は単に論者の重点の置き方にすぎない。しかし、上記の仮説があたっているとするならば、影響は時代によって異なることになる。これは、微妙であるが「誰（何）が影響を与えるか」と「誰（何）が影響を受けるか」の問題に関する興味ある点でもある。

(7) 立　法

数年来、民法典の改正と民法典の特別法の立法の活動が非常に重要になっている。それゆえ私は最近数年を「第三の立法期」と呼んでいる。第一の立法期は明治時代、第二の立法期は第二次世界大戦後の時代である。(112) 法律改正に際しては多くの外国法、特にフランス法が参照されている。一つだけ例を挙げるならば、成年の無能力についての規定のほとんど全面的な改正のために、フランス法とケベック法が参考となった。

以上がフランス民法典の日本に対する影響の概観である。ここまで見てきたとおり、多くの「影響」があった。歴史的な検討の結果、学説の影響が最も重要であったことが発見された。

しかし日本において数年来、「影響」という言葉の意味が著しく変わっている。かつて日本は一方的に外国法の影響を受けてきた。日本の法律家は「影響を受ける者」であった。しかし今日では、我々はしばしば反対の地位にいる。我々は「影響を与える者」であることを義務づけられている。東洋の社会主義国の多くが市場経済を導入し始めた。市場経済においては民法典がその基礎を構成する法律の一つである。それゆえ、それらの諸国は、一〇〇年前に西欧法の輸入に成功した日本に、この領域における協力を求めてきている。例えば、法典ないし特別法の編纂や、法曹養成などである。その結果、多くの日本人法律家がこれらの仕事に参加している。(113) かくて私は、我々は協力（coopération）、やや誇張するならば相互扶助（mutualité）の時代に到達したとの印象を抱いている。

当然のことながら、これは一世紀に及ぶ多くの日本の民法学者の大変な努力の結果であるばかりでなく、多くのフランス人法学者の無私の援助（assistance）に負うものである。

日本民法典一〇〇年の後にフランス民法典二〇〇年がやってきた。フランス民法典にはかり知れない影響を受けた一人の民法学者として、私はこの機会に、フランスの教授方と友人方に対しても、フランス民法学の伝統に対しても、深い感謝の気持を表わしたいと思うものである。そして最後に、フランスの教授方に、教授資格試験の科目に非西欧法の科目を加えることの可能性を検討することをお願いしたい。(114) そのことは、フランスとその国の間ばかりでなく、世界中の国の間の協力に役立つだろうからである。

(56) 星野「日本民法典に与えたフランス民法の影響」日仏法学三号（一九六五）(同・民法論集第一巻（有斐閣、一九七〇)。以下、「論集一巻」と略称)。

(57) E. HOSHINO, *supra* note 8。なお、星野「民法解釈論序説」法哲学年報一九六七号（一九六八）(前掲論集一巻)。第二次世界大戦後の日本においては、法律解釈の方法についての激しい論争が、対象を変えながら絶えず続いている。筆者は、この論争に参加し、幾つかの論文を書いた。その方法においては、法律の源泉の尊重が重要な位置を占める。この点もまた、論争の対象となった（三の(2)(b)と(3)を見よ)。

(58) 星野「フランスにおける不動産物権公示制度の沿革の概観」(江川編・前掲注（2)）(同・民法論集第二巻（一九七〇))。

(59) 稲本洋之助・近代相続法の研究（岩波書店、一九六八)、同・フランスの家族法（東京大学出版会、一九八五)。

(60) 滝沢聿代「物権変動における意思主義・対抗要件主義の継受——不動産法を中心に」法学協会雑誌九三巻九号・一一号・一二号、九四巻四号・七号（一九七六〜七七（一）〜（五・完))（同・物権変動の理論（有斐閣、一九八七))（日本民法の解釈理論の構成も、大きなねらいとなっている)。

(61) 原田純孝「農地賃貸借の法構造とその特質——ナポレオン法典の成立過程に見るその法律的社会的基礎」社会科学研究二八巻三号・二八巻六号（一九七六〜七七)、同・近代土地賃貸借法の研究（東京大学出版会、一九八〇)。

(62) 吉田克己「現代不動産賃貸借法制分析への一視角——フランスを素材として」社会科学研究二八巻三号（一九七六)、同「フランスにおける商事賃貸借法制の形成と展開」社会科学研究二九巻六号、三〇巻一号（一九七八)、同・フランス住宅法の形成（東京大学出版会、一九九七)。

(63) 横山美夏「不動産売買契約の『成立』と所有権の移転——フランスにおける売買の双務予約を手がかりとして（一)(二・完)」早稲田法学六五巻二号・三号（一九九〇）(注（60）所掲と同じ趣旨)。

(64) 小柳春一郎・近代不動産賃貸借法の研究（信山社、二〇〇一)。

(65) 金山直樹・時効理論展開の軌跡——民法学における伝統と変革（信山社、一九九四)。

(66) 高橋朋子・近代家族団体論の形成と展開——家族の団体性と個人性（有斐閣、一九九九)。

(67) 山本桂一「フランスにおける組合法人論(一)~(三・完)」法学協会雑誌六五巻四号、六六巻一号、六七巻二号(一九四七~四九)(同・フランス企業法序説〔東京大学出版会、一九六九〕)。
(68) 大村敦志・フランスの社交と法(有斐閣、二〇〇二)。
(69) 大村敦志「ハビトゥス・象徴権力・法——〝ブルデューと法〟研究のために」UP一九九四年八・九号(同・法源・解釈・民法学〔有斐閣、一九九五〕)、同「法における構造と実践のあいだ」宮島喬=石井洋二郎編・文化の権力——反射するブルデュー〔藤原書店、二〇〇三〕、同「もう一つの『法の力』——デリダと法」書斎の窓四七一号(一九九八)(同・法典・教育・民法学〔有斐閣、一九九九〕)。
(70) 淡路剛久「連帯債務における『一体性』と『相互保証性』——共同連帯的法処理の再検討(一)~(四・完)」法学協会雑誌八四巻一〇号~一二号、八五巻四号(一九六七~六八)(同・連帯債務の研究〔弘文堂、一九七五〕)。
(71) 瀬川信久「不動産附合法の一考察(一)~(六・完)」法学協会雑誌九四巻六号・九号・一一号・一二号、九五巻二号・四号(一九七七~七八)(同・不動産附合法の研究〔有斐閣、一九八一〕)。
(72) 内田貴「抵当権と利用権の関係に関する基礎的考察(一)~(七・完)」法学協会雑誌九七巻六号・九号・一一号・一二号、九八巻二号・五号・七号(一九八〇~八一)(同・抵当権と利用権〔有斐閣、一九八三〕)。
(73) 池田真朗・債権譲渡の研究(弘文堂、一九九三)。
(74) 水野紀子「離婚給付の系譜的考察(一)(二・完)」法学協会雑誌一〇〇巻九号・一二号(一九八三)。
(75) 道垣内弘人「買主の倒産における動産売主の保護(一)~(六・完)」法学協会雑誌一〇三巻八号・一〇号・一二号、一〇四巻三号・四号・六号(一九八六~八七)(同・同名書〔有斐閣、一九九七〕)。
(76) 大村敦志「契約成立時における『給付の均衡』(一)~(六・完)」法学協会雑誌一〇四巻一号~六号(一九八七)(同・公序良俗と契約正義〔一九九五〕)。
(77) 佐藤岩昭「詐害行為取消権に関する一試論(一)~(四・完)」法学協会雑誌一〇四巻一〇号・一二号、一〇五巻一号・三号(一九八七~八九)(同・詐害行為取消権の理論〔東京大学出版会、二〇〇一〕)。
(78) 中田裕康「継続的売買の解消(一)~(六・完)」法学協会雑誌一〇八巻三号・四号・七号・一一号・一二号、一〇九巻一号（一九九一〜九二）（同・同名書〔有斐閣、一九九四〕）。
(79) 森田宏樹「瑕疵担保責任に関する基礎的考察（一）〜（三）」法学協会雑誌一〇七巻二号・六号、一〇八巻五号（一九九〇〜九一）。
(80) 森田修「履行強制の法学的構造（一）〜（六・完）」法学協会雑誌一〇九巻七号・一〇号・一一号、一一〇巻四号〜六号（一九九二〜九三）（同・同名書〔東京大学出版会、一九九五〕）。
(81) 池田清治「契約交渉の破棄とその責任（一）〜（七・完）」北大法学論集四二巻一号〜六号、四三巻一号（一九九一〜九二）（同・同名書〔有斐閣、一九九七〕）。
(82) 野澤正充・契約譲渡の研究（二〇〇二）（初出、立教法学三九号〜四一号〔一九九四〜九五〕、五三号〜五七号〔一九九九〜二〇〇一〕）。
(83) 森田宏樹・契約責任の帰責構造（有斐閣、二〇〇二）。
(84) 池田真朗「指名債権譲渡における異議を留めない承諾（1）〜（3・完）」法学研究六二巻七〜九号（一九八九）及び道垣内弘人「書評」法律時報六二巻一〇号（一九九〇）。
(85) 池田真朗・法律時報六二巻一二号（一九九〇）。
(86) 安達三季生・法学志林八九巻三＝四号、九一巻四号、九二巻三号・四号、九七巻三号、九八巻三号（一九九二〜二〇〇一）、大村敦志・NBL五三六号（一九九四）（同・法源・解釈・民法学〔一九九五〕所収）、五十嵐清・慶應義塾大学法学研究六六巻一一号（一九九三）、海老原明夫・法学教室一六一号（一九九四）。
(87) ここで「市民社会」という言葉は、ユルゲン・ハーバーマス〔細谷貞雄＝山田正行訳〕・公共性の構造転換（未来社、第二版、一九九四）の意味で用いている。第二版以来、著者は“bürgerliche Gesellschaft”の表現を“Zivilgesellschaft”に変えた。これは、「公共」という言葉の意味の変化を示している。
(88) 星野・民法のすすめ（岩波新書、一九九八）。
(89) 星野「意思自治の原則、私的自治の原則」民法講座1（総則）（一九八四）（同・民法論集第七巻〔一九八九〕所収）。
(90) 日本国憲法第九八条第一項「この憲法は、国の最高法規であつて、……」。

(91) 前掲注(16)参照。
(92) 大久保=高橋・前掲注(5)。
(93) ボワソナード民法典資料集成第Ⅰ期・Ⅱ期(雄松堂、一九九八〜二〇〇一、二〇〇一〜〇六)。
(94) 藤原明久・ボワソナード抵当法の研究(神戸大学研究双書刊行会、一九九五)(初出、神戸法学雑誌三〇巻四号、三一巻一号〔一九八一〕)。
(95) HOSHINO, *supra* note 8, n° 32 et s..
(96) 大久保泰甫・ボワソナアド——日本近代民法の父(一九七七)。
(97) 前掲注(8)引用書。
(98) パリにおける講演者の一人である J.-L. Sourioux 教授によって後に日本の札幌で行なわれた講演が公表されている(吉田克己訳「日本民法典草案に対するボワソナードの影響」法律時報七一巻二号〔一九九九〕)。
(99) 前掲注(6)。
(100) 前田達明(京都大学教授)監修「史料　債権総則(一)〜(五八)」民商法雑誌八一巻三号〜一〇〇巻二号(一九七九〜八九)。
(101) 坂本慶一・民法編纂と明治維新(私家版、二〇〇二、悠々社、二〇〇四)。
(102) 森田修「私法学における歴史認識と規範認識——『連結』構造分析の理論と技法(一)(二)」社会科学研究四七巻四号・六号(一九九五〜九六)。なお、この三つのタイプを指摘したのは、能見・後掲注(104)二九頁(「順接型」、「逆接型」、「無関係型」という表現自体は、理論法学の課題(ジュリスト増刊、一九七一)の座談会「基礎法学と実定法学」において長尾龍一が基礎法学と実定法学の関係について用いたものである)。
(103) 前掲注(57)参照。
(104) 能見善久「民法学と隣接基礎法学との関連」法律時報六一巻二号(シンポジウム「民法学の課題と方法」における報告)。能見は、三つのタイプを挙げて比較法学の意味について語っている。森田修は前掲注(102)引用論文の注1(一七三頁以下)でこの箇所を引用している。

(105) 好美清光は、前掲注(104)に引用したシンポジウムにおいて、沿革の研究に関してフランス法だドイツ法だという議論の仕方は「ちょっと縄張り争いみたいな感じがあるのではないか」と述べた(三五頁)。この見方は、必ずしもすべての参加者の賛同を得なかった。しかし森田修は、前掲注(102)所掲論文の注62(二三八頁)において、「フランス法に言及する論文を取り扱うたびに、……繰り返される、同一の(好美教授風にいえば〈縄張り争い〉的な、あるいは〈縄張り争い批判〉的な型の議論〔森田教授は、「フィギュール」複合という表現を用いる〕にはいささか辟易させられる」と述べている。本稿の見地から興味深い点は、このような「論争」、というよりは議論の傾向の違いによる批判のずれを意識していた民法学者が存在したという事実である〔注(102)~(105)の部分は、筆者の森田論文の理解が不十分なことと、フランス語の能力の不足のゆえに、正しくフランス語にすることができず、さらにフランスの学者が理解しやすいと筆者が考えた仕方で書いたつもりだが、フランスの学者にとっても理解困難であり、日本の読者にとっては稚拙な感を抱かれるであろうと思う。ただ、筆者も、森田論文の問題設定は重要であると考えており、「辟易する」と言われる感じも分かる気がする〕。

(106) 前掲注(8)・論集第八巻四八頁に引用。

(107) 椿寿夫=橋本恭宏「明治後期における民法学説の発展」明治大学社会科学研究所紀要二九巻二号(一九九一)。

(108) 磯村保「特集・民法典と日本社会――ドイツとフランスの民法典・民法学」法律時報七一巻四号(一九九九)。

(109) 小林善彦「文科丙類とフランスの評判」向陵・一高百三十年記念、終刊号(二〇〇四)参照。著者はさらに、フランス人を軽薄とする見方が岩倉使節団に発することを示している。

(110) 星野「日本民法学史」法学教室八号~一一号(一九八一)。

(111) 私は、Jean Carbonnier, Philippe Malaurie, François Terré が前者の傾向に、Gérard Cornu が後者に属するとの印象を持っている。

(112) 多くの論稿において使用した表現である。

(113) 国際民商事法センター(ICCLP)(一九九六年に設立された公益財団法人)、法務省法務総合研究所国際協力部(ICD)、及びJICA(国際協力事業団)が、合同して又は各自で「法整備支援事業」を行なっている。具体的には、日本又は参加者の属する国で、毎年一国又は数ヶ国の法律家のための研修、シンポジウム及び講演会を開催している。最近の成果は、カンボジア王国の民法典と民事訴訟法典の編纂である。民法典編纂は、日本の一〇人の若い民法学者とカンボジアの数人の法律家がグループを作って行なったものである。その最終案が民事訴訟法の最終案と共に二〇〇二年一〇月一五日にフン・セン首相に手渡された。

(114) J. Robert, "Sciences politiques et économiques. Les études juriques", in Le Japon vu depuis la France. Les études japonaises en France, Compte rendu du Colloque tenu à Paris, 8-13 octobre 1979, Publication de la Maison franco-japonaise, Tokyo, 1981.

北村一郎編・フランス民法典の二〇〇年（有斐閣、二〇〇六年）

〔**後記**〕本稿は、Université Panthéon-Assas (Paris II), *1804-2004, Le Code civil, Un passé, un présent, un avenir*, Dalloz, 2004 (Ouvrage collectif) に掲載された、Eiichi Hoshino, L'influence du Code civil au Japon と題する論文の翻訳である。原文は、フランスの学者が理解できるようにとの趣旨で書いたつもりなので（それが成功しているかには自信がない）、翻訳といってもかなり自由に書いたが、それにもかかわらず翻訳調になっている。なお、気のついた誤りや不十分な箇所は、改めているが、一々断っていない。ただ、特に今回補充した部分（(注16) など）や、日本の読者のために書いた部分（(注105) など）は、〔 〕で囲んだ。上掲書の共編者の Yves Lequette 教授、同じく共編者で、本稿執筆を勧められ、校正、そしてその際に文章まで見ていただいた同大学の Laurent Leveneur 教授には、この場をかりて厚くお礼申し上げる。なお、本稿の続編というべき論文数編が、本年または来年に刊行される予定である。

〔**追記**〕〔後記〕に記されているように、パリ第二大学が総力を挙げて編んだ論文集に寄稿されたもの。執筆者はすべて同大学の関係者であり、著者の肩書は東京大学名誉教授・パリ第二大学名誉博士と記されている。なお、比較立法協会が編集したフランス民法典一〇〇周年記念論文集 *Le Code civil 1804-1904 Livre du Centenaire*, 2 tomes, Arthur Rousseau, 1904には、五来欣造（弁護士）のL'influence du Code civil français sur le Japonが収録されている。

日本の民法典・民法学におけるコード・シヴィルの影響

一　はじめに
二　問題にアプローチする視点
三　具体例の幾つか――時代区分に即して
四　今後の問題

一　はじめに

本稿は、これまで発表した論稿を基礎に、一歩を進めることを目的とする。直近の論稿には、パリ第二大学のスタッフを総動員して編集されたフランス民法典二〇〇年記念論文集に執筆したもの[1]と、その日本文がある[2]（以下「前稿」と呼ぶ）。これは、フランス民法典の影響との関係で日本民法・民法学の歴史を三つの時代に分け、幾らか新しい視点を加えて検討したものである。また古く、ボアソナードと、穂積陳重、富井政章、梅謙次郎とについて書いたものもある[3]。本稿はそれらを受け、視点を幾らか移動させるほか、その後の状況をも考慮して、前稿よりやや進んだ考察を加えてみたい。

移動した視点というのは、前稿において宣言しながら十分に果たせなかった、他の民法典の影響との比較、むしろそれとの関係において日本民法学史におけるコード・シヴィルの位置を確かめることである。その後の情況の考慮というのは、すぐに述べるフランスの最近の業績に示唆を得て、「影響」の意味をより深く考えることである。

但し、本稿は、この両視点とも不徹底なものとなっている。というより、両者をきちんと分けた叙述をするに至らず、場所によっては両者がアト・ランダムに使われているに過ぎず、やや混乱している。さらに、具体的な学説の検討は、手をつけたばかりである。将来、多くの研究者によって補正されることを願っている。

まず、これらの「視点」について若干の説明が必要であろう。そこで、繰り返しになるが、前稿で新しい視点としたものをごく簡単に説明した上で本稿で加えたものを説明することとする。

（1） L'influence du Code civil au Japon, in Université Panthéon, Assas (éd.), *1804–2004, LE CODE CIVIL, Un passé, un présent, un avenir*, Dalloz, 2004.

（2） 北村一郎編・フランス民法典の二〇〇年（有斐閣、二〇〇六）所収（本稿では原文と日本文のものを併せて「前稿」と呼ぶ）。

（3） L'héritage de G. Boissonade dans le Code civil et dans la doctrine du droit civil au Japon, *R. I. D. C.* 1991-2 (dans: *Boissonade et la réception du droit français au Japon*, Société de Législation comparée, 1991)、日本語版：星野「日本民法典及び日本民法学説におけるG・ボアソナードの遺産」加藤一郎古稀・現代社会と民法学の動向（下）（有斐閣、一九九二）（同・民法論集第八巻〔一九九六〕）、同「日本民法典・民法学におけるボアソナードの遺したもの」比較法史研究二（一九九三）（同・民法論集第八巻）、同「日本民法学の出発点――民法典の起草者たち」東京大学公開講座二六・明治・大正の学者たち（一九七八）（同・民法論集第五巻〔一九八六〕）。

二 問題にアプローチする視点

(1) 表題の検討から出てくる視点

本稿と類似の表題の論稿は、既にかなりの数が現われているので、これを取り上げる以上は、扱い方に工夫する必要がある。前稿では類似の対象を扱った諸論稿の題名自体の分析から始めることとし、「影響」の主体、「客体」、そして「影響」とは何かを問題にした。(4)

まず、誰（何）が影響を与えるのかを考える。ここで「コード・シヴィル」とはより正確には何かが問題となる。それは条文の文字ではなく、その「意味」であることには異論あるまい。それは判例・学説によって与えられるものであり、一定の範囲で慣習も加わる。「民法」と呼ばれる統一体、むしろ複合体を構成しているのはこれらであるが、中でも学説の役割は重要である。(5) 条文の意味を発見したり、それに意味を与えるのは学説、判例であり、また、ある国の学説は他の国の学説に影響を与えるからである。さらに別の次元から見ると、影響を与える主体には、条文に含まれている民法典の理念と原理、及びそれらを実現する法律技術つまり法律制度、法律概念の面があり、この両面を見ることが必要である。

次に、誰（何）が影響を受けるのか。「日本」といってもどの部分か。当然ながら立法、特に民法典であり、その理念と法律技術であるが、ここでも、判例・学説、立法とりわけ学説が重要である。

「影響」とは何か。ある国の立法者や著者が他の国のそれらをモデルにしたならば、その影響は明らかだが、二点を付け加えるべきである。第一は、立法者や著者が他の国の制度や学説等を学んだ後でそれらを採用しなかった場合にも、「影響」ありとするのがよい。結論だけを見るならば影響がないといえるが、そこに至る検討や論証が立法者や著者の熟考に対し、またそれを通して他の法律家に影響を与えるからである。第二に、ある国の法典等の影響を正確にはかるために他の国の法典等の影響と比較する必要があり、日本については、ドイツ民法典・民法学の影響と対比すべきことは当然である。

前稿では、この第一点に注意を払い、日本の多くの論文を挙げてフランス民法の影響を見た。その一つの理由は、フランスの法学者に対して日本におけるフランス民法の研究が相当のものであることを示す必要があると考えたからである。しかし、第二点は不十分であったので、本稿で幾らか補うようにした(6)。

もう一つの新しい視点は、最近フランスで現われた「一八〇四年以降のフランス私法史」と題する概説書(7)に示唆されたものである。それは、コード・シヴィルがフランスの法律家やその他の学者にどのように受けとられ、評価されたかという見地からの歴史である。なお、P. Norat が編纂し、数冊に及び多くの主題についての論稿を集めた、Les lieux de mémoires の中には、先般逝去されたフランス民法学の大家 Jean Carbonnier の Code civil の論文が含まれている(8)。これはフランスで民法典二〇〇年を扱う論稿において引用されないことがないほどの論文だが、論文集の題名からも示されるように、コード・シヴィルがどのような意味で国民の記憶になっているかを考察するもので、発想は共通していると言える。本稿に即して言うと、コード・シヴィルの「影響」という問題は、日本でそれがどのようなものとして理解され、受けとめられ、評価されたかという問題ということになる。この視点は、本稿では若干の部分でとることができただけである。

(2) 法律を構成する諸要素からのアプローチ

大ざっぱな言い方だが、法律を構成する要素として、筆者は三つのものを考えている。第一は、社会であるが、法律との関係では二面がある。ある法律の立法を要請した社会と、立法後その法律が実際に機能しまたは十分に機能していない社会とである。第二は、理念である。立法においては、それによってどのような社会関係が形成されるべきかについての種々のレベルにおける理念が存在する。種々の理念の調和・調整が問題になることもある。社会の現状と妥協してある理念が後退することもある。対立する理念の妥協によって、理念が何かが明らかにならないこともあるが、理念が全くない立法はありえないと言ってよい。第三は、この二つを踏まえた上で、それらを実現するための法律技術である。(9) 本稿の課題に関しては、法律の理念と技術についての影響が問題になることには、異論があるまい。問題は、第一に挙げた社会である。法律の観点から、ある国の法律を構成する上記二つの面における社会の要素が、他の国の法律を構成する諸要素に影響するのはどういう場合だろうか。ここでも、立法者と学者が媒介者となりうる。立法者については、狭義の立法機関ばかりでなく起草者を含むことは当然として、さらにデモクラシー国家における真の（最終の）立法者である国民をも視野に入れる必要がある。ジャーナリズムを通して、あるいは直接に（種々の形における運動によって）、立法に影響を与えるからである（というよりは、それが本来である）。考えうる影響の与え方の例を挙げよう。ある立法が要請される場合に、同様の法律がわが国と同様の社会的状況にある他の国で立法されたこと、またはそれが当初期待された社会的目的を達している、つまり成功したという情報は、立法者・起草者ばかりでなく、国民の賛成運動を誘発し、力づけることが考えられる。反対に、立法機関または起草者がある立法を計画している場合に、そのモデルとなっている他国の立法が、その国がわが国と同様の社会的状況にあるのに成功しなかったという情報や、その国がわが国とは異なった社会的状況にあるゆえにその国の立法をモデルにすることには疑問があるという指摘が、立法者・起草者のほか国民の反対運動を誘発し、力づけることが考えられる。それらの指摘は、学者、時にジャーナリズム（外国特派員など）によって与えられることが多いはずである。学者の仕事の社会的な意味の一つであるが、良質のジャーナリストの役割が期待されるところである。逆に、国民一般が学者の仕事に関心を持つべき理由の一つがここに示されている。

ただこの見地からの検討は、影響を与える主体・客体につきそれらの社会的背景を含むかなり突っ込んだ研究を要求するものであって、さしあたりは理想論であり、本稿でも問題の指摘に止めるほかない。

(3) 民法典の諸機能からのアプローチ

民法典には、「実質的意義における民法」とされる制度・規定のほか、法律全般に通ずる通則的制度・規定、さらには刑罰的規定（過料）などが含まれていることは、かつて指摘したが[10]、ここでは、前二者（いちおう「民法」と呼んでおく）についてその機能を考えると、民法には三つまたは四つの機能がある。日常生活の法、市場経済の法、市民の自発的団体と活動の法（二つを併せて市民社会の法と呼ぶこともある[11]。なお、この機能を持つことが、私どもがフランスの有力名学者に従って「民法は社会の Constitution である」とするゆえんである）、私法広くは法律全体の基礎的技術の法、である[12]。

(4) 以上を言い換えるならば、日本においてコード・シヴィルがどのように理解され、どのように受容されたか、の問題であると言えよう。そうだとすると、コード・シヴィルがフランス自体においてどのように理解・受容されたか[13]、また他の国、例えば隣国ドイツにおいてどのように理解されて受容されなかったかとの対比[14]、それらと比べて日

この各機能につき、「影響」を分析することが望ましいが、本稿では、若干の検討を試みるに止まった。

本における理解と受容の特色、場合によってはその限界などが興味ある課題となろう。

その回答は、今後の精密な研究を待たなければならないが、一つ直ちに指摘できることは、日本では、法典論争を生んだ、またその間における旧民法に対する批判を除くと、民法典に対する批判がきわだって少ないように見えることである。民法典制定後、末弘厳太郎に至る学者は、例外はあり、また法律技術上の批判はあるものの、それを前提として専らその解釈に従事したようである。末弘以後は民法典の思想・理念に遡った根本的批判がなされるようになったが、なお教科書的なものに止まったように見える。(15)

（4） 北川善太郎・日本法学の歴史と理論――民法学を中心として（日本評論社、一九六八）は、「学説継受」という問題を、比較法、判例法、「法構造論」、「法形成論」など多面的な視点から包括的な検討を行なっており、考えうる視点のすべてが取り上げられていると言えよう。「比較法と学説継受」と題する第五章に「外国法の影響」の節もあり、そこでは、「法的事実」「法的構成」「法形成原理」の三つに対する外国法の影響が検討されている（一九九〜二〇六頁）。本稿は、同章の一部を筆者の問題意識から扱っていることになる。その後「影響」にほぼ限った整理として、能見善久「民法学と隣接基礎法学との関連」法律時報六一巻二号（一九八九）二七頁以下（シンポジウム「民法学の課題と方法」における報告）は、外国法研究の型を四つ挙げ、「法解釈的成果の輸入を目的」とする研究、「民法典の母法としての」研究、「比較モデルとしての」研究、「純粋認識のための」研究とし、民法解釈への影響の仕方という点では「順接型」「逆接型」「無関係型」の三種があるとした（なお、このシンポジウムの討論も種々の面で大きな意味がある）。森田修「私法学における歴史認識と規範認識――『連結』構造分析の理論と技法（一）（二）」社会科学研究四七巻四号・六号（一九九五〜一九九六）は、「日本民法学にとって歴史とは何か」という基本的な問いを立て、能見教授の類型を出発点としつつ、幾つかの分析道具を用いて、五つの論文につき「規範認識」と「歴史認識」の「連結」構造を分析している。そして後掲注（47）に引用した最近の小粥太郎報告は、フランス法研究をフランス法との関わり方という観点から「直結型」「逆照射型」「発想源型」の三グループに分けている。「影響」「法の継受」の意味の分析の大きな進歩を示している。今後これらの分析道具相互の摺りあわせが必要であろう。なお、本書（石井三記編・コード・シヴィルの二〇〇年（創文社、二〇〇七））に収められる諸論文は、「影響」についてもさらに新たな観点をもたらすはずである（法制史学会第五六回、第五七回総会に参加した見聞）。筆者の乏しい知識によるが、全体としてこの問題に関する最近の理論は、諸外国に比べてもレベルの高いものになっているように思われる。

（5） 海老原明夫「法の継受と法学の継受（一）～（三）」ジュリスト九九五号、九九七号、九九九号（一九九二）は、この二つの継受の相違を強調する。

（6）《特集》「民法典と日本社会」法律時報七一巻四号（一九九九）の、池田真朗「フランス的法典の伝統と日本民法典」、岡孝「日本とドイツの民法典比較素描」、磯村保「ドイツとフランスの民法典・民法学」の諸論文は、外国法の「影響」の意味及びそれへのアプローチに関する幾つかの観点を示している。瀬川信久「民法解釈論の今日的位相」同編・私法学の再構築（北海道大学図書刊行会、一九九九）五頁以下にも問題点の簡単な概観がある。さらに、《特集》「日本民法の歴史と展望（一）（二）――外国法とのかかわりを中心に」民商法雑誌一三一巻四＝五号・六号（二〇〇五）は、これと共通の主題を扱ったシンポジウムである（二〇〇四年五月）。フランス（小粥太郎）、ドイツ（北川善太郎、潮見佳男）、英米（松本恒雄）が取り上げられており、大村教授の司会による〈討論〉も多くの重要な点に触れていて、レベルの高い検討になっている。前稿執筆時（二〇〇三年六月）の筆者は、前稿（及び本稿）の冒頭に述べたように、それまでの同種の論稿のレベルから抜け出ることを考えており、これらの文献に示された多面的な検討とはやや視点を異にする（それゆえ過去の論稿からあまり飛躍していない憾みがある）が、今後さらにこれら諸文献に現われた視点を総合した検討がなされることを期待したい。

（7） Jean-Louis Halpérin, Histoire du droit privé français depuis 1804. 1re édition: 1996, 1re édition《Quadrige》: 2001, PUF.

（8） Jean Carbonnier, Le Code civil, in: Pierre Nora, (dir.) Les lieux de mémoire, II, La nation, vol. 2, Gallimard, 1986. 日本の民法学者では、大村敦志教授がその公刊後いち早く、同書に掲載されたカルボニエのこの論文を引用しておられる（大村「民法と民法典を考える――『思想としての民法』のために」同・法典・教育・民法学（有斐閣、一九九九）、五〇頁及び六四頁(2)〈初出は、民法研究第一号（一九九六）〉）。その後、多くの文献に引用されるようになった。

（9） 古く我妻「私法の方法論に関する一考察」同・近代法における債権の優越的地位（一九五三・ＳＥ版一九八六）所収（初出一九二七～二九）。戦後初期の末弘「法学とは何か（一）（二・完）」法律時報二三巻四号・五号（一九五一）（同・法学入門

〔日本評論社、一九五二〕）が、法学における法哲学、法社会学、実用法学の三面を挙げるのも類似の趣旨であろう。北川・前掲注（4）所掲箇所に、同注に挙げた外国法の影響を受ける三つの要素が「事実的要素」「論理的要素」「価値的要素」とされているのも同趣旨と見られる。筆者も同意見であり、これをまとめたものは、星野「民法学の方法に関する覚書――『実定法学』について」同・民法論集第五巻（一九八六、初出一九八三）、同「戦後の民法解釈学方法論研究ノート」前掲書（初出一九八二）。

（10）星野「民法の意義――民法典からの出発」我妻栄先生追悼論集・私法学の新たな展開（有斐閣、一九七五）（民法論集第四巻〔一九七八〕）。

（11）大村、北村一郎、星野の主張するところである。星野・民法――財産法（放送大学教育振興会、一九九四）五頁、一三頁、同「民法と憲法――民法から出発して」法学教室一七一号（一九九四）六頁（同・民法のもう一つの学び方〔有斐閣、二〇〇二〕）、同・民法のすすめ（岩波新書、一九九八）二四頁、注（1）引用文献 p. 871 et s., p. 876 など、大村「民法と憲法の関係――フランス法の視点」法学教室一七一号（一九九四）五二頁以下、同・注（8）引用文献四頁など、北村一郎「フランス民法典二〇〇年記念とヨーロッパの影」ジュリスト一二八一号（二〇〇四）九二頁。なお、これらを引用しつつ、民法の現代語化を機縁として今後の課題の一つとしての「基本法としての民法」を検討するのが、中田裕康「民法の現代語化」ジュリスト一二八三号（二〇〇五）九九頁以下などであり、そこではこのフレーズを有名にしたカルボニエの前掲論文なども引用されている。これらの文献にあるとおり、カルボニエの教科書が初版（一九五五）〔一四〕A以来ずっと述べていたことであって、マローリー（Philippe Malaurie）の体系書（*Droit civil, Introduction*, n° 100）に引き継がれたが、古くルネ・ダヴィッド（René David）も述べていた（Introduction au droit français, 1960, p. 96）。しかし実は、既に一九世紀注釈学派の最高峰と呼ばれるドゥモロンブ（Charles Demolombe）の述べるところであった（*Cour de Code Napoléon*, tome 1, n° 136 (p. 146). 前掲・北村九四頁注13は tome 1, n° 17 を引用する）。（Halpérin, op. cit., p. 45 もドゥモロンブのこの文章を引用するが頁が示されていない。石井三記教授のご教示による。do., tome VI, (p. 200) は、見ることができなかった。なお最近、「民法典は、偽りの政治的な構成原理（＝Constitution）となることは、もはや無理である」としつつ、すぐ後に「これからの民法典は、民主政の理想の実現の試みのための特権化された道具の一つとなることによってこそ、再び制度化されることが可能なのではなかろうか」とする見方があることにも注意（ジャック・コマイユ〔高村学人訳〕「民法典を再考する――フランス民法典制定二百周年を契機として」東京都立大学法学会雑誌四五巻二号〔二〇〇五〕）。これは、フランス民法典二百周年記念シンポジウムにおける報告の原稿である（高村氏の解説にあるように、Jacques Commaile, Code civil et nouveaux codes sociaux, in: *Le Code civil. 1804–2004, Livre du Bicentenaire*〔2004〕の論文がある）。これは、コード・シヴィルが制定時から最近に至るまでConstitution civileであったことを否定する趣旨ではなく、コード・シヴィルの今後の意味についての言明であろう。

(12) この三ないし四分類については、星野・前掲注（11）民法のすすめ一九八頁以下。その萌芽は星野「民法とはなにか――一、二のアプローチ」北海学園大学法学部二〇周年記念論文集・法学・政治学の動向（一九八六）（民法論集第七巻所収）にある（分類の観点は異なっている）。

(13) 注（7）に引用したHalpérinにはこの観点が含まれており、do., Le Code civil, Dalloz, 1996にもそれが見られる。

(14) サヴィニーに始まりドイツ民法典編纂に際してもこの傾向が強い。コード・シヴィルに対する対抗意識は、わが国でも常識になっている（サヴィニー・チボー論争の翻訳は一つならず存在する）。最近における検討は、赤松秀岳「サヴィニーとフランス民法典」石田喜久夫古稀・民法学の課題と展望（成文堂、二〇〇〇）（なお、同・一九世紀ドイツ私法学の実像（成文堂、一九九五）所収論文参照）。スイスの学者によるものに、Olivier Motte, Savigny et la France, Editions P. Lang (Berme), 1983がある。

(15) 中島玉吉・親族相続法改造論（大鐙閣、一九二七）中の論文が例外か（そこでも法律技術的な改正問題が多いが）。

三　具体例の幾つか――時代区分に即して

(1) コード・シヴィルの影響という視点から日本民法学の時代区分をするならば、一般的な時代区分[16]とは異なって、以下のように区分することが適当であると考えている。第一期は「ほとんど専らフランス民法典が影響した時代」

（一八六七～九〇）、第二期は「ドイツ民法典とドイツ民法学の支配的な影響の時代」（一八九〇～一九六五）、第三期は「民法学の大きな転換期」（一九六五～現在）である。(17) 日本民法学史一般の見地からは、この第二期は民法典の編纂期つまり前三編の公布（一八九五）まで、民法典の解説・注釈期（一八九五～一九一〇）、ドイツ法学全盛期（一九一〇～二一）、民法学の転回期（一九二一～一九四五）、第二次大戦後（一九四五～）に分けられるが、この区分はコード・シヴィルの影響という見地からも、若干意義を持ちうる。以下これらに従って、多くは先学または筆者により既に紹介されているが、二で挙げた幾つかの観点から具体例を挙げてみたい。

(2) 第一期

① ごく早く民法典編纂を推進した人たち

各所に引用されているため既に常識となっている感もあるが、早い時期に民法典を編纂すべきことを主張し、あるいはその衝にあたった、江藤新平、大木喬任の言については繰り返しておかざるをえない。

江藤は次のように言う。世界の各国と対等に並んでゆく（「並立」）ことが天皇の願いであるが、そのもとは国の「富強」にある。国の富強のもとは国民生活の安定（国民の「安堵」）にある。そのもとは「国民の位置を正す」ことにある。それは、国民相互の権利義務を明らかに定めることである。そうなると、国民は安心し、財貨は流通し、国民は大きな事業を企て、仕事に励んで豊かになる。そこに適当な税法が加われば、税収も豊かになる。そうなると軍備も増強し、工業も盛んになり、学校も整備される。(18) 大木もほぼ同様の趣旨を述べている。(19)

ここには、民法制定の目的は国民の権利義務を明確に定めることによりその安定した生活をはかることにあるという、ある種のヒューマニズムが見られるが、それが結局は国の富強をもたらすことを目的とするとしている点に留意されるべきであろう。

これを、フランス民法典の目的とされるものと比べよう。フランス革命時代の立憲議会（Assemblée constituante）

は一七九〇年八月一六日の布告において「憲法に適合する」民法典を制定すべしと定め、一七九一年九月三日の憲法は人権宣言を前文に置いてその一部とし、「この憲法によって保障される基本的諸条項（dispositions fondamentales）」と題する第一章の第九項に、「全王国に共通の民事法典を作成すべし」と定める。これらから、民法は人権宣言に適合すべきことが命じられていることがわかる。人権宣言は、人間の自由、平等を宣言し（一条）、政治的結合体の目的は人の自然権の保全にあり、自然権とは自由、所有権、安全及び圧政への抵抗であるとする（二条）。したがって民法も、人間の自由、平等を規定すべきものであり、国の制定する法律として、自然権を保全するのが目的ということになる。[20]

同じく民法と言っても、その制定の目的についての考え方がこれほど違うのは驚くべきである。フランス民法典をモデルにするといっても、その目的、言い換えるならば基本思想には思いいたらず、その点をモデルにすることなど考えられていない。もっともこの点は、当時の政治状況からも、先の二人のみならず当時の高級官僚の教養からも、期待するのは無理であるが。

② ボアソナード

ボアソナードの自然法思想や、経済的自由主義などについては、既に優れた研究がある。[21] 彼は、自然法が立法以前に存在し、立法者は立法においてこれを翻訳し明示するものだとしているから、フランス民法も自然法の現われとすることになるが、日本民法草案は決して軽々しくフランス法を写して編纂したものではなく、七〇年の経験を経たそのよい点を採り悪い点は捨て、時代の変遷によってなされた改正を採用する旨述べている。[22] フランス語が「微妙ノ意ヲ分明ニ陳述スル」という特色を持つから、それによって講義することに利点があることを述べるだけで、フランス民法典の特色等についてはっきりと論じている箇所を未だ見いだしていない。これは当然のことであって、当時は近代民法典として、オーストリア民法典（一八一一）はあったが、ドイツ民法典もなく、プロイセン一般法典（ＡＬＲ）

は十全な意味で近代民法典とはいいがたい。野田良之教授によって比較法学者とされたボアソナード[23]にも、フランス民法系の立法の他は比較の対象がなく、今日の我々のような問題意識を持ちようもなかったのであろう。

③ 法典論争期

ここでは、穂積八束を取り上げるのが適当である。既に大村敦志教授によって指摘されたように、八束は当時にあっては、民法の社会的・国家的意義を正確に把握していた[24]。彼の理想とするところが「祖先教」で古代ローマの家族制度であり、この点では当時としても時代錯誤的であるが、民法の社会・国家における意義を問題にしていることは称賛に値する。八束には、「法史ノ我法学社会ニ冷遇セラル、ヲ怪ム」と題する論文があるが[25]、「国家的民法」と題する論文[26]において、「国家的ニ観察スルトキハ民法ハ社会財産ノ分配法ナリ」として、ゾーム、ラサール、シュモラー、アントン・メンガーを援用する。さらに「民法ノ本位」と題する論文[27]において「国権ヲ主位ニ置クトキハ民法ハ個人孤立ノ法ニアラスシテ社会ノ組織法」であるとし、「権利ハ世ノ福利ヲ占領スルノ能力ニシテ民法ハ社会ノ富ヲ個人ニ配分スルノ標準タラントス……社会経済ノ前途ハ民法ノ執ル所ノ本位如何ニ由リテ定ルト云フヘキナリ」「個人私権ヲ本位トスルノ民法ハ契約ノ自由ヲ無限ニスルヲ理想トスルカ故ニ社会ノ生産力ヲ鋭クスルノ具トナルト同時ニ又貧富ノ懸隔ヲ甚フスルノ成果アルヘシ……民法ヲ国家的ニ観察シ之ヲ社会経済ノ法ナリトスルトキハ契約ノ自由ノ専恣ヲ抑ヘ社会ノ福利ノ分配ヲ平準ニシ社会ノ劣族モ亦生存ノ地アランコトヲ希望スルヲ以テ個人的優勝劣敗ノ進化ヲ鈍フスルト同時ニ社会其物ノ円満ナル発達ヲ看ルコトヲ得ヘシ」などとする。なお、八束の論文には「法ノ社会的任務」「法ノ社会的効用」などの表現があちこちに見られることも注意しておいてよい。

(3) 第二期

① 民法典の起草者たち

民法典の起草者たちのフランス法、というよりボアソナード民法に対する批判と、ドイツ民法（草案）及びドイツの法学者への高い評価が、ドイツ民法への関心の移転を招いたものだが、両民法に対する見方は三人の間でかなり違うように見える。三人の基本的思想[28]と、法律解釈の方法[29]については研究があるが、フランス・ドイツ両法典の見方については、触れられてはいるものの未だ十分な検討はなく、今後の課題である。ただ、次のことはいえそうである。梅がフランス民法典の当時における価値についても肯定的に見えるのに対し、穂積・富井はかなり強く否定的だったことである[30]。

梅は、一〇〇年前の法典が今なお行なわれていて実際上ほとんど差し支えのないのは、学説や判例で補い、また多少の改正を経たとはいえ、「割合ニ能ク出来テ居ラナケレバ」ならないはずだ、と言っている[31]。また、「二十年来仏国の法学が進歩著しきことは人の知る所なり」とも言う。

穂積は、それらに反対である。一方で、一九〇五年になってのことだが、一世紀の変遷がフランス民法典と社会の「離遠的傾向」「離隔的現象」をもたらしたとし、その原動力（「離遠力」）は「社会的需要ノ変遷」だとして、政治、社会、精神、物質の四方面から詳細に検討する。この「離隔」を減らす力（「調和力」）には「解釈」「学説」（これにはさらに「司法的」「立法的」「教育的」の三つの調和力があるとする）「立法」があるとして、再びこれを詳論する。結論として、「此大法典ガ此大激変中ニ在リテ能ク其効用ヲ失ハズ第十九世紀ノ模範民法タル名誉ヲ維持スルコトヲ得タルハ実ニ讃美スルニ余リアリト云フベシ、然レドモ此一世紀間ニ於ケル政治的、社会的、心理的、物質的離遠力ハ倍々大」であり、解釈、学説の二調和力によっては不可能で、第三の調和力である立法により全面的改修をなすべきである。フランスは立法史料が豊富なことで他に冠絶しているから、われわれの子孫の法律家が「第二十一世紀ニ於テ第二仏国民法ヲ模範的法典トシテ第二回百年紀念式ヲ行ヒ、之ニ対シテ讃辞ヲ捧グルノ時アルヲ信ジ、且ツ之ヲ希望スルモノナリ[32]」。同様の見方は日本民法典編纂の際にも存在したもので、ドイツ民法典につき「新シキ法理」に基づくゆえの優位を強調している。穂積は他方、フランス民法の背後の思想をも問題にする。「大惨劇」を演じたフランス革命の精神を受け継いでいるフランスの法理論は、社会という観念を基礎とするが、この法律思想は日本の法典に掲げることができるだろうか、できるとしても「我国ノ国体及ビ人民ノ思想ニ適スベキヤ」とする。英独仏三国の法律思想の基礎を比較した論文にもこの点が明らかに示されている。さらに、フランスの法学につき、法典が立派なのでそれに心酔して、法文の解釈に熟達しているが、法文の解釈に「汲々として」おり、「法典ノ利害特質及之ガ基礎タル法理」は度外視されている、「法律ノ原理及法理哲学」はその短所であるとする。ドイツ法はこの二点においてフランスに優っている、特に最近における法学の進歩は世界に冠たるものがあるとする。

富井は、穂積とほとんど同様のことを述べているが、ここでは、議会における発言の中で、「仏蘭西の法律家と云ふものは、此数十箇年來全く此卑い注釈学問となって居る」と酷評していることだけを引用しておこう。(33) なお、後年であるが、フランス民法典「ソノ物ノ価値」は高く評価していること、最近の法学はドイツ法学とドイツ民法の制定に刺激されて、三〇年来の比較法研究の非常な発達による「立法資料ノ豊富」に加えて「民法学研究ノ方法一変」していると認めていることを(34)付加しておきたい。

② 異色の学者——岡村司

その後日本の民法学は、専ら新民法典の体系的・整合的理解に努力を集中してきた。ただ、その体系とは、法典における諸制度・諸概念の法律技術的な面におけるものであり、その思想・理念に基づくものではなかったと見られる。モデルとされたのは、ドイツの解釈学であり、穂積のいう「法典ノ利害得失」とその基礎である「法理」を検討する法学、例えば穂積の引用するサヴィニーやイェリングなどではなかった。

この間、岡村司の『民法と社会主義』（弘文堂、一九二二）にまとめられた諸論文が当時においては異色・出色のものである。岡村はこの表題のもとに出版することを予定して公表された論文を綴っていたが、なお未完成の部分があり、中島玉吉、河上肇によって岡村の死後に編纂されたものである。そのはしがき（「編集者例言」）に、岡村の遺した「日記体の随筆」が掲載されているが、「当初余は民法を以て極小の学、丈夫畢生の心血未だこの間に向って濺ぎ易からずとなし、頗るこれを蔑視するの心ありたり、今にして之を思ふに、民法は各人の私権を保証せんとするものなり、人の生活上必然生ずべき個人相互の関係に就きて定むる所あるものなり、その民生の利害休戚に関すること極めて大なり、近者欧人著す所の社会主義の書を読むに及びて、益々その然る所以を悟れり……法律の原理上、社会主義の上より、民法を観察評するは、経世済民の業に非ざらんや」と述べている。所有権、労働契約、婚姻、相続の四章の予定が、後二者は第三章「家族制度」としてまとめられた(35)。労働契約の章に、フランス民法典につき、「財産を重んじて人物を軽んじ、多少資産を有する市民階級の保護に重きを置きて、身外殆ど一物なき労働者、その他一般人民の利益を無視したるの迹、歴然たるものあり。……仏国民法は、実に中等市民が革命の乱に因りて得せる財産の安固を保障し、その利益を擁護するに急にして、其の他を顧みるに暇あらざりしなり」などと書かれている(36)。今日では常識のことだが、フランス民法典の社会的・経済的性格を述べているのは、当時のものとしては注目に値しよう。

③　民法の理念への覚醒——末弘厳太郎、牧野英一、田中耕太郎、我妻栄

末弘厳太郎により、いわば民法学の革新宣言がなされた一九二一年は、「学説継受」の終了期でもあったとされる(37)が、その前後から再び民法の原理・思想に関心が持たれるようになる。この時期は、第一次世界大戦後の社会の激動期であって、日本にもエールリッヒ、パウンドなどの法社会学、新カント派その他の法哲学が多くの学者によって紹介され論じられた(38)。末弘が人権宣言とフランス民法典によって確立された民法の「個人主義の哲学と経済学と法律学」に基づく所有権と契約の自由から生ずる経済的不平等を指摘し、労働問題、農村問題、住宅問題の法律的解決のために論陣を張ったことはいうまでもない(39)。一九二七年以来、我妻栄は、名論文「近代法における債権の優越的地位」の中で、資本主義経済組織の特色を法律制度の上から眺め、その理念としてアントン・メンガーとレオン・デュギーを引用して「個人の所有と活動の自由」を挙げ、これはフランスの人権宣言とフランス民法に淵源し各国に承継

されたものであるとする。[40] 田中耕太郎も、同じく名著『法律学概論』において、私法広く法律の一大原則として「個人の意思の自治（l'autonomie de la volonté humaine）」又は「私的自治（Privatautonomie）」を挙げ、この原則は「ルソー及び其の影響に基く人権宣言の自由思想に出づるものである」と述べている。[41] 牧野英一は、刑法学者であると共に民法についても多くの論文を書いており、既に早くから、フランス・ドイツの新しい著書（デュギー、サレーユなど）や理論（信義則、権利濫用、社会法など）を精力的に紹介していて、断片的ながら各所において、フランス革命の結果である人権宣言と民法典、フランス民法の原則である意思の自治について述べている。[42]

これらにおいて、フランス民法典の根本思想が、穂積陳重とは異なり、批判の対象としてではないものとして理解されていることに、時代の変化を見ることができる。

④ 第二次大戦中における「近代法」への関心——川島武宜、来栖三郎

第二次大戦中に、川島武宜、来栖三郎により、近代民法の特色・独自性への関心からの研究が行なわれている。川島は、とりわけ「近代法」に関心を持ち、幾つかの論文を発表しているが、注目すべきは来栖の「民法における財産法と身分法(1)〜(3)（未完）」[43]である。近代社会において市民社会と家族、財産法と身分法の「全く異なった原理に服し乍らも而も相結合して」いることを論証しようとするもので、財産法の部分で終わっているが、そこにおける「経済生活における個人主義」の原理が指摘され、「各個人に自己に帰属している財貨の自由処分が委ねられている。これが個人意思の自治の原則である」と述べられている。

(4) 第三期（一九六五〜）

この時期は、日本民法典へのコード・シヴィルの影響の再発見によって始まる。それを機縁としてフランス民法・民法学への関心が急速に増加し、フランス民法の思想・諸原理の検討、ボワソナードとその起草した民法典の研究、日本民法典のオリジンに遡る探求などが盛んに行なわれるようになった。若手学者のフランス留学が増え、ドイツ法

系の学者でフランスにも留学する者が現われている。詳細は前稿に譲る。

(5) まとめ

以上の粗雑な概観からだが、次のような見方が示される。

日本民法解釈学は、第二期の中の「学説継受」期以来、圧倒的にドイツ法学の影響下にあった。末弘の痛烈な批判とそれを受けた我妻の努力は大きいものであった。しかし我妻自身がその方法論の中で「法律的規律によって達成すべき理想」として主張した、「各種の法律関係のそれぞれにつき、能ふ限り具体的な指導原理を探求す」る試み[44]は、『民法講義』の『物権法』や『担保物権法』において見事な成果を収めたが[45]、抽象的な規定の多い民法総則や債権総論では必ずしも十分に成功していない。解釈論そのものの手法は、石坂音四郎・鳩山秀夫を承継した、ドイツ的な抽象理論が少なくない[46]。まして、この時期における他の学者による大きな体系書や教科書において然りである。京都で我妻と並び称された末川博も、牧野と共に権利濫用論を唱え、古典的著書とされる『権利侵害論』(弘文堂書房、一九三〇)を執筆しており、第一のものを含め一方でかなりの柔軟な理論が見られるが、他方で前述の大著にも、また多くの論文や教科書にも、ドイツ的抽象論の傾向が色濃く存在する。この時期の大体系書である勝本正晃博士の『債権総論上、中巻の一〜三』(巌松堂、一九三〇〜三六)も同様である。石坂、鳩山らによる「学説継受」が一段落し、それが、北川教授の表現を借りれば、通説である「日本民法学の原型」となった後は、これを前提とするきわめて細かい議論が行なわれてきた。通常いわれているように、全体としてこの時期はドイツ的法解釈学の支配した時代である。民法学の主流は、多くの国で解釈学であるように思われるが、日本においてもそれが民法学の主流であったということができる。

これに対し、一方で、大正期の日本法学を彩った哲学的傾向は永続せず、末弘が唱えた社会学的傾向は、いわば傍流として存在しており、主流に流れこんでどれほどの影響を与えたかは、今後検討されるべき課題ではあるが、それほど大きいとは見ることができず、まさに平行して流れていた感さえもある。

他方、フランス法（学）は、幾つかの新理論の紹介によって解釈論に流れこみ、さらに少なからぬ個別的なテーマについて優れた研究によって解釈学に豊かな内容をもたらしたものの、全体としてはやはり、主流と離れた所で、いわば湖沼を形成するに止まっていたように見られる。杉山直治郎、福井勇二郎、野田良之らの優れたフランス法学者の仕事も、「当時の法解釈学へのルートをつけることには消極的であった」という見方は、[47]それらの学者の主観的意図はともかく、客観的にはそう見られても仕方がないようなものであった。ただ、立法論には大いに貢献しうるものであり、事実、戦後の自賠法の立法に際して野田の論文が大いに参照されたと聞いている。福井の動産担保制度に関する研究も、関係する立法ができ、さらに今後もより広い範囲で立法が問題になる今日、有益なものであろう。

第三期については、その火付け役であって渦中にいる筆者にとって、評価が困難であり、将来の検討に委ねるほかない。[48]ただ、二点を挙げておきたい。一は、教科書においてフランス法的な視点での叙述を示す大村のもの[49]や、錯誤の解釈においてフランス的なコーズ（cause）の理論を持ち込んで構成しようとする森田宏樹の論文など[50]に見られるように、民法解釈学の中心部にフランス的な見方や理論が入り込んでゆく感があることである。[51]二は、かなりドイツ法学的な解釈論をするが、既にその論文執筆当時からドイツ法学の「原型からの自立理論」を追求していた北川が、ドイツにおける最近の債権法改正や、国際的物品売買契約に関する統一法におけるドイツシステムの後退の現象の前に、パンデクテン体系を問題にすべきことを強調していることである。[52]ただ、ドイツ的民法解釈学に代わるものとして、どのようなものを打ち建てるべきか、その際参考になるものがあるか、あるとすれば何かが今後の課題である。ドイツの改正債権法や英米法が念頭に置かれることが多いようだが、最近債権法改正案の公表されたフランスにも、改めて十分な考慮が払われるべきである。

（16） 星野「日本民法学史（一）〜（四）」法学教室八〜一一号（一九八一）で用いた民法典制定後の民法学についての時代区

分である。

(17) 注(1)引用の論文で用いた時代区分だが、大村・フランス民法――日本における研究状況「第一編 人と家族の法」(二〇〇四年冬学期大学院総合法政専攻講義ノート、未発表)は、一九、二〇、二一の世紀別の年代区分をしている。また北川教授は、「民法解釈論のスタイルを外国法との関係からみる」立場から、明治末頃までの「法典注解期」(岡松参太郎・注釈民法理由に代表される)、明治末頃から大正一〇年頃までの「学説継受期」つまり「(ドイツ民法学の理論体系に即した)日本民法の解釈論が確立した」期間、「比較法期」つまり「各国の法が同等に参考にされるようになった」時期の三期に区分される(北川「民法典と比較法――研究ノート」比較法研究五八号(一九九六)特集「ドイツ民法典の百年」七一頁、同「問題提起――日本民法のアイデンティティ」《特集・日本にとってのドイツ法学とは?(一)――民事法の場合》民商法雑誌一三二巻四=五号(二〇〇五)四六七頁)。筆者が民法学史一般についてとった区分と共通で、各時代についての観点と、ノミネーションが違っているのは、教授がドイツ民法学の視点から見ていることに由来するものであろう。

(18) 頻繁に引用されるフレーズである(例えば、星野・前掲注(11)民法のすすめ一九八頁以下)。

(19) 同じく引用されることが多い(前掲注(18)一九九頁以下)。

(20) 星野・前掲注(11)民法のすすめ七四頁以下。

(21) 前者については、古く、田中耕太郎「ボアッソナードの法律哲学」杉山還暦(有斐閣、一九四二)、最近では、池田真朗「自然法学者ボワソナード」法律時報七〇巻九号(一九九八)(文献も詳細である)。後者については、(ボワソナード〔久野桂一郎訳〕・経済学者ラ・フォンテーヌ(みすず書房、一九七九)中の野田良之解説。

(22) 司法省蔵版・性法講義(明治十年六月印行)、五頁、八頁、一〇頁など。

(23) Y. NODA, Gustave Boissonade. Comparatiste ignoré, in: *Problème contemporain du droit comparé*, Recueil d'étude de droit comparé en commémoration du 10e anniversaire de la fondation de l'Institut japonais de droit comparé, tome II, 1962.

(24) 大村・前掲注(8)二九頁以下(但し、この部分は「日本民法典の民法観」と題する節にあり、本稿とは扱う問題が異なる)。

(25) 法理精華二巻七号(一八八九)(上杉慎吾編・穂積八束博士論文集〔一九一三〕一四三頁以下)。

(26) 法学新報一号(一八九一)(穂積・前掲注(25)書二三八頁以下)。なお、本論文と次注に引用する論文はほぼ同じ趣旨を説いており、大村・前掲注(24)は本論文の他の部分を多く引用しているので、本稿では、次注引用論文から多くを引用した。

(27) 法学新報二五号(一八九三)(穂積・前掲注(25)〔一九一三年〕二九四頁以下)。

(28) 星野・前掲注(3)「日本民法学の出発点——民法典の起草者たち」。

(29) 瀬川信久「梅・富井の民法解釈方法論と法思想」北大法学論集四一巻五=六号(一九九一)。

(30) 以下は、星野・前掲注(28)を再現したものである。

(31) 梅「開会ノ辞及ヒ仏国民法編纂ノ沿革」仏蘭西民法百年紀念論集(法理研究会、一九〇五)二頁以下。

(32) 穂積「仏蘭西民法ノ将来」前掲注(31)七七～一一〇頁の大作。この部分は一〇九頁以下。

(33) 富井の貴族院に於ける旧民法延期案に関する演説。杉山直治郎編・富井男爵追悼集(日仏会館、一九三六)附録四。

(34) 富井「仏国民法制定後仏国ニ於ケル沿革」前掲注(31)三六頁。

(35) 初出は京都法学会雑誌二巻一号～二号(一九〇七)(「長子相続・起源」)、三巻六号～一二号(「労働契約」)(一九〇八)、七巻一号(家産制度」(一九一二)など。

(36) 岡村・民法と社会主義(弘文堂、一九二二)一四六頁以下。

(37) 北川・前掲注(4)一五四頁以下。

(38) 法社会学関係の文献は、岩田新・日本民法史——民法を通して見たる明治大正思想史(同文館、一九二八)二一九頁以下、法哲学や方法論の文献は同書二二五頁以下に詳しい。

(39) 例えば末弘「民法改造の根本問題」同・嘘の効用(改造社、一九二三)(初出一九二〇)、同・農村法律問題(改造社、一九二四)、同・労働法研究(改造社、一九二六)など。

(40) 我妻「近代法における債権の優越的地位」前掲注(9)〔六五〕。

(41) 現代法学全集(日本評論社)の一巻で、毎期他のものの分冊と併せて配本されたもので、全部配本後購入者が各自でまとめて製本するシステムの全集である。一九二八年から配本が開始されたが、本書は特に評判が高く、戦後も新版が発行されている（学生社版、一九五三）。その第四編「法の体系概観」第二章「私法」第二節「民法」第一款「総説」から引用した（新版では表題その他若干違っている）。

(42) 法学全般に関するおそらく最初の論文集である牧野・現代の文化と法律（有斐閣、一九一七）にもこのような叙述が数ヶ所存在する。その他、同・民法の根本問題第四編　信義則に関する若干の考察（有斐閣、一九三六）所収論文など数多い。

(43) 法学協会雑誌六〇巻一一号、六一巻二号、三号（一九四二〜四三（『来栖三郎著作集I法律家・法の解釈・財産法・財産法判例評釈』（信山社、二〇〇四）三四〇頁、三四五頁など。本文引用は三六二頁）。

(44) 我妻・前掲注（9）（七）。

(45) 四宮和夫「我妻民法学の全体像」ジュリスト五六三号（特集「我妻法学の足跡」）（一九七四）、星野『民法講義』などジュリスト五六三号三二頁（同・民法論集第四巻（一九七八））。

(46) 星野・前掲注（45）三四頁。石部雅亮教授は、次のようにいう。「明治以来、ヨーロッパ諸国の、とくにドイツの法学を継受して一世紀以上も経って、いまわが国の法文化の特色を考える場合、ドイツ法学の思考様式の刻印は、よくも悪くも、拭いがたいものがある、すでに体質になっているのではないか、……それがどのようなものかはきちんと確認しておくことが必要であると思います。」（村上淳一編・後掲注（78）一二九頁）。

(47) 北川・前掲注（4）二〇七頁。小粥「日本の民法学におけるフランス法研究」（前掲注（6）シンポジウム報告）民商法雑誌一三一巻四＝五号五六三頁（四）が、杉山、山本、野田の研究は、「乱暴な言い方をすれば、フランス法研究者によってフランス法研究として行われたものであり、日本の民法学に対するストレートな主張を含まない点で、……（後に紹介する）民法学者によるフランス法研究とは多少、性格が異なるように思われる」としているのは、ほぼ同趣旨であろう。なお、教授が五八〇頁において、「実は、なぜフランス法を研究するのかということを問われること自体が、フランス法研究の特殊性を反映しているような気がいたします。民法の領域で、ドイツ法を研究する論文を書いて、なぜドイツ法を研究するのかということは、あまりいわれないだろうと思います。しかし、フランス法を研究する場合は、なぜフランスなのかということを終始問われるわけで、フランス法を研究する人は、その言い訳を常にしなければならない状況にあったと思うのですが、最近は必ずしもそうではなくなっているということがいえるようにも思います」とするのは、この点とも関係する象徴的な事実であるように思われる。北川のいう「日本民法学の原型」がドイツ法学の「学説継受」によって形成されたものであること、これは、「日本民法解釈学」がドイツ民法学のコピーのようなもの、もっと言えばドイツ民法学と混合した一体のようなものになっていたことに由来すると言えよう。

（48） 感想だけを一言することを許されたい。私が研究生活に入った頃から感じていたことは、日本の民法解釈学がドイツ法（学）的であって、民法典に則していないこと、解釈論が抽象的・観念的なことであった。「日本民法典に与えたフランス民法の影響」日仏法学三号（一九六五）（同・民法論集第一巻〔一九七〇〕）と、「民法解釈論序説」法哲学年報一九六七号（一九六八）（民法論集第一巻）を書いた時には、フランス法（学）の参照と利益考量論（価値判断法学）をそれへの対案として提示する趣旨であったが、それだけでは日本民法解釈学の中心部にはなお肉薄していないような、手応えのない感じがあった。未熟を顧みず『民法概論』（良書普及会、一九七一〜七八）を上梓することに踏み切ったのは、通説とされていた我妻説のうち自分なりに批判できたと考えた点を早く学界や学生向けに出したいと考えてのことであり、かくて我妻説と違う部分のみを詳しく書き、他は我妻説に委ねる（従う）教科書も意味があろうと考えてのことであった。今から考えると、このように教科書としてはバランスのとれないものを敢えて出そうとしたのは、本文に述べた主流・傍流と点在する湖沼地とを一本にまとめて大きな流れを作ることが必要であり、そのためには主流である教科書における解釈論を示さなければならないという考えによるものだったことがわかる。現在では、湖沼は本流と一体化しつつある感を受けるが（小粥・前掲注（47）に引用した箇所からも感じられる）、傍流のほうは、それが本流に入ってきたというより、傍流の水量が減ってきた感さえある（来栖・契約法〔有斐閣、一九七四〕を別にして）。

（49） 大村・Ⅰ総則・物権総論（二〇〇一）、同・Ⅱ債権各論（二〇〇三）、同・Ⅲ債権総論・担保物権（二〇〇四）〔有斐閣「基本民法」シリーズ〕。巻別は東京大学法学部における民法の講義に即し、内容は法学部における法学教育の目的についての著者の考え（はしがき参照）を徹底して教科書としたユニークなものである。

（50） 森田宏樹「九五条（動機の錯誤を中心として）」広中＝星野編・民法典の百年Ⅱ（有斐閣、一九九八）。但し、このやり方は不法行為論における「違法性」論と同様の問題を含む。

（51） 小粥・前掲注（4）及び注（47）所掲の報告が、最近のフランス民法研究を注（4）に引用した三つのグループに分けて紹介するのは鋭い（もっとも分類された学者がそれに異論を唱える余地はあろうが）。いずれにしても、それらが民法の解釈論に色々の関係で結びつき、その限りで本文に述べることが言えるのではないだろうか。

(52) 北川・前掲注（17）「民法典と比較法――研究ノート」、同「日本民法とドイツ法――比較法の視点から」《特集・日本民法の歴史と展望（一）――外国法とのかかわりを中心に》民商法雑誌一三一巻四＝五号（二〇〇五）、特に五四三頁以下、五五一頁以下、同・前掲注（17）「問題提起――日本民法のアイデンティティ」など。同教授の問題意識は既に前掲注（4）日本法学の歴史と理論二頁以下に表れているように思われる。

四　今後の問題

(1)　法律家、法学者の課題

①　体系書・教科書の書き方における影響

初めに要約したように、前稿において筆者は、当然のことながら、コード・シヴィル、一般的に外国法の影響といっても、第一次的には法学者を通したものであることを示した。したがってそこでは、各時代にそれを受けとめた学者の関心や研究対象、当時の法律事情、法律学の状況、時代背景等による種々の偏りがあることも否定できない。細かく言えば、フランスの学者によって伝えられたり、日本の学者によって、フランスの学者を通して、あるいは直接に理解されたコード・シヴィルが日本の民法学や法律実務に影響したのである。影響のうち民法学に対するものはこれまた当然のことである。しかし、実務への影響は、裁判、立法や行政実務・企業実務に対する学者の直接の関与による場合のほか、間接的に著書論文なかんずく体系書や教科書を通した影響が大きいと見なければなるまい。法案作成の準備をする審議会の事務局によって広く著書論文が検討される場合もかなりあるが、体系書・教科書程度の参照で済まされることも少なくない。(53) 裁判官においてもほぼ同様である。外国法が検討される場合も、直接その国の文献にあたったり現地調査が行なわれることもあるが、それを紹介・検討した日本の学者等による研究が利用されることが少なくない。さらに重要なものは、学者のほぼ全員が教師であることから、大学における法学教育や独学を通して学生に与える影響である。これは、講義（案）が公表された場合や教師が自分の教科書を用いる場合は別にして、通常は目に見えないものであるが（もっとも最近は、自分が使う教科書を書くことが盛んになっている）、無視することのできない、むしろ決定的というほどのものである。[54]

かくして、外国法の影響を検討する際には、各時代に多く読まれた体系書・教科書における外国法、ここでは外国の体系書・教科書の影響の研究が重要である。この点はこれまであまり注目されてこなかったようだが、今後進められるべき研究である。教科書の研究は、外国法の影響の検討においてばかりでなく、[55] 一般的に各時代の法学や法律家の傾向を知るためにも不可欠である。[56]

体系書・教科書については、その内容や個々の問題についての解釈論の結論もさりながら、その「書き方」における影響が重要であると見られる。「書き方」というのはややあいまいな表現であるが、ここでは一応二つのことを挙げておきたい。一つは個々の部分における叙述のしかたであるが、次の、全体としての叙述法が重要である。ドイツのものは、(i)概念を抽象的に細かく細かく分けてゆく。ドイツ民法典（ＢＧＢ）自体がそのような傾向にあることは知られているところだが、学説はそれをさらに進めてゆく。(ii)そして抽象的概念の体系を作り、そこから演繹する形の議論をする。(iii)もっとも、最近までは、各冊の編別、章立ては民法典の編別、章立てによるのが通常であった。(iv)民法の全体や各部分の沿革、理念や社会的機能などの叙述はあまりない。[57] (v)最近までは、体系書は別として教科書には、判例もあまり引用されなかった。これに対してフランスでは、(i)概念構成は厳格だがドイツのように細かく分けるのではない。(ii)体系化には厳しいが（“cohérence”の強調）、制度や概念の横断的な検討も重視される。抽象概念そのものの体系というよりは、社会的・思想的背景を持った概念の体系というところがあるので、体系から演繹するという感じは弱い。(iii)各冊の編別、章立ては、必ずしも民法典のそれによらない場合が多い。一九世紀のいわゆる「注釈学派」時代には、大学の講義が民法典の条文の順序で行なわれるべきものと法律上定められていたこともあって、教科書・体系書は逐条的に説明されたコメンタールであった（もっとも、当時の立法者意思説ゆえに、立法当時の議論が多く引用され、抽象的概念の組合せでない、実質的な議論も多く、富井の批判するような無味乾燥なものではない）[58]。(iv)古く一九九七年のプラニヨル（Marcel Planiol）の教科書以来、各制度の説明の初めにその簡単な沿革などが置かれるのが通常であった。カルボニエ（Jean Carbonnier）の教科書（初版一九五五）からそれが一層強くなり、太文字での一般的叙述の後に、Etats des questions と題して、経済、社会学、比較法、法政策その他広く関連問題の状況を書いた部分が置かれている。その後の教科書には Pour aller plus loin と題する同じような叙述を置くものもある[59]。(v)判例はかなり引用されている。但し、判例の抽象論の引用であって、かつては事案に即しない引用が多かった。

以上はほんのおおざっぱな概観であり、今後多くの具体例に即した検討が必要である。しかし本稿の問題に即した結論を言えば、この面において特に、ドイツの体系書・教科書の影響が圧倒的であることはまず疑いがない。

しかしこの結論もまた、ある場合では当然のことである。(i)日本民法典の体系がドイツ民法典にならったものであるから、コメンタールならずとも、編別、章立てを民法典に従ってするならば、このような結果になることは自然である。フランス民法典は異なった編別・章立てを持っており、オーブリ・ローの教科書以後体系的叙述がなされているが、ドイツとも違った体系となっているから、日本の体系書・教科書がフランス民法典・民法学に合わせた編別・章立てをすることは、今後そのような試みはありうるとしても、これまではほとんど不可能に近かったのである[60]。(ii)民法典にないドイツの概念の叙述[61]などの点でドイツ法学を直輸入していることは、北川教授の言われる「学説継受」そのものである。(iii)また、制度の沿革、比較法、社会的機能などの叙述は第一期に存在したが[62]、第二期の初め、つまりドイツ法学全盛期になると、稀な例外を別にすると、なくなる。日本民法学史の見地からは画期的である末弘に始まり、それを継ぐ我妻によって教科書の書き方は大いに変わるが、その後現在に至るまですべての体系書・教科書にでもこの方法が採られているわけではない。むしろ、そのようなものは少ない。この面からは、日本の体系書・教科書の書き方はドイツ法学的であり、フランス法学的ではない。ただ、簡単な概説書においては、そのような試みがなされている。(63)

② フランス民法典の思想・原理の検討

この点の一層突っ込んだ検討、特にドイツ民法典のそれと対比した検討が必要である。田中(耕)がやや異なっているが、末弘・我妻以来、フランス・ドイツの区別なしに「近代民法」一般の理念が扱われ、資本主義ないし市場経済の法としての民法の理念が取り上げられた。川島、来栖に至りその傾向は一層強くなった。しかし、民法典の理念というときには、さらに各国民法典についてのより細やかな検討が必要であり、この際経済以外の諸要素(社会、政治、思想)にも目を配るべきである。(64) なお、筆者のこの見方は、フランス民法典の理想として自由、平等、世俗性を挙げるカルボニエの見方と同じであり、(65) おそらくこれが伝統的な見方であるが(旧説と呼ぶ)、フランスでは最近、若手学者を中心に、民法典の起草者や、立法者の思想を実証的にその著書や議会の議事録などを検討して違った見方をとる説(新説と呼ぶ)が有力になっている。(66) 日本でもそれらの文献の翻訳も現われ、その説に従うように見える若手学者が増えている。(67) この点の再検討も必要である。ただ、二点を問題にすべきである。第一に、通常いわれているとおり、コード・シヴィルは革命の精神とフランスの法伝統との妥協・折衷であって、どんなにそれに批判的な起草者であっても革命の精神を無視することはできなかったはずだということである。前に挙げた一七九一年の憲法や法律に反することは立法者には不可能だったろう。第二に、起草者・立法者が実際どのように考えたかということと、その法律が(既に立法当時に社会的・客観的にどのような意味を持っているかも同様であるが)その後どのようなものとして受けとめられ、また社会的にどのような意味あるいは機能を持ったかは、別個の次元の問題である。したがって、二つの見方は両立しうるものであり、新説は実証的な意味での大きな価値を有するが、現在においてコード・シヴィルが少なくとも日本（あるいはフランスにおいてさえ。その他の国でも）において持つ、あるいは持つべき意味は、旧説の言うとおりであると考える。これはまさに、あるものの各国における「受け取り方」、つまり各時代・社会において持つ「意味」とは何かの問題である。(68)

(2) 知識人を含む国民一般の問題

① 非法律家の側から

知識人については、フランスにおいては、人文・社会科学者、哲学者その他知識人とされる人々の法律への関心がかなり強いことと比較すると、日本の知識人の法・法律に対する無関心は、驚くに値する。(69) しかしここでも問題は、何故そうなっているのかであり、一般人についてと同様の検討が必要であろう。知識社会学的考察も有用かもしれない。

ここで日本人一般の無関心の理由についての議論を繰り返す余裕はない。ただ、従来あまりいわれてこなかった点で注意してよいことを一つ指摘したい。最近ある同窓会誌に掲載された小論によれば、日本の（第二）外国語教育におけるフランス語の軽視、ドイツ語の重視は、岩倉視察団の観察に見られる、フランス人及びドイツ人の国民性についての見方に由来するとされる。それによれば、既に岩倉視察団が、フランスについて、国民性が軽佻浮薄であって忍耐が足りない、ドイツ人は重厚堅実であると述べ、それに由来するか否かは明らかでないが、その後の日本の旧制中学の地理教科書においても同様の記述が続いているとされる。(70) なお、旧制高等学校においてはドイツ語を第一外国語とするクラスがどの高校にも置かれたのに対し、フランス語を第一外国語とする国立高校は、文科で四校（一高、三高、東京、福岡）、理科で一校（大阪）にすぎなかった。第二外国語としては、第一外国語を英語とするクラスではどこもドイツ語、ドイツ語又はフランス語とするクラスでは英語であった。就学年限を二年半から二年にした昭和一八年に、英語を第一外国語、フランス語を第二外国語とするクラスができた。その制度が昭和二一年以後何年続いたかは、筆者は明らかにしていないが、高校に一年でも在学して旧制大学に入学した最後の学年は昭和二五年高校入学だから、昭和一八年の制度が続いていたとしても、八学年程度である。フランス語教師のいない高校では、そもそも英仏語というクラスがあったかも定かにしていないが、フランス語教師の大多数を占めていた大学の仏文科卒業生の数は独文科卒業生の数より少なかったのではないか。

法学部にも、フランス法講座の置かれたものは多くなかったし、講義のあるところでも聴講生は多くなかった。大学入学前にフランス語に接していなければ、大学でフランス法を学ぼうという気持ちになりにくいのは自然であり、これが法学者・法律家をフランス法に近づきにくくさせている基本的な理由と言えよう。法学を学んだ者がフランス法に近付かなかったことは、フランスの知識人が法律への関心を強く持っていることに気付かず、ひいては日本でも知識人にとって法律の教養が必要であるとの意識が生まれなかったことの一因と言ってよかろう。

② 特に民法学者の側から

知識人を含む日本の国民が法律、特に民法に関心を持たないことの理由は、今後より深い議論がなされるべき事柄だが、特に民法学者として反省すべきことがあると思われる。つまり、人々に対して民法の社会・国家における重要な意味を十分に伝えてこなかったのではないかという点である。古くから穂積重遠博士などにより、法律の大衆化への努力がなされてきた。しかし、それらの試みにおいても、民法への関心を惹くためか、それを民法の中心と考えたからか、日常生活における民法の意義を中心に、民法はこうなっているから注意せよといった話が多く、人々も民法を知らないと損をするということから関心を持って民法を見るという傾向があった。第二次大戦後の憲法制定後、小学校から憲法の教育は盛んとなり、憲法、特にその人権規定への関心がきわめて強くなったが（そのこと自体は喜ぶべきことである）、親族法・相続法を別にして民法への関心は強まっていない。

これは日本社会において、国の根本制度を定めるのが憲法であるのと同様に、社会の根本制度を定めるのが民法であるという発想がないためだが、もとは、穂積八束、岡村司を別にすると、民法学者、広く法学者・法律家にもこのような見方がなく、民法といえば法律技術の面を中心に考えてきたことにも由来するものであろう。(71) 換言すれば、民法は法律専門家のものという意識が一般人ばかりでなく、法律家にも浸透しているからである。また、法律学の仕事の中心を法律概念の体系構築にあるとして、難解な抽象論をよしとする考え方がこれに拍車をかけている。さらに、民法を行為規範、組織規範とするよりは、第一義的に裁判規範とする考え方も、これに加担している。

この点はまさに、少なくともフランスの有力な民法学者に始まり、(72) 法律家や政治家にも広まっている民法の見方と異なる点であり、この点において、コード・シヴィルの影響がなかったということになる。ドイツの民法学者でこのように言っている者があるかどうかを調べていないが、そのような見方があるとしても、それが少なくとも日本に十分に紹介されてはいないように思われる。そうだとすれば、ここにもドイツ法学、少なくとも日本の学者の見ているドイツ法学の影響があるということになりそうだが、筆者には正確な判断ができない。

③ 法史学者に対して

終わりにあたり、このような機会を与えてくださった法制史学会に感謝すると共に、今後も実定法学（者）と一層緊密な協力関係が築かれることが、両学問の発展のためにも、法学教育、特に技術教育に偏ることが危惧されているロー・スクールにおける教育にとっても重要であることを確認したい。(73) その上で、法史学（者）に対して、一つささやかな注文をしたい。

「法」とは成文法、判例、慣習のほか、それらの形成に対していろいろな意味で多かれ少なかれ影響を与えている学説を含む複合体であることを改めて確認することから出発すべきである。したがって、ある著名な法制史学者の言われるように、歴史学の一分科であると共に「法学の一肢として」の法史学であり、「法をよりよく理解」するためのものであるとするならば[74]、各時代・各地によって程度や方法は違うにしても、そこにおける実定法学を抜きにしてそこでの法を理解することはできない[75]。さらに、法史学は「法に携わる者の一員」としてその実践の第一線に立つ法解釈学の「後方支援部隊」として欠くことができないものだとすれば[76]、現在の法解釈学のある程度の理解なしには、その役割を果たすことができないはずである。しかしこれにはなお今後における双方の努力が必要であろう。「法学における歴史的思考の意味[77]」や『法律家の歴史的素養[78]』によって実定法学者に重要な指摘をした法制史学は、進んで現在の実定法学にも目を配っていただきたい。この際、現在の実定法学が、多くの社会的諸要素を背景とするものであること、先行する実定法学を踏まえその継続と断絶のうちにあることを理解して、その歴史的・社会的意味を考えていただきたいと望んでいる。これはまさに「歴史的思考」の具体的な一つの現われのはずである。

(53) 多忙な実務家としてはやむを得ないことではあるが、二世代前くらいの教科書、最近書かれたものでも古い方法(学説のうち幾つかの解釈論の結論と簡単な根拠を列挙した後、自説を簡単に述べるだけのもの)で書かれたものや、学生向けの基本事項を中心とする教科書などだけが参照されていて、最近の議論まして最近の研究が取り上げられていないことが間々見受けられる。もちろん、優れた研究も多く、実務家と学者を構成員とする学会(例えば、金融法学会など)、最高裁判所調査官による判例解説などの例がある。さらに最近、伊藤滋夫教授の研究に一つの出発点を持つ「要件事実論」をめぐる学者・実務家の共同研究(日本私法学会シンポジウム「要件事実論と民法学との対話」NBL八一〇号〜八一五号〔二〇〇五〕〈私法六八号〔二〇〇六〕掲載〉が一応の結節点ないし出発点となった)、加藤信太郎判事と加藤雅信教授による、民法学の基礎的問題〈解釈方法論——加藤新太郎編・民事司法展望〔判例タイムズ社、二〇〇二〕「第二章　民法解釈方法論」、日本における外国法継受の問題——前掲注(6)シンポジウム、最近の民法学の重要業績の検討——「民法学の新潮流と民事実務」判例タイムズ一一七五号〔二〇〇五〕以下〉に関する学者との共同研究・対話はきわめて貴重な企てであり、日本の民法学史における重要な事件であると言ってよい。

(54) この意味での法学教育の重要性は、穂積陳重によって指摘されている。「凡そ一国の法律が他国に入るには三つの門戸あり、其一は学校にして其二は立法府其三は裁判所なり」(同「独逸法学の日本に及ぼせる影響」穂積陳重遺文集第三巻(岩波

書店、一九三四）六一七頁（初出一九一三）。

(55) 錯誤の立法論と日本における錯誤学説の歴史を一瞥した時にこのことを痛感した（星野「日本民法の錯誤法――規定・学説判例・立法論」中国民商法研究会における報告（二〇〇五・六・一八）〔『中日民商法研究』第五巻（二〇〇六）所収〕、同「日本の民法学――ドイツ及びフランスの法学の影響」早稲田大学比較法研究所講演（二〇〇五・五・二三）（比較法研究所叢書三四号〔二〇〇八〕）。

(56) 北川「民法の体系と法解釈システム」法学論叢一三四巻三＝四号（一九九四）は、やや違った観点からだが、「民法典の体系」と「教科書の体系」の対比をしている。

(57) 筆者の僅かの知見では、Ph. Heck の教科書が例外のように思われた。

(58) シンポジウム「近代民法学の思考様式――比較の観点から」北大法学論集五二巻五号（二〇〇二）は、フィリップ・レミィ〔吉田克己訳〕「ベル・エポック期のフランス民法学――プラニオル」という講演を中心にしたものだが、レミィ教授の講演の内容のほか、対照報告・吉田「社会変動期の日本民法学――鳩山秀夫と末弘厳太郎」、コメント・藤原正則「ドイツ法の観点から」、吉田邦彦「プラニオルの民事責任論と方法論的特色――後世への遺産と時代的制約の比較法的考察」に示される内容に、本稿の視点とも共通するものがある。なお、最近のフランスにおいて注釈学派の価値が見直されていることも一言しておく（Philippe Rémy, Eloge de l'exégèse, Droit, n° 1〔1985〕に始まる。金山直樹「一九世紀フランスにおける民法学と自然法――時効理論を手がかりとして」日仏法学一七号〔一九九〇〕二一頁(3)に当時までの文献が挙げられている）。

(59) 内田貴・民法（東京大学出版会）の「もう一歩前へ」というコラムは、これに示唆されたものか。

(60) 民法典の編別を崩した教科書は、我妻・民法大意（岩波書店、一九四四）（初め二分冊、後三分冊）が最初ではないだろうか（但し、初めは旧制大学の経済学部における講義用。後に新制大学の法学部の講義でも使用）。川島・民法Ⅰ（有斐閣、一九六〇）、民法Ⅲ（一九五一）（三分冊。法学部の講義用。但しⅡは未完で、ⅠⅢは版形が異なっている）が続いていると見られる。教育との関係で教科書の体系を再編成することは最近盛んになった（内田・前掲注（59）がその最初の試みか。その後は大村・基本民法〔有斐閣〕が典型的）。もっとも、民法の編別に従った分冊法をとりつつ、各巻の中で章別を大胆に崩すことは、鈴木禄彌の民法講義シリーズ（創文社）によって早くからなされていた。なお、星野・前掲注（11）民法――財産法は、一五回で財産法をカバーするためもあって、フランス民法典式に概ね人・物・行為の体系を採っている。初学者の通読用として民法の全体像を示す目的の一冊本として、松尾弘・民法の体系――市民法の基礎（慶応義塾大学出版会、一九九七）がある（序論に続き権利主体論、権利客体論、権利変動論、権利効果論から成る）。

（61）法律要件の分類、法律行為の表示行為・効果意思・動機への分析、法律行為・準法律行為の区別などが直ちに思い浮かぶ例であろう。

（62）富井・民法原論（有斐閣、一九〇三～）には比較法による説明が多い。

（63）戒能通孝・民法学概論（日本評論新社、一九五六）・星野・前掲注（11）民法――財産法、同・家族法（放送大学教育振興会、一九九四）など。

（64）「意思自治の原則」と「私的自治の原則」の異同や、前者がフランス法学で、後者がドイツ法学で多く用いられていることと、但し両国で必ずしもはっきり意識的に違った意味で使われているのではないことにつき、星野「意思自治の原則、私的自治の原則」同・民法論集第七巻〔一九八九〕（初出一九八四）でかなり詳しく検討したが、なお最近の用法の変化など、問題は残っているようである。また、人権宣言の精神に従って制定されるべきものとされたコード・シヴィルに対し、BGBの編纂の際（およびその先駆者たち）のこの点についての考えはどうであったかなど、少なからぬ問題が残っている。

（65）Carbonnier, *Droit civil* が初版（Première édition, 1955, n°13 B）から同教授の逝去後の版（Première édition 'Quadrige' 2004, n°74）に至るまで一貫して述べていたところである。ただ、初版では最後のものが spiritualité であったが、後に volonté となっており、説明も幾らか異なっている。日本では、volonté をとるべきであろう（日本では、フランスとはやや違う意味だが、民事法の世俗性は当然のこととされている）。

（66）グザヴィエ・マルタンに始まる。多くの論文があるが、La Révolution française et le Code civil, Himeji International Forum of Law and Politics, No. 1（1993）は、日本の雑誌に掲載されたものであり、包括的な著書に do., Nature humain et Révolution française, 1995 がある。

（67）マルタン〔野上博義訳〕「ナポレオン法典の神話」名城法学四〇巻一号（一九九〇）、同〔金山直樹訳〕「自由・平等・博愛――フランス革命神話の再検討」姫路法学八号（一九九一）、アルペラン〔野上博義訳〕「ナポレオン法典の独自性」名城法学四八巻四号（一九九九）。金山・後掲注（68）箇所はこれに賛成のように見られる。なお、アルペランの翻訳として、石井編・前掲注（4）の二編がある。

（68）金山「言語と法——続・フランス革命と近代法の誕生」大久保泰甫教授退官記念論文集・名古屋大学法政論集一八六号（二〇〇一）一三七頁もこの点に触れている。

（69）前掲注（8）に引用したPierre Noratの名著の翻訳（抄訳であるが）が出版されたが（ピエール・ノラ編〔谷川稔監訳〕・記憶の場——フランス国民意識の文化＝社会史（一）〜（三）〔岩波書店、二〇〇二〜〇三〕）、この「民法典」の項目が落とされているのは、象徴的である。

（70）小林善彦「文科内類とフランスの評判」向陵、終刊号「一高百三十年記念」（二〇〇四）。

（71）マルクシズム法学も法社会学も、「法」を社会との関係で観察し分析することを主張し、それに従事しつつ、「法律」については その技術面ないし裁判規範の面を強調しているように見受けられるのは、筆者の僻目であろうか。

（72）前掲注（11）参照。

（73）伊藤滋夫編・基礎法学と実定法学の協働〔法曹養成実務入門講座別巻〕（信山社、二〇〇五）参照。

（74）滋賀秀三「中国法制史と私——老兵の告白」中国—社会と文化第五号（一九九〇）三四八頁。

（75）滋賀・前掲注（74）三五四頁。

（76）滋賀・前掲注（74）三四九頁。

（77）《シンポジウム》「法学における歴史的思考の意味」法制史研究五一号（法制史学会年報二〇〇一年）。

（78）村上淳一編・法律家の歴史的素養（東京大学出版会、二〇〇三）。

〔**後記**〕本稿は、前稿の発展としての口頭報告を文章化したものである。前稿執筆前後に多くの注目すべき文献が現われているが、それらへの応接は主として注で行なったものの、なお十分ではない。

石井三記編・コード・シヴィルの二〇〇年——法制史と民法からのまなざし（創文社、二〇〇七年）

〔追記〕　もともとは、二〇〇五年秋に開催された法制史学会のフランス民法典二〇〇周年記念シンポジウム「コード・シヴィルの二〇〇年Ⅱ——内なるまなざし」における報告原稿。「フランス民法典の日本に与えた影響」をさらに展開したもの。

〔付録G〕一九九八年と日本民法典——民法典施行一〇〇年と「第三の法制改革期」

一　一九九八年は、日本民法典にとって二つの意味できわめて重要な意義を持っている。第一に、その施行後一〇〇年という記念すべき年である。しかも第二に、その時、わが国は「第三の法制改革期」と呼ぶべき時期に遭遇し、民法等でその改革（民法典の改正と、特別法の立法）のために、草案要綱の作成作業や、準備作業が集中的に行なわれている。

この時にあたって民法学者のなすべき仕事は、最低三つある。第一は、民法典の制定に遡った検討である。第二は、一〇〇年の間における民法の変遷の追求である。第三は、民法典にとっての「第三の法制改革期」の状況の研究と、二一世紀の民法の展望である。

本稿は、第三の問題に絞って概観を行なうものである。

二　「第三の法制改革期」は、高齢化社会の到来、技術とりわけ情報通信技術の急速な発達、社会の複雑化・多様化、社会関係における人や物の多数化・多量化、問題の国際化等によって要請された。偶々この時期は、福祉国家が財政的に困難となり、「国家の失敗」と共に「規制緩和」が声高く叫ばれている時期と重なり、一層困難な課題を生んでいる。

民法、商法等の基本的な法律の改正案の作成は、法務省が担当するが、法務大臣の諮問機関である「法制審議会」（昭和二四年設置）の議を経るのが通常である。同審議会には、民法部会その他の部会が置かれ、ここで詳細な検討がなされる。この審議会は、意外と気が付かれていないが、明治の法典編纂期に諸法典の起草にあたった「法典調査会」の後身というべき存在であることを強調したい。通常は部会自身が社会の動きを見て取り上げる主題を決定する。民法部会には、財産法小委員会と身分法小委員会が置かれていたが、最近成年後見小委員会が設置され、現在三つの小委員会が存在する。

三　現在、民法部会（筆者が部会長）に関係する主題で、何らかの意味で検討を済ませ、または検討中のテーマは一〇件ある。

最近では、多くの法案等の要綱を十分な参考資料と正確な問題整理に基づいて効率よく審議するために、近い将来民法部会の正式の審議の対象となることが予想される主題について、研究会を設け、学者、法曹、民事局の関係官等を交えて、集中的に検討を行なっておく方法がとられている。研究会の多くは、平成七年六月頃、つまりＰＬ法関係の仕事が終わった頃に設置された。既に私的に行なわれている研究会を利用する場合もある。

一〇件のうち一つは、民法部会の審議を終わり、法制審議会の決議を経て法務大臣に答申されたが、未だ政府提案として国会に提出されていない、婚姻法の改正である。現在小委員会の審議が行なわれているものが、二件ある。研究会の検討が終了したり、進行中のものが七件ある。以下、この九件につき、ほぼ検討開始の時間的順序に従って解説する。

四　研究会による検討が終了し、審議会で正式に取り上げる準備のできているものが二つある。

①　最も早く研究会が持たれ、ほぼその検討を終わっているのが、一九八〇年四月一〇日にウィーンの外交会議で採択され、一九八八年一月一日に発効した「国際物品売買契約に関する国連条約（United Nations Convention on Contracts for the International Sale of Goods）である。国際売買についての国際統一法であって、世界的にも貿易国日本にとっても、重要なものであり、これを準備した国連総会直属の国際商取引委員会（ＵＮＣＩＴＲＡＬ）の当時の事務局長が曽野和明北海道大学名誉教授であったという点でもわが国にとって意味を持つ条約である。既に数十ヶ国によって批准され、わが国の批准の遅さは異常である。財産法小委員会で扱う主題の候補に挙げられることが多かったが、ＰＬ法に始まり、急を要する立法問題が続々と現われたため、取り上げられていない。

②　刑法典の口語化は既に実現され、口語化を含む民事訴訟法の全面改正も行なわれた。民法典中文語である前三編

の口語化の作業も、刑法典の作業からやや遅れて開始された(平成三年)。学者と民事局検事同数からなる一六名の研究会により三年で作業が終了し、民事局の関係者による細部の表現の統一作業を経て、平成八年六月に正式の報告が民事局長に提出された。刑法典におけると同様に、内容に全く触れることなく、ただ、条文の解釈等で判例・学説において異論のない若干の点のみを付け加えている。古くから財産法小委員会の中で語られていた主題だが、①とほぼ同じ事情から、取り上げられていない。

五 以下の二つが、研究会の報告を資料として、現在小委員会の審議の対象となっている。

③ 債権譲渡の対抗要件については、平成七年六月設置の「債権譲渡法制研究会」による平成九年四月二五日付の報告書が出ており、財産法小委員会の審議が同年九月から開始された。最近のいわゆる「債権流動化」の要請に応えるもので、金融機関や事業会社等が多数の債権を一定の者(通常は、いわゆるSPC〔Special Purpose Company〕と呼ばれる会社等)に譲渡し、これを担保に発行した証券を販売するなどして資金を調達する手法で、欧米で行なわれ、わが国でもその導入・推進が要請されている。そのために、民法四六七条による指名債権譲渡の第三者対抗要件を、多数の債権の譲渡に適するように簡素化し、それに伴う諸問題の手当をする必要がある。リース、クレジット債権については、平成四年の「特定債権等に係る事業の規制に関する法律」中に簡素化の特別規定が存在するが、それ以外の場合につき、また、同法に欠ける諸手当を定めるために、一般的な制度を作るものである。民法の特別法(特別規定)を作ることが課題となる。平成一〇年の通常国会に法案が提出できるよう要綱を作成すべく努力がなされている。なおこの点については、UNCITRALで、国際統一法を作成すべく現在検討中である。

④ 新しい小委員会で検討を始めたのが、「成年後見」である。国民の老齢化に伴い現われた、従来の禁治産・準禁治産制度ではまかなえない部分の制度を新設し、また、禁治産・準禁治産制度で改正を要する点を改めることが主眼である。老人問題に関し、この制度は、現実の介護と並び、主として財政管理を扱うもので、両輪の関係にある。介護保険の請求、受給等に関し、その受皿を作るという意味もある。欧州大陸諸国でも、ドイツ、フランス、オーストリアな

どで民法改正がなされた。平成七年七月に設置された「成年後見問題研究会」の報告書が平成九年九月三〇日付で発表され、新小委員会は、同年一〇月以降検討を開始した。事の重要性ゆえに、途中で改正要綱試案を公表して、各方面の意見を求めることを予定している。介護保険法の施行に合わせた施行が目標である。

六 デリケートな状況にあるのが、次の二つの研究会である。

⑤ 一つは、借地借家等に関する研究会である。同研究会は、最近問題になっている「定期借家」について検討を行ない、その問題が広く国民各層に関係の深いものであるゆえに、平成九年六月一三日付で、「借家制度等に関する論点」を公表して各界の意見を求めた。その結果は現在集計中である。それを見た上で検討を再開し、報告書が平成一〇年前半に作成され、これを待って財産法小委員会の検討に入ることを内々考えていた。しかし、この問題を「規制緩和」とからめた政治情勢の進み方が早く、考慮中である。

⑥ 阪神淡路大震災から生じた私法問題（区分所有法、罹災都市借地借家臨時処理法等）を検討するために、「震災問題研究会」が平成六年七月に設置された。若干の実情調査も行ない、一部の問題について一応の結論を得たが、種々の困難な事情があるため、平成九年春から作業を休止している。根本問題に触れるので、今後慎重な検討を要する。

七 現在、鋭意研究が行なわれている研究会が二つある。

⑦ 「法人制度研究会」が、平成八年一〇月に発足している。検討事項の第一は、公益法人であるが、事業内容が営利企業の事業と競合しまたは競合しうる状態になっているものにつき営利法人への転換の現行法上の可能性、その不可能な場合の立法の検討であり、平成八年九月二〇日の閣議決定で、これらの公益法人につき「営利法人等への転換」を行なうべき旨定められたことに対応する。第二は、根本的な点である。古くから指摘されているとおり、わが民法典上は、「営利を目的としない」が「公益に関するものでもない」社団・財団は法人になれない（三四条、三五条）。民法の穴とされている。その後、特別法により、この部分を埋める各種の法人が認められているが、一般的な規定は未だない。

財産法小委員会において一旦昭和四九年から五〇年にかけて正式に検討されたが、幾つかの難問があって、議論が行き詰まったままに他の問題に移った経緯がある。第一の問題の解決方法としても、中間法人制度が存在しないと、営利事業と競合する公益法人の受皿がなくなるということがある。民法上は第二の点が重要であるが、第一の点の閣議決定もあって、同研究会も先議事項として既に十数回の検討を経て、中間報告を準備中である。これも法人という民法典の重要な部分に関係する。

⑧ 電子取引が、今日の情報革命時代において困難な法律問題を生んでいる。この状況に鑑み、「電子取引法制研究会」が、平成八年七月に発足した。事の性質上、法律学者・実務家のほか、関係諸方面の学者・実務家を含む大所帯となっているが、取引の相手方や申請人の同一性等を証明する制度を検討する制度小委員会と、電子取引における契約成立、弁済の効力等のいわゆる実体法的問題を検討する実体法小委員会とを設けている。平成九年三月二一日付で、中間報告書が発表されたが、制度小委員会については「研究報告」が、実体法小委員会については、「各委員の報告の要旨」という形でまとめられている。後者においては、なお今後詳細な検討が行なわれる。なお、この問題も、UNCITRALで取り上げられ、「電子商取引モデル法」案がワーキング・グループで検討されている。

八 最後に、私的な研究会だが、近く立法が予想される法律に関するものがある。

⑨ いわゆる「約款規制法」「消費者契約法」についての研究会である。「消費者と事業者」間の契約の適正化をはかることは、PL法と並ぶ「消費者法」の課題であり、日本私法学会でも数回のシンポジウムが持たれ、経済企画庁による数次の報告書が発表されている。中進国を含め世界の多くの国で既に立法がなされてもいる。最近、経済企画庁は、平成八年一二月の、国民生活審議会消費者政策部会報告「消費者取引の適正化に向けて」に続き、平成九年一〇月の国民生活局「消費者契約適正化法（仮称）の論点」に示されたように、具体的な点についての検討を行なっている。他方、一〇年ほど前からの研究会で、日本私法学会のシンポジウムで報告を行なったものがあり、平成九年度から具体的な法案作成の研究を始めたところだったので、民事局の関係者も加わって研究を進めることとなった。両省の協力によって、

ＰＬ法の場合と同様に立法されることを期待している。

九　二一世紀に向かう民法典の将来という観点から、これらの意味を一言しておきたい。

まず民法全体について。民法典のこれほどの改正を見ると、もはや民法典は解体する方向にあるように思われるかもしれない。しかし、実はそうではない。

第一に、民法の法律技術は、新しい法制の基礎に存続する。改正の諸点は、初めに挙げた新しい社会現象に対応している。民法典は、一九世紀に成立した法律として、それらを予想してはいない。したがって、新しい法律技術が開発されるべきことは自明である。しかし、例えば最も進んだ電子的取引においても、結局は民法や商法の提供する法律技術を基礎とせざるを得ないことが、最近の研究によって示されている。それらの基礎の上に、技術の発展に応じた新しい要素が加わるだけである。

第二に、民法典の理念との関係で言えば、一九世紀的な形式的自由・平等の理念は、既に二〇世紀において、各人の実質的な平等、事実上の自由の確保という理念へと進んでいる。筆者は、フランス革命の理念であったのに一九世紀にはあまり顧みられなかった、「博愛と連帯」の精神が、実質的自由・平等と並ぶ民法の新しい理念であると考えている。

右の立法問題から例を挙げよう。成年後見制度は、判断力に欠けた者も、社会の同じ一員として、できるだけ通常人と同様の生活を営むことを保障しようとするものであり、ある意味では平等の理念の徹底とも言えるし、その基本に博愛と連帯の精神があると見ることができよう。中間法人制度の制定は、一方で、ＮＰＯ（Non-profit Organization）活動のような市民による博愛・連帯の活動への便宜を、他方で、技術社会に疲れた人々に種々の人間的集まりを作る便宜を認めるものである。かつてそれのみが市民社会と呼ばれた経済社会でない、広義の市民社会の発達こそが、今後の日本そして世界の将来を左右すると言われている今日、中間法人制度制定の持つ意味は大きいと言えよう。これも、自由・平等の人間を前提としつつ、そのより深い連帯の理念を表すものと言える。契約の適正化は、まさにすべての人が真の自由を得、物やサービスの提供者とその利用者が連帯してよりよい社会に向かう努力、と位置づけうるであろう。

全体問題に戻ると、民法典は、その直接に適用される領域が減り、周囲に一層多くの特別法を持つことになろう。しかし、六法全書の「民法」の部分はむしろ増えそうである。民法典の中心をなす法律技術は変わらず、新しい技術が加わり、自由・平等の理念は、通用する領域は減ってもなお基本的なものとして存続し、それに博愛と連帯という新しい理念が加わる。かくして、民法は一層複雑で豊かになってゆくものと見ることができる。

學士會会報八一八号（一九九八年）

〔**追記**〕本編に収めた「民法典の一〇〇年と現下の立法問題」において言及されているほか、「目次メモ」にも掲げられていたもの。小編であり、上記論文の縮約版としての性格が濃いものであるので**付録G**として収録した。しかし、結論部分で、民法典の原理について言及している点で、Japanese Civil Code: The Cetenary of its Birth and its Futureと通ずるところがあり、興味深い。

〔付録H〕日本民法の一〇〇年とアジアの民法——日本の経験とアジアの法制度確立への国際協力

はじめに

昨年は、日本民法典の施行一〇〇年にあたりました。そのため、法務省、最高裁判所、日本弁護士連合会の後援のもとに、フランス、ドイツ、オランダ、アメリカの四ヶ国から世界的に著名な学者をお呼びして「二一世紀の立法と民事法」の表題で、「民法一〇〇年記念シンポジウム」を開催しました。一一月一二日には、東京で、この場所をお借りして「民事法の発展と立法」というテーマで行ない、日本からは、私がスピーカーになりました。続いて一四日には、京都で、財団法人国際高等研究所の協賛を得て、「国際化時代の民事法」のテーマで行ないました。日本からは、京都大学の奥田昌道・北川善太郎両教授がスピーカーでした。

本年は、日本商法典の施行一〇〇年にあたります。そこで、法務省が世話役になり、法曹三者による民商法施行記念祝典が行なわれるはずです。記念切手も発行されると聞いております。これが何を意味するかというと、不平等条約を改正した、新通商航海条約の発効が、民法、商法、民事訴訟法、刑法、刑事訴訟法という、基本法の編纂・施行を要件としていたからです。商法施行日の翌日に新条約が発効したのです。明治の日本が真に独立を果たした記念すべき年から一〇〇年経ったものです。

しかもちょうど現在、日本は、「第二の法制改革期」ともいうべき時代に入っており、民法、広く私法の改正やそれらの特別法の立法が盛んに行なわれています。法務大臣の諮問機関である法制審議会のそれらの部門、そしてその事務局である法務省民事局は大変な作業中です。

以上の理由から、ここ数年は、民法にとって、二つの面で、重要な意味を持つ時期です。しかも、もう一つ、これからお話しするような、アジア諸国との関係でも相当の役割を果たすべき時代が始まっています。

私は、たまたま法制審議会民法部会長の任にあるほか、国際民商事法センターの学術評議員を仰せつかっていることもあって、昨年初め以来、外国を含めあちこちで講演をしたり、ものを書く機会がありました。本日のお話も、それらとかなり重複している部分があります。もとは、昨年一月に発行されました岩波新書の『民法のすすめ』という小著にアウトラインを示しておりますので、あるいは、同じことを聴くとお感じになる方もあろうと思いますが、ご辛抱ください。

1　アジアの法制度確立への国際協力の実際——国際民商事法センターの活動を中心に

本日は、国際化時代において日本民法の直面している幾つかの問題のうち、特にアジアとの関係の問題について取り上げます。しかし、アジアと言っても、ここで扱う問題は、社会主義国で市場経済を導入しつつある国と、社会主義国から市場経済の国というか、資本主義国に移行しつつある国に限定されます。当初から市場経済・資本主義を採用していた国との法律に関する協力関係は、後に一言触れますが、本日のテーマからややずれます。こちらについては、本日ここにおられる小杉丈夫弁護士が現在会長の大任を果たしておられる、ローエイシア（LAWASIA）というアジア・太平洋地区の法律協会があり、日本にはその支部に近いものとして日本ローエイシア友好協会があります。昨年一一月に、日本でビジネスローコンフェランスが行なわれ、本年九月には韓国ソウルで第一六回大会を開催します。というのは、そのメンバー国は、当初からの市場経済国で、そこの法制は日本法との関係においては、後に申すようにイークオルフッティングにあると見られるからです。

まず、この観点で現在行なわれている日本の協力について一言説明しておきます。

これは、一九九六年四月一六日に設立された財団法人国際民商事法センターを中心とする活動です。この財団法人は、刑法の領域で、既に長い実績を有する国連アジア極東犯罪防止研修所（略称アジ研）に続き、「民商事に関する各種法制の調査、研究、研修、情報交換等を行い、（アジア）各国の民商事法とその運用の発展を支援するとともに、よりよい国際経済取引の法的仕組みを探求し、もって国際社会の繁栄と安定に資すること」を目的としています（寄付行為〔articles of incorporation〕三条）。さしあたり、発展途上国に対する法基盤整備の支援を主に行なっていますが、実際は、先に述べたように、社会主義または旧社会主義国に対するものです。幾つかの方式によるものがありますが、ここで詳しく説明する必要もないでしょう。最近の例を幾つか挙げれば、先の諸国の比較的若手の法律家を招いて行なう一月余の泊込みでの研修が年に一度行なわれています。マルチ研修などと呼ばれています。本年度は、昨年度と同じく、カンボディア、中国、ラオス、モンゴル、ミャンマー、ベトナムの六ヶ国からの研修生を招いて、一月末から三月初めまで行なわれました。特記すべきことは、日本からも、企業、裁判所・検察庁の若手が研修員に加わり、寝食を共にして研修を受けることです。その他、テーマを決めた二国の法律家のセミナーが、既に中国との間で数回行なわれています。ベトナムの法制度支援の研修は、このセンターが委託を受ける以前からのもので既に六回を数え、最近カンボディアの法制度支援の研修も行なわれています。これらは、ことによって違いますが、ＪＩＣＡ、法務省（法務総合研究所）との、種々の形での協力によって行なわれているものです。なお、このセンターでも、アジア太平洋諸国の倒産法研究会を行ない、その成果をシンポジウムで発表しており、社会主義ないし旧社会主義国の法制整備だけを扱っているのではないことを一言しておきます。

しかし、これらの点についてよく知っておられる方もここには多いと思われますので、この程度に止めます。本日お話したいのは、なぜ今日、日本民法がアジア諸国の法制度確立に貢献しうるのか、どのような点でそうなのか、ということです。

2　日本民法がアジア諸国の法制度確立に協力しうる理由

(1)　問題提起

なぜ日本民法がこれらの国の法制度、限定すれば民法典の制定に協力できるかは、一見あまりにも当然のことであるように思われるかもしれません。民法典を持っている国が、これから民法典を制定しようという国に協力できるのは当然ではないか、と聞き返されるかもしれません。しかし、日本の民法典は施行後一〇〇年しか経っていないから、民法典も二〇〇年以上の歴史を持ち、経験豊富な西欧諸国のほうがよいとは言えないでしょうか。アジアの一員として近い国のほうが便利だというだけのことでしょうか。

それもあるでしょう。しかし、私は、次のように考えております。すなわち、日本民法典は、その編纂の歴史においても、その一〇〇年の歴史においても、現在置かれている状況においても、いま民法典を編纂しようとしている国々にとって参考になるものを持つからだ、ということです。

二点を挙げることができます。第一は、日本は、急速に、しかも西欧諸国のようにローマ法学の長い歴史と、近代革命もなく、何もないところから民法典を作ってゆかなければならなかった点で、それらの国の現在と共通の要素を持つことです。第二は、日本民法典の制定後の変遷と、今日の状況とが、それらの国の人々が現在民商法を整備するのに際して、予め注意しておくべき問題をかなり明らかに示していることです。

以下、少し具体的に申し上げます。

(2) 「民法」の社会的意義との関係

始めに、西欧諸国と共通することですが、やはりまず、「民法」とは何かについて簡単に説明しておかなければなりません。

こう言うと、またも、「そんなことは十分わかっている。いまさら何を」と言う声が聞こえるようです。しかしここでも、この当たり前のようなことが、実は民法学者においてさえ、これまで意外と十分に理解されていなかったと言ってよいでしょう。そして、前述したアジア諸国の法整備のためにも、この点を明らかにしておくことが大切である、と考えます。

二面（aspect）から見てゆきます。第一は、法律技術的面です。まず、法律家の皆さんによく知られた、「民法とは私法の一般法である」という説明があります。これは、一国の法律体系の中における民法の位置を示したもので、民法の社会において果たしている機能やその占めている位置を示すものではありません。しかし、これから民法を作ろうとしている人々に対して、いや実は日本のような国においてさえ、法律家でない一般の人々に民法とは何かを説明するには、その社会的意味こそが重要ではないでしょうか。民法は、他の法律においても基本的な技術ないしそのモデルとしての意味を持つことは重要な点ですが、今日の問題ではありません。そこで、第二の、いわば社会的な観点です。これも、意外とこれまで十分な説明がありませんでした。断片的ないし部分的な説明は、川島武宜先生などによってなされておりましたが、全面的にアプローチしたものはなかったようです。

私は、民法の二つの社会的機能を挙げたいと思います。

① 日常生活の規範

第一は、民法は、人の日常生活の規範であるということです。我々の日常生活は、朝起きてから、眠るまで、ほとんどすべて直接間接に民法の規律するところです。家族関係の事項も同様です。ただこの点は、ごく普通に言われることで、今日では当たり前ですが、現在でも、金を貸しても返してもらう法律上の手段が十分にない国もあるようですし、後で触れるように、日本民法典編纂の必要性をごく初期に説いた江藤新平や、江藤を継いで司法卿になった大木喬任が、当時つまりたった一三〇年前の日本社会の実情として述べているところですから、日本も決して誇ることはできません。そしてこれは、民法典の大きな意味を示しているのです。

② 近代社会の構成原理 (constitution)

第二は、民法は、近代社会の構成原理だということです。具体的には、さらに二つの面に分けるのが適当であると考えます。一つは、民法は市場経済の基本原則と、そこにおける交換の基礎的な規律を定める法律であって、市場経済の根幹とその運行を保障する法です。民法は、交換過程の規律である契約、交換の主体である法人格、交換の客体である物、交換の主体と客体の関係である所有権その他の権利についての基本的な規定をしています。もう一つは、民法は狭い意味での市民社会の法律だということです。実は、市民社会という言葉は、かつては、市場経済社会・資本主義社会と同じ意味で使うことが通常でした。しかし、最近は、権力機構である国家、経済制度である市場経済社会と並んで、第三の社会の重要性が説かれています。それは、一言で「自由な意志に基づく非国家的・非経済的な結合関係」などとされるものです（ハーバーマス）。具体的には、NGO、NPOのようなボランティア団体が典型ですが、古くからあるものとして、社会事業団体、文化団体、学術団体、新しいものとして、消費者団体、環境保護団体、人権擁護団体などの人的結合があります。さらに、それらに資金を提供する財団、信託、メセナなどの、財産の集合があります。団体の構成も、そこへの寄付も、民法の定めるものであり、その活動や、活動のための財産関係も、契約、所有権を初めとする諸財産権も、民法が規定するものです。

さて、フランスでは、憲法が国家の構成原理であるのに対し、民法は社会の構成原理であるとして、国の法律体系においては憲法が最上位に来るが、それらの実質的な内容においては同等である、とされるのです。次のような表現が用いられます。憲法は「国家の（constitution）であり、「民法は社会の（constitution）である」というのです。そして、両者が共同して、国の法体系の中心となり、国とその社会を支えるとします。フランス民法典の起草者の中心であったポルタリス（Portalis）という人は、次のように言っています。一方で、民事法は「政府を基礎づけるものではないにせよ、政府を維持するものである」とし、他方で、民法典は、「国家的基本法律の後見の下にある」と言っています。両者の論理的関係はややすっきりしませんが、注意すべきものです。なお、constitution というと、日本では法律としての憲法を考えますが、本来の意味は、ある団体の基本構造、構成原理といったものであることにご留意ください。

この、民法は社会の構成原理であって、実質的には憲法と並ぶ重要性を持つものであることとの認識が、日本においては、学者を始め、最近に至るまで、不十分であったように思われます。民法のこの面を改めて意識することが、現在きわめて重要であることを強調したいと思います。

市場経済を導入しようとしている国が民法典を編纂しようとしている理由は、まさに民法が市場経済の基本法（constitution）であるところに由来するのです。

もう一つの、民法が先の意味における市民社会の法的基礎を提供する点は、社会主義を維持したり、そこから変わりつつある国にとっては、未だ先の話と思われますので、デリケートな点もあり、詳しくは触れませんでした。

(3)　日本民法典一〇〇年の特殊事情

民法典「一〇〇年」と言っても長いのですが、大きく言って、三つの時期が問題になります。民法典の編纂の時期、一〇〇年の経過、そして現在です。現在は、日本民法典にとって重要な意味を持った時期にあたっています。すなわち、私が「第三の法制改革期」と呼んでいる、民法やその特別法、商法、民事訴訟法といった、民事基本法の大きな改正や新立法の時期です。しかし、アジアの法制度整備との関係でも、若干触れるほうがよいのですが、そこまでは難しいかもしれません。

本日は、アジア諸国の法整備にとって重要であると考えられる点を、民法典の編纂期に重点を置いて、簡単に指摘したいと思います。

①　日本民法典編纂期

日本民法典の編纂は、その開始の時期がごく早いことと、編纂の期間も当時としてはかなり短いことに特色がありますが、それをさせた動因に、興味深いものがあります。

編纂の開始は、先にも触れた、一八七〇年です。明治維新、正確には、徳川幕府の大政奉還（一八六七年一〇月一五日）から三年も経っていない、一八七〇年六月には、江藤新平（当時「制度局」（最高官庁である太政官の部局で、国の官職、制度、規則などを扱うもの））により民法の検討を行なうことが定められ、八月には、箕作麟祥という人に、そのためフランス民法典の翻訳作業が命じられ、そのできた部分をもとにして、九月一八日からは、制度局民法会議における編纂作業が行なわれています。このように早い時期に、先に述べたような、近代国家における民法典の必要性に気付いた先覚者がいたことは、驚くべきことです。国の制度でいえば、廃藩置県（一八七一年七月）、廃刀の命令（一八七六）の前で、民事法としては、戸籍法（一八七一）、平民と華族・士族の間の結婚の自由（一八七一）、人身売買の禁止（一八七一）、農民の作物の自由（一八七一）、全国民の職業の自由（一八七二）、土地売買の自由（一八七二）などの前なのです。

②　編纂の過程の概観

以下、簡単に申します。結局自分たちだけでは諸法典の編纂ができないとわかり、各国から人を呼んでこれにあたってもらうことになり、民法については、財産法の部分につき、フランス人、パリ大学教授のボアソナードに、身分法の部分については、日本人委員数名に依頼しました。家族法には日本固有のものがあるからという理由です。なお、ここで申しておきますと、本日は家族法については取り上げません。民法典編纂期以来面白い問題が多いのですが、それだけで別個の説明を要するくらいの大きなことだからです。ただ一言、これまた意外と気付かれていなかった重要な点として、日本の家族法は、戦前の特殊な「家」制度を除くと、徹底して個人主義的に出来ていることを指摘いたします。現在の日本民法には、「家族」という言葉が、恐らく一度も使われておりません。「家族の利益」といった言葉があちこちに使われているフランスなどと比べても、大きな特色と言うことができます。編纂事業は一八八九年に終了、一八九〇年四月二一日に「民法」として公布され、一八九三年一月一日施行と決定されたこと（「旧民法」と呼んでいます）、その施行に対する強い反対運動が起こり（「法典論争」と呼ばれています）、社会全部を巻き込む大論争となったこと、結局、旧民法を修正するためにその施行を一八九六年一杯まで延期する法律が通過し、全員日本人委員からなり、東京帝国大学教授三名を起草委員とする「法典調査会」が一八九三年に設置されて旧民法の「修正」作業が精力的に行なわれたこと、この際、世界各国の民法、特に当時起草中であったドイツ民法典の第一、第二草案が参考にされたこと、一八九八年に施行されたことなどです。結局、日本民法典は、編別や若干のドイツ民法に由来する制度を別にすると、フランス民法典の影響の大きいもので、この点も三〇年前までは誤って理解されていました。

編纂作業は開始から約三〇年かかっています。しかし、フランスでも革命後民法典編纂が命じられた時（一七九〇）から、幾つかの草案を経て、施行まで約一五年（一八〇四）、ドイツでも編纂作業の開始（一八七四）から施行（一九〇〇）まで約二五年かかっていることを思えば、ゼロから出発した日本の三〇年は、驚異的に短いと言うべきでしょう。

③　編纂の動因――その急がれた理由

民法典を始めとする諸法典の編纂の動因、特にその急がれた理由は、アジア諸国の法律家にとっても参考になり、また元気づけるものであると考えられます。そこで、この点に触れたいと思います。どの国で法典を編纂するについても理由となることがありますが、特に日本における特殊の事情がありました。

(i) 法典編纂一般の必要性

通常、三つが挙げられます。第一は、近代国家の統一にあたり、各地方で異なっていた法律や慣習を統一することであるのは、言うまでもありません。特に民事法については、統一国家を単位とする一つの市場を形成するために、必要なことです。この点は、アジア諸国の人々は十分に気がついているはずです。

第二は、革命などの社会経済体制の根本的ないし大きな変革に際しては、新しい社会制度・経済制度の枠組みを作るため、またそれを国民に示すために、不可欠となります。日本では、明治維新による、封建制と身分制の廃止と、市場経済の確立・近代的な社会の建設を一挙に行なうためには、近代的な民事諸法の立法が必要になりました。出発点である、それ以前の国家体制・社会制度が異なるとはいえ、アジア諸国にも同じ事情があることは言うまでもありません。

しかし、以上の目的は、個別的な立法によっても達成することができます。重要な領域において、まとまった「法典」という形をとるのはなぜでしょうか。これは、難しい問題ですが、国家・社会の改革、とりわけ急速な改革に際し、その基本制度(constitution)をまとめて、一貫した改革の理念に導かれた法律を作ることが望ましい、少なくとも便利だということができます。

(ii) 日本の特殊事情

三点を挙げることができますが、本日の話の関係では、後の二点が重要です。

(ア) 不平等条約の改正の条件　実際上最も深刻であったのは、徳川幕府が一八五四年から数年の間に欧米諸国と締結した通商航海条約が、日本が相手国と不平等に扱われている、いわゆる「不平等条約」だったことです。治外法権を認め、かつ、輸入品についての関税率を条約で定めて(つまり以後これを改めるときは、協議によることを要する)、日本が自由に定めることができませんでした。「関税自主権」がなかったわけです。かくて、明治初年から、不平等条約の改正は、国の運営にあたる者たちの「悲願」でした。しかし、相手国が改正に応ずる条件としたことは、三点ありました。民事・刑事の裁判制度の確立、有能で公正な裁判官の養成、そして、裁判所で適用される重要な法律の整備です。相手国から見れば、当然の要求です。この第三の、重要な法律というのが、いわゆる五法、つまり民法、商法、民事訴訟法、刑法、刑事訴訟法です。しかも、「泰西ノ主義ニ従（う）(in accordance with Western principles)」ものという条件が付いています。

(イ)　国民生活の安定の基礎　しかし、江藤、それに続いて司法卿（Minister of Justice）になった大木喬任は、さらに別の目的も考えていました。二点が挙げられます。

一は、民法典が国民生活の安定にとって不可欠なことです。江藤は次のように書いています。「併立の元は国の富強に在り。富強の元は、国民の安堵に在り、安堵の元は国民の位置を正すに在り。所謂国民の位置を正すとは何ぞや、婚姻、出産、死去の法、厳にして、相続贈遺の法定り、動産、不動産、貸借、売買」これに続く部分に、次のように言っています。現在、国民の権利義務がきちんとしていないので、例えば相続、貸借、売買、所有権などの争いが盛んに起こっている。こんな有様ではどうして国民は安心して生活できるだろうか。これに反し、西欧諸国では、それらに関する法律がきちんとしている。それゆえ、国民は安心して、生活に励んでいる。国民の権利義務が日本とそれらの国とで異なっている。これが、外国では、国民は年々富んでゆくが、日本では貧民が増え、富んだ人も減ってゆく「病原」だ。大木も、同様のことを言っています。

(ウ)　「富強」の基礎・手段としての民法

二は、民法典が国家を富ませ、強くするために必要なことです。江藤は、日本が諸外国に列して独立を保つ（これは当時、「列国と並立する」と呼ばれていました）基礎は「国ノ富強」にあり、富強のもとは「国民ノ安堵」にあり、安堵のもとは、先に読んだように国民の権利義務をはっきりさせることにあると畳み掛けています。大木についても、そのような言葉があります。「一家ノ経済ヨリ一国ノ富強ヲ生シ家庭ノ平穏ヨリ邦家ノ安寧ニ及ホサシムル所以ナリ」。

(iii)　まとめ

以上の、民法典編纂を推進した人たちの言葉には、若干の問題があります。国民生活の安定は、国民一人一人そのものが大切であり、国民生活を守ることが国家の使命であるという観点から言われているのではなく、国民生活の安定は国の「富強」のために必要だとされていることです。つまり、国民生活の安定をはかる民法典は、国を富ませ、強くするための手段とされていたことです。フランス民法典が、人権宣言に適合すべきものとされたこととの対比は、あまりにも鮮やかです。フランス革命期の立憲議会（Assemblée constituante）の司法制度に関する布告（一七九〇）は、次のように定めています。「立法者は、民事諸法を再検討、改革し、単純、明晰で憲法に適合する民事法の一般法典を作成すべし。」

もっとも、民法が国民の日常生活の安定に必要であることが強調されており、彼らの国民生活の安定に対するヒューマニスティックな精神を見ることができます。民法典を編纂しようとしているアジアの人々に、その仕事に一つの意義を示していると言えます。

しかし、彼らには、今申したように、民法を手段視することと、民法が社会の構成原理・基本構造を規定するものであるという観点が窺えない点において限界があります。江藤の驚くべき先見の明とともに、その限界をも認めざるをえないのです。このことも、これから民法典を編纂しようとする人々が知っておいてよいと思われます。法律を何らかの狭い政策の手段とすることは、今日もなお存在していると見られますので、民法、広く法律が正義を理念とするものであることの認識が必要であることも指摘したいと思いました。その際、正義とは何かと聞かれることを予想して、民法の観念も、およそ近代法の観念も持ち合わせていない、司法省法学校の学生に対して、ボアソナードが、法学入門ともいうべき講義の始めにおいて述べたところを説明しました。正義論は、法哲学者の尽きない議論の対象ですが、さしあたり十分だと思われるからです。ボアソナードは、ローマの法学者ウルピアーヌス（Ulpianus）の言葉を引用して言います。「法は善と正義の術である」「法学は、正と不正を扱う学問である」「法の命じるところは、誠実に生きよ、何人をも害するな、各人に彼のものを帰せよ」、である。そして、「誠実に生きよ」は道徳の問題であり、後の二つは、「何人をも害するな」に帰する、とします。簡単ながら、法や法学をあまり知らない人に示すには、きわめて適切であると思う次第です。

(4)　一〇〇年間の民法の変遷

本日は、その内容の変遷には触れる余裕も、必要もないでしょう。その理念・指導原理の間の変化について、簡単に述べるに止めます。この点には、日本においても、早くから、故我妻栄先生によって、フランスのレオン・デュギー（Léon Duguit, 1859〜1928）の『私法変遷論』（一九一二）や、ドイツのアントン・メンガー（Anton Menger, 1841〜1906）の『民法と無産者階級』（一九〇三）などを参考にして、説かれていたことです。

① 民法典の当初の理念・指導原理——自由・平等と自由への重点

制定当時における民法典の理念については、ここでも典型的な近代民法典であるフランス民法典（以下「古典的民法典」と呼ぶことがあります）について見ることにします。先にお話しした所に戻りますが、フランスでは、民法典は人権宣言に適合していなければならないとされました。つまり、民法典の理念・指導原理は、一七八九年の人権宣言にあるということです。人権宣言から、民法の指導理念を引き出しますと、すべての人の平等な、自由・人身・所有権その他の権利の保護ということができましょう。さらに簡単にその理念を言えば、自由と平等ということになります。そして、両者の中では、自由への傾斜に特色があります。平等は、「機会の平等」であって、「結果の平等」ではありません。

② 理念・指導原理の重点の変化——平等への重点の移転（博愛と連帯、共生）

結論から言えば、重点が自由から平等に移動したこと、詳しくは、平等への傾斜とその関係での自由の若干の後退です。そして、それらをもたらした新しい理念として、フランス革命の理念の第三とされながら、これまであまり主張されていなかった、博愛の理念、それでは宗教色が強いということでしょうか、先のデュギーが連帯とし、最近は共生と呼ばれたりしているものです。その背景は、ここで説明するまでもないでしょう。

ただ、そのプロセスについて一言しておきます。西欧諸国においては、雇用契約・労働関係における労働者の地位の向上に始まり、借地人・借家人の保護、消費者の権利の保護という順序で行なわれました。日本では、明治憲法体制下で労働運動が制限されていたこともあって、借地人・借家人の保護から始まり、労働者の地位の向上は、第二次世界大戦の敗戦を待たなければなりませんでした。消費者の権利の保護は、ほとんどの国で戦後のことですが、この点でも日本は西欧諸国ばかりか、いわゆる中進国や第三世界に属するとされる一部の国にも遅れ、製造物責任法がようやく一九九五年に施行されたにすぎず、消費者契約の適正をはかる法律の制定は、来年になります。アジア諸国で真似して欲しくない点です。

(5) 最近の現象

日本民法をめぐる現在の状況はかなり複雑なものがあります。

① 「第三の法制改革期」

第一は、「第三の法制改革期」ともいうべき時代に直面していて、あちこちの部分において、民法典の改正や、特別法の立法が急速に進められていることですが、これについては、その原因をなす事情がどの国でもほぼ共通であり、そのことのみを指摘して、それ以上は立ち入りませんでした。これも、後に触れるように、民法典編纂時の民法だけを示すのでは十分でない点です。

② 企業の不祥事、コンプライアンス

第二は、まことに残念なことですが、総会屋への利益供用に典型的に見られた、会社や銀行の不祥事です。それとの関係もあって、最近企業の「コンプライアンス」ということが声を大にして叫ばれている点です。これらについては、民法典の早期編纂を強く主張した江藤、大木に見られた、法律を一定の目的の手段視する傾向が今日においても存在していることを示すものとして、注意しておきたい点です。法律は正義、公正といった理念に奉仕すべきものであるという、最も基本的な点を忘れないようにすべきことを、日本の法律家としての反省を込めつつ、アジアの法律家にも申し上げました。

③ 「規制緩和」

第三は、最近、日本においても世界においても「規制緩和」の大合唱が起こってきたことです。つまり一旦後退したかに見えた自由の新たな強調が、日本の政界、言論界、経済学界などにおける一つの強い潮流となってきました。新古典派経済学の強い影響によるものです。これに対する強い反対もありますが、いずれにせよ、自由から平等への傾斜という前述した流れとの関係がデリケートになっているため、現在新たに民商事法を整備する場合にどういう影響を持つかが複雑な問題となります。現在は、制定時のいわば古典的民法としてなお社会の基本（constitution）であり続ける民法が、新しい理念の一〇〇年の歴史を経た流れと、規制緩和という反流との間で方向を模索している時期にある、と言うことができるでしょう。

④ アジアの研修生に示すべきこと

この状況のもとで、どのように考えるべきかは、そもそも日本の民法学者、広く法律家全体に課された困難な課題ですが、アジア諸国の法律家に対しては、二つのことを示すことが必要であると考えております。

一つは、市場経済の基礎法であって、市場経済である以上は変わらない骨格をきちんと示すことです。恐らく、国際民商事法センターの研修も、その点が中心になるものでしょう。

しかし、もう一つは「規制緩和」に対してどのような立場をとるにしても、日本民法典の一〇〇年、古典的民法典の一九〇年の歴史によって到達した地点をはっきりと示すことも必要であると思われます。現在の西欧の民法典は、一八〇四年の民法典ではなく、日本民法典も一〇〇年前のそれではありません。われわれは、単純に一〇〇年前、一九〇年前に戻ることはできないはずです。一九世紀以降の市場経済社会に生じた、社会的不公正と、それが引き起こした社会的不安と混乱を繰り返してはならないはずです。東欧諸国における、社会主義の崩壊は、自由主義的市場経済体制の時代への復帰・再来を意味するものでは全くありません。東欧諸国の社会主義崩壊の一つの有力な力となっていたと言われているローマ教皇ヨハネ・パウロ二世が一九九一年に述べた言葉は、どの立場にある人からも、十分に顧みられるべきものを持っています。ヨハネ・パウロ二世は、回勅「新しい課題（Centesimus Annus）」の中で、「社会主義の敗北によって、資本主義が唯一の経済構造のモデルとして勝残ったという言い方は受け入れがたい……」とはっきり述べ、「（望ましい社会は）……市場が社会の諸勢力と国家によって適正に管理されて、社会全体の基本的な必要を満たすよう保証することを求めている。」としています（三五段）。さらに、「（財産の使用に関して）人間は、外物をわたし個人のものと考えてはならない。むしろ、共通のものと考えるべきである。」と述べているのです（三〇段）。

恐らく、社会主義を経験した国では、完全雇用、社会保障といったことは、既に相当程度に進んでいるはずなので、市場経済を構築するに際しても、最近の言葉を使えば、セーフティー・ネットを予めきちんと組み込んだ制度を構想すべきだ、ということです。

おわりに

このように、日本は、一方で幸いにして、一〇〇年前に民法典の立法と、一〇〇年にわたるその運用に成功したために、アジア諸国にその経験を伝える任務を負う地位に達しました。しかし他方、なお先進国を含む他の諸国の動向に絶えず注意している必要もあります。二点あります。一つは、国際統一売買法条約を含む諸統一法条約の批准が他国に遅れていることです。もう一つは、国際交流の盛んな世界においては、諸外国の法律を何時も学ばなければならないことです。幸い、日本の法律家は、外国法を継受したために、先人の一三〇年の努力を経て、外国法に対する感受性に優れており、国際化した世界にあってある意味でたいへん恵まれた状況にあると言うことができます。

つまり、日本の法律家は、今日の世界の中で二重の地位に置かれています。アジア諸国の法律家とは、一面において先輩であると同時に、今日同じ世界の環境にあるものとして、同様の問題に直面している仲間でもあります。日本の法律家の今日の世界における役割は、甚だ大きいことを十分に自覚すべきでありましょう。

〔**追記**〕 一九九九年三月に、日本弁護士連合会第四回国際交流セミナーにおいて報告されたもの。Japanese Civil Code: The Cetenary of its Birth and its Future の末尾で触れられていたアジアとの関係に関する著者の基本的な考え方が示されている。同様の観点に立つものとして、「国際化時代と民法典一〇〇年」と題する講演原稿（一九九九年二月、国際民事法研修in金沢）も残されているが、両者を一体のものとしてとらえて、著者の視点をより鮮明に示す時期的に後のものを**付録H**として収めることとした。本報告は日本国内で行われたものではあるが、その聴衆の性格からして（英文のレジュメや資料も用意されていた）、外国での報告に準ずるものとして位置づけることもできるだろう。

あとがき

1　星野英一『民法論集第十巻』は、第一巻から第九巻までといくつかの点で異なっている。形式面から見て明らかなこととしては、既刊の各巻に比べて大部であることが挙げられよう。①これまでは各巻に一〇編前後の論文が集められていたのに対して、本巻では本編だけでも二〇編に達しており、これに数編の付録が加わっている。また、②本巻では従来とは異なり、収録論文を第一部から第三部に分け、かつ、本編のほかに「付録」というカテゴリーを設けている。そのほかにも、③各論文の「追記」の内容が従来のものとは異なること、④巻末に「あとがき」や第一巻から第十巻までの「総目次」(第六巻までは「内容」と題された一頁のものが存在した)を掲げていることも従来とは異なる点である。しかし、最大の相違点は、⑤「はしがき」が、著者ではなく内田貴教授によって書かれている点にある。

「はしがき」にも記されているように、本書は著者の没後に編集されたものである。編集作業は、著作権者である星野美賀子夫人のご助力を得て、大村が行った。上記の①〜⑤の特徴はすべてこの事実に由来する。以下、本書成立までの経緯を記すことを通じて、前述の形式面での相違に伴う実質面での相違について説明をしておきたい。

2　著者の逝去の際に、第五巻・第六巻(一九八七年に同時刊行)以降の編集を担当されていた酒井久雄氏(有斐閣前常務取締役)から、著者が第十巻を刊行する計画を持っていたことを伺った。その後、同氏に作業はどの程度まで進んでいたかをお尋ねしたところ、計画があっただけで具体的な作業の着手には至っていなかったとのお返事があった。

ご葬儀からほどなくして、美賀子夫人にお願いをして、第十巻に関する資料が遺されていないかどうか、ご一緒に著者の書斎を探していただいた。しかし、ご逝去直前の書類が置かれていた机上やその周辺に、関連の資料を見出すことはできなかった。そこで私は、従来の『民法論集』に倣って既刊の主要論文を収録するのが著者の意図に適うだろうと考えて、以下のような「仮目次」を作成した。この段階では本書第二部・第三部の本編に収録した各論文にほぼ相当するものと付録二編を収録するつもりであった（体裁が揃っていないのは、別の目的のために作った主要業績目録を利用し、それに加筆をしたためである）。

仮目次（二〇一二年一一月二二日作成）

フランス民法典の日本に与えた影響　平成一八年
　北村一郎編『フランス民法典の二〇〇年』　有斐閣
日本の民法典・民法学におけるコード・シヴィルの影響　平成一九年
　石井三記編『コード・シヴィルの二〇〇年』　創文社
日本の民法学―ドイツおよびフランスの法学の影響　平成二〇年
　早稲田大学比較法研究所編『比較と歴史のなかの日本法学』　同研究所
日本の民法学者から見た中国物権法　平成二〇年
　星野英一＝梁慧星監修『中国物権法を考える』　商事法務
民法典の一〇〇年と現下の立法問題　平成一〇年
　法学教室二一〇号・二一一号・二一二号
「消費者契約法（仮称）の具体的内容について」を読んで　平成一二年
　NBL六八三号

日本民法典の全面改正　ジュリスト一三三九号　平成一九年
（＋法律時報？）
いわゆる「法科大学院」問題について　ジュリスト一二〇〇号　平成一三年
日本における民法学の発展と法学研究者の養成
曽根威彦ほか編『法実務、法理論、基礎法学の再定位』　日本評論社　平成二一年
法科大学院における民法教育のあり方　要件事実教育研究所報4号（二〇〇六）
法教育の幾つかの問題　大村＝土井編・法教育のめざすもの（二〇〇九）

付録
加藤一郎先生追悼（学士院）
鈴木禄彌先生追悼（学士院）

3　ところがその後、美賀子夫人から、『民法論集第十巻』の原稿類と思われるものが見つかったので来訪されたいとのご連絡を受けた。夫人が私に見せて下さったのは、一つの紙袋であった。そこには「論集一〇巻のために」というメモ書きが「二〇一一年一二月」という日付とともに記されていた。夫人によれば、書斎の床に多数の紙袋――著者は資料類を紙袋にまとめて整理していた――が残されており、その中から見つけ出されたということであった（この「発見」については、星野美賀子「星野英一の人生――ともに在りて」内田貴ほか編『星野英一先生の想い出』（有斐閣、二〇一三）三一七頁に記されている）。

紙袋の中には著者のいくつかの論文の抜刷などが入っていたが、中味のほとんどはクリア・フォルダにまと

められた原稿類であった（以下、この紙袋中にあった資料を全体として「紙袋資料」と呼ぶ）。そしてそれらは、本書第一部に収録した各論文の日本語原稿とその執筆のために用いられた（さらに補訂のために用いようとされた）資料であった。これが何を意味するかを教えてくれたのは、同じ袋の中にあったA４サイズ一枚紙の手書きメモであった。以下に掲げるのがそのメモである（「目次メモ」と呼ぶことにする。原本は横書き。線や枠囲い、取消線は著者によるもの。判読困難部分を示す（?）のみが大村によるものである。日付は付されていなかったが、内容からして収録されるべき報告で時期的に新しいもののいくつかへの言及を欠く点から見て、二〇〇七年の秋以降二〇〇八年三月ごろまでに作成されたものと思われる）。

目次メモ

中国国内講演

~~中国~~

「民法における人」	国際民商事法セミナー学会	2002／8
「我妻法学」	中国政法大学	2002／5
「慣習」	中国民商法研究会（広州）	2002／6
「民法典の体系」	（麗江）	2003／3
「法人」	（済南）	2003／10
「日本と中国の文化関係の歴史」	（北京）	
「物権と債権」	（上海）	2004／6
「中日韓民商法統一」	（青島）	2004／11

「錯誤」　（武漢）　2005／
「民法典全面改正」　（南京）　2006／6
「中国新物権法」　（東京）

フランス民法二〇〇年

「日本への影響」　論文集　2004／3→2006／10
「　　　」　法制史学会　2006／12

日本民法典一〇〇年

「学士会会報」

「法学教室」

式典
要事法務研（?）

法学者養成　早大

4　「目次メモ」の最大の特色は、本書第一部に収録した諸論文が重視されているという点にある。その多くは日本では公刊されていないものの、中国では公刊されたものである。これまで著者は、外国語で公表した論文については日本語翻訳を公表した上でそれを民法論集に収録してきた。しかし、これらに関しては、そのような過程を踏むことなく日本語原稿を『民法論集第十巻』に収録しようとしていたのであろう。「紙袋資料」

中の原稿類の状況から考えても、このように推測することが許されるであろう。また、メモや資料を離れても、『民法論集第九巻』の刊行（一九九九）後、著者が最も力を注いできたことの一つは、中国との国際学術交流であり（この経緯については、前出の星野美賀子「星野英一の人生」三一三〜三一五頁のほか、星野英一〔渠涛訳〕「為記念中日民商法研究会成立十周年—祝賀与感謝」中日民商法研究第十一巻〔二〇一二〕、星野美賀子〔渠涛訳〕「星野英一的中国行—充満感謝的回憶」同第十二巻〔二〇一三〕を参照）、本書第一部所収の諸論文はその成果に他ならない。実質的に見ても、第一部所収の諸論文は日本法の単なる紹介ではなく、著者の年来の関心事に関する検討を新たな文脈の中でさらに一歩進めようというものであったと言える（この点については、大村敦志〔渠涛訳〕「星野英一老師与中国」同第十二巻〔二〇一三〕で述べたところである）。

5　以上をふまえて、本書編集にあたっては、次のような方針を採ることとした。

第一に、日本国内では未公刊の原稿であっても、「目次メモ」に記載されているもの、または「紙袋資料」に含まれているものについては、物理的に原稿があるもので、内容的に掲載に適した程度まで整っているものはすべて収録することとした。本書第一部所収のものの大部分と第三部付録に収めたものがこれにあたる（第三部付録は国内での講演原稿であるが、第一部と第三部を架橋するものとして価値があると考えた）。なお、中国で行われた講演のうち、論文的な色彩のやや低いもの（しかし、著者の学問の特色を示すもの）やレジュメしか発見できなかったものについては、第一部の付録に収めた。他方、「紙袋資料」の中には、韓国で行われた講演原稿一編が含まれていたが、これも第一部の付録とした（第一部と第二部を架橋するものと位置づけられる）。ちなみに、第二部と第三部とは第三部所収のフランス民法に関する二編（民法典のみならず民法学への影響を語る）によって架橋されるので、全体が円環構造をなすことになる。

ところで、中国で行われた講演のうち中国語で公刊されているものに関しては、中国語に翻訳された最終原稿を掲載するのが望ましいが、著者はＦＡＸで原稿を送付していたようであり、中国側には最終原稿は残されていないということだった。そこで、「紙袋資料」の各フォルダに遺された（同一講演に関する）複数の草稿のうち、最新（最終原稿により近い）と思われるものを使用することとした。「慣習」については、「目次メモ」には記載があるものの、レジュメも原稿も発見することができなかったが、美賀子夫人から原稿が保存されていると思われるフロッピー・ディスクの提供を受けることができたので、そこから原稿を取り出した。この論文に関しては中国語からの反訳も考えたが、著者の文体を損なうことを恐れ、初期の草稿かもしれないが、ディスク中の原稿を用いることとした（入稿後に原稿も発見されたので内容を照合した）。

第二に、学士院における物故会員の追悼文や学士会会報掲載の講演は、本来ならば著者の随筆集に収められるべきものかもしれないが（来栖三郎・磯村哲両会員に対する追悼文は星野英一『法学者のこころ』〔有斐閣、二〇〇二〕に収録されている）、これらも本巻に収録することとした。二編の追悼文は学問的な価値の高いものであるが、著者の方針との整合性を図るべく第二部付録として収めることとした。他方、学士会における講演一編に関しては、「目次メモ」に記載されているものの、同一テーマの別論文との重複も多いため、やはり第三部の付録として収めた。なお、「目次メモ」に「式典」と書かれているのは、日本民法典百周年記念式典の際の報告原稿（Japanese Civil Code: The Centenary of its Birth and its Future）を指すが、これは日本語版の刊行準備が進められつつ実現に至らなかったものであり、「紙袋資料」にも英語原稿が遺されているだけであった。『民法論集』に外国語論文がそのままの形で収録されたことはないこと、予定されていた加筆修正が全くなされていないこと、類似テーマに関する論文が別に収録されていることに鑑みて、収録を見送ることとした。

第三に、「目次メモ」作成時以後に中国で行われた講演や国内で行われてその後公刊された講演を収録した。二〇〇八年四月・六月に行われた二つの講演がそれであるが、内容に照らして第一部・第三部に配した。また、日本国内で公刊済のもので学術的な価値のあるものは、「目次メモ」に記載されていないものであっても収録することとした。家族法・消費者法に関する二つの論文である（うち一編は、私の作った仮目次から脱落していることに、後になって気づいた）。これらは、「日本民法典一〇〇年」という枠組みには収まりにくいと思われたのであろうが、広い意味で民法改正にかかわるものとして第二部に収録した。

第四に、収録論文の件数に鑑み、全体を三部に分けることとした。各部の編成及び表題の決定にあたっては「目次メモ」を重視したが、メモの内容を「文字 lettre」通りに受け止めて従ったわけではない。メモの「精神 esprit」は、フランス民法の二〇〇年、日本民法の一〇〇年、中国民法の現在、という対比にあると受け止めた上で、分量を勘案して日仏民法典に関する論文をひとまとめにすると同時に、日本民法学の現在という観点からひとまとめにできるものを括りだすこととした。

第五に、第一部所収の緒論文を中心に、体裁の整備のために形式面で若干の補正を行ったが、用字の統一は最小限にとどめた。また、内容については、明らかな記憶違いや脱落と思われた数点を補正したほか、原則として原文をそのまま残した。

第六に、「追記」には、各論文の由来・初出誌や本巻における配置に関する説明のほか、「紙袋資料」中の関連原稿に関する情報のみを付記するにとどめた。したがって、関連文献の補充等は行っていないが、著者の既刊論文で関連性の高いものに限って言及した。特に第一部所収の報告については、その必要性が高いと考えたためである。ほかに、当該論文の意義を明らかにするために、ごく例外的にいくつかの文献を引用した場合もある。なお、紙幅の関係もあり、「索引」は簡単なものにした。

第七に、本巻は『民法論集』の最終巻となるため、巻末に第一巻から第十巻までの総目次を付した。総目次は編集部で作成していただいた。なお、著者の略歴・業績目録は古稀祝賀論文集（『日本民法学の形成と課題

（上）（下）』（有斐閣、一九九六）に付されているが、本書と同時期に刊行予定の追悼論文集（『日本民法学の新たな時代』（有斐閣））において増補される予定であることを付言しておく。

なお、本書の編集・刊行にあたっては、星野美賀子夫人の格別のご配慮のほか、『星野英一先生の想い出』に続き、有斐閣書籍編集第一部の高橋均部長、土肥賢前部長（現営業部長）をはじめ有斐閣の方々に大変お世話になった。また、「はしがき」は内田貴先生（東京大学名誉教授）にお願いした。さらに、資料の整理については、私設秘書の伴ゆりなさんの手を煩わせた。著者に代わり、この場を借りてお礼を申し上げる。

大村敦志

二〇一五年七月

民法論集総目次

事項・人名索引

き

く

け

こ

せ

そ

た

ち

て

と

な

に

の

は

ひ

ふ

へ

ほ

よ

ら

り

る

れ

ろ

わ

条文索引

(1) 日本法

民法

※法改正により移動，内容の変更が生じている条項については，（　）内に法改正に関わる情報を付記した。

民法施行法

旧民法財産編

旧民法人事編

＊　＊　＊

学校教育法

国有財産法

借地借家法

商　法

中間法人法

道路法

特定非営利活動促進法

日本国憲法

不動産登記法

法科大学院の教育と司法試験等との連携等に関する法律

法の適用に関する通則法

法　例

民事訴訟法

⑵ 外 国 法

イタリア共和国憲法（1947）

イタリア民法

オーストリア民法

韓国約款の規制に関する法律（1986）

国際商事契約原則

スイス債務法

スイス民法

中国契約法

中国消費者権利保護法

中国物権法

中国民法通則

ドイツ普通取引約款規制法

ドイツ民主共和国民法

ドイツ民法

ドイツ連邦共和国基本法（1949）

フランス消費者法典

フランス人権宣言

フランス1791年9月3日憲法

フランス・デクレ（1955年1月4日）

フランス民法

ベルギー民法

ヨーロッパ統一契約法原則

ヨーロッパ不法行為法原則

ロシア共和国民法

〈著者紹介〉
星 野 英 一（ほしの えいいち）
元東京大学教授
〔主な著書〕
借地・借家法〔法律学全集〕（有斐閣，1969）
民法論集第 1 巻～第 9 巻（有斐閣，1970～1999）
民事判例研究第 2 巻，第 3 巻（計 5 冊）（有斐閣，1973～1990）
民法概論 I ～IV（良書普及会，1971～1986）
隣人訴訟と法の役割（編著，有斐閣，1984）
民法の焦点(1)総論（有斐閣，1987）
心の小琴に（有斐閣，1987）
民法　財産法（(財) 放送大学教育振興会，1994）
家族法（(財) 放送大学教育振興会，1994）
法学入門（(財) 放送大学教育振興会，1995）
民法のすすめ（岩波書店，1998）
法学者のこころ（有斐閣，2002）
民法のもう一つの学び方（有斐閣，初版・2002，補訂版・2006）
ときの流れを越えて（有斐閣，2006）
人間・社会・法（創文社，2009）
法学入門（有斐閣，2010）

民法論集　第十巻

平成 27 年 9 月 27 日　初版第 1 刷発行

著　者　星　野　英　一
発行者　江　草　貞　治
発行所　株式会社 有　斐　閣
郵便番号 101-0051
東京都千代田区神田神保町 2-17
電話　(03)3264-1314〔編集〕
(03)3265-6811〔営業〕
http://www.yuhikaku.co.jp/

印刷　株式会社理想社／製本　牧製本印刷株式会社

ISBN 978-4-641-13683-0